*Meiner Familie*

# INHALT

Einleitung: Deutschland und der Kolonialismus 9

Editorische Notiz 19

1 Der bittere Zucker des Herrn Schimmelmann 20

2 »Hamburg hat Kolonien erhalten« 57

3 Ein Südseekönig, der niemals in der Südsee ist 83

4 »Eine fröhliche Conquista« 109

5 Regime der Gnadenlosen 175

6 Im deutschen Inselreich 212

7 Das Heimweh einer arabischen Prinzessin 235

8 »Solang Brasilien Kaffee hat« 265

9 Krieg in Südwestafrika 284

10 Das Erbe einer Epoche 299

Ausblick: die Zukunft des Erinnerns 312

Dank 322

Bildnachweis 323

Anmerkungen 324

Register 344

## Einleitung
# DEUTSCHLAND UND DER KOLONIALISMUS

**»Es gibt einen dunklen Weltteil, der Entdecker aussendet.«**
Karl Kraus, *Die Fackel* (1909)

Lange bevor die Deutschen ein eigenes Kolonialreich gründeten, hatten sie sich an den Kolonialismus gewöhnt. Sie nannten ihn nicht so, sie brauchten überhaupt kein Wort dafür, denn es war eine schleichende Gewöhnung, die vor mehr als 300 Jahren anfing und ihren Alltag für immer veränderte – erst in der Küche oder bei geselligen Zusammenkünften, dann in ihren Kleiderschränken und Kommoden und schließlich überall. Der Kolonialismus kam langsam und freundlich zu den Deutschen; das Neue war angenehm wie weich fließende Baumwolle, es stammte von weither und war doch bald vertraut, sogar unentbehrlich. Welchen Grund hätte es geben sollen, etwas davon abzulehnen?

Zucker und Kaffee, Tee und Kakao, Tabak und Baumwolle fanden einen Platz im Leben der Menschen, als hätten sie immer dazugehört. Was gestern noch selten und kostbar oder völlig unbekannt war, erschien auf einmal schon als Selbstverständlichkeit.

Es dauerte nicht allzu lange, dann folgten Kokos- und Palmöl, Gummi und Kautschuk als Rohstoffe für Fabriken, in denen Seife, Kerzen, Margarine, Bratfett, Süßigkeiten, Klebstoff, Kämme oder Reifen hergestellt wurden. Nicht viel anders als heute gehorchte die Ökonomie kolonialer Produkte zumeist den Regeln von Angebot und Nachfrage: Kaufleute aus traditionsreichen Handelsstädten, allen voran Hamburg und Bremen, sorgten dafür, dass ihre Ware auf möglichst effiziente Weise nach Deutschland gelangte. Gerade unter den Hanseaten verstand es eine Händlergeneration nach der anderen, aus dem wirtschaftlichen und machtpolitischen Gefälle zwischen Europa und den übrigen Kontinenten ihren Nutzen zu ziehen, so wie sie den Gezeitenstrom nutzten, der ihre Schiffe die Flüsse hinab zum Meer trug.

Aus dieser Beobachtung leitet sich die These ab, die dem Buch zugrunde liegt und im Folgenden erläutert und belegt werden soll: Die deutsche Kolonialgeschichte wurde in erster Linie – und viel stärker als bisher zusammenhängend beschrieben – von hanseatischen Unternehmern geprägt. Durch ihre Geschäfte wirkten sie intensiv auf das alltägliche Leben ein, sie beeinflussten politische Entscheidungen und gründeten schließlich, gegen Ende des 19. Jahrhunderts, die ersten Kolonien des Deutschen Reichs.

Manche der Unternehmer stiegen aus kleinen Anfängen zu Beherrschern weltumspannender Handelsimperien auf. Der Reichtum fiel ihnen nicht in den Schoß, denn die Konkurrenz war groß und das Geschäft steckte voller Unwägbarkeiten. Aber sie alle nutzten die Tatsache aus, dass Menschen in weit entfernten Ländern für wenig oder gar kein Geld ihre Arbeitskraft hergeben mussten. In jeder Warenlieferung, die nach Europa verladen wurde, gingen der Schweiß, die Tränen und das Blut der Namenlosen mit auf die Reise. Doch davon blieb nach dem Ausladen, Weiterverarbeiten und Verkaufen scheinbar nichts mehr übrig. Am Ende der Lieferkette sah alles blitzblank aus.

Häufig verdienten die Händler auch an Geschäften in umgekehrter Richtung, durch den Export deutscher Erzeugnisse in die Kolonialgebiete – beliebt waren Textilien, Waffen, Schießpulver, Bier, scharfer Alkohol. Der Reichtum Schlesiens und Westfalens im 18. Jahrhundert beruhte zu einem großen Teil darauf, dass hanseatische Firmen die von den dortigen Webern hergestellten Leinenballen nach Südamerika und in die Karibik verschifften, wo aus dem Tuch billige Kleidung für die Frauen und Männer geschneidert wurde, die als Versklavte auf den Plantagen schufteten. Unter den portugiesischen, spanischen, englischen und anderen Sklavenhaltern hatten die robusten »Sletias« und »Osnabrughs« einen ausgezeichneten Ruf.

Aber rechtfertigt es tatsächlich die Bezeichnung Kolonialismus, wenn ein Hamburger Kaufmann im Jahr 1770 bei seinem Geschäftspartner in Breslau eine Ladung Leinen bestellte, um sie in Havanna gewinnbringend an einen Plantagenbesitzer zu verkaufen? In diesem Buch wird die Frage mit einem klaren Ja beantwortet. Es wäre viel zu kurz gedacht, wollte man den Begriff des Kolonialismus so stark einschränken, dass er nur den direkten Austausch zwischen Kolonialmacht und Kolonie umfasst. In der langen Epoche der europäischen Vorherrschaft über die Erde hatte die Dominanz viele Gesichter. Der Globalhistoriker Jürgen Osterhammel sieht im Kolonialismus darum ein »Phänomen von kolossaler Uneindeutigkeit«, das sich einer scharf umrissenen Definition entzieht.[1] In den folgenden Kapiteln wird das »Phänomen« von vielen Seiten beleuchtet, sodass seine Konturen hoffentlich deutlich hervortreten.

Mehrmals stehen einzelne Personen im Mittelpunkt. Liegt darin nicht eine unzulässige Vereinfachung? Sie ist jedenfalls nicht beabsichtigt. Menschen und ihre Handlungen können ähnlich vielschichtig sein wie die Strukturen, in denen sie sich bewegen und die sie mitgestalten. Und vermutlich lassen sich komplexe Ereignisse leichter erfassen, wenn ihre Darstellung dem roten Faden einer biografischen Erzählung folgt. Der sorgfältige Blick auf historische Vorgänge, ihre Hintergründe und Folgen ist in jedem Fall das wichtigste Anliegen, das hier verfolgt wird.

Dass der Kolonialismus bis heute nachwirkt, liegt auf der Hand; dieses Buch, das einen anderen Schwerpunkt hat, weist an manchen Stellen darauf hin. Um es mit einem Satz von William Faulkner zu sagen, dem Literaturnobelpreisträger aus dem US-amerikanischen Süden: »Die Vergangenheit ist niemals tot. Sie ist nicht einmal vergangen.« Debatten von anhaltender Aktualität, wie sie etwa um die Rückgabe von Kunstwerken aus kolonialen Kontexten geführt werden, machen dies genauso deutlich wie geplante, geforderte oder bereits vollzogene Umbenennungen von Straßen und Institutionen. Museen, die bis vor wenigen Jahren den Begriff Völkerkunde im Namen trugen, heißen heute anders. Eine veränderte Haltung den eigenen Exponaten gegenüber ist allerdings noch nicht überall erkennbar; einen verblüffenden Fall von Ignoranz kann man in München besichtigen (siehe dazu Kapitel 4).[2]

Was haben die Commerzbank, Douglas, Edeka, Unilever und

Aurubis gemeinsam? Alle diese bekannten und international tätigen Unternehmen haben ihre Wurzeln im Kolonialismus des 19. Jahrhunderts, vier von ihnen gehen auf Firmengründungen in Hamburg zurück. Und das fünfte, die 1898 als *Einkaufsgenossenschaft der Kolonialwarenhändler im Halleschen Torbezirk zu Berlin (E. d. K.)* gegründete Handelskette, bezog einen wichtigen Teil des Sortiments über den Hamburger Hafen. Das Geschichtsbewusstsein der Unternehmen geht allerdings bei allem Stolz auf die weit zurückreichende Historie nicht so weit, diesen Teil der eigenen Vergangenheit auszuleuchten.

Als die Deutschen schließlich in den Kreis der Kolonialmächte eintraten, konnten sie dies nur tun, weil der Kolonialismus in ihrem Land bereits tiefe Wurzeln geschlagen hatte. Auf dem Weg dorthin ging die Wirtschaft voran, begleitet vom Trommelschlag der Propagandisten, die von einem deutschen Imperium träumten. Dann erst trat der Staat in Aktion.

Es waren willensstarke Kaufleute aus Hamburg und Bremen, die das Land zur Kolonialherrschaft trieben. In Afrika fing es an: Durch Landerwerbungen und Verträge mit regionalen Anführern etablierten sie zunächst ihre eigenen Gebiete, deren Verwaltung sie dann dem Deutschen Reich zuschoben, das auch für den militärischen Schutz sorgte. So entstanden 1884 die damals »Schutzgebiete« genannten Territorien Deutsch-Südwestafrika und Kamerun, die ersten großen Besitzungen Deutschlands jenseits der europäischen Grenzen. Reichskanzler Otto von Bismarck, der staatliche Kolonien bis dahin abgelehnt hatte, war auf einmal der führende Kolonialherr der Nation. Wie es zu dieser spektakulären und für die Geschichte der deutschen Kolonialzeit entscheidenden Wendung kam, wird im vierten Kapitel so genau wie möglich nachgezeichnet.

## Vom Fernhandel zur europäischen Expansion

Die koloniale Landnahme – meistens ein Raub, dem die Räuber mit einheimischer Hilfe einen legalen Anstrich gaben – hatte eine lange Vorgeschichte. Ohne den bis ins Mittelalter zurückreichenden

Expansionsdrang der Europäer hätten die Deutschen niemals nach weit entfernten Territorien greifen können. Neben der Gewöhnung an den Kolonialismus im alltäglichen Umgang mit seinen Produkten war dies eine weitere Voraussetzung dafür, dass ab 1884 in Afrika, danach auch in der Südsee und über einem kleinen Teil Chinas die schwarz-weiß-rote Flagge des Kaiserreichs wehen konnte.

Der Austausch von Waren über große Entfernungen hatte seit jeher starke Kräfte freigesetzt. Dann kam es zu einer Zäsur: Durch den Niedergang des Mongolenreiches sowie den Aufstieg der Osmanen, die 1453 das christliche Konstantinopel eroberten, verschlossen sich die Handelswege in den Osten – die Seidenstraßen, die bis nach China führten. Doch auf den seit der Antike eingespielten Fernhandel, der ihnen Stoffe, Gewürze und Luxusartikel wie Porzellan lieferte, wollten die Europäer nicht verzichten. Portugiesische Seefahrer verfolgten mit neuer Entschlossenheit die schon ältere Idee, Afrika südlich zu umrunden, um dann quer über den Ozean zu segeln. Schließlich gelangte Vasco da Gama mithilfe eines arabischen Navigators von Lissabon nach Kalikut im Süden Indiens (heute Kozhikode). Den anderen, riskanteren Weg nach Asien suchte Christoph Kolumbus in spanischen Diensten: Er wollte so lange Richtung Westen fahren, bis er China oder Indien erreichen würde.

Als er 1492 von La Gomera kommend auf eine Küste stieß, glaubte Kolumbus, eine Insel gefunden zu haben, die vor dem indischen Festland liegt. In Bezeichnungen wie Indianer, Indios oder Westindien ist der welthistorische Irrtum sprachlich überliefert. Aber anders als dem Seefahrer, der stur an seiner Meinung festhielt, war vielen Europäern schnell klar, dass sie in ihre Weltkarten einen weiteren Kontinent einzeichnen mussten. Ein Schiff nach dem anderen segelte nun über den Ozean, auf einmal herrschte ein Entdeckungsfieber, Eroberungsfieber, Expansionsfieber, das gar nicht mehr aufhörte. In verschiedenen Varianten setzte sich der Rausch der Kolonisierung jahrhundertelang fort, kein Erdteil blieb davon verschont.

Da der Atlantik seinen alten Schrecken mit einem Schlag verloren hatte und – wie zuvor bloß das Mittelmeer – als maritimes Drehkreuz diente, begann die große Zeit der westeuropäischen See- und Kolonialmächte. Portugal und Spanien, die Niederlande, England,

Frankreich, alles Länder mit ozeanischen Küsten, hatten ihre bedeutendsten Jahre vor sich. Dagegen kehrte der einstige Glanz der nach Osten orientierten Mächte nie mehr wieder; die kriegerische Handelsrepublik Venedig konnte nach Jahrhunderten weitgespannter Herrschaft bloß noch ihren Niedergang verlangsamen. In Deutschland büßte Lübeck seine alte Vorrangstellung unter den Hansestädten ein, denn nach der epochalen Wende hin zum Westen (die durch Passagen um das Kap der Guten Hoffnung und Kap Hoorn auch nach Asien und Ozeanien führte) war die Lage an der Ostsee ein Nachteil, der sich durch nichts ausgleichen ließ.

Hamburg und Bremen mit ihren Flusshäfen, die auf natürliche Weise durch die Nordsee mit dem Atlantik verbunden sind, etablierten sich stattdessen als führende Zentren des deutschen und europäischen Fernhandels. Ihr Weg zu Kolonialmetropolen war vorgezeichnet. Die Hanse löste sich als relevante Größe auf und wurde zu Folklore.

Die Triebkräfte der Expansion veränderten sich jahrhundertelang kaum. Schon bei Kolumbus war alles zusammengekommen, was territoriale und ökonomische Eroberer seitdem anspornte: die Suche nach Gold und anderen Reichtümern; der Wille, Menschen zu versklaven, also ihre Arbeitskraft so billig wie möglich zu nutzen; der Glaube an eine ideologische Rechtfertigung, sei es die christliche Mission oder, in späterer Zeit, ein vermeintlicher zivilisatorischer Auftrag.

Sogar die Abschaffung der Sklaverei im Lauf des 19. Jahrhunderts hat an der Härte, mit der viele Europäer ihre Interessen durchsetzten, nur wenig geändert. Die deutschen Kolonialherren in Afrika waren berüchtigt für ihre Prügelstrafen mit der Nilpferdpeitsche, ihr Wirtschaftssystem beruhte auf Zwangsarbeit. Verschleiert wurde die brutale Behandlung der Einheimischen oft durch pädagogisierende Betrachtungen: »Erziehung durch Arbeit« galt als wegweisende Idee, nützlich für Kolonisierer und Kolonisierte. So wurde die Zwangsarbeit in vollendeter Perversion zur zivilisationsfördernden Wohltat verklärt. In einer Zeit, in der ein Rohrstock zur Grundausstattung vieler Eltern und Lehrer gehörte, dürfte es den meisten daheim im Reich nicht schwergefallen sein, so etwas zu glauben. Ein Übriges tat der Rassismus, von dem die Gesellschaft durchdrungen war. Wissenschaftliche und philosophische Theorien über die Ungleichheit verschiedener »Menschenrassen« gingen mit der radikalen Unterdrückung von Nichteuropäern seit Langem Hand in Hand.

Nach der streng kommerziellen Logik mancher Geschäftsleute ließ sich eine Zwangslage allerdings auch einfach so ausnutzen, ganz ohne Rassismus. Abertausende Auswanderer aus Deutschland und anderen europäischen Ländern bekamen zu spüren, was das bedeuten konnte: Hart kalkulierende Reeder sperrten die Menschen auf den wochen- und monatelangen Überfahrten in Zwischendecks ohne Licht und Luft, bei grauenhaften hygienischen Verhältnissen. Waschwasser gab es so gut wie gar nicht, das Trinkwasser war faulig, das Essen karg und häufig verdorben. Bei der Ankunft litten viele der malträtierten Passagiere an Skorbut, obwohl es längst einfache Mittel gab, der altbekannten Mangelkrankheit vorzubeugen, etwa durch Sauerkraut oder Zitronensaft. Aber bis hinein in die zweite Hälfte des 19. Jahrhunderts hielten es führende hanseatische Unternehmer nicht für nötig, diese Lebensmittel für die Masse ihrer Kunden mit an Bord zu nehmen. Ihr Profit ging vor. Die Misshandlung vieler Auswanderer zeigt ein weiteres Mal, wie eng Kolonialismus und kaufmännisches Gewinnstreben miteinander verbunden waren.

Zu Beginn des 20. Jahrhunderts endeten die Verteilungskämpfe der expansiven Staaten. Voller Stolz erklärte der Chef des Reichskolonialamts in Berlin: »Deutschland hat das drittgrößte Kolonialreich der Welt«.[3] Den Höhepunkt erreichte die Dominanz der Kolonialmächte nach dem Ersten Weltkrieg, einige wenige Staaten beherrschten nun die Hälfte der gesamten Landfläche (die unbewohnte Antarktis nicht mitgerechnet): Großbritannien, Frankreich, Portugal, Belgien, die Niederlande, Italien, Russland, Japan, die USA.[4]

Das Deutsche Reich gehörte als Verlierer des Krieges nicht mehr zu diesem Kreis. Der Versailler Vertrag besiegelte die Gebietsabtretungen mit der bewusst demütigenden Begründung, die Deutschen seien als Kolonialherrscher ungeeignet. Da es keine stichhaltigen Argumente gab, warum das Regime der Engländer, Franzosen oder Belgier effizienter und humaner sein sollte, ließ sich die Versailler »Koloniallüge« propagandistisch gut ausschlachten. Am Ende nutzte die leichtsinnige Demütigung den Nationalsozialisten, die während der Weimarer Republik große Energie aus dem Hass auf den »Diktatfrieden« von 1919 zogen.

## Verdrängung und neu erwachtes Interesse

Nach dem Untergang des Nazireichs kehrten sich die Vorzeichen um. Hatten die Deutschen die Jahre ihrer Kolonialherrschaft gerade noch für sehr bedeutend gehalten, redeten sie jene Ära nun konsequent kleiner, als sie tatsächlich gewesen war (vor allem in der Bundesrepublik). Aus der relativ kurzen Zeit der formalen Machtausübung ließ sich mühelos ein Entlastungsargument ableiten – was nicht lange gedauert hatte, konnte keine tiefen Spuren hinterlassen haben. Und die (westlichen) Siegermächte hatten genug damit zu tun, die Bundesbürger an ihre Verantwortung für die NS-Verbrechen zu erinnern. Außerdem wurden Franzosen und Briten durch die Dekolonisierung mit ihrer eigenen Gewaltgeschichte konfrontiert.

Während die DDR sich nur auf politisch genehme Traditionslinien stützte und alles Übrige, auch den Kolonialismus, dem Westen zuschob, gelang dem kollektiven Gedächtnis der Bundesrepublik eine andere Verdrängungsleistung: Die deutsche Kolonialvergangenheit wurde bei den harmlosen Kuriositäten der älteren Geschichte abgespeichert. Ausnahmen gab es, etwa in der Studentenbewegung, was sich dann zum Beispiel in Uwe Timms Roman *Morenga* niederschlug.

Erst nach der Jahrtausendwende erwachte ein etwas breiteres Interesse, das durch antirassistische Gruppen im Umfeld von *Black Lives Matter* beflügelt wurde und bis heute anhält. Dennoch sind wesentliche Ereignisse, Personen und Zusammenhänge aus der Kolonialzeit weiterhin so gut wie unbekannt. Die Schulen tun wenig, um daran etwas zu ändern.[5] Aus den Lehrplänen für die Klassen 7 bis 10 geht hervor, dass die Schülerinnen und Schüler nur in vier Bundesländern (Bremen, Mecklenburg-Vorpommern, Sachsen, Sachsen-Anhalt) beim Thema Kolonialismus auch etwas über die deutsche Beteiligung erfahren sollen.

Das folgende erste Kapitel beschreibt die Zeit, als sich der Kolonialismus in Deutschland tief zu verankern begann. Im Mittelpunkt steht ein Produkt, der Zucker, sowie ein Unternehmer, der als Eigentümer von Zuckerplantagen und versklavten Frauen und Männern von einem reichen zu einem sehr reichen Mann wurde.

In Kapitel 2 wollen einige Hamburger Kaufleute das Beste für sich, ihre Stadt und die gesamte Menschheit. Allerdings bleiben sie gefangen im Rassismus der aufgeklärten Bürger ihrer Zeit.

In Kapitel 3 segeln die Schiffe von der Elbe bis in die Südsee. Ein allzu gieriger Unternehmer gerät nach großen Erfolgen in Schwierigkeiten, auch der Reichskanzler kann nicht mehr viel für ihn tun.

In Kapitel 4 gründen ein Bremer Tabakhändler und ein Hamburger Großkaufmann die ersten deutschen Kolonien. Der Reichskanzler erfüllt ihnen fast jeden Wunsch.

In Kapitel 5 erinnern rechtskundige Afrikaner die deutschen Kolonialherren daran, welche Zusagen beide Seiten einmal unterschrieben haben. Das geht für die Afrikaner nicht gut aus.

In Kapitel 6 konkurrieren deutsche Unternehmer um die Vorherrschaft in der Südsee. Der Traum von einem sanften Kolonialregime bleibt eine Illusion.

In Kapitel 7 heiratet eine sansibarische Prinzessin einen Hamburger Kaufmann. Das Deutsche Reich spannt sie für die Kolonialpolitik in Ostafrika ein.

In Kapitel 8 steigt Deutschland zu einem Weltzentrum des Kaffeehandels auf. Aus dem Hamburger Freihafen wächst die prächtige Speicherstadt, die vom Kaiser eingeweiht wird.

In Kapitel 9 führen die Deutschen Krieg und begehen ihren ersten Völkermord. Ein bedeutender Reeder verdient daran, weil er das Monopol für die Truppentransporte nach Südwestafrika hat.

In Kapitel 10 kommt in Hamburg, der Hauptstadt des deutschen Kolonialismus, das Erbe jener Zeit in den Blick, auch der Zoo gehört dazu. Was wird an den geschichtsträchtigen Orten gezeigt und erklärt?

Mit der Gegenwart der Vergangenheit befasst sich der abschließende Ausblick. Die seit einigen Jahren viel diskutierte Frage, ob die Beschäftigung mit der Kolonialzeit unsere Perspektive auf den Holocaust verändert, soll dort analysiert und vorsichtig beantwortet werden.

Mit diesem Buch schließt sich für mich ein Kreis. Immer wenn ich mich als junger Redakteur im früheren Hamburger *Spiegel*-Haus an meinen Schreibtisch setzte, fiel mein Blick aus dem Fenster im 9. Stock auf die Speicherstadt. Mittags ging ich manchmal hinüber, lief ohne besonderes Ziel an den Backsteinfassaden vorbei, sah die Hafenarbeiter, die aus flachen Schuten Säcke und Kisten nach oben in die Speicher hievten. Aus manchen Gebäuden duftete es nach Gewürzen und Kaffee, sodass ich mich in eine andere Welt, eine andere Zeit versetzt fühlte, ehe ich auf dem Rückweg wieder die mit Stacheldraht gesicherte Zollgrenze des Freihafens passierte.

Ich sah viel, damals vor mehr als dreißig Jahren, aber inzwischen weiß ich, dass ich nur wenig verstanden habe. Erst lange Zeit danach, als die Grenzanlage längst abmontiert war, fing ich an zu begreifen, welche Kräfte zum Bau des prachtvollen Ensembles geführt hatten. Seit 2015 zählt es zum UNESCO-Weltkulturerbe und ist der Stolz der Stadt. Doch ohne den Import von Kolonialwaren, die von unfreien Menschen angebaut, geerntet und abtransportiert wurden, hätte es all das wohl nicht gegeben. Die Hamburger Speicherstadt dürfte das größte und bedeutendste Denkmal des Kolonialismus in Deutschland sein. Vielleicht wird darüber eines Tages auch in der Stadt gesprochen, die von diesem Aspekt ihres bewunderten Erbes bisher kaum Notiz genommen hat.

# EDITORISCHE NOTIZ

Eine Bemerkung zum Umgang mit der Sprache, die wir in den Quellen aus früheren Jahrhunderten vorfinden. Die schriftlichen Dokumente aus der Kolonialgeschichte sind voll von rassistischen Formulierungen, die heute nur noch schwer erträglich sind. Dies lässt sich oft dadurch abmildern, dass die dargestellten Sachverhalte ohne wörtliche Zitate referiert werden. Allerdings gibt es auch Aussagen, die gerade in ihrer Härte einen relevanten Beitrag zum Verständnis des damaligen Denkens und Handelns leisten.

Nach sorgfältiger Abwägung habe ich mich dafür entschieden, den Leserinnen und Lesern einige wenige Quellen dieser Art im Original zuzumuten, ohne mit Umschreibungen wie N-Wort in das Vokabular einzugreifen. Ausschlaggebend war für mich, dass diese Passagen im vorliegenden Buch doppelt kontextualisiert sind: Es handelt sich um historische Zitate, die zudem von mir eindeutig als rassistisch charakterisiert werden.

Angepasst an heutige Lesegewohnheiten habe ich die Rechtschreibung, die nun überall den aktuellen Schreibweisen folgt (z. B. »dass« statt »daß«, »Sansibar« statt »Zanzibar«, »Träne« statt »Thräne«). Ausgenommen davon sind Eigennamen und Buchtitel.

1

# DER BITTERE ZUCKER DES HERRN SCHIMMELMANN

**Von Hamburg und Kopenhagen aus steuert der reichste Unternehmer Europas seine transatlantischen Geschäfte.**

Früh am Morgen des 15. August 2008 machen sich zwei Männer vor dem Rathaus von Hamburg-Wandsbek an einer Bronzebüste zu schaffen. Unangekündigt und in aller Stille demontieren sie das Porträt von Heinrich Carl Schimmelmann und schaffen es weg – wohin, sagen sie nicht.[1]

Damit endet eine harte Auseinandersetzung, die fast zwei Jahre zuvor begonnen hat. Im September 2006 wurde das Schimmelmann-Denkmal eingeweiht, die Hamburger Kultursenatorin verlieh dem Festakt etwas politischen Glanz. Gefeiert wurde ein Wohltäter, ein genialer Unternehmer und »Begründer der wirtschaftlichen Stärke Wandsbeks«, wie es auf der Texttafel zum Porträt hieß. Irgendwelche Schattenseiten? Ach ja, in einer eingeklammerten Nebenbemerkung war auch von »Sklaven« die Rede.

Gleich danach begannen die Proteste. Angeführt von der Hamburger Black Community und den Grünen im Wandsbeker Rathaus wurden Stimmen laut, die sich gegen die Aufstellung der Büste und die blumige Darstellung im Text aussprachen. Zweimal schütteten Unbekannte rote Acrylfarbe über die Bronzeplastik, die beide Male mühsam gereinigt wurde. Schließlich verschwand das Denkmal für immer aus der Öffentlichkeit.

Wer war der Mann, dessen Andenken mehr als zwei Jahrhunderte nach seinem Tod für erbitterten Streit sorgte? Es lohnt sich, dieser Frage ausführlich nachzugehen. Zu entdecken ist eine ganz und gar ungewöhnliche Lebensgeschichte, die wie nur wenige andere hineinführt in die Verflechtungen deutscher Städte und Länder mit der Welt des Kolonialismus im 18. Jahrhundert – lange bevor das geeinte Kaiserreich begann, mit staatlichen Machtmitteln auf andere Kontinente auszugreifen. Es waren Kaufleute wie Schimmelmann, die Deutschland an die wirtschaftliche Logik kolonialer Herrschaft gewöhnten.

## Schimmelmanns Aufstieg

Eine erste Pleite als blutjunger Firmengründer in Hamburg hat Heinrich Carl Schimmelmann bereits hinter sich, als er ein paar Tagesreisen elbaufwärts, in Dresden, den Grund zu seinem gewaltigen Vermögen legt. In der Residenzstadt des sächsischen Kurfürsten handelt er mit Kolonialwaren – Zucker, Kaffee, Tabak – und erwirbt in Windeseile das Bürgerrecht. Kein Geringerer als der in Sachsen allmächtige Minister Heinrich Graf von Brühl, der über einen Hofstaat von 300 Personen gebietet,[2] hält seine Hand über den jungen Norddeutschen mit dem erstaunlichen Geschäftssinn. Schimmelmann ist 21 Jahre alt und schon ein erfahrener Kaufmann.[3]

Seine Eltern hätten es kaum für möglich halten können, wäre ihnen vorhergesagt worden, dass ihr jüngster, am 13. Juli 1724 geborener Sohn einmal der wohl reichste Geschäftsmann Europas werden würde, ein Unternehmer, der Landgüter, Schlösser und eine Waffenfabrik besitzt, Plantagen in der Karibik betreibt, Menschen in Sklavenschiffe sperrt und sich mit Adelstiteln und Orden schmücken darf.[4] Schimmelmanns Vater ist Ratsherr und Getreidehändler in der alten pommerschen Hansestadt Demmin, ein ehrbarer Bürger ohne weiterreichende Ambitionen. Weil Heinrich Carl einmal das Geschäft übernehmen soll, wird er zu einem Stettiner Seidenhändler in die Lehre geschickt. Dort hält er es jedoch nicht lange aus, offensichtlich hat er Größeres im Sinn und macht sich als Warentransporteur in Hamburg selbstständig. Nach seiner Pleite – einem

»beträchtlichen Bankrott«, wie ein Zeitgenosse notiert – kehrt er Hamburg erst einmal den Rücken.

Genaueres ist von dem leidigen »Falliment« ebenso wenig bekannt wie von Schimmelmanns nächsten Unternehmungen. Ehe er sich in Dresden niederlässt, hat er anscheinend als Heereslieferant gute Geschäfte mit den Preußen gemacht. König Friedrich II. ist wieder einmal auf den Schlachtfeldern unterwegs, im Zweiten Schlesischen Krieg ringt er seine österreichische Kontrahentin Maria Theresia und die mit ihr verbündeten Sachsen nieder. Große Teile Schlesiens werden nach dem Dresdner Friedensschluss dauerhaft preußisch, die Bergleute und Leinweber der Region tragen nun dazu bei, die Kassen des kriegerischen Monarchen zu füllen. Schimmelmann gelingt das Kunststück, sowohl die preußischen Sieger als auch die sächsischen Besiegten für sich einzunehmen. Zu seinen Begabungen gehört die besondere Fähigkeit, vielen Herren zu dienen und dabei immer an sich selbst zu denken.

Mit 22 Jahren heiratet er in Dresden die fünf Jahre jüngere Caroline Tugendreich Friedeborn, Tochter eines preußischen Offiziers; bald kommt der erste Sohn zur Welt, Ernst Heinrich. Geschäftlich geht es weiter aufwärts. Schimmelmann unterhält gute Kontakte zum Berliner Bank- und Handelshaus *Splitgerber & Daum*, dem größten Privatunternehmen in Friedrichs Reich, das vor allem mit Waffen und Kolonialwaren handelt und fünf königlich privilegierte Zuckerraffinerien betreibt.[5] Bei einer der Berliner Raffinerien nimmt Schimmelmann einen größeren Kredit auf, den er mit äußerst günstig erworbenen sächsischen Schatzanweisungen zurückzahlt. Geschäfte dieser Art sind zwar nicht legal, aber hochprofitabel.

Dass er es sich erlauben kann, an die Grenzen und darüber hinaus zu gehen, zeigt sich auch in seiner neuen Position als Steuereintreiber. Für 8800 Taler jährlich pachtet Schimmelmann die Akzise auf Kaffee, eine frühe Form der Umsatzsteuer. Bald darauf erweitert er seinen Radius, indem er gemeinsam mit dem Geheimen Kriegsrat Joseph Graf von Bolza die sächsische Generalakzise auf Kaffee, Tabak, Wein und Branntwein übernimmt. Offenkundig legen die beiden Steuerpächter ihre Befugnisse sehr weit aus. Jedenfalls werden im Land Klagen laut, dass sie sich aus internen Firmenpapieren ein genaues Bild von den Geschäften der Importkaufleute machen und diese Informationen für den eigenen Handel nutzen. Minister Brühl lässt sich durch die Anschuldigungen allerdings nicht davon abhalten, Schimmelmann und Bolza zu Verwaltern und Teilhabern seiner Manufakturen einzusetzen; ein späterer Historiker bezeichnet die beiden in diesem Zusammenhang ebenso merkwürdig wie treffend als »dunkle Ehrenmänner«.[6]

Zucker gelangt Mitte des 18. Jahrhunderts ausschließlich von Hamburg nach Dresden. Was sollte dagegen sprechen, das Monopol der Hanseaten zu brechen, so wie es Preußen und andere vorgemacht haben? Im Februar 1756 schlägt Schimmelmann seine neue Geschäftsidee vor, die Errichtung einer Zuckerraffinerie in Dresden.[7] Die Dimensionen seines Projekts rufen Staunen und Kopfschütteln hervor: mehr als 100 000 Reichstaler Startkapital und dann jährliche Investitionen von 300 000 Taler, weil hochwertige Gerätschaften und gut geschulte Spezialisten benötigt würden. Dass der sächsische Kurfürst am Ende der Beratungen den Daumen senkt, liegt wohl nicht zuletzt daran, dass Schimmelmann unlautere Absichten unterstellt werden: Ministerialbeamte vermuten, dass er seine guten Beziehungen zu *Splitgerber & Daum* dazu nutzen wolle, fertigen Zucker aus Preußen einzuschmuggeln – zum Nachteil sächsischer Geschäftsleute.

Schimmelmann hält sich nicht lange mit seiner Niederlage auf, und bald bieten sich neue Gelegenheiten. Friedrich II. hat wieder einen Krieg vom Zaun gebrochen und marschiert als Sieger in Dresden ein. Im November 1756 lässt der König, der sich im Brühlschen Palais einquartiert hat, Schimmelmann zu sich rufen. Anschließend erhält der Unternehmer und sächsische Steuereintreiber den Titel eines Preußischen Geheimrats und darf Friedrichs Armee mit Getreide beliefern – offensichtlich ist es Schimmelmann gelungen, den strengen Herrscher zu beeindrucken.

Da ist es kein Wunder, dass die nächste lukrative Abmachung nicht lange auf sich warten lässt. Der Preußenkönig hat bei seinem Einmarsch ins Nachbarland den Lagerbestand der Meißener Porzellanmanufaktur erbeutet: Meisterwerke handwerklicher Kunst, das sächsische »weiße Gold«. Für 120 000 Taler überträgt er Schimmelmann nicht nur das gesamte Porzellan mit dem blauen Signet der gekreuzten Schwerter, sondern auch das Recht, fehlende Stücke »gegen Bezahlung der Arbeitskosten« in Meißen anfertigen zu lassen.

Wie gewohnt versucht Schimmelmann weiterhin, zwischen sächsischen und preußischen Interessen zu lavieren, aber selbst er ist davon nun überfordert. Friedrich II. will ihn ganz für sich gewinnen, zunächst wägt der Geschäftsmann jedoch die Vor- und Nachteile ab. Im Sommer 1757 steht der Umzug an. Sein Meißener Porzellan ist sorgfältig in mehr als hundert Kisten verpackt. Begleitet von seiner Frau Caroline, den inzwischen fünf gemeinsamen Kindern und einem Tross von Bediensteten und Handelsgehilfen lässt er Dresden für immer hinter sich. Doch sein Reiseziel liegt nicht auf preußischem Boden. Schimmelmann zieht nun dorthin, wo die Erinnerung an seinen früheren Bankrott längst verblasst ist, den Ort, der weite Teile Deutschlands mit Kolonialwaren versorgt: die prosperierende Hafenmetropole Hamburg.

## Wie der Zucker in den Kaffee kommt

Dass Hamburg für den europäischen Handel so bedeutend ist, verdankt die Stadt ihrem direkten Anschluss an den Atlantik via Elbe und Nordsee. Immer mehr Menschen leisten sich im 18. Jahrhundert den regelmäßigen Genuss tropischer und subtropischer Produkte. Eines ragt heraus: der Zucker. Er dürfte neben der Baumwolle die umsatzstärkste Handelsware der gesamten Kolonialzeit sein.[8]

In der Geschichte der Menschheit ist der Zucker eine jener unauffälligen, aber gewaltigen Mächte, die tief in das Leben der Einzelnen und der Nationen eingreifen. Zu Schimmelmanns Lebzeiten sind die außergewöhnlich harten Konditionen seiner Herstellung kein Geheimnis (dazu unten mehr). Manche mögen damals schon erkannt haben, dass die Gier nach dem Extrakt pflanzlicher Süße ganze Landstriche groß und wieder klein machen kann. Auch die zersetzende Wirkung auf Abermillionen Zähne hätte vielleicht nicht jeden überrascht. Aber dass der Siegeszug des Zuckers eines Tages eine globale Epidemie ganz wesentlich verursachen würde, die Fettleibigkeit – dies vermochten wohl selbst dystopisch gestimmte Fantasten nicht vorauszuahnen.

Im atlantischen Raum sind es gegen Ende des Mittelalters Portugiesen und Spanier, die auf Madeira, São Tomé und den Kanarischen Inseln umfangreiche Zuckerpflanzungen anlegen.[9] Von den Kanaren nimmt Kolumbus 1493, bei seiner zweiten Ozeanüberquerung, einige Setzlinge mit nach Amerika. Rund zwei Jahrzehnte später gelangt der erste Rohzucker aus der Karibik nach Europa. Auch in Brasilien entstehen große Plantagen, der europäische Zuckermarkt ist zunächst fest in portugiesischer Hand. Das ändert sich, als die Engländer Mitte des 17. Jahrhunderts auf Barbados und Jamaika ihr Kolonialregime etablieren und Pflanzer anwerben.

Bis dahin ist Zucker eine Kostbarkeit für Adlige und reiche Bürger. Sie können sich nicht nur Bonbons, Karamell, Marzipan, eingelegtes Obst, gebrannte Mandeln oder süße Biskuits leisten, sondern ihre Festtafeln mit ganzen Skulpturen aus Zucker dekorieren.[10] Alle anderen verkosten die pflanzlichen Kristalle höchstens als Medizin – je weißer und feiner, desto besser. Helfen soll das Mittel gegen Fieber, Erkältungen und Schmerzen aller Art. Ein französisches Lehrbuch von 1615 schreibt den Apothekern vor, dass sie stets einen besonderen Schrank für Zuckerwerk und Konfekt besitzen müssen.[11] Aus dem lateinischen Namen lässt sich die alte Geschichte noch herauslesen: *Saccharum officinarum,* Apothekerzucker, so heißt die ökonomisch bedeutendste Art des Zuckerrohrs. Seine Setzlinge wachsen zu weichen, saftigen Stängeln heran, die geerntet werden, wenn sie ungefähr fünf Zentimeter dick und vier bis fünf Meter hoch sind.[12] Damit der süße Pflanzensaft nicht verdirbt, muss die Ernte sofort verarbeitet werden.

Nach einer Aufzeichnung von 1593 liegt der Verkaufspreis für ein Pfund Zucker bei 12 Schillingen, ein Pfund Honig kostet bloß 2 Schillinge.[13] Im Lauf eines Jahrhunderts wandelt sich der Zucker jedoch zu einem gewöhnlichen Lebensmittel, das sich auch die einfachen Leute in weiten Teilen Europas zunehmend leisten können. Angefacht wird die Nachfrage durch die Wechselwirkung mehrerer Produkte, die aus den Kolonien und China auf den Kontinent gelangen: Neben dem Zucker sind dies Kaffee und Tee, später kommt noch der Kakao hinzu. Es handelt sich um Genussmittel, die reich an Bitterstoffen sind und von den meisten Europäern, anders als in ihren Ursprungsländern, am liebsten mit etwas Zucker konsumiert werden.

Für seine 1723 verfasste Komödie *Die Wochenstube* schreibt der norwegisch-dänische Schriftsteller Ludvig Holberg einen Dialog, der den Umgang mit Zucker in einem bürgerlichen Haushalt zeigt: »Ich muss auch gleich noch Geld zu einem Hut Zucker haben, es ist kein feiner Zucker mehr im Hause.« – »Der Zucker schon alle? Na, das ist doch, um einen armen Mann auf einmal zu ruinieren! Für Zucker geb' ich kein Geld mehr, sie können braunen Zucker nehmen, der ist lange gut.« – »Ei Meister, man kann doch nicht braunen Zucker zum Kaffee nehmen, wenn solche Fremde da sind?«

Lange Zeit ist der Zucker zu teuer, um ihn in großen Mengen als Konservierungsmittel zu nutzen. Kandierte Früchte und Ähnliches bleiben für die meisten eine seltene Leckerei. Als der süße Stoff dann im 19. Jahrhundert abermals billiger wird, entwickelt sich eingekochtes Obst in Form von Marmelade, Konfitüre, Gelée, Mus, Kompott zu einem Volksnahrungsmittel. Das Marmeladenbrot, das zwei oder drei Generationen vorher noch als Delikatesse betrachtet worden wäre, wird zum gewöhnlichen Frühstück vieler Arbeiterfamilien.

Gleichzeitig nimmt der Konsum von Schokolade und gesüßten Brausen in der industrialisierten Welt enorm zu. Zwischen 1870 und 1945 verzehnfacht sich die weltweite Zuckerproduktion, der Anstieg übertrifft das Bevölkerungswachstum um das Vierfache.[14] Der gesundheitsgefährdende Siegeszug des Zuckers ist nicht mehr aufzuhalten.

## Schimmelmann errichtet sein Geschäftsimperium

1757 erregt Schimmelmanns Ankunft in Hamburg große Aufmerksamkeit – begleitet von ausgeprägtem Misstrauen. Wie kann es sein, wundern sich viele an der Elbe, dass dieser vermögende und erfolgreiche Mann den Preußenkönig düpiert und seinen Sitz in einer Stadt nimmt, die sich seit Langem als frei und unabhängig versteht, keinem Landesfürsten untertan? Welche verborgenen Absichten stecken womöglich dahinter, zum Schaden der eingesessenen Kaufmannsfamilien?

Darum muss Schimmelmanns Ansinnen, das Hamburger Bürgerrecht zu erlangen, mit besonderer Sorgfalt geprüft werden. Senatssyndikus Peter Amsinck, verantwortlicher Jurist der Stadtregierung, trägt alle Argumente in einem Gutachten zusammen und kommt am entscheidenden Punkt trotzdem nicht weiter. Über Friedrich II. und sein Verhältnis zu Schimmelmann schreibt er, es sei ihm »unbegreiflich, wie dieser Herr, welcher bekanntermaßen so geneigt ist, aus fremden Landen begüterte Personen in seine Reiche und an sich zu ziehen, einem, der durch Ihn selbst zu Reichtümern gelanget ist, erlauben sollte, anderswo sich niederzulassen«. Eine konkrete Befürchtung Amsincks besteht darin, dass Schimmelmann das solide Finanzsystem des Stadtstaats in Turbulenzen stürzen könnte. Als Währung für ihre Geschäfte haben die Hamburger schon zu Beginn des 17. Jahrhunderts die Mark Banco etabliert, die durch eingelagerte Silberbarren gedeckt ist, aber nicht in Münzgeld ausgeprägt wird.[15] Das sorgt für außerordentliche Stabilität auch in Zeiten der Münzverschlechterung, wie sie immer wieder betrieben wird – vor allem dann, wenn es gilt, Kriegszüge zu finanzieren. Dass der Preußenkönig nicht davor zurückscheut, am Silber für seine Münzen zu sparen und dadurch das Geld zu entwerten, ist bekannt; später stellt sich tatsächlich heraus, dass Schimmelmann an den Machenschaften intensiv mitwirkt und mitverdient. Amsinck warnt also nicht ohne Grund: Der ebenso reiche wie raffinierte Unternehmer könne die Inflation nach Hamburg einschleppen, sollte er das mit dem Bürgerrecht verbundene Recht erhalten, ein Konto bei der städtischen Bank zu eröffnen. Darum erhält der Zuzügler nur das Fremdenrecht, aber nicht das Bürgerrecht.

Diese Art der Zurückweisung hätte empfindlichere Gemüter sicherlich schwer getroffen, Schimmelmann zuckt jedoch nur mit den Schultern. Vorsorglich hat er bereits einen seiner Handelsvertreter dazu verpflichtet, sich als Hamburger Bürger eintragen zu lassen. Den treu ergebenen Gottlieb David Lehmann wird er gelegentlich als Strohmann benutzen, manchmal unterzeichnet er Briefe einfach selbst mit Lehmanns Namen, nur die Handschrift verrät ihn. Für 15 000 Taler erwirbt Schimmelmann ein herrschaftliches Stadtpalais am Fuß der St. Michaeliskirche, einem der Hamburger Wahrzeichen (»Michel«). Da er diesen Wohn- und Geschäftssitz, den er prunkvoll ausbauen lässt, aus rechtlichen Gründen nicht auf seinen Namen eintragen lassen kann, schiebt er auch hier in bewährter Weise Strohmänner vor. Ein weiteres Stadthaus lässt er sich 10 000 Taler kosten. In sein Palais am Michel lädt Schimmelmann nun zu glanzvollen Diners und Bällen ein, mit denen er weit über Hamburg hinaus für Gesprächsstoff sorgt; bis zu seinem Tod wird dort einer seiner bevorzugten Aufenthaltsorte sein.

Im Sommer 1758 erscheinen im *Hamburgischen Correspondenten* Annoncen, die den Verkauf »einer ansehnlichen Partie sächsischen Porzellans« ankündigen, »bestehend in Tee-, Kaffee- und Tafel-Servicen, Schrank- und Kamin-Aufsätzen, Plat de Menagen, Terrinen, allerhand Figuren, Tiere und Vögel«. Zwei Makler zeichnen verantwortlich, Schimmelmanns Name bleibt ungenannt. Bei denen, die es sich leisten können, sind die Erzeugnisse der Meißener Manufaktur überaus beliebt, unter den Käufern befinden sich auch Adlige und Gutsbesitzer aus Holstein. Einige der Porzellankisten gehen bis nach England. Die Investition während der Dresdner Zeit hat sich für den Verkäufer gelohnt.

Trotz der Vorbehalte, die ihm nach seiner Ankunft entgegenschlugen, hat sich Schimmelmann in Hamburg fest etabliert. Wieder einmal erweitert er nun seinen Wirkungskreis. Für 180 000 Taler erwirbt er das nördlich der Hafenstadt gelegene Gut Ahrensburg, auf dem das prächtigste Schloss des holsteinischen Landadels steht. Der Kaufvertrag listet neben 16 Pferden, 17 Ochsen, 27 Schweinen und 486 Schafen auch 319 schollengebundene und frondienstpflichtige Leibeigene auf, mitsamt ihren Kindern. Während in Ahrensburg noch umfangreiche Aus- und Umbauten im Gange sind, legt er sich einen weiteren Herrensitz zu, Wandsbek im Osten Hamburgs. Das Herzogtum Holstein, in dem beide Güter liegen, untersteht dem dänischen König.

Die sich nun eröffnende Verbindung zu Dänemark wird sich für Schimmelmann als enorm lukrativ und prestigeträchtig erweisen. Mit Familie und Gefolge quartiert er sich 1761 in einem Kopenhagener

Stadtpalais ein. Mehrere führende Männer am Königshof stammen aus deutschem Adel; sie können es kaum erwarten, ihn kennenzulernen, »diesen berühmten Unternehmer, der im gegenwärtigen Krieg etwa anderthalb Millionen gewonnen hat«, wie Andreas Peter Graf von Bernstorff schreibt. Der spätere dänische Außenminister sieht in dem bürgerlichen Aufsteiger »einen Mann voller Feuer und Ideen, der von seinem immensen Vermögen sehr guten Gebrauch macht«.

Die Dänen wollen sich die Expertise des so Gelobten verständlicherweise zunutze machen und bieten ihm den Titel eines Kammerherrn an, der für jährlich 6000 Taler gelegentlich die Regierung beraten soll. Aber Schimmelmann findet den offerierten Titel zu dürftig. Königlich Dänischer Generalkommerzintendant, das hört sich schon besser an. Außerdem wird ihm die Nachfolge des dänischen Gesandten in Hamburg in Aussicht gestellt. Nun willigt er ein. Wenn er fortan in seinem Sechs- oder Achtspänner, umgeben von livrierten Dienern, die Hamburger Stadttore passiert, muss die Torwache heraustreten und strammstehen.

Noch im selben Jahr erwirbt er für 40 000 Taler das bislang gemietete Stadtpalais in Kopenhagen und richtet dort bald seinen zweiten Geschäftssitz ein. Rasch ist auch ein passendes Landgut gefunden, Lindenborg im nördlichen Jütland. Seiner Erhebung in den Adelsstand steht jetzt nichts mehr im Weg: Im Februar 1762 wird aus dem Kaufmannssohn der hochmögende Baron von Schimmelmann. Als Ritter des Dannebrogordens (Großkreuz) darf er sich auch gleich ein kleidsames Schmuckstück an die Brust heften.

Seinem Ruf als zupackender Macher wird Schimmelmann vollauf gerecht. Für die desolaten Staatsfinanzen entwirft er ein Sanierungsprogramm, das unter anderem eine Kopfsteuer in Höhe eines Reichstalers vorsieht – für Wohlhabende eine Kleinigkeit, für die Masse der Armen aber eine schwere Belastung. Außerdem sollen die Städte in den von Dänemark beherrschten Herzogtümern eine Zwangsanleihe aufnehmen. Nach alter dänischer Auffassung gehört auch Hamburg zu Holstein, was an der Elbe vehement bestritten wird. Die Hamburger sollen eine Million Reichstaler auf mehrere Jahre abgeben, und weil sie das nicht wollen, lässt der König seine Armee so lange bedrohlich vorrücken, bis die Stadtregierung einlenkt. Später kommt es zu einem Kompromiss, den Schimmelmann vermittelt und der im Mai 1768 in dessen Palais am Hamburger Michel unterzeichnet wird.[16] Die Dänen dürfen die geliehene Million behalten, dafür erkennen sie in aller Form die hamburgische Unabhängigkeit an.

Die Herren in Kopenhagen sind mit Schimmelmanns Leistungen hochzufrieden, umso mehr, als er es versteht, nicht nur König Frederik V. für sich einzunehmen, sondern auch dessen wirren Nachfolger Christian VII., dessen persönliche Finanzen er ordnet. De facto ist der Unternehmer längst dänischer Finanzminister, ehe er schließlich offiziell zum Schatzmeister der Monarchie ernannt wird.

Sein langjähriger Förderer Friedrich II. verwindet es nur schwer, dass sich Schimmelmann so sehr am dänischen Hof engagiert. Gelegentlich schickt er ihm aus Potsdam Briefe und lässt nichts unversucht, den Unternehmer zur Rückkehr in preußische Dienste zu bewegen. Schimmelmann antwortet mit den »untertänigsten Versicherungen der tiefsten Ehrfurcht und Devotion, mit welcher ich ersterbe«, lässt sich aber nicht erweichen. Die Bewunderung des Königs, der solche Zurückweisungen nicht gewohnt ist, soll sich danach in Hass verkehrt haben.[17]

Das wohl bedeutendste – und abgründigste – Geschäft seines Lebens schließt Schimmelmann mit achtunddreißig Jahren ab: Am 22. März 1763 erwirbt er vier Zuckerplantagen in der Karibik und die größte Kopenhagener Zuckerraffinerie, womit er an einige seiner früheren Unternehmungen und Pläne anknüpft. Noch nie hat er einen höheren Kaufpreis gezahlt, 400 000 Reichstaler, die er in acht Jahresraten entrichten kann. Wie kommt es zu diesem Vertrag?

Dänemark ist seit hundert Jahren Kolonialmacht in der Weltregion, die damals Westindien heißt, weil Kolumbus glaubte, er habe den Seeweg nach Indien entdeckt. Maritimes Zentrum der dänischen Karibik-Besitzungen ist die Insel St. Thomas, die über einen gut geschützten Naturhafen verfügt. An den Fahnenmasten der Nachbarinseln St. Jan und St. Croix weht ebenfalls der rot-weiße Dannebrog.

Das ausgedehnte Tiefland von St. Croix eignet sich besonders gut für die Anlage von Plantagen, auf denen zunächst auch Baumwolle, bald aber nur noch Zuckerrohr angepflanzt wird. Landvermesser haben das Gelände im Auftrag der *Westindisch-Guineischen Kom-*

*panie,* der alles gehört, in 300 Parzellen eingeteilt und diese Flächen weitgehend an Europäer verkauft: neben Dänen unter anderem Engländer, Holländer, Franzosen und Deutsche.

1754 wird die in Kopenhagen ansässige Kompanie verstaatlicht. Über zwei besonders große Plantagen auf St. Croix sowie je eine auf St. Thomas und St. Jan verfügt das Unternehmen da noch selbst. Um deren Bewirtschaftung kümmert sich nun die königliche Regierung.

Zu den beiden umfangreichen Besitzungen auf St. Croix fertigen Wirtschaftsprüfer ein Gutachten an: Was muss geschehen, damit die zum Teil kaum genutzten Ländereien Profite abwerfen? Für die Staatskasse würden sich die fälligen Investitionen lohnen, so das Resümee der Sachverständigen. Von einem Verkauf oder einer Verpachtung – Interessenten gibt es mehr als genug – raten die Gutachter indes ab.

Dennoch kommt Schimmelmann schließlich als Käufer zum Zug. Neben dem Grund und Boden, drei Zuckermühlen, Fabrikationsanlagen, Wohngebäuden und Nutztieren gehören ihm nun mehrere Hundert versklavte Menschen. Im Gutachten wird ihre Zahl mit 386 angegeben, davon 178 voll arbeitsfähig, 70 alt, schwach oder krank, 138 noch Kinder.

Die Analyse solcher Daten hat die königlichen Wirtschaftsprüfer zu dem Schluss geführt, dass für einen rentablen Betrieb der Plantagen Arbeitskräfte hinzugekauft werden müssen. Wohl auch deshalb veranschlagt Schimmelmann Investitionskosten von 100 000 Reichstalern für die kolonialen Landwirtschaftsbetriebe, die nun sein Eigentum sind. Wie üblich zögert er nicht, das ökonomisch Gebotene zügig anzupacken.

## Wie auch Deutsche an der Sklaverei verdienen

Der Handel mit Versklavten und ihre Ausbeutung als Plantagenarbeiter trägt über Jahrhunderte erheblich zum Wohlstand vieler Europäer und Amerikaner bei. Sicher, es gab die Sklaverei schon in der Antike. Es gab sie in Afrika, auch ohne dass weiße Geschäftsleute sich daran beteiligten. Aber erst mit der europäischen Expansion seit der Wende vom Mittelalter zur Neuzeit wächst sie zu einem Wirtschaftsfaktor von globaler Bedeutung. Mehr als zwölf Millionen Frauen, Männer und Kinder werden in der Ära des transatlantischen Sklavenhandels, die 1514 beginnt und 1866 endet, von afrikanischen Küsten nach Amerika verschleppt.[18]

Wie nie zuvor gehen ökonomische Interessen mit rassistischem Denken Hand in Hand: Europäer, Kolonisten und die Oberschicht einiger Nachfolgestaaten, etwa in Brasilien und im US-amerikanischen Süden, ernten die Früchte erzwungener und kostenloser Arbeit. Damit es kein moralisches Problem gibt, erklären sie die Menschen, die sie nach Belieben ausbeuten, für minderwertig. Die Kirchenführer geben ihren Segen dazu, Philosophen und Wissenschaftler helfen mit ausgefeilten Theorien über die Verschiedenheit »menschlicher Rassen«.

Könnten sie es besser wissen? Eine schwierige Frage. Denn einerseits sind alle, auch die Klügsten, den Sichtweisen ihrer Zeit verhaftet. Andererseits wird in den europäischen Gesellschaften permanent um Weltbilder und Wertungen gerungen; zu jeder Auffassung, zu jedem Lehrsatz findet sich jemand, der die Dinge infrage stellt und anders sieht. Schon im Mittelalter, erst recht nach der Epochenwende zur Moderne, mit der die Kolonialzeit beginnt, ist das Denken in Alternativen ein Wesensmerkmal des geistigen Lebens auf dem Kontinent. Warum nur äußert niemand laute Kritik an der Gewalt, die Afrikanern angetan wird? Schon die wochen-, manchmal monatelangen Transporte über den Atlantik sind grauenvoll, der Tod fährt immer mit. Wie viele Hunderttausende oder Millionen die Schiffspassage nicht überleben, ist unbekannt.

Die organisierte und als legitim geltende Versklavung während der Jahrhunderte, in denen Europa seine globale Dominanz behauptet, ist der wohl umfassendste Raub von Leben, Arbeitskraft und Identität, der sich jemals in aller Offenheit ereignet hat. Die Händler und Plantagenbesitzer aus Portugal, Spanien, Holland, England, Frankreich, den USA, Dänemark, Schweden oder Deutschland haben die Sklaverei zwar nicht erfunden, aber sie haben sie auf radikal unmenschliche Weise perfektioniert. Lange Zeit ist ihnen niemand in den Arm gefallen, kein Christ, kein Humanist, kein Aufklärer.

Ausgerechnet ein Mann, der als Verfechter der Menschlichkeit in die Geschichte eingegangen ist, steht mit am Anfang der massenhaften Verschleppung von Afrikanern in die Karibik. Der aus Sevilla stammende Dominikanermönch Bartolomé de Las Casas, der sich 1502 auf der Insel Hispaniola (heute Haiti und Dominikanische Republik) niederlässt, beteiligt sich zunächst an der Versklavung und Verfolgung der einheimischen Inselbewohner – ehe er umdenkt und zum berühmtesten Ankläger der spanischen Grausamkeiten wird, die einem Völkermord gleichkommen. Um die als Indianer bezeichneten Menschen zu verschonen, empfiehlt Las Casas, sie durch versklavte Afrikaner zu ersetzen. Später im Leben bereut er es.

Der spanische König Carlos I. (der als Karl V. zum Kaiser des Heiligen Römischen Reiches Deutscher Nation gekrönt wird) kümmert sich persönlich um den Menschenhandel. 1518 erhält ein von ihm favorisierter Höfling erstmals die offizielle Lizenz: Acht Jahre lang darf er Sklavinnen und Sklaven in die von Spanien kolonisierte Karibik bringen, unter der Bedingung, dass sie gleich nach der Ankunft die christliche Taufe erhalten.[19] Diesem »Asiento de Negros« genannten Vertrag folgen viele weitere »Asientos«, um die sich Kaufleute und Handelsgesellschaften aus ganz Europa bewerben. Für jeweils einige Jahre oder Jahrzehnte erhalten den Zuschlag des spanischen Hofes: Portugiesen, Genueser, Holländer, Franzosen, Engländer und Basken.

Der expandierende Plantagenbetrieb in den Kolonien der Europäer führt dazu, dass versklavte Afrikaner im 17. und 18. Jahrhundert zur wichtigsten Ressource der Weltwirtschaft werden. Aufgrund der anhaltend starken Nachfrage steigen die Preise auf den Sklavenmärkten. Gleichzeitig sinken die Preise für Kolonialwaren wie Zucker, Kaffee, Tabak, Reis oder Baumwolle, weil ihre Anbauflächen beständig wachsen.[20]

Von Anfang an schalten sich auch Deutsche in dieses Geschäft ein. Zunächst, nach der atlantischen Öffnung um 1500, sind es die großen süddeutschen Kaufmannsfamilien, die Fugger und Welser, die am Menschenhandel mitverdienen, sei es indirekt als Geldgeber oder unmittelbar durch Transporte und Verkäufe.

Friedrich Wilhelm von Brandenburg, der Große Kurfürst, lässt sich im 17. Jahrhundert seine überseeische Expansion von niederländischen Kaufleuten finanzieren. An der westafrikanischen Küste im heutigen Ghana errichten seine Beauftragten eine Festung, die sie Groß-Friedrichsburg nennen. Unter der Ägide der *Brandenburgisch-Afrikanischen Compagnie* werden mindestens 17 000, nach anderen Angaben 30 000 versklavte Afrikaner in die Karibik verfrachtet.

An der Küste finden sich dafür genügend schwarze Geschäftspartner, die ebenso wenig Skrupel haben wie die Weißen. Mit den lokalen Herrschern von Accada, Taccarary und Tres Puntas schließt der Kurfürst im September 1684 ein Abkommen, in dem er ihnen für ihre Dienste »Schutz, Schirm und Protektion ... wider Ihre Feinde und Aggressores« verspricht.[21] Einer der Anführer, den die Europäer Jan Jancke nennen, reist nach Berlin und wird zur Audienz bei Friedrich Wilhelm vorgelassen, dem er seine Ehrerbietung bezeugt.

Um ihren Menschenhandel in der Karibik anzukurbeln, schließt die kurfürstliche *Compagnie* auch noch einen Vertrag mit den Dänen, die einen Teil ihrer Insel St. Thomas vermieten. Allerdings laufen die Geschäfte unter Friedrich Wilhelms Nachfolgern schlecht. Die Brandenburger veräußern oder verlieren ihren Kolonialbesitz, und auch Friedrich II. hat kein Interesse an einer Wiederbelebung kolonialer Projekte.

Einzelne Geschäftsleute haben mitunter mehr Erfolg, so wie der Hamburger Kaufmann Peter Meyer, der sich 1690 in London niederlässt. Meyer kauft eine Plantage auf Barbados, Anteile an einer Londoner Zuckerraffinerie und wird schließlich zu einem der Direktoren der *Royal African Company* ernannt und in den Adelsstand erhoben.[22] Das wichtigste Geschäft dieser Afrika-Gesellschaft ist der Menschenhandel: 1714 geht der »Asiento de Negros« von französischen in englische Hände über, im Lauf von dreißig Jahren sollen 144 000 Sklavinnen und Sklaven an die spanischen Kolonien geliefert werden.

Zu den prominentesten Familien der Londoner Geschäftswelt gehören die Barings, die um 1720 aus Bremen an die Themse kommen. Sie steigen ebenfalls in den Sklavenhandel ein und beteiligen sich an der *Company of Merchants Trading to Africa*.[23] (Die 1762 gegründete Barings Bank geht nach einer langen Erfolgsgeschichte 1995 spektakulär pleite.) Zum deutsch-englischen Establishment jener Zeit zählt auch die Familie Schröder, sie engagiert sich im Zuckergeschäft und finanziert Sklavenhalter in den US-Südstaaten. In Hamburg machen sich Mitglieder der Familie einen Namen als Wohltäter, etwa durch Schröders Elbpark, eine öffentliche Grünanlage, oder das Schröderstift.

Der aus dem heute polnischen Kolberg stammende Seemann Joachim Nettelbeck dient einige Jahre als Obersteuermann auf Sklavenschiffen. In seinen Lebenserinnerungen, die von 1820 an erscheinen, schreibt er darüber: »Vor 50 Jahren war und galt dieser böse Menschenhandel als ein Gewerbe, wie andere, ohne dass man viel über seine Recht- oder Unrechtmäßigkeit grübelte.«

Selber Sklaven zu besitzen ist für Deutsche zwar ungewöhnlich, aber kein Grund, den Halter sozial zu ächten. Mehrere Kaufleute, die in der spanischen Hafenstadt Cádiz residieren, lassen sich in ihren Häusern von Versklavten bedienen, darunter der Hamburger Konsul: Neben einem Koch und einem angestellten Diener lebt unter seinem Dach »Benito, color negro, esclavo«.[24]

Im holsteinischen Altona, das Dänemark untersteht, rüsten Reeder ihre Schiffe für Sklavenfahrten aus. Dem Hamburger Kaufmann Georg Heinrich Sieveking wird 1783 »ein Schiff von 120 Last zu 3500 Mark Banco per Monat angeboten ohne die inwendige Ausrüstung, die Bretter, eisernen Schlösser und was mehr dazu gehörte«[25]. Der Auftragnehmer soll »neutrale Waren« von Bordeaux nach Guinea bringen, dort Versklavte an Bord nehmen und sie nach Santo Domingo schaffen, ehe es mit karibischen Produkten nach Hamburg zurückgeht. Anscheinend scheitert die Fahrt daran, dass Sieveking keinen Versicherer findet, der ihm die passenden Prämien offeriert (mehr zu Sieveking in Kapitel 2). Die Häfen der beiden Nachbarstädte an der Elbe sind de facto seit Jahrzehnten miteinander verbunden, eine »Abfahrt von Altona« beginnt häufig an den Docks von Hamburg.[26]

Über lange Zeit sind Textilien eine der wichtigsten Handelswaren der Deutschen. Leinen aus Schlesien und Westfalen ist international begehrt, um daraus einfache und robuste Kleidungsstücke für Versklavte zu schneidern. Auch die Schwarzen auf Schimmelmanns Plantagen erhalten »Osnabrügge Kleider«. Im englischen Sprachraum ist von »Osnabrughs« oder »Sletias« die Rede, gemeint ist immer dasselbe: Leinenzeug aus deutscher Fabrikation.[27] Weil die Ware auch in den spanischen Kolonien stark nachgefragt wird, gelangen große Mengen lateinamerikanisches Münzgeld nach Deutschland. Ende des 18. Jahrhunderts spielen die Schlesier darum mit dem Gedanken, den mexikanischen Silberpeso als Landeswährung zuzulassen.[28]

Dank bestehender Schiffsverbindungen bis zur Weser ist Bremen der bevorzugte Umschlagplatz für das westfälische Leinen. Schlesien hingegen wird 1668 durch den Friedrich-Wilhelm-Kanal via Oder, Spree, Havel und Elbe an den Hamburger Hafen angeschlossen.

Als ihr Land später nicht mehr von Österreich, sondern von Preußen beherrscht wird, passen sich die schlesischen Geschäftsleute den neuen Verhältnissen an und liefern weniger Ware ins Habsburgerreich, verkaufen aber dafür größere Posten via Hamburg. Zwischen 1748 und 1790 gehen drei Viertel ihrer Textilproduktion in den Export; der weitaus größte Teil davon verbleibt nicht auf dem Territorium des Alten Reichs, sondern ist für die westlichen Seemächte und ihre Kolonien bestimmt.[29] Ungefähr 600 000 Schlesierinnen und Schlesier, rund ein Drittel der Bevölkerung, verdienen ihren Lebensunterhalt mit dem Anbau, der Verarbeitung oder dem Verkauf von Leinen.[30] Auch auf diese Weise wirkt die Versklavung in Afrika und Amerika unmittelbar hinein nach Deutschland.

Bezeichnend ist die Herrscherperspektive des preußischen Königs, der Schlesien sein »Peru« nennt.[31] Damit stellt Friedrich II. seine profitable Eroberung in eine Reihe mit dem Land, aus dem die spanischen Konquistadoren ihrem König einst Schiffsladungen voller Gold geschickt haben. Friedrichs wichtigste Hafenstadt ist das unabhängige Hamburg.

## Schimmelmann steigt in den transatlantischen Dreieckshandel ein

Während seines ganzen Lebens wird Schimmelmann niemals eine Plantage betreten. Seine Geschäfte steuert er von Hamburg und Kopenhagen aus; vor allem in den Wintermonaten hält er sich in der dänischen Hauptstadt auf, um am höfischen Leben teilzunehmen, den Bällen, Empfängen und Diners. Was sich auf seinen Pflanzungen, in den Zuckermühlen und -siedereien, auf den Schiffen mit den angeketteten Afrikanern abspielt, sieht er nie mit eigenen Augen; er hört die Schreie und das Stöhnen nicht.

Organisieren kann er wie kaum ein Zweiter. Über sein Eigentum lässt er stets sorgsam Buch führen, in einem der Verzeichnisse findet sich der Eintrag: »1 Brenneisen, um die Zuckerfässer zu brennen / 1 silbernes Instrument, die neuen gekauften Neger mit zu markieren / mit dem Buchstaben BvS.« Das Brandzeichen zeigt bei Fässern wie bei Menschen an, wem sie gehören: dem Baron von Schimmelmann.

1765 beteiligt er sich an der *Dänisch-Guineischen Kompanie*, die gegründet wird, um »einen besondern Sklavenhandel einzurichten«; auch bei weiteren Kolonial- und Sklavenhandelsgesellschaften steigt er als Großaktionär ein.[32] In die Karibik schickt er Johann Jacob Lobeck, einen der leitenden Angestellten aus seinem Hamburger Kontor. Aus den Briefen, die Lobeck an Schimmelmann schreibt, lässt sich ablesen, welchen Widrigkeiten er sich ausgesetzt sieht: anhaltende Dürre, mangelhafte Ernährung, unzuverlässige Weiße, rebellische Schwarze, die sich – verständlicherweise – der Sklaverei durch Weglaufen zu entziehen suchen. »Wünsche sehr öfters in Europa nur 24 Stunden zu sein«, gibt er einmal zu. Schimmelmanns Ton bleibt geschäftsmäßig, er verlangt »eine ausführliche Spezifikation« der Versklavten, »von jedem Stück das Geschlecht, die Namen und der Wert«.

Um den offenkundig überforderten Lobeck als Verwalter abzulösen, schickt der Eigentümer 1766 einen Verwandten los, seinen Neffen Ludwig Heinrich Schimmelmann, der einige Jahre in Hamburg und Kopenhagen das Geschäft erlernt hat. Als der 23-Jährige ankommt, ist Lobeck tot; es heißt, er habe sich beim vielen Reiten überanstrengt. Umgehend bittet Schimmelmann seinen Onkel, mit dem nächsten Schiff eine Kutsche zu schicken.

Mit seinen neuen Pflichten kommt der junge Schimmelmann gut zurecht. In den folgenden Jahren erwirbt er neben seiner Verwaltertätigkeit eigene Plantagen, später wird er zum Generalgouverneur von Dänisch-Westindien ernannt, eine herausgehobene Position im Königreich. »Die westindischen Inseln kann man mit Fug und Recht als den allerbedeutendsten Zweig des dänischen Handels betrachten«, schreibt ein Kopenhagener Großkaufmann 1770 an den König. Und St. Croix sei »einer der größten Steine in der Krone Eurer Majestät«.[33] Der Zucker, der auf äußerst inhumane Weise produziert wird, macht viele reich im Staate Dänemark.

Eine Hauptaufgabe von Ludwig Heinrich Schimmelmann ist der Zukauf von Arbeitskräften. Ein Jahr nach seiner Ankunft verzeichnet die Inventarliste der beiden Plantagen auf St. Croix 697 Sklavinnen und Sklaven, fast doppelt so viele wie die königlichen Wirtschaftsprüfer dort einmal vorfanden. Ihre Namen bekommen die Schwarzen von den weißen Herren, oft sind es Entlehnungen aus der Antike oder der Bibel: Romulus, Venus, Sokrates, Caesar, Debora, Rebecca. Andere werden mit Ortsnamen gerufen: Plön, Wandsbek, Kopenhagen, Amsterdam.

Zu Lebzeiten des Barons von Schimmelmann liegt die Gesamtzahl der Schwarzen auf seinen kolonialen Gütern nahezu konstant bei rund tausend. Damit ist er der größte Sklavenhalter in Dänisch-Westindien. Auch auf den sogenannten Zuckerinseln der Engländer, Franzosen oder Niederländer gibt es kaum einen Plantagenbesitzer, der so viele Menschen als sein Eigentum bezeichnen kann.

Für die Betreiber der karibischen Pflanzungen ist es eine ständige Sorge, über genügend Arbeitskräfte zu verfügen. Krankheiten und die Folgen von Misshandlungen, Folter und erzwungener Plackerei raffen die Versklavten dahin. Durchschnittlich bleiben sie unter diesen Bedingungen sieben Jahre lang am Leben.[34] Einigen gelingt es, ihrem Elend zu entfliehen, sie »laufen maroon«, wie es heißt, und erleiden schwere körperliche Strafen bis hin zur Amputation von Gliedmaßen, wenn sie eingefangen werden oder freiwillig zurückkehren. Unter den miserablen Umständen kommen nur wenige Kinder zur Welt.

Schimmelmann weiß um den ständigen Bedarf und hat darum nicht nur seine eigenen Plantagen im Blick. Seinem Neffen schreibt er: »Der Sklavenhandel liegt mir sehr am Herzen.« Dass er fernab in Hamburg und Kopenhagen über die Lage in der Karibik gut unterrichtet ist, zeigt seine anschließende Ermahnung an Ludwig Heinrich: »Da die französischen und spanischen Eiländer sehr viele Sklaven nötig haben, so sollte ich glauben, dass man dahin Sklaven verkaufen könnte, wenn die Pflanzer auf St. Croix keinen schicklichen und annehmlichen Preis dafür zahlen wollen. Ich rekommandiere Dir diese mir sehr am Herzen liegende Handlung nochmals auf das Allerbeste.« Wenn er schon Menschenhandel betreibt, dann richtig.

Nach einer von ihm finanzierten Reise, die den als geisteskrank geltenden König Christian VII. quer durch Europa führt, gelingt Schimmelmann ein weiterer unternehmerischer Coup: Er kauft dem Monarchen die *Kronborg Geværfabrik* in Hellebek ab, die über das dänische Monopol für die Herstellung von Handfeuerwaffen verfügt. Außerdem stellt die Fabrik Kappmesser für die Zuckerrohrernte her. Der größte Teil der produzierten Gewehre und Pistolen, insgesamt bis zu 8000 Stück im Jahr, geht in den Export – hauptsächlich nach Afrika. Es sind Flinten einfachster Qualität; die Schießeisen für dänische Infanteristen kosten ab Werk dreimal so viel.

Mit dem Kauf der Gewehrfabrik hat Schimmelmann sein wirtschaftliches Imperium komplettiert. Auf perfekte Weise folgen seine Geschäfte nun dem Modell, das als transatlantischer Dreieckshandel in die Geschichtsbücher eingeht:

Die Flinten aus seiner Gewehrfabrik exportiert er nach Westafrika, genauso wie den Schnaps, der in seinem Ahrensburger Landgut gebrannt wird, und die Stoffe aus Leinen oder Baumwolle, die seine Arbeiterinnen und Arbeiter in Wandsbek weben und bunt bedrucken.

An der sogenannten Goldküste und der benachbarten Sklavenküste Westafrikas unterhalten Dänen und andere Europäer seit Langem ihre Forts: massiv befestigte Stützpunkte für den organisierten Menschenhandel. Die weißen Händler können ihre Profite aus der Veräußerung von Waffen, Branntwein und Textilien dort nutzen, um ihren schwarzen Geschäftspartnern versklavte Afrikanerinnen und Afrikaner aus dem Inland abzukaufen. Oder sie betreiben Tauschhandel.

Nach dem Transport zu den karibischen Plantagen werden die Verschleppten dann rücksichtslos in den Dienst der weiteren Gewinnerzielung gestellt. Der von ihnen erzeugte Zucker gelangt nach Europa und wird dort haushaltsfertig zubereitet und verkauft. So schließt sich die Lieferkette, die den einen Reichtum, anderen ihre Konsumgüter und vielen die völlige Verelendung bringt. Ob die Schiffe tatsächlich im Dreieck fahren oder nur auf einer Seite pendeln,[35] spielt für die Effizienz des Wirtschaftsmodells keine Rolle.

Schimmelmann ist nicht der erste und nicht der einzige Unternehmer, der einen europäisch-afrikanisch-amerikanischen Dreieckshandel betreibt. Aber er hat seinen gesamten Geschäftsbetrieb dafür optimiert wie kaum jemand sonst. Alles greift ineinander: in Hamburg, Holstein, Dänemark. An den Küsten Westafrikas. Auf den kolonisierten Karibikinseln. Und an jeder Ecke des Dreiecks fließen ihm Einnahmen zu.

## Was den Versklavten widerfährt

Erlebnisberichte der Männer und Frauen, die in die Mühlen des Schimmelmann'schen Plantagensystems geraten sind, liegen nicht vor; wahrscheinlich gab es niemals etwas Schriftliches von ihnen. Kein Kolonialherr hat ein Interesse daran, dass die von ihm Versklavten ihre Stimme erheben. Die Dänen und Deutschen, Engländer und Franzosen, Russen und Italiener, die am Küchentisch Zucker in ihre Kaffee- oder Teetassen löffeln, sollen nicht so genau wissen, unter welchen Umständen der kristalline Süßstoff produziert wird. Oder der Tabak, den sie in ihre Pfeife stopfen. Oder der Reis, den sie kochen.

Nur einigen wenigen der vielen Millionen Unterdrückten ist es gelungen, ihre Geschichte öffentlich zu erzählen.[36] Bellinda Sutton zum Beispiel, geboren 1713 im heutigen Ghana; sie schreibt 1783 eine Petition an das Abgeordnetenhaus von Massachusetts. Auch Antera Duke, geboren um 1735 im heutigen Nigeria; er führt ein Tagebuch, in dem er die Praktiken des Sklavenhandels festhält. Elizabeth Key, Tochter einer Sklavin und eines englischen Pflanzers in Virginia, klagt 1655 mit Erfolg die Freiheit für sich und ihren Sohn ein. Ottobah Cugoano wird mit dreizehn Jahren von Westafrika in die Karibik verschleppt, dann nach London verkauft, wo er schließlich die Freiheit erlangt. 1787 veröffentlicht er ein Buch mit dem Titel *Thoughts and Sentiments on the Evil and Wicked Traffic of the Slavery and Com-*

*merce of the Human Species.* Mit einer Widmung schickt er es dem englischen König.

Über seine Gefangennahme berichtet Cugoano, dass er mit Waffengewalt in eine Stadt entführt wurde. »Ich sah dort mehrere weiße Leute, die mir die Furcht einflößten, dass sie mich essen würden, so wie wir es uns als Kinder im Landesinneren vorgestellt hatten.« Als das Sklavenschiff ankam, wurden die Gefangenen unter Peitschenhieben an Bord verfrachtet. »Wir sahen einige schwarze Händler, die aufs Schiff kamen, jedoch wurden wir alle in unsere Verschläge gejagt und durften mit keinem von ihnen sprechen.« Die frisch Versklavten schmiedeten den Plan, das Schiff in Brand zu stecken und dadurch freizukommen. Aber sie wurden von einer Schwarzen verraten, »die mit einigen der Anführer schlief, denn es war unter den schmutzigen, säuischen Seeleuten üblich, dass sie afrikanische Frauen nahmen und ihren Körpern beilagen«. Für ihn gab es nun »nur noch Heulen und Tränen«.

Der wohl bekannteste Zeuge der transatlantischen Versklavung ist Olaudah Equiano. Laut eigenen Angaben kommt er um 1745 im heutigen Nigeria zur Welt, gerät als Kind in die Fänge von Sklavenjägern und wird auf ein Schiff gesteckt. Nach seiner Ankunft auf der Karibikinsel Barbados wird er nach Virginia verkauft, sein Besitzer gibt ihm den Namen Gustavus Vassa. Als freier Mann bringt er 1789 in London seine Autobiografie heraus, die in zahlreichen Auflagen gedruckt wird: *The Interesting Narrative of the Life of Olaudah Equiano, Or Gustavus Vassa, The African, Written by Himself.*

Im zweiten Kapitel seines Buchs vermittelt Equiano einen Eindruck von den Verhältnissen im Frachtraum während der Überfahrt: »Die Enge dieses Orts und die Hitze des Klimas, dazu die Anzahl aller auf dem überfüllten Schiff, die es kaum erlaubte, sich auch nur umzudrehen, ließen uns beinahe ersticken.« Eine Seuche bricht aus. »Die Schreie der Frauen und das Röcheln der Sterbenden verwandelten alles in eine Szene des Schreckens, die kaum vorstellbar ist.«

Einmal beobachtete Equiano einen Zwischenfall, bei dem die Weißen ihre grundsätzliche Einstellung erkennen ließen. Zwei aneinandergeketteten Schwarzen gelang es, auf hoher See über Bord zu springen, da sie lieber sterben als unter diesen Umständen weiterleben wollten. Ein dritter stürzte sich hinterher. Daraufhin stoppte der Kapitän die Fahrt und ließ die Beiboote zu Wasser. »Zwei der Elenden waren ertrunken, aber den anderen holten sie zurück und peitschten ihn danach gnadenlos aus, weil er versucht hatte, den Tod der Sklaverei vorzuziehen.« Die schwarzen Gefangenen besaßen in den Augen der Schiffsbesatzung also einen Warenwert, aber keinerlei Menschenwürde.

Equiano wird mehrmals weiterverkauft, einige Jahre verbringt er bereits in England. In der Zeit, als Schimmelmann seine Plantagen erwirbt und ausbaut, gehört er einem aus Philadelphia stammenden Händler, der ihn auf der Karibikinsel Montserrat für sich arbeiten lässt, nicht weit von St. Croix entfernt. Anfangs muss Equiano bis zu sechzehn Stunden täglich auf den Zuckerplantagen und beim Warentransport schuften, später erhält er anspruchsvollere Aufgaben, etwa als Hausdiener. Oder er muss sich um die Eingewöhnung der Neuankömmlinge aus Afrika kümmern. Dann wieder begleitet er Menschentransporte in die englischen Kolonien auf dem Festland.

Regelmäßig beobachtet er sexuelle Übergriffe. »Es war beinahe eine ununterbrochene Übung der Gehilfen und anderer Weißer, die Keuschheit der Sklavinnen auf gewaltsame Weise zu schänden.« Die Brutalität der Matrosen kennt keine Grenzen: »Ich habe gesehen, wie sie ihre viehische Lüsternheit an noch nicht einmal zehn Jahre alten Mädchen auslebten.«

Es gelingt Equiano, neben der Sklavenarbeit etwas Geld zu verdienen und zu sparen. Damit kann er sich 1766 freikaufen. Über das, was er auf den Zuckerinseln erlebt hat, schreibt er: »Jede Weltgegend, die ich bis dahin kennengelernt hatte, erschien mir wie ein Paradies verglichen mit Westindien.«

Auch unter den Weißen in der Karibik gibt es manche, die einen genauen Blick für die Zustände haben. Reimert Haagensen ist so einer. Er kommt mit 18 Jahren aus Dänemark nach St. Croix und lebt dort fast zwei Jahrzehnte lang als Buchhalter und Plantagenbesitzer, bis er nach Kopenhagen zurückkehrt. 1758 veröffentlicht er das Buch *Beschreibung des Eilandes St. Croix in Amerika.*[37] Es ist ein erschütterndes Dokument, in mehrfacher Hinsicht. Denn einerseits beschönigt Haagensen das Elend nicht; andererseits zeigt er sich als eingefleischter Rassist, der den Afrikanern nachsagt, »dass ihre schwarze Haut von ihrer Schlechtigkeit und von ihrer Bestimmung zur Sklaverei zeugt, sodass sie keine Freiheit genießen dürfen«. Ihre brutale Behandlung, die Strafen, bei denen mitunter eine Hand oder ein Fuß abgehackt wird, seien nun einmal nötig. Denn sonst »würde sich niemand trauen, auf der Insel zu leben«. Vermutlich hat er damit sogar recht.

Im Plantagenalltag von St. Croix werden die Versklavten »ständig zur Arbeit angehalten«. Zwischen drei und vier Uhr morgens ertönt der Weckruf, »die Schwarzen stehen sofort auf und gehen aufs Feld hinaus, obgleich es noch dunkel ist, und mähen alle ihre Tracht Gras, die sie als Viehfutter auf ihren Köpfen heimtragen«. Zur Arbeit in den Zuckerrohrpflanzungen treibt sie ein schwarzer Aufseher an, »der dort Bomba genannt wird« und »eine lange Peitsche in der Hand« hält. »Dieser Bomba steht dann auf dem Feld hinter den Sklaven und passt auf, und wenn sie nicht schwer arbeiten oder es nicht gut genug machen, gibt er ihnen zehn bis zwölf Schläge mit seiner Peitsche.« Auf größeren Plantagen setzen die Verwalter mehrere Bombas ein.

Um ihre Ernährung müssen sich die Frauen und Männer selbst kümmern, indem sie auf den ihnen zugewiesenen Grundstücken ein wenig Landwirtschaft betreiben. »Daher läuft ein Sklave, wenn er mittags von der Arbeit seines Herrn kommt, so schnell wie möglich zu seinem eigenen Land und gräbt einige Wurzeln für sich zur Mahlzeit aus.« Für die persönliche Feldarbeit steht nur der Sonntag zur Verfügung. »Ein Sklave, den der Herr um seiner Faulheit willen mit Nahrung zu versorgen gezwungen ist, bekommt sechsmal mehr Schläge wie die anderen.«

Erwartet eine versklavte Frau ein Kind, »geschieht das ohne die mindesten Umstände«. Nach der Geburt »sind viele von ihnen schon einen oder zwei Tage später wieder auf den Beinen und kommen zurecht, da sie von Aufwartung oder Hilfe nichts wissen«. Die Kinder gehören dem Eigentümer der Mutter; sobald sie sechs, sieben Jahre alt sind, müssen sie in der Zuckerpflanzung oder beim Viehhüten helfen. In einem Satz fasst Haagensen alles zusammen, tautologisch, aber gerade darum fürchterlich: »Das ganze Leben der Sklaven ist eine Kette von Sklavenarbeit.«

## Schimmelmann bekommt den Elefantenorden und die Grafenwürde

Baron von Schimmelmann kann förmlich dabei zusehen, wie sein Vermögen wächst und wächst. Das Geld, das er in Westindien investiert hat, amortisiert sich. Die Fabrikationsanlagen von *La Grande Princesse* auf St. Croix, seiner größten Zuckerrohrpflanzung, lässt er umfassend ausbauen. Standen ursprünglich im Kochhaus, in dem der ausgepresste Pflanzensaft in Rohzucker verwandelt wird, nur vier Metallkessel, sind es jetzt achtzehn Kessel.

Die Herstellung der Rohmasse erfordert exakte Kenntnisse, Erfahrung und erhebliches Geschick. Wie die Prozedur abläuft, hat ein dänischer Offizier aufgeschrieben, der einige Jahre in der Kolonialverwaltung von St. Croix tätig war und auch selbst eine Plantage betrieb: Im Kochhaus erhitzen die Arbeiter den Pflanzensaft in großen Kesseln.[38] »Eine bestimmte Menge ungelöschter Kalk wird dem Saft beigemischt, wodurch die säuerlichen Partikel absorbiert und neutralisiert werden, und alle Verunreinigung kocht an die Oberfläche, wo sie mit der kupfernen Schaumkelle abgeschöpft wird.« Nach zwei bis drei Stunden verändert sich die grüne Flüssigkeit: »Wenn die Schöpfkelle in den Saft getaucht und dann gedreht wird, sodass der Saft von der Kante der Kelle tropft und fällt, als wäre er mit dem Messer abgeschnitten, beginnt die Granulation.« Nach dem Siedeprozess wiegt der Rohzucker höchstens noch die Hälfte der ursprünglich ausgepressten Flüssigkeit.

Die abgekühlte Masse kommt in Holzfässer, aus denen Sirup heraussickert. Nach zwei bis vier Wochen werden die Fässer abgedichtet und verschifft. Den abgeschöpften Schaum mischen die Arbeiter mit etwas dunkelbrauner Melasse, bis die gegorene Mixtur für die Destillation taugt. Der so gewonnene Rum ist ein wertvolles Nebenprodukt der Zuckerherstellung. Rum höherer Qualität geht in den Export nach Europa und Nordamerika, der Fusel bleibt für die Schwarzen auf den Plantagen als alkoholisches Betäubungsmittel.

Alles ist auf eine Effizienz angelegt, die der Kolonialoffizier mit spürbarer Begeisterung erläutert, blind für die innewohnende Gewalt:

»Vom Zuckerrohr geht nichts verloren. Das Vieh wird mit den Blättern gefüttert und gedeiht damit, die Spitzen dienen als Stecklinge, der Saft als Zucker, die Stängel als Feuerung, der Abfall von allem als Dünger, nachdem er mit Mist vermischt worden ist. Ertragreich ist das Produkt im Handel, nahrhaft für Mensch und Vieh. Gesundheit und Freude werden in der Erntezeit geweckt und erneuert – alle sind beschäftigt.«

Nur dass die Beschäftigung der allermeisten kaum zu ihrer »Gesundheit und Freude« beiträgt, und zwar nicht bloß deshalb, weil sie dem Regime der Peitsche unterworfen sind: In den Kochhäusern und Zuckermühlen kommt es immer wieder zu schweren Unfällen. Nachts wird gewöhnlich durchgearbeitet, in Schichten, die bis zu achtzehn Stunden dauern. Die gusseisernen Walzen der Mühle können eine tödliche Falle sein, wenn Arbeiterinnen und Arbeiter beim Hineinschieben der Zuckerrohrstangen einen Moment unachtsam sind und vom Mahlwerk erfasst werden. Darum liegt dort meist ein gut geschärftes Haumesser bereit. Notfalls ist es besser, sofort die Hand oder den Arm abzuschlagen, ehe der ganze Körper zwischen die Walzen gezogen und zerquetscht wird. Englische Kolonialherren lassen auf ihren Plantagen manchmal die Todesstrafe dadurch vollstrecken, dass die Verurteilten ins Mahlwerk gestoßen werden.[39]

Wirtschaftshistorisch betrachtet ist die Plantagenökonomie eine Einübung in die industrielle Gewinnmaximierung. Zu Schimmelmanns Lebzeiten nimmt die kapitalistische Produktionsweise allmählich Formen an; ein ebenso bewundertes wie verhasstes Modell sind die Textilfabriken im englischen Manchester. Es wird nicht mehr lange dauern, bis der Kapitalismus die Weltmärkte dominiert. Die Herstellung des karibischen Zuckers, die auf gnadenlose Effizienz getrimmt ist, hat mehr mit einer dampfgetriebenen Baumwollspinnerei als mit einem landwirtschaftlichen Hofgut gemeinsam: »Die arbeitsteiligen, mechanischen Abläufe, die spezialisierte Massenproduktion, letztlich auch der Einsatz von Menschen als Betriebskapital – alles, was später typisch wird für die Arbeit in den Fabriken, wurde im Grunde auf den Plantagen erfunden.«[40]

Der amerikanische Unabhängigkeitskrieg, in dem sich die USA konstituieren, schafft zu dieser Zeit für die nordeuropäischen Händler ein äußerst günstiges Geschäftsklima. Als Franzosen und Spanier 1778 den amerikanischen Kolonisten beispringen und auf See gegen die Engländer kämpfen, schließen sich Dänen, Schweden und Russen zu einem »bewaffneten Neutralitätsbund« zusammen; auch die Hamburger bleiben neutral. Sie alle profitieren erheblich davon, dass der englische und französische Warenverkehr mit den westindischen Kolonien einbricht, weil die Schiffspassagen für die kriegführenden Nationen nicht mehr sicher sind. Unter den als neutral anerkannten Flaggen blüht das transatlantische Geschäft entsprechend auf, vier dänische Fregatten geben der Handelsflotte Geleitschutz.

Schimmelmann weiß besser als irgendjemand sonst, welche Chancen ein Krieg für geschickte Kaufleute bietet. Gemeinsam mit einer Hamburger Firma handelt er inzwischen auch mit Salpeter, der für die Herstellung von Schießpulver benötigt wird. Als sich 1778 in Kopenhagen die *Königlich oktroyierte Dänisch-Westindische Kompanie* formiert, gehört der Schatzmeister zu den treibenden Kräften. Er selbst übernimmt einen Direktorenposten, sein dreißig Jahre alter Sohn Ernst gehört ebenfalls zum Führungskreis der neuen Aktiengesellschaft. Jetzt kommt es darauf an, genügend Frachtschiffe einsetzen zu können; die Werften bauen, was ihre Kapazitäten hergeben. Im dänischen St. Thomas weiß der Hafenmeister kaum noch, wohin mit den einlaufenden Großseglern, und die Mietpreise für Wohn- und Lagerhäuser in der Hauptstadt Charlotte Amalie erreichen ungeahnte Höhen.

In Kopenhagen entwickeln sich die Aktien der Kolonialgesellschaften zu heiß gehandelten Spekulationsobjekten. Schimmelmann senior treibt die Kurse mitunter selbst hoch, indem er seine Prokuristen als Käufer in den Markt schickt, die weitere Käufer anlocken – um nach dem dadurch bewirkten Preisanstieg eigene Wertpapiere mit sattem Gewinn zu verkaufen. Es ist eine neue Variante der alten Strohmannmethode. In die Taschen derer, die beherzt ihre Chance ergreifen, spült die Kriegskonjunktur viel Geld. Wo verläuft die Grenze zum Betrug? Niemand scheint diese Frage zu stellen, jedenfalls nicht offen.

Der Schatzmeister und Großunternehmer strebt dem Höhepunkt seiner einzigartigen Laufbahn entgegen. 1779 erhebt ihn der König zum Grafen von Lindenborg – »in Anerkennung... der bedeutenden Dienste, die er dem König und dem Lande geleistet«. Schon fünf Jahre zuvor hat er die höchste Auszeichnung erhalten, die der dänische Monarch vergeben kann, den Elefantenorden. Das goldene, mit Diamanten geschmückte Abzeichen zeigt einen indischen Elefanten, der von einem Turbanträger im Lendenschurz dirigiert wird. Es ist ein typisches Motiv der Kolonialzeit, das seine Wirkung aus dem Reiz des Exotischen ziehen soll. Für gewöhnlich werden nur Angehörige königlicher Familien und Staatsoberhäupter mit dem Elefantenorden ausgezeichnet, die Tradition besteht bis heute. Zuletzt haben Frankreichs Staatspräsident Emmanuel Macron, Bundespräsident Frank-Walter Steinmeier und Prinzessin Ingrid Alexandra von Norwegen das kolonialistische Emblem entgegengenommen.

Schimmelmanns Kerngeschäft bleibt der Dreieckshandel. Insgesamt vierzehn Schiffe sind nach ihm selbst, seiner Frau oder seinen Kindern benannt, sie gehören ihm oder den Gesellschaften, deren Aktien er besitzt. Bei Bedarf chartert er Frachtsegler, die besten Angebote gibt es gewöhnlich in Altona.

Caroline Schimmelmann nimmt regen Anteil an den Geschäften ihres Mannes. Als der Altonaer Schiffseigner Anton Friedrich Gebauer in dessen Auftrag 75 360 Taler Gewinn mit dem Transport von Sklaven, Zucker und Kaffee erzielt, schreibt sie ihrem Gatten ungeduldig: »Kommt Gebauer nach Hamburg? ... Was trägt die Aktie, was tun die 4 Prozente, welche Du mir versprochen hast von dem Profit?« In freudiger Erwartung fügt sie hinzu: »Ich glaube, dass ich nun balde eine Kapitalistin sein werde, darauf rechne ich ganz gewiss.«[41]

Gemessen an den Millionen Menschen, die von Engländern oder Portugiesen verschleppt werden, mag Schimmelmanns Anteil gering erscheinen. Genaue Zahlen gibt es nicht. Nach unterschiedlichen Schätzungen transportieren die Dänen insgesamt zwischen 85 000 und 111 000 Versklavte über den Atlantik.

Manche von ihnen sind für Europa bestimmt. Sie sollen zum Beispiel ein Handwerk lernen oder medizinische Kenntnisse erwerben, um sich dann auf den Plantagen nützlich zu machen. Unter Adligen und reichen Bürgern gilt es außerdem als schick, sich mit »Kammermohren« zu schmücken. Davon zeugt etwa der Bericht der Schriftstellerin Sophie von La Roche, den sie nach einem Besuch bei ihren norddeutschen Freunden Juliana und Friedrich Karl von Reventlow verfasst: »Ich hatte mit dem Mohren der Gräfin eine kleine Unterredung. ... Ich sprach mit diesem Menschen, weil ich Züge eines sanften Charakters in ihm sahe, und auch eine sanfte Stimme an ihm bemerkte. Ich fragte nach seinem Lande, und wie lange er schon bei der Gräfin diene? Er ist von einer Sklavenfamilie von den Plantationen des alten Grafen von Schimmelmann, welcher ihn und mehrere junge Mohren nach Kopenhagen bringen ließ, um dort schreiben, rechnen, Chirurgie und andere Kenntnisse zu lernen. Die Chirurgie freute ihn nicht, und der alte Herr schenkte ihn Gräfin Juliana. Er ist glücklich, denn seine Herrschaft ist sehr gütig. Er verlangt sein Vaterland nicht mehr zu sehen, denn seine Eltern sind tot.«

Schimmelmann nimmt immer wieder Bestellungen entgegen, etwa von der Herzogin von Mecklenburg oder dem dänischen König, der »zwei recht schöne Negers von 4 und 8 Jahren haben will«. Auch die eigene Familie wird bedacht. Diensteifrig teilt ihm sein Plantagenverwalter Lobeck aus St. Croix mit, das nächste Schiff werde einen hübschen Jungen »für die gnädige Frau Baronesse« über den Ozean bringen.

## Warum Hamburg die Zuckerhauptstadt wird

Die schärfste Konkurrenz für Schimmelmanns Zuckergeschäft sitzt dort, wo er seinen ersten Unternehmenssitz hat: in Hamburg.[42] Seine Kopenhagener Raffinerie gilt zwar als größte in Nordeuropa, aber an der Elbe sind so viele kleine »Zuckerbäcker« tätig, dass alle zusammen auf hohe Produktionsmengen kommen und einen internationalen Kundenkreis bedienen können. Viele beziehen ihr Rohmaterial über Kieler und Altonaer Zwischenhändler aus Kopenhagen, also aus den dänisch-westindischen Plantagen.[43]

Die Tradition des Hamburger Zuckergewerbes reicht lange zurück. Seit dem 16. Jahrhundert gelangt Rohware aus Brasilien an die Elbe, Umschlagplatz für die Importeure ist die portugiesische

Hauptstadt Lissabon. Wie wichtig der Portugalhandel für die Hansestädter ist, veranschaulicht eine kleine Kuriosität: Um das Geschäft zu befördern, verändern die Brauersöhne Jürgen und Heinrich Jenckel ihre Namen zu Jorge und Henrique Jencquel.[44] Die Familie schreibt sich noch heute so. (Ähnlich ist es später bei den Oswalds, die ihren Namen zu O'Swald verfremden, um bei angelsächsischen Handelspartnern einen besseren Eindruck zu machen.)

Dass die Zuckerverarbeitung an der Elbe zu einem der größten Wirtschaftszweige heranwächst,[45] liegt auch an der konservativen Verfassung des traditionellen Handwerks. Die Zuckersiederei zählt nicht zu den alten Zünften, ist daher weniger strengen Regeln unterworfen und bietet Chancen für Einsteiger, die bereit sind, hart zu arbeiten und etwas zu riskieren.[46]

Neben den dänisch-westindischen Rohzuckern gelangen Importe aus Jamaika und Barbados, Saint-Domingue und Martinique in den Hamburger Hafen.[47] Aus diesen englischen und französischen Kolonien kommt die Ware in rund 800 Pfund schweren Fässern an. Die von Spanien beherrschten Kubaner liefern in leichteren Kisten, die Brasilianer wiederum packen ihren Zucker in Kisten, die 2000 Pfund wiegen können. Direktimporte sind bis gegen Ende des 18. Jahrhunderts die Ausnahme, gewöhnlich erfolgt die Einfuhr über einen Hafen der jeweiligen Kolonialmacht. Als der Königshof in Madrid schließlich Direktimporte aus Kuba erlaubt, lassen sich viele Hamburger und Bremer Kaufleute in Havanna nieder.[48] Die spanische Kolonie bleibt noch lange eine Hochburg der Sklaverei.

Lag der Schwerpunkt der kontinentaleuropäischen Zuckerproduktion zunächst in den Niederlanden, verlagert er sich nach 1700 an die Elbe. Schon 1727 bezeichnet ein französischer Kaufmann Hamburg neben Amsterdam als »die andere Hauptstadt des Zuckers«;[49] in rund 200 Raffinerien rauchen die Schornsteine, die meisten davon sind Kleinbetriebe. Hamburg versorgt bald halb Europa mit Zucker: vor allem die Länder im Norden und Osten des Kontinents, aber auch Österreich und Italien. Die andere Zuckerhauptstadt ist inzwischen nicht mehr Amsterdam, sondern London.

Dass die holländische Zuckerverarbeitung ins Hintertreffen gerät, ist von den Engländern durchaus beabsichtigt. 1651 verabschiedet die aufstrebende Kolonialmacht den ersten *Navigation Act,* ein Handels- und Schifffahrtsgesetz zur Stärkung der heimischen Wirtschaft gegenüber den bis dahin sehr mächtigen Niederlanden. Als Reaktion auf diese politische Attacke fangen die Niederländer zwar einen Krieg an, aber sie unterliegen und werden ihre alte Stärke niemals wiedererlangen. Ein halbes Jahrhundert später ist es Ludwig XIV., der französische Sonnenkönig, der gegen die Handelsnation an der Nordsee zu Felde zieht. Zahlreiche Flüchtlinge aus Amsterdam lassen sich in Hamburg nieder und bringen neben ihren Handels- und Finanzbeziehungen auch vertiefte Kenntnisse der Zuckerherstellung mit an die Elbe.[50] Ein Chronist zählt Ende des 18. Jahrhunderts 298 »kleine und große Zuckersieder« in Hamburg, bis 1807 steigt die Zahl auf 428 Betriebe.[51]

Bei der großen Konkurrenz ist die Zuckersiederei ein hartes Geschäft. Häufig finanzieren Händler die Hersteller, an die sie ihre Rohprodukte liefern, durch Kredite, die sie sich in Form von Fertigzucker zurückzahlen lassen. Die Sortenvielfalt ist anders, aber gewiss nicht kleiner als in einem heutigen Supermarkt. Am weitesten ist der »Hutzucker« verbreitet, der in sogenannten Broten über den Verkaufstresen geht.[52] Hutzucker hoher Qualität – reinweiß, feinkörnig und hart – wird für die Kundschaft in blaues oder violettes Papier eingewickelt. Am teuersten ist der Kandiszucker. Andere Sorten heißen Melis-, Lumpen- oder Farinzucker. Seine Form erhält der Hutzucker von den konischen Tongefäßen, in denen die aufgekochte Masse auskühlt; darin backen die Kristalle so fest zusammen, dass der Zuckerhut daheim mit gewissem Kraftaufwand zerkleinert werden muss. Wer es sich leisten kann, besitzt einen silbernen Zuckerhammer.

Unter wirtschaftlichen Druck geraten die Hamburger Raffinerien, als sich 1834 der Deutsche Zollverein konstituiert, dem sich die Hansestadt (wie auch Bremen und Lübeck) nicht anschließt. Ihr Absatz beginnt zu bröckeln, weil andere deutsche Lieferanten nun von Ostpreußen bis zum Bodensee zollfreie Ware verkaufen können.

Allmählich und von Rückschlägen begleitet revolutioniert schließlich eine biochemische Entdeckung im 19. Jahrhundert den Zuckermarkt: der Rübenzucker. 1747 hat der Berliner Apotheker und Chemiker Andreas Sigismund Marggraf herausgefunden, dass in der

Runkelrübe (*Beta vulgaris*) dieselbe süße Substanz steckt wie im Zuckerrohr. Jahrzehnte später versucht sein Schüler Franz Carl Achard, aus dieser wissenschaftlichen Erkenntnis praktischen Nutzen zu ziehen. Eins seiner Motive ist es, etwas gegen die mit dem Rohrzucker untrennbar verbundene Sklaverei zu unternehmen.

Auf der Suche nach einer europäischen Pflanze mit möglichst hohem Zuckergehalt experimentiert Achard mit verschiedenen Rübensorten und anderen Gewächsen, schließlich züchtet er eine verbesserte Kulturform der »Weißen Schlesischen Rübe«. Nach einer Eingabe an den preußischen König Friedrich Wilhelm III. erhält er 50 000 Taler, mit denen er 1802 eine erste Fabrikationsanlage errichtet. Allerdings bleibt sie wirtschaftlich bedeutungslos und brennt bald ab.

Gleichzeitig sind die Franzosen unter Napoleon am Rübenzucker interessiert und bauen Produktionskapazitäten auf. Denn durch eine erfolgreiche Revolution der Versklavten auf ihrer Kolonie Saint-Domingue haben sie die wichtigste Quelle für Rohrzucker verloren.[53] Über die nordeuropäischen Küsten verhängt Napoleon eine Kontinentalsperre, wodurch die Preise für Kolonialerzeugnisse stark steigen. Das hilft dem Rübenzucker, aber nicht den hanseatischen Kaufleuten, die von den Warenströmen abgeschnitten sind. Sie haben viel Grund zu klagen.

Der staatlich geförderte Aufschwung des Rübenzuckers bleibt allerdings ein kurzes Intermezzo und endet mit Napoleons Herrschaft: Noch ist die Herstellung ineffizient und teuer – teurer als die Produktion Tausende von Kilometern entfernt unter dem karibischen Ausbeutungsregime. In einem statistischen Bericht über die Wirtschaft im Deutschen Zollverein heißt es 1836: Die »Bereitung des Zuckers aus Runkelrüben« sei »durchaus unwichtig«.[54] Erst die nun einsetzende wirtschaftspolitische Steuerung, etwa durch Subventionen, wird dem einheimischen Zucker in Deutschland zum Durchbruch verhelfen. Bei den weltweit erzeugten Mengen liegt der Rohrzucker noch bis 1880 vor dem Rübenzucker.[55]

## Schimmelmanns Erbe

Caroline Schimmelmann, die fest an der Seite ihres Mannes steht, macht sich manchmal Sorgen um ihn. »Opfere Dich nicht auf!«, rät sie ihm in einem Brief. »Gesundheit ist das größte Glück, das Gott den Menschen geben kann.« Die »vergifteten Pfeile der Verleumdung und schwarzen Missgunst«, mit denen Neider auf ihn zielten, dürfe er sich nicht zu Herzen nehmen. Häufig leidet der Schatzmeister unter Kopfschmerzen, manchmal unter Anfällen von Gicht und rheumatischem Fieber, was immer das genau bedeutet. Anfang 1782 packt ihn die Krankheit schwer, die Ärzte verordnen strenge Bettruhe. Neun Tage später, am 15. Februar, stirbt er mit 58 Jahren in Kopenhagen.

In einem rühmenden Nachruf, signiert von 33 Firmen, malen die dänischen Kaufleute seine Verdienste blumig aus. Darin heißt es: »Er war es, der unsere Schifffahrt ausbreitete und uns Wege zu den entferntesten Inseln bahnte, die vorher nie durch unsere Schiffe waren besegelt worden! Er war es, der verschiedene große und mächtige Handelsgesellschaften gründete, die unter uns und allen Ständen blühenden Wohlstand verbreitet haben!«

Am 3. April wird in Hamburg das Testament eröffnet, das er ein Jahr zuvor »im Namen der Heiligen und Hochgelobten Dreieinigkeit« abgefasst hatte. Wie nicht anders zu erwarten, soll das umfangreiche Vermögen nach genauen Vorgaben unter den fünf Kindern aufgeteilt werden. Den größten Teil erhält der älteste Sohn Ernst, der bereits die gräfliche Würde und hohe dänische Titel besitzt. Zeitgenossen schätzen den Wert des gesamten Erbes auf fünf Millionen Reichstaler. Den größten Posten bilden die karibischen Zuckerplantagen.

Zehn Jahre nach seinem Tod wird Schimmelmanns Leichnam in das Mausoleum überführt, das mittlerweile gemäß seinen Wünschen nahe der Wandsbeker Kirche steht. Dort steht es heute noch. Strahlend weiß getüncht, überwölbt von einer grün schimmernden Kuppel, überragt es alle anderen Grabstätten auf dem historischen Friedhof, der wie ganz Wandsbek jetzt zu Hamburg gehört. Die abgeschlossene Eingangstür versperrt den Zugang zu den beiden dunklen Marmorsarkophagen für ihn und seine Frau, die einst aus Italien herbeigeschafft worden waren. Öffentlich erinnern vier Hamburger Straßennamen an den Mann, der für sich selbst so viel erreicht hat: die Schimmelmannstraße, die Schimmelmannallee, der Schimmelmannstieg und die Schatzmeisterstraße.

Gegenüber dem Mausoleum markieren zwei Kreuze mit vergoldeten Inschriften die Grabstätten der Eheleute Anna Rebekka und Matthias Claudius. Der Dichter und Journalist hat sich mit seinem *Abendlied* fest in die deutsche Literaturgeschichte eingeschrieben (»Der Mond ist aufgegangen / Die goldnen Sternlein prangen«). Nicht ganz vergessen ist auch, dass Claudius einige Jahre lang die Zeitung *Der Wandsbeker Bote* geleitet und überregional bekannt gemacht hat.

Schimmelmann hat die Zeitung gegründet, als er Herr über Wandsbek geworden ist. Der Name des Ortes, dessen Gewerbe und Manufakturen er ausbauen will, soll klangvoller werden. Dieser Aufgabe wird Matthias Claudius mehr als gerecht. Mut beweist er außerdem: 1773 veröffentlicht er in der Zeitung ein Gedicht, das als erste lyrische Kritik deutscher Sprache an der Sklaverei gilt. Unter der Überschrift »Der Schwarze in der Zuckerplantage« schreibt Claudius:

*Weit von meinem Vaterlande*
*Muß ich hier verschmachten und vergehn,*
*Ohne Trost, in Müh' und Schande;*
*Ohh die weißen Männer! klug und schön!*
*Und ich hab' den Männern ohn' Erbarmen*
*Nichts getan.*
*Du im Himmel! hilf mir armen*
*Schwarzen Mann!*

Das sind deutliche Worte, die direkt auf Schimmelmann zielen. Hat er die Verse seines Zeitungsmannes gelesen, hat er darauf reagiert? Darüber ist nichts bekannt. Es gibt auch sonst keinen Hinweis, dass sich der Kolonialherr und Sklavenhalter jemals mitfühlend über das Leid der Menschen, die ihm gehören, geäußert hätte.

Ganz anders sein ältester Sohn und Nachfolger. Ernst von Schimmelmann leitet zwar die väterliche Gewehrfabrik und amtiert in einer der Kolonialgesellschaften als »Direktor des Sklavenhandels«, hat aber ein empfindsames Gemüt, wie es seiner Zeit entspricht. Für die Naturschwärmerei Rousseaus begeistert er sich ebenso sehr wie für Schillers humanistische Ideale; seine Gedichte und Dialoge, die er Freunden widmet, lassen kein Klischee der literarischen Sturm-und-Drang-Zeit aus. Die Tränen fließen reichlich.

Über die Sklaverei wird unter europäischen und nordamerikanischen Intellektuellen mittlerweile lebhaft diskutiert. Der englische Aufklärer und Revolutionär Thomas Paine, einer der Gründerväter der Vereinigten Staaten, veröffentlicht 1775 einen Essay über *African Slavery in America,* in dem er die Abschaffung fordert. Kurz darauf kommt Paine in Philadelphia mit einer Gruppe von Männern zusammen, überwiegend fromme Quäker, um eine gesellschaftspolitische Organisation für die Beendigung der Sklaverei zu gründen, die *Society for the Relief of Free Negroes Unlawfully Held in Bondage.*

In Europa besonders einflussreich wird William Wilberforce. Geboren 1759, stammt er aus einer wohlhabenden englischen Kaufmannsfamilie; sein Großvater verdiente viel Geld im Zuckerhandel. Die britische Außenwirtschaft hängt damals weitgehend vom transatlantischen Dreiecksgeschäft ab.[56]

Schon mit einundzwanzig Jahren, während er in Cambridge studiert, zieht Wilberforce als parteiloser Abgeordneter ins Parlament ein, wo er mit seinem rhetorischen Talent Eindruck macht. Außerdem fällt er durch sein evangelikales Christentum auf – es ist ihm tatsächlich ernst mit dem Glauben. Weil ihn das menschliche Elend auf den Zuckerinseln tief berührt, schließt er sich der 1787 gegründeten *Gesellschaft für die Abschaffung des Sklavenhandels* an, den Abolitionisten. Wilberforce wird zu ihrem parlamentarischen Wortführer. 1792 beschließt das Unterhaus die schrittweise Beendigung des britischen Sklavenhandels, von 1807 an ist dieses Geschäftsmodell verboten. Allerdings dauert es dann noch ein Vierteljahrhundert, bis die Briten auch die bestehende Sklaverei weitgehend abschaffen. Die Sklavenhalter bekommen eine staatliche Entschädigung für den Verlust ihres Eigentums. Die Versklavten bekommen nichts.

Bei ihrer mit großer Leidenschaft verfochtenen Kampagne stützen sich die Abolitionisten unter anderem auf Erlebnisberichte, wie sie Ottobah Cugoano und Olaudah Equiano verfasst haben (siehe oben). Ein besonders schockierendes Dokument ist die Zeichnung des Sklavenschiffs *Brookes*, dessen Segelroute von Liverpool über Westafrika in die Karibik führt. In verschiedenen Perspektiven zeigt die Darstellung, in welcher grauenvollen Enge die Menschen auf der *Brookes* transportiert werden: Bis zu 454 Körper sind wie Zuckerfässer in den Frachtraum eingelagert.

Ernst von Schimmelmann sieht das moralische Problem der Versklavung, ringt sich aber nicht zu einer klaren Haltung durch.[57] Auf den ererbten Plantagen ist er der absolute Gebieter über rund tausend Menschen. Ihr Schicksal will er zwar verbessern, etwa indem er dort Missionare bei der christlichen Bildungsarbeit unterstützt. Er kann sich jedoch nicht vorstellen, dass seine Zuckerpflanzungen ohne Sklaverei rentabel wären. Gleichzeitig treibt er als hochgestellter Staatsmann die Initiative voran, den Sklavenhandel abzuschaffen. 1792, im selben Jahr wie in London, fällt in Kopenhagen der Beschluss, das Geschäft auslaufen zu lassen, und zwar noch vor den Engländern.

Ersichtlich haben nicht nur humane Motive zu der Entscheidung geführt. Denn in einem fünf Jahre vorher erstellten Bericht sind die dänischen Sklavenhandelsgesellschaften zu dem Ergebnis gekommen, dass sich das Geschäft kaum noch lohnt. Im Gegenteil: Bei einem in Westafrika gezahlten »Einkaufspreis« von 57 440 Reichstalern für 400 Frauen, Männer und Kinder steht nach Berücksichtigung aller weiteren Ausgaben ein Verlust von 76 Talern pro transportierter und weiterverkaufter Person in der Bilanz. Der kostenlosen Arbeitsleistung, die den Kern der Sklavenhaltung ausmacht, gehen allzu hohe Investitionen voraus.

Schimmelmann junior zieht wie andere Plantagenbesitzer daraus den Schluss, dass es nun darauf ankomme, die Geburtenrate zu steigern. In den Jahren nach der Entscheidung, den Sklavenhandel zu beenden, nimmt darum die Zahl der Versklavten erst einmal zu, vor allem die der Frauen. Für die Schwarzen in der Karibik, die weiterhin der Herrschaft der Weißen unterworfen sind, ist keine Freiheit in Sicht. Abgeschafft wird die dänische Sklaverei erst im Sommer 1848, den Anstoß gibt ein Aufstand auf den Plantagen von St. Croix. Ernst von Schimmelmann ist da schon lange tot.

Die Ära der europäischen Expansion, die seinem norddeutschen Vater die Gelegenheit gab, sich unermesslichen Reichtum zu erarbeiten, dauert nun schon rund vierhundert Jahre. Die Grenzen des Verlangens nach Geld und Macht, das die Kolonialherren antreibt, sind noch längst nicht erreicht. Aber wie lassen sich die privaten, geschäftlichen Interessen künftig mit den nationalen, staatlichen Interessen vereinbaren? Diese Frage wird im Lauf des 19. Jahrhunderts mehr Deutsche beschäftigen denn je, allen voran die erfolgsgewohnten Kaufleute in Hamburg.

2

# »HAMBURG HAT KOLONIEN ERHALTEN«

**Weltoffene Hanseaten erschließen neue Handelswege und planen Auswandererkolonien. Sie wollen Menschenfreunde sein, bleiben aber im Rassismus ihrer Zeit gefangen.**

Die *Versammlung Eines Ehrbaren Kaufmanns zu Hamburg* gilt etwas in der Hansestadt, auch wenn sie heute nicht viel mehr ist als ein eingetragener Traditionsverein. Im Zusammenschluss der Händler konzentrierte sich über lange Zeit die eigentliche Macht Hamburgs. Hätte die hochmögende Runde einst auch den jüdischen Geschäftsmann Salomon Heine aufgenommen, bekannt als Mäzen und Förderer seines Neffen Heinrich Heine, ihre Geschichte wäre noch ruhmreicher. Aber das nur am Rande.

1665 wählte die Versammlung erstmalig die *Commerz-Deputation*. Anfangs nur eine Art Exekutivorgan für den Kampf gegen die Piraterie, stand sie bald – zum erklärten Missfallen des Senats – »fast wie ein Staat im Staate« da. Aus der Kommerzdeputation ging im 19. Jahrhundert die Handelskammer hervor. Bis heute ist es Brauch, dass der Präses (bisher 236 Männer und keine Frau) regelmäßig vor den organisierten Kaufleuten Bericht erstattet und seine Ziele erklärt.

Am 8. Juni 1822 tritt der neue Präses Martin Joseph Haller vor die *Versammlung Eines Ehrbaren Kaufmanns.*[1] Nach vielen mahnenden Worten über die Notwendigkeit, das undurchsichtige System der hamburgischen Zölle und Rabatte, Maße und Gewichte zu reformieren, um international wettbewerbsfähig zu bleiben, wendet sich der Präses einem Thema zu, das aus dem üblichen Kleinklein heraussticht: »Es sind unter unsern Augen Umwälzungen vorgegangen, die zu den wichtigsten seit der Entdeckung von Amerika gehören.« Die Fahrten des Christoph Kolumbus liegen da schon mehr als dreihundert Jahre zurück.

Was meint Haller mit seiner dramatischen Rhetorik? Er kommt auf Brasilien, Mexiko, Peru und andere Länder zu sprechen und sagt: »Alle die seit Jahrhunderten uns verschlossen, fast verborgen gewesenen Länder und Weltteile sind uns offen geworden, und wir können auch sagen: Hamburg hat Kolonien erhalten.«

Kolonien? Hamburg? Verständlich wird der bemerkenswerte Satz erst vor dem Hintergrund der lateinamerikanischen Freiheitsbewegung. Ein Land nach dem anderen löst sich zu Beginn des 19. Jahrhunderts von der Kolonialmacht Spanien, 1822 erklärt Brasilien seine Unabhängigkeit von Portugal. Aus Sicht der hanseatischen Kaufleute, von denen viele mit Kolonialwaren handeln, bedeutet das: In ihren Geschäftsbeziehungen nach Süd- und Mittelamerika müssen sie nun nicht mehr auf Spanier und Portugiesen Rücksicht nehmen, die den überseeischen Warenverkehr ihrer Besitzungen bis dahin mehr oder minder streng kontrolliert haben. Sie können direkt hin- und herfahren, und das in aller Offenheit.

Schon seit Ende des 16. Jahrhunderts segeln immer wieder Schiffe zwischen Brasilien und Hamburg, doch weil die Fahrten nach dem Verständnis der Kolonialherren in Lissabon illegal sind, bleiben es wagemutige Ausnahmen, über die wenig bekannt ist.[2] Als 1814 an der Elbe Handelsexpeditionen nach Argentinien geplant werden, protestiert der spanische Vertreter beim Hamburger Senat: Noch immer gelte das Gesetz, wonach »mit Gebieten Amerikas, die Seiner Katholischen Majestät gehören«, der Warenverkehr nur von Spanien aus betrieben werden dürfe.[3] Der Senat knickt ein und teilt der Kommerzdeputation mit, »dass bis auf Weiteres die Versendungen nach Buenos Aires nicht zugelassen werden sollten«. Für Montevideo gelte dasselbe.

Die Ersten, die im März 1822 das Unabhängigkeitsstreben der Ex-Kolonien durch staatliche Anerkennung unterstützen, sind die

US-Amerikaner. Im Jahr darauf warnt Präsident James Monroe die Europäer davor, die eigenständigen Länder rekolonisieren zu wollen. »Amerika den Amerikanern« lautet verkürzt die berühmt gewordene Monroe-Doktrin. Zu den damit verbundenen Erwartungen Washingtons gehört auch die Hoffnung auf einträgliche Geschäfte und politischen Einfluss. Daraus erwächst später die neokoloniale Machtposition der USA in Kuba und den sogenannten Bananenrepubliken Mittelamerikas.

Einige Hamburger Firmen verfolgen die Ereignisse sehr genau und wenden sich in den Tagen, in denen Präses Haller seine Rede hält, an die Kommerzdeputation. Sie soll sich im Rathaus dafür einsetzen, dass die Stadt »unsere Bereitwilligkeit, ... Handelsverbindungen zu gegenseitigem Nutzen anzuknüpfen, zu erkennen gäbe«. Die Kammer lässt sich nicht zweimal bitten. Ihr Schreiben ist von einer ungewöhnlichen Begeisterung getragen: »Der Welthandel nimmt einen anderen Schwung. Die alte Handelspolitik stürzt. Es sind neue Ansichten, die sich Bahn brechen durch den Gang der veränderten Zeiten.«

Kurz gesagt: »Hamburg hat Kolonien erhalten.« Der Ausspruch Hallers vor dem *Ehrbaren Kaufmann* zeigt nicht nur, dass viele in Hamburg bereit sind, neue Chancen wahrzunehmen. Seine zugespitzte Formulierung macht außerdem deutlich, wie die Hanseaten – und zweifellos auch die übrigen Deutschen – auf die Welt jenseits des Ozeans schauen. Ihr Blick ist der von Kolonialherren, auch dann, wenn sie Kolonien weder besitzen noch erwerben wollen. Ja sogar dann, wenn die ins Auge gefassten Länder soeben die kolonialen Fesseln abgeworfen und ihre staatliche Unabhängigkeit erlangt haben.

Damit ist die Sichtweise etabliert, die für lange Zeit – und im Wesentlichen bis heute – das Weltbild prägen wird, mit dem der globale Norden sich dem globalen Süden zuwendet. Die um ihre Freiheit bemühten Länder Lateinamerikas sind für die hanseatischen Kaufleute des frühen 19. Jahrhunderts keine gleichberechtigten Partner, sondern Ressourcen, die es wirtschaftlich zu nutzen gilt.

In dieser weitverbreiteten und grundlegenden Spielart kommt der Kolonialismus sehr gut ohne Kolonien aus. Was paradox klingt, ist nichts anderes als auf die Spitze getriebene Pragmatik, die auf scheinbar unschuldig-unpolitische Art die Existenzbedingungen der weit entfernt lebenden Menschen ausblendet, obwohl sie im Wirtschaftsmodell eingepreist sind. Ein anderes Wort dafür lautet Liberalismus. Der zur Ideologie gewordene Freiheitswille, eine englische Erfindung, verteilt die Freiheit genauso ungleich wie den Profit und gibt vor, doch bloß die sich bietenden Gelegenheiten zu ergreifen. Als es 1899 im Deutschen Reichstag um das von China gepachtete Gebiet Kiautschou geht, sagt Eugen Richter von der Freisinnigen Volkspartei, ein prominenter Kritiker staatlich organisierter Kolonien: »Was hätten wir überhaupt für ein Interesse, die Chinesen zu beherrschen? Wir wollen an ihnen nur Geld verdienen, weiter gar nichts. Nur die wirtschaftlichen Interessen kommen ihnen gegenüber infrage.«[4]

Um die geschäftlichen Interessen Hamburgs zu fördern, knüpft der Senat noch im Sommer 1822 vertrauliche Kontakte mit den Abgesandten der Südamerikaner, die in London ansässig sind. Der anfängliche Schwung erlahmt allerdings etwas. Erst 1825 beauftragen die Hamburger eigene Wirtschaftsvertreter in Argentinien, Mexiko und Kolumbien. Im Jahr darauf erhält der Handelsbevollmächtigte für Mexiko in Hamburg seine Zulassung. Umgehend kündigt der spanische Resident an der Elbe den Protest seiner Regierung an, der jedoch nicht erhoben wird. Neue Zeiten.

Mit Brasilien haben bereits die Briten, weltweit die führende Wirtschaftsmacht, einen günstigen Handelsvertrag abgeschlossen. Aber: Aus Rücksicht auf die eigene Kolonialproduktion verhindert London, dass die wichtigsten Exportwaren der Südamerikaner, Zucker und Kaffee, nach Großbritannien gelangen. Darum ist Brasilien an weiteren Abkommen interessiert, und weil Hamburg bereits via Lissabon der größte europäische Einfuhrhafen für brasilianischen Zucker ist, steht die Tür für die Hanseaten weit offen.

Im November 1826 beschließt der Senat, eine Gesandtschaft nach Rio de Janeiro zu schicken. Auch Bremen ist mit von der Partie; die beiden großen Hansestädte konkurrieren zwar miteinander, arbeiten gelegentlich aber auch zusammen. Die Bremer schicken ihren Senator Johann Carl Friedrich Gildemeister; für die Hamburger fährt Senatssyndikus Karl Sieveking nach Brasilien, der einem Senator gleichgestellt ist. Ein Portugiesisch sprechender Kaufmannssohn reist als Legationssekretär an seiner Seite. Der Bremer Senator wird von einem Sohn des Bürgermeisters Johann Smidt begleitet.

Smidt macht sich schon länger Sorgen, dass Bremen im Überseehandel weiter zurückfällt: »Hat nicht Hamburg den brasilianischen Handel schon fast ausschließlich in seine Kanäle zu leiten gewusst?«[5] Weil sich der alte städtische Hafen für die größer werdenden Atlantiksegler als ungeeignet erweist, hat Smidt eine revolutionäre Idee durchgesetzt: den Bau eines neuen Seehafens an der Wesermündung – Bremerhaven.

Karl Sieveking bricht am 28. Februar an der Elbe auf. Keine fünf Wochen zuvor kam sein zweites Kind zur Welt, ein Freund schreibt über die private Situation: »Seine Schwiegermutter ist sehr krank, seine Mutter alt, seine Frau kaum aus dem Bette und fühlt sich sehr verlassen. Er hätte nun gerne die früher mit Neigung und Lust ergriffene Sendung abgelehnt, aber es ließ sich nicht mehr einrichten.«[6]

Ungeachtet seiner persönlichen Umstände hat sich der Senatssyndikus gründlich auf Brasilien vorbereitet. Dank der »unbeschränkten Geldfülle«, mit der die Hamburger Stadtregierung ihren Gesandten ausstattet, fehlt es an nichts, wie der Freund über Sievekings diplomatische Prachtentfaltung schreibt. »Sein eigener Sinn für das Großartige erfand schon hier eine vollständige, für einen Großbotschafter passende Einrichtung. Weine, Mobilien, Silbergerät, Leinenzeug waren über England nach Rio gesendet; Haus und Tafel hat er nun drüben mit Luxus eingerichtet. Die Equipage mit Maultieren glänzt … und dient so, unterstützt von der bedeutendsten Persönlichkeit, aufs Trefflichste den Zwecken der Sendung.«

## Hamburgs Oligarchen und was es im Zeitalter der Aufklärung bedeutet, ein Menschenfreund zu sein

Karl Sieveking stammt aus einer großbürgerlichen Hamburger Familie, zu deren Selbstverständnis die Sorge ums Gemeinwohl gehört. Dass er ein öffentliches Amt ausübt, ist kein Zufall, denn die Sievekings zählen zum Kreis der verwandtschaftlich oft eng verbundenen

Notabeln, die in der Stadt den Ton angeben. Sein Vater gelangt an die Spitze der Kommerzdeputation, sein jüngster Bruder Friedrich wird Hamburger Bürgermeister. Im 20. Jahrhundert setzt sich das fort: In der Weimarer Republik übernimmt der Jurist, Historiker und Ökonom Heinrich Sieveking für eine Weile das Rektorat der Hamburger Universität. Der Rechtsanwalt Kurt Sieveking leitet während der Nachkriegszeit vier Jahre lang die Regierungsgeschäfte im Rathaus. Er ist der letzte Bürgermeister aus den Reihen der hanseatischen Patrizier; in der sich festigenden Demokratie der Bundesrepublik lässt der politische Einfluss der alten Familien nach.

Als Karl Sieveking 1787 zur Welt kommt, das zweite von fünf Kindern, ist sein Vater zielstrebig dabei, zu einem der reichsten und bekanntesten Männer Hamburgs aufzusteigen. In seinem familiären Umfeld erlebt der Heranwachsende jenes eigentümliche Nebeneinander von Geschäftssinn und hohen, inbrünstig vorgetragenen Idealen, das in ambitionierten bürgerlichen Kreisen üblich ist. Sicherlich schimmern echte Überzeugungen durch, doch die Selbstdarstellung lässt sich kaum davon trennen: Durch aufklärerisches Pathos und literarische Bildung beweist man sich selbst und anderen, ein Mensch mit Herz und Charakter zu sein. Dass die begeistert vorgetragenen Ideen gleich zu Konsequenzen im Berufsleben führen, wird jedenfalls nicht erwartet (wie schon im ersten Kapitel bei Ernst von Schimmelmann zu sehen).

Da sich im 18. Jahrhundert die Oligarchie der Hamburger Kaufleute herausbildet, lohnt es, den Aufstieg von Karl Sievekings Vater etwas genauer zu betrachten, zumal er in der Lokalgeschichtsschreibung bis heute zur reinen Lichtgestalt verklärt wird.[7] In der Welt, in der Georg Heinrich Sieveking seine Position begründet, besitzt man ein Kontor in der Stadt und eine Landvilla am Elbhang; die Ehen werden mithilfe von Eltern und Verwandten auf Sommerfesten oder Winterbällen gestiftet; die Söhne erhalten ihre humanistische Bildung auf der 1529 gegründeten Gelehrtenschule des Johanneums oder auf dem altonaisch-dänischen Christianeum; sie verbringen ihre kaufmännischen Lehrjahre bei befreundeten Handelshäusern in Europa und Übersee; und sollte es sie zu einem Studium ziehen, dann kommt eigentlich nur Jura in Heidelberg oder Göttingen infrage.

Häufig sind die Familienoberhäupter zugleich Freunde und Konkurrenten, sie beobachten einander fortwährend und wissen viel mehr über geschäftliche Unternehmungen und private Skandale, als je nach außen dringt.

Nach dem Tod des Vaters, der als Leinenhändler aus dem Westfälischen nach Hamburg gekommen ist,[8] gibt die Mutter ihren 15-jährigen Georg Heinrich zu Caspar Voght in die Lehre. Bei dem erfolgreichen Textilkaufmann macht er sich so hervorragend, dass der in ihm sogar schon einen künftigen Bürgermeister sieht. Sieveking bleibt der Firma Voght verbunden, er versteht sich gut mit dem Sohn des Inhabers. Zusammen mit weiteren Jugendlichen finden sie sich zu einer schwärmerischen Lesegesellschaft zusammen und geben unter dem Titel *Der Menschenfreundliche Patriot* eine handgeschriebene Zeitschrift heraus.

Als der alte Caspar Voght stirbt, führt Sieveking mit dem gleichnamigen Junior das Geschäft weiter. Sie handeln mit fast allem, was sich international kaufen und verkaufen lässt: indischer Salpeter, türkische Baumwolle, norddeutsches Tauwerk, schwedisches Kupfer, russisches Leder und Getreide, karibischer Zucker, senegalesischer Gummi. Sieveking ist der Mann für die geschäftlichen Details, er hat Preise und Marktgelegenheiten im Blick und berichtet darüber an Voght, der ihn weitgehend gewähren lässt und gern auf Reisen geht. Als Sieveking von dessen Mutter bezichtigt wird, zu viel Zeit und Aufwand für das gesellschaftliche Vergnügen aufzuwenden, fragt er brüskiert zurück, »ob irgendein Kaufmann in Hamburg mehr arbeitet als ich, ob ich nicht mehr arbeite, als ich meiner Gesundheit wegen sollte«. Ab 1788 firmiert das Unternehmen als *Voght & Sieveking*, Sitz in Sievekings Kontor am Neuen Wall 149.

Beide begeistern sich für die freiheitlichen Ideen, die in Frankreich das Feuer der Revolution anfachen. Am 14. Juli 1790 feiert Sieveking im Garten seiner Alstervilla ein Fest zum ersten Jahrestag des Sturms auf die Bastille. Mit Verve schmettern die mehr als siebzig Gäste, unter ihnen der aufklärerische Schriftsteller Adolph Freiherr von Knigge und der berühmte Dichter Friedrich Gottlieb Klopstock, ein »Freiheitslied«, das Sieveking selbst verfasst hat: »Hebt den Blick! Der ganzen Erde / Galt der Kampf und floss das Blut, / Dass sie frei und glücklich werde, / Aufgeklärt und weis' und gut.«[9] Einige Damen haben sich Schärpen in den Farben der französischen Trikolore um die Taillen geschlungen. Die Feier erregt Aufsehen.

Wie weit treibt Sieveking konkrete Veränderungen voran? Noch im Revolutionsjahr 1789 zeigt er sich ganz von der konservativen Seite: In einer Abhandlung zum Hamburger Währungssystem plädiert er für niedrige Arbeitslöhne, da dies für das städtische Wirtschaftsleben von größtem Vorteil sei. Als er im Jahr darauf seine Antrittsrede als Vorsteher des Werk-, Zucht- und Armenhauses hält, schlägt er vor den Insassen einen offeneren Ton an: »Auch ihr habt Rechte, weil ihr Pflichten habt, weil ihr Menschen seid... Ihr habt das Recht, Gehör und Gerechtigkeit von mir zu fordern.« Auf seine Anregung hin werden später zehn Jungen aus dem Werk- und Zuchthaus entlassen und in die USA geschickt. Gemessen jedoch an den vielen wohlklingenden Worten, die Sieveking von Jugend an zu Papier bringt, sind seine Taten dürftig. Wie es einem heutigen Historiker einfallen kann, in ihm einen »mutigen Kämpfer für die Menschenrechte« zu sehen, bleibt rätselhaft.[10]

1792 wird Sieveking Präsident der deutsch-französischen Société de Lecture, die einigen gestrengen Hamburgern ein Dorn im Auge ist. Unter ihrem Druck löst sich die Lesegesellschaft gegen Ende des Jahres auf. Sieveking sieht sich genötigt, dem Verdacht, er sei im Herzen ein Jakobiner, öffentlich entgegenzutreten. In dem Aufsatz *An meine Mitbürger* schreibt er: »Frankreichs Wohlstand war mir als Mensch und als Hamburger und als Kaufmann äußerst wichtig. Was ich an der französischen Revolution gerühmt habe, wird jeder Unparteiische daran rühmen. Was ich von ihr hoffte, wünschte jeder Menschenfreund.« Niemals käme er auf die Idee, an die herrschenden Verhältnisse in seiner Heimatstadt zu rühren, beteuert er: »Ich bin froh und stolz, ein Bürger Hamburgs zu sein. Ich genieße in Hamburg ein Glück, das mir wahrscheinlich kein anderer Ort gewähren würde. Ich würde dies Glück durch jede Umstürzung unsrer glücklichen Verfassung verlieren.«

Gemäß der hamburgischen Verfassung liegt alle politische Macht in den Händen einiger weniger Männer, deren Legitimation fast ausschließlich aus ihrem Wohlstand erwächst; außerdem sollten sie der lutherischen Kirche angehören. Von *liberté, egalité, fraternité* ist die öffentliche Ordnung an der Elbe denkbar weit entfernt.

Eine »glückliche Verfassung«, wie Sieveking schreibt? Um sie auch nur sachte ins Wanken zu bringen, müsste mehr geschehen als aufklärerische Lektüre und Gesang auf einem privaten Freiheitsfest in Harvestehude. Dennoch bangt Sieveking um seinen Ruf und leistet Abbitte – von Mut keine Spur.

In seinem Kontor arbeitet zeitweilig Fritz von Stein, der seinem väterlichen Mentor Johann Wolfgang von Goethe einiges über den Kaufmann berichtet: »Er treibt alle Arten von Handel im Großen«, nehme bei seinen Geschäften mit Frankreich ein ziemliches Risiko in Kauf und sei im Umgang schwierig: »Auch ist der Sieveking immer so unruhig und zerstreut, dass man gar nicht mit ihm sprechen kann.« Goethe, kein Freund der Französischen Revolution, äußert sich kritisch über das Faible des vermögenden Unternehmers: »Herr Sibeking mag ein reicher und gescheiter Mann sein«, habe aber nicht begriffen, dass die Marseillaise »in keiner Sprache *wohlhabenden* Leuten ansteht, sondern bloß zum Trost und Aufmunterung der armen Teufel geschrieben und komponiert ist«.

Ende 1793 erwirbt Sieveking mit zwei Freunden einen Landsitz an der Elbe. Der Kaufpreis von 23 500 Mark für die zweistöckige Villa mit breiter Fensterfront und großem Grundstück ist gering, gemessen an den teils sechsstelligen Gewinnen, die er allein durch seine Spekulationsgeschäfte mit französischen Staatspapieren, den sogenannten Assignaten, verbucht.

Der Altertumsforscher und Publizist Karl August Böttiger schreibt über ihn nach persönlichen Begegnungen: »Sieveking, ein kleiner untersetzter Mann, aber voll Kraft und Gedrungenheit, ... ist ohne Widerrede einer der klügsten und reichsten Männer Hamburgs.«[11] Durch sein Eintreten für die französischen Revolutionäre habe er »sich und den übrigen Hamburger Kaufleuten eine Goldgrube eröffnen« können, »aus welcher bis jetzt zum Verdruss des ganzen übrigen Deutschlands Millionen aus Frankreich nach Hamburg abgeleitet werden«. Seine Schaffenskraft sei erstaunlich: »Er liest oft in einer Stunde mehr als 40 Briefe und schreibt oft täglich eigenhändig ebenso viele in verschiedenen Sprachen. Dabei gewinnt er noch Zeit, die interessantesten Zeitungen, Journale, Flugschriften aus allen Ländern und selbst aus verschiedenen Erdteilen zu durchlaufen.«

Den Grundbesitz an der Elbe lässt Sieveking von dem Architekten Joseph-Jacques Ramée landschaftsgärtnerisch ausgestalten, der sich vor den Jakobinern nach Hamburg geflüchtet hat. Die Vorbilder der bürgerlichen Parkanlagen an der Elbe liegen jedoch nicht in Frankreich, sondern in England. Dem naturverbundenen und relativ schlichten Stil des englischen Landadels eifert die Oberschicht Hamburgs und Altonas in vieler Hinsicht nach.[12] Die Herren ziehen ihre bunten, höfischen Justaucorps aus und kleiden sich in dunkles, robustes Tuch. Die Damen legen die Reifröcke und die knisternde Seide ab und lassen sich ihre locker fallenden Kleider aus heller Baumwolle schneidern; dem Korsett entkommen sie allerdings noch nicht.

Das Neumühlener Landhaus wird zu einem über Hamburg hinaus bekannten Ort gehobener Geselligkeit. Durchreisende Geschäftsleute und Diplomaten, auch Wissenschaftler und Intellektuelle wie Wilhelm von Humboldt, finden dort gastfreundliche Aufnahme. Böttiger vermittelt einen lebendigen Eindruck, wie es dort an den Sonntagen zugeht: »Gegen 2 Uhr nachmittags kommen aus allen Gegenden Kutschen und Fußgänger. Die Salons, der Garten, alles füllt sich mit Menschen, die einander nicht kennen, einander nicht vorgestellt werden, oft selbst der Dame des Hauses nicht bekannt sind.« Die siebzig oder achtzig ausliegenden Gedecke in zwei großen Speisesälen reichten nicht einmal für alle Gäste. Böttiger trifft auf Italiener, Holländerinnen, Engländer, Franzosen. »Weiter oben ein schwedischer Konsul, der aus Marokko zurückgekehrt war, in Unterredung mit ein paar englischen Juden aus St. Domingo und einem Amerikaner aus New Jersey.« Sieveking, das »Tätigkeitsungeheuer«, habe zum Leidwesen seiner Ehefrau Johanna, genannt Hannchen, nur seine Geschäfte im Kopf und eile »nach vollbrachter Abfütterung auch schon wieder in die Stadt ... An häusliches Glück ist hier nicht zu denken«.

Einer der beiden Freunde, mit denen Sieveking das Landhaus teilt, findet für ihn noch härtere Worte.[13] Der Mann sei ein von seiner Mutter verzogener Choleriker, der zeitlebens seine Frau tyrannisiere: »Sie wurde nun der Sündenbock für alles ... Das Unbedeutendste, der um eine Minute verspätete Tee, eine augenblickliche Abwesenheit aus noch so dringenden Ursachen, eine versäumte Bestellung, alles konnte zu ungezogenen und heftigen Äußerungen führen, bei denen Entschuldigungen nur heftigere Ausbrüche der Ungeduld zur Folge hatten.« Zur Milderung des Urteils heißt es noch: »Er liebte und achtete die Frau, welcher er in jener Weise Kränkungen zufügte.«

Caspar Voght zieht sich im Jahr des Landhauserwerbs ganz aus der gemeinsamen Firma zurück, behält aber das Amerikageschäft für sich, das ihm Millionen einbringen wird. Im Zuge der Neuordnung erörtert er einige Eventualitäten, den Todesfall der Partner inbegriffen. »Stirbst Du eher als ich, so weißt Du, denk ich, dass Deine Söhne doch einen Vater behalten.« Für Karl hat er die Patenschaft übernommen.

In den Wirtschaftsbeziehungen zu Frankreich wendet sich das Glück. Paris fängt an, Druck auf die Hanseaten auszuüben, unter anderem durch ein Embargo. Im Auftrag des Rats und der Kommerzdeputation gelingt es Sieveking zwar 1796 bei einem Besuch in Paris, die Verhärtungen zu lösen,[14] aber nie wieder wird es so lukrativ wie in den Jahren, als sich das Revolutionsland durch Spekulationen mit Staatsanleihen und Immobilien sowie den spottbilligen Ankauf von Kunstwerken und Möbeln ausschlachten ließ.

Georg Heinrich Sieveking stirbt 1799 mit achtundvierzig Jahren nach kurzen, heftigen Fieberattacken. Wenige Wochen vorher ist sein zweitältester Sohn elf Jahre alt geworden. Wie versprochen kümmert sich neben der Mutter auch sein Patenonkel um den Jungen – eine tiefe Verbindung entsteht. Im Erwachsenenalter schreibt Karl Sieveking seiner Mutter: »Voght halte ich für einen wirklich großen Menschen. Wenigen ist wie ihm das Gepräge der Übermacht gegeben, und ich kann Dir nicht sagen, wie erbärmlich mir diejenigen vorkommen, die von ihm als einem ganz gewöhnlichen Menschen reden. Auf mich hat er von Jugend auf einen Eindruck gemacht, wie später nie ein Mann, ... kaum mein Vater.«[15]

Das »Gepräge der Übermacht« liegt in Voghts Persönlichkeit begründet. Er ist umfassend gebildet und interessiert, galant und weltgewandt, seit jeher Aufmerksamkeit und Zuneigung gewohnt. Zu Beginn seiner Memoiren schreibt er: »Mich dünkt ich wäre ein sehr schönes Kind gewesen. Ich ward geliebkoset und gehätschelt.«[16] Zu allem kann Voght eine Meinung beisteuern. Obwohl er nie eigene Kinder hat, schickt er der Mutter seines Patensohnes noch zu Lebzeiten des Vaters pädagogische Ratschläge aus England.[17] »Was die Engländer vor uns voraushaben, ist ihre höchst vollkommne physische Erziehung... und die Gewohnheit, ihre Kinder vor dem 8. oder 9. Jahr fast gar nicht anzustrengen, auch nicht durch Unterredung. ... Lassen Sie also ihren Karl immer bis zum 8. Jahr dumm sein – vielleicht haben Leib und Seele in seinem 28. so viel mehr Kraft eben deswegen.« Was die Mutter wohl von dieser Empfehlung gehalten hat?

Voght verwendet mehr Zeit als sein Freund und Geschäftspartner Sieveking darauf, seine humanen Ideen in die Praxis umzusetzen. Er ist Mitgründer der Hamburger Armenanstalt, die sich zum Ziel setzt, die Krankenpflege zu verbessern, Volksküchen einzurichten und die Arbeitslosigkeit zu bekämpfen.[18] Die praktische Wirkung der Anstalt bleibt allerdings gering – nicht zuletzt deshalb, weil sie ganz auf bürgerliche Mildtätigkeit baut, ohne die Stadt finanziell zu verpflichten.

Gute Absichten verfolgt Voght auch bei der Sorge für die Arbeiterinnen und Arbeiter, die er auf seinem riesigen Landgut in Flottbek an der Elbe beschäftigt (ein Drittel seiner damaligen Ländereien bildet heute den beliebten Hamburger Jenischpark).[19] Seine Zuwendung ist indes eng beschränkt auf die Perspektive des wohlmeinenden Patriarchen – meilenweit weg von den Menschen, denen er nah sein möchte: »Glückliche Tagelöhnerfamilien saßen am Sonntag vor den freundlichen Wohnungen, die ich ihnen erbaut hatte, mit ihren in eigener malerischer Landestracht wohlgekleideten Kindern, die ich durch einen jungen genialen Mann, der sie auch Gesang und Musik lehrte, zu höherer Bildung bei einfachen Sitten erziehen ließ und frühe an ländliche Arbeiten gewöhnte. Feste der Saat und der Ernte, des Alters und der Jugend wechselten einander ab.« Anders gesagt: Das vermeintliche Idyll beruht nicht zuletzt auf Kinderarbeit.

In hohen und höchsten Kreisen trübt dies nicht Voghts Ruf als engagierter Menschenfreund, die Zeiten sind so. Mit seiner Armenanstalt stößt er weit über Hamburg hinaus auf Interesse. In Wien, in Berlin, sogar in Paris lassen sich die Regierungen von ihm das Konzept erklären. Für Österreich entwickelt Voght ein Sozialprogramm, mit dem er den habsburgischen Kaiser Franz II. so für sich einnimmt, dass der ihm 1802 die Freiherrenwürde verleiht.

Dass Caspar Voght sich nun als Baron anreden lassen darf, geht sittenstrengen Hamburgern allerdings zu weit.[20] In den Salons und Teegesellschaften an der Elbe zerreißt man sich das Maul über den Geadelten, der so etwas als Hanseat und freier Reichsbürger doch nicht nötig habe. Die Hamburger halten Distanz zur Aristokratie; seit dem 13. Jahrhundert ist es Adligen verwehrt, in der Stadt das Bürgerrecht oder Grundbesitz zu erwerben.[21] Wenn ein Herr von Stand dennoch ein Haus kaufen will, benötigt er einen Mittelsmann, der für ihn im Grundbuch steht. Die Abwehrhaltung geht auf die Sorge zurück, Adlige könnten aus Loyalität gegenüber ihrem Lehnsherrn andere Interessen als die der Stadt Hamburg verfolgen. De facto bilden die oligarchischen Kreise der führenden Kaufleute und Juristen an der Elbe einen geschlossenen hanseatischen Stadtadel, dessen Dünkel keine Titel benötigt.

Heute ist vom politischen Einfluss der alten Familien zwar kaum noch etwas übrig, aber an ihren Vorstellungen von gesellschaftlichem Rang halten viele, die dazugehören, eisern fest. Einen seltenen Einblick hat der Immobilienentwickler Jean Jaques de Chapeaurouge in einem Interview gewährt: »Der Snobismus gehört zu den negativen hanseatischen Eigenschaften und ist oft degeneriert.«[22] Die Chapeaurouge zählen an der Elbe zweifellos zum Stadtadel, dadurch kennt er die anachronistische »Hackordnung« dieser Kreise: »Es gibt Leute aus alten Familien, die auch mir gegenüber noch snobby auftreten. Meist Männer mit Schifffahrtshintergrund, also Männer ›next to God‹. Wer mit schlichten Dienstleistungen sein Geld verdient, kommt nicht ganz so weit.«

Caspar Voght verfügt zu seiner Zeit über alles, was ein angesehener Kaufmann benötigt. Auf langen Reisen durch Europa hat er nicht nur die höfische Pracht in Versailles und Madrid bewundert, sondern auch von Hafenstädten wie Bordeaux oder Cádiz aus kommerzielle Verbindungen nach Südamerika und in die Karibik geknüpft. Sein Herz hängt jedoch mehr an anderen Dingen, er ist ein Mann der Aufklärung.

Aus Genf, wo er sich im Kreis junger Intellektueller besonders wohlfühlt, schreibt er an Sieveking: »Welch Leben, mein Guter, wenn wir das leben könnten, wenn nicht Lust, reich zu sein, uns in ein Joch spannte, das Geisteskräfte niederdrückt.« Die »Lust, reich zu sein«, sie bleibt bei allem Überschwang, mit dem er sich in amouröse und geistige Abenteuer stürzt, eine starke Antriebskraft. In seinen Lebenserinnerungen behauptet Voght zwar, dass er »Geldgeschäfte auf den Tod hasste und nicht verstand«, aber das dürfte vor allem eine Selbststilisierung sein.

Auf seine unternehmerischen Leistungen ist er durchaus stolz. Als Engländer, Holländer und Franzosen während des amerikanischen Unabhängigkeitskriegs vom Handel mit ihren Kolonien abgeschnitten sind, eilt Voght nach Ostende, um von dort aus unter neutraler Flagge den Warentransport zu übernehmen.[23] »Sie waren glänzend«, schreibt er über seine Geschäfte. Durch den Handel mit Kolonialprodukten strömen viele Jahre lang große Summen in seine Kassen. Rückblickend hält er fest: »Ich war der erste Hamburger Kaufmann, der aus Mokka Kaffee, aus Baltimore Tabak, aus Suriname Kaffee, aus Afrika Gummi holte.«

Als junger Mann verkehrt Voght im Stadtpalais des Barons Heinrich Carl von Schimmelmann, den er als Vertreter Dänemarks unter die in Hamburg ansässigen Diplomaten einreiht: »trefflich besetzt, und mit großem Luxus lebend«.[24] Über Schimmelmanns Geschäfte, die nicht gerade seinen menschenrechtlichen Idealen entsprechen, verliert er kein Wort. Dafür hebt er in seinen Memoiren hervor, dass er an seinem Schreibtisch ein Bild von William Wilberforce aufgestellt hat. Er merkt dazu an: »Freiheit, der damals noch verschlossene Wunsch aller Herzen, lag wie Wunsch und Bedürfnis in meiner Seele.«

Die Freiheit, für die sich sein Idol Wilberforce einsetzt, ist die Freiheit von der Sklaverei (siehe Kapitel 1). Umso irritierender erscheint es, dass Voght sich einerseits für dieses Ziel begeistern kann, während er andererseits den Sklavenhalter Schimmelmann »trefflich« findet und auch selbst mit Produkten wie Zucker und Kaffee handelt, an denen das Blut der Plantagenarbeiter klebt.

Wie passt das zusammen? Dass Worte und Taten auseinanderklaffen, ist keine Besonderheit des späten 18. Jahrhunderts. Doch ist die

Diskrepanz aus heutiger Sicht oft erstaunlich groß, gerade in den Reihen der Aufklärer. Besonders eklatant zeigt sich das Spannungsverhältnis bei einem Mann, der einige Jahre früher als Voght zur Welt gekommen ist und Weltgeschichte schreibt: Thomas Jefferson, dritter Präsident der Vereinigten Staaten von Amerika.

Jeffersons Ruhm gründet sich vor allem darauf, dass er die US-Unabhängigkeitserklärung formuliert hat, in der wuchtige, vorbildliche, weltbekannte Sätze stehen: Es sei eine Selbstverständlichkeit, »dass alle Menschen gleich geschaffen sind« und dass zu ihren unveräußerlichen Rechten »Leben, Freiheit und das Streben nach Glück« gehörten. Nur gilt dies alles nicht für die Millionen Schwarzen, die als Versklavte den Wohlstand ihrer weißen Herren mehren. Zwölf der ersten achtzehn US-Präsidenten sind Sklavenhalter. Jefferson ist einer von ihnen, im Lauf seines Lebens besitzt er 609 Sklavinnen und Sklaven.[25] Mit einer von ihnen, Sally Hemings, hat er sechs Kinder, die versklavt bleiben und erst dank seiner testamentarischen Verfügung ihre Freiheit erlangen. Für seine rassistische Haltung führt der umfassend gebildete Prediger der Humanität eine scheinbar empirische Erklärung an: »Niemals habe ich einen Schwarzen finden können, der einen über die schlichte Erzählung hinausgehenden Gedanken zu äußern imstande war, niemals sah ich auch nur das geringste Vermögen, ein Bild oder eine Skulptur zu verfertigen.«[26]

Anders, aber ähnlich bedrückend liegen die Dinge bei Immanuel Kant. Der große Philosoph und Aufklärer, der die Erkenntnistheorie in schwindelerregende Höhen treibt und alle Menschen zur Mündigkeit führen will, ist gleichzeitig Rassist. Über Jahrzehnte theoretisiert er in unterschiedlichen Variationen über die »Menschenrassen«, eins bleibt dabei immer gleich: Ganz oben stehen die Weißen.[27] Der Europäer sei »schöner an Körper, arbeitsamer, scherzhafter, gemäßigter in seinen Leidenschaften, verständiger als irgendeine andere Gattung der Menschen in der Welt. Daher haben diese Völker zu allen Zeiten die anderen belehrt und durch die Waffen bezwungen«. Auch so lässt sich Ausbeutung begründen. Besonders rabiat zeigt sich Kant in einer handschriftlichen Notiz: »Alle Rassen werden ausgerottet werden ..., nur nicht die Weißen.« Erst in seinem Alterswerk *Zum ewigen Frieden* schlägt er ganz andere Töne an. Nun verurteilt er »das inhospitable Betragen der gesitteten, vornehmlich handeltreibenden Staaten unseres Weltteils«. Die Kolonialmächte würden »Unrecht wie Wasser trinken, sich in der Rechtgläubigkeit für Auserwählte gehalten wissen wollen«.

Die Versuchung ist heute groß, den Autor des »ewigen Friedens« für den wahren Kant zu halten und ihn dadurch vor sich selbst in Schutz zu nehmen. Doch seine über Jahrzehnte betriebene Rassenkunde zeigt zumindest eines sehr klar: Tiefgründige Gedanken und humanistisches Ethos schützen nicht vor einem falschen Menschenbild, mit dem sich jede Art von Unterdrückung rechtfertigen lässt.

Eine Generation nach Kant erweist sich dies auch beim preußischen Staatsphilosophen Georg Wilhelm Friedrich Hegel. Jahrelang arbeitet Hegel eine hierarchische Theorie der »Menschenrassen« aus.[28] In der ihm eigenen hochtrabenden Diktion schreibt er über die »äthiopische Rasse«, also die Schwarzen: Sie verharrten von Natur aus im »Zustande der Dumpfheit … des gediegenen Insichbleibens, das nicht zum Unterschiede fortgeht, nicht zum Gedanken«. Gelegentlich äußerst er seine rassistische Herablassung in schlichteren Worten: »Die Neger sind eine Kindernation.«

Die Debatte darüber, ob der Rassismus bei Kant und Hegel den Kern ihres Denkens berührt, dürfte noch einige Zeit anhalten. Ihre Verteidiger machen geltend, dass die beiden Philosophen unendlich viel mehr zu bieten haben als die paar unliebsamen Stellen. Zweifellos gehören ihre Werke zum Fundament des westlich-aufgeklärten Versuchs, den Menschen und seine Welt zu erfassen. Was aber, wenn ihr Beitrag zu diesem Fundament bröckelt wie alter Stahlbeton, weil er durch inhumanes Gedankengut kontaminiert ist?

## Verhandlungen in Rio de Janeiro

Auf seinem Weg nach Brasilien reist Karl Sieveking über Stationen in Bremen und Brüssel nach Paris, wo er politische Gespräche führt und die Salons besucht. Für die weitere Reise engagiert er einen Koch, dessen Kunstfertigkeit ihn nach einem Probemahl überzeugt hat.[29] Anschließend geht es nach London. Mit der Herablassung des elitären Europäers äußert er sich über »eine ganze Menagerie von südamerikanischen Gesandten, lauter magere, dunkle, fieberhafte Leute«. Nach kurzen Aufenthalten in Oxford und Bath erreicht er schließlich Plymouth, wo am 9. April 1827 die Schiffspassage über den Atlantik beginnt.[30]

Sieben Jahre als Senatssyndikus liegen bereits hinter ihm. Die Brasilienfahrt ist seine erste große Reise in diesem Amt,[31] doch seine Bildung und Berufserfahrung können sich sehen lassen. Nach dem Tod des Vaters hat er zunächst in Lübeck die höhere Schule besucht, das Katharineum, und dann in Hamburg am Johanneum abgeschlossen. In Heidelberg und Göttingen hat er Rechtswissenschaft studiert und sich mit einer Arbeit über die »Geschichte der Platonischen Akademie in Florenz« habilitiert. Danach hat er Hamburg als Gesandter an mehreren europäischen Höfen vertreten.

An Bord bleibt er von der Seekrankheit weitgehend verschont. Er nutzt die Zeit, um unterwegs etwas Portugiesisch zu lernen. Sein Sekretär Adolph Schramm staunt, »wie bewandert er in allen Zweigen menschlichen Wissens ist«. Den Tagesablauf beschreibt Schramm in einem Brief: »Des Morgens wird gelesen und mittags geschrieben, des Nachmittags spazieren gegangen.« Als Delfine und Schildkröten neben dem Schiff auftauchen, versuchen Sieveking und er, mit Harpunen eines der Tiere zu erbeuten.

Am 1. Juni laufen sie im Hafen von Rio de Janeiro ein. Der hanseatische Generalkonsul hat für Sieveking ein Landhaus gemietet, das eine halbe Stunde Kutschfahrt vom Stadtzentrum entfernt liegt. Mit einem Empfangs- und einem Speisesaal und vielen weiteren Räumen genügt es vollauf seinen Ansprüchen. »Drei Zimmer benütze ich für die weiße Dienerschaft und zum Aufbewahren des Tischgeräts.« In zwei großen Remisen will er nicht nur seinen Wagen unterbringen, sondern auch schwarze Bedienstete, »deren ich wahrscheinlich vier mieten werde«. Frei sind diese Menschen nicht, denn nach der Unabhängigkeit besteht die Sklaverei in Brasilien fort. Ungefähr die Hälfte der rund vier Millionen Einwohner des Landes ist versklavt.[32]

Schramm hat zwei Pistolen griffbereit in seinem Zimmer liegen, falls entlaufene Sklaven ins Haus einbrechen. Zwischen ihnen und den Sicherheitskräften des Landes kommt es in der Nähe öfter zu

Gefechten, wie er beobachtet. »Dass sie Fremde ermordet hätten, davon ist kein Beispiel. Sie berauben sie wohl, aber ihre Erbfeindschaft trifft nur ihre Peiniger, die Portugiesen und Brasilianer – und im Ganzen sind es gutmütige Leute.«

Bei einem Gespräch mit dem Außenminister am 6. Juni wird Sieveking eine »feierliche Audienz beim Kaiser« in Aussicht gestellt. Zehn Tage später ist es so weit. Sieveking legt Wert darauf, seiner Equipage »einen ziemlich europäischen Anstrich« zu geben, nicht zuletzt dank »der weißen Gesichtsfarbe sämtlicher Dienerschaft«. Nach dem Österreicher Franz und dem Russen Alexander ist Dom Pedro der dritte Kaiser, dem er gegenübertritt, darum hält sich seine Aufregung in Grenzen: »Eine zahlreiche und glänzende Umgebung, die das Auge auf den Redner heftet, die Entfernung der Tür von dem Thron, die Schwierigkeit retrograder Bewegung, könnte leicht einige Verlegenheit erzeugen, die ich jedoch glücklicherweise nicht empfunden habe.«

Gemeinsam mit dem Bremer Senator Gildemeister, der in einem Stadthaus Quartier bezogen hat, macht Sieveking sich nun an die Ausgestaltung des Handelsvertrages. Im September schreibt er seiner Frau: Das Geschäft sei »nicht so einfach, wie man es sich in Hamburg einbilden mochte. ... Wir haben es jetzt ebenso sehr mit der englischen Gesandtschaft als mit dem brasilianischen Ministerium zu tun. Man freut sich ritterlicher Gegner.« Der Vertreter Londons befürchtet, die Hansestädte könnten die aus Liverpool nach Brasilien gehenden Frachtfahrten abwerben.

Mitte Oktober suchen die Hanseaten den Kaiser in seinem Schloss Santa Cruz westlich von Rio auf. Sie unterhalten sich längere Zeit auf Portugiesisch. Dom Pedro I. stellt den Gesandten seine Kinder vor, macht sie auf die »deutsche Haarfarbe« des blonden, zwei Jahre alten Kronprinzen aufmerksam und verspricht, dass der Vertrag in einigen Tagen fertig sein könne. »Mein Rheinwein geht zu Ende«, schreibt Sieveking, »es ist hohe Zeit zur Unterzeichnung des Traktats.«

Am 21. November ist es geschafft, das Abkommen wird besiegelt. »Wir haben mehr erlangt, als man erwartete«, schreibt Sieveking nach Hause, hanseatische Schiffe sind den brasilianischen im Handel nun weitgehend gleichgestellt. In den folgenden Jahren vervielfachen sich die Lieferungen nach Hamburg, die Stadt festigt ihre Position als kontinentale Nummer eins im Handel mit Zucker und Kaffee. Auch mit den USA, Mexiko, Venezuela, Guatemala, Costa Rica und Kolumbien schließen die Hansestädte Verträge ab.

Nach der Ankunft in England ist Sieveking froh, wieder auf dem alten Kontinent zu sein: »Wie freut man sich an den reinlichen Wohnungen, an den blühenden Gesichtern, an der europäischen Pflanzenwelt, die hier im Winter nur teilweise ausstirbt, wenn man dieses alles mit dem Eindruck tropischer Kolonialländer vergleicht.« Die Bemerkung zeigt: Den Status einer Kolonie hat das unabhängige Brasilien für ihn behalten.

Am 24. Februar schreibt er seiner Frau aus Bremen: »Nur noch wenige Tage, und ich schließe Dich und die Kinder in meine Arme!«

## Sievekings »Deutsche Antipoden-Kolonie«

Wenige Wochen vor seiner Abreise aus Rio de Janeiro hat Karl Sieveking erfahren, dass deutsche Auswanderer angekommen sind – überwiegend Landarbeiter aus dem Hunsrück, der Eifel und dem Moseltal, die in Brasilien auf ein besseres Leben hoffen. Aus Interesse sucht er die Gruppe auf, wie er seiner Frau berichtet: »Die armen Leute hatten unter einem habsüchtigen Kapitän sehr gelitten. Es fehlte an Lebensmitteln, und einem armen Manne waren zwei Kinder verschmachtet. Jetzt werden sie gut verpflegt, sie sehnen sich aber doch nach ihrem Bestimmungsort an der südlichen Grenze.«[33] Einige Ratschläge gibt er ihnen mit auf den Weg: Sie sollen anständige Männer aus ihrem Kreis zu Richtern wählen, die Bibel lesen und keine Sklaven kaufen. Dann könnten sie ihre Ziele erreichen und für das von ihnen besiedelte Land »zu einem großen Segen« werden.

Die Gruppe regt ihn zu einer Idee an: »Statt diese Auswanderung zu verhindern, sollte man sie zu organisieren suchen.« Der Gedanke wird ihn nicht mehr loslassen.

In Deutschland und anderen Ländern war es einige Jahre vorher zu Ernteausfällen und Hungersnöten gekommen, 1816 ging als »Jahr ohne Sommer« in die Annalen ein. Ursache war, wie sich erst viel später herausstellen sollte, der Ausbruch des indonesischen Vulkans Tambora. Bei der größten Eruption der vergangenen 10 000 oder mehr Jahre verdunkelten ungeheure Staub- und Aschewolken die Atmosphäre. Eine der Folgen war nach der Nahrungskrise eine Auswanderungswelle: Im besonders betroffenen Südwesten Deutschlands machten sich rund 40 000 Menschen auf den Weg nach Russland und Amerika.

Diese Erfahrung trägt seinerzeit dazu bei, dass die Auswanderung neu bewertet wird. Traditionell ist sie in den deutschen Fürstentümern verboten oder unerwünscht, da die Landesherren ihren Besitzanspruch auf die Arbeitskraft und die Wehrfähigkeit ihrer Untertanen geltend machen. Nun jedoch sehen Staatsdenker in der Emigration zunehmend ein Ventil, um bei steigender Bevölkerungszahl die soziale Not zu lindern: Am besten, die Auswanderer gründen ethnisch geschlossene Kolonien, die in Verbindung zum Mutterland bleiben und den deutschen Einfluss in der Welt vergrößern.

Diese Gedanken verbreiten sich nicht über Nacht, doch bis zur Mitte des 19. Jahrhunderts gewinnen sie immer mehr Anhänger. In einem Land, das noch nach seiner eigenen Staatlichkeit sucht, auch nach dem angemessenen Platz zwischen den etablierten Mächten Europas, werden geplante Siedlungskolonien in Nord- und Südamerika, Afrika oder Ozeanien zu einer Projektionsfläche des Nationalgefühls.

Niemand hat der politischen Romantik solcher Ideen stärkeren Ausdruck verliehen als Richard Wagner. Im Revolutionsjahr 1848 veröffentlicht der Komponist und Dichter in Dresden ein Pamphlet, aus dem sagenhafte Hybris spricht: »Nun wollen wir in Schiffen über das Meer fahren, da und dort ein junges Deutschland gründen, es mit den Ergebnissen unseres Ringens und Strebens befruchten, die edelsten, gottähnlichsten Kinder zeugen und erziehen; wir wollen es besser machen als die Spanier, denen die neue Welt ein pfäffisches Schlächterhaus, anders als die Engländer, denen sie ein Krämerkasten wurde. Wir wollen es deutsch und herrlich machen: ... Die Strahlen *deutscher Freiheit* und *deutscher Milde* sollen den Kosaken und Franzosen, den Buschmann und Chinesen erwärmen und verklären.«[34]

Nach Wagners nationalstolzem Fortissimo dauert es nicht mehr lange, bis sich die Weltbeglückungspropaganda in einem Ausspruch niederschlägt, der den Keim des künftigen Unheils in sich trägt: Sein Gedicht *Deutschlands Beruf* beendet Emanuel Geibel mit jenen Zeilen, die zum geflügelten Wort der Patrioten – und ihrer Kritiker – werden: »Und es mag am deutschen Wesen / Einmal noch die Welt genesen.«

Aus Hamburger Sicht geht es wie immer um die Wirtschaft. Nach der Gründung Bremerhavens hat sich die hanseatische Konkurrenz an der Weser erfolgreich darum bemüht, die Auswanderung zum Geschäftsmodell zu entwickeln. In den 1830er-Jahren wird Bremen zum beliebtesten Startpunkt für die Nordamerikafahrten deutscher und europäischer Emigranten. Karl Sievekings Kolonialpläne sind nicht zuletzt von der Absicht getrieben, dem etwas Eigenes an der Elbe entgegenzusetzen.

Anfang 1840 bittet der Senatssyndikus die Hamburger Konsuln in aller Welt, ihm geeignete Orte für eine Koloniegründung zu nennen.[35] Das südafrikanische Port Natal (heute Durban) erscheint passend, doch die Pläne zerschlagen sich. Nun fällt Sievekings Blick auf Südamerika. Ihm schwebt vor, in den Weiten des brasilianischen Südens, in Uruguay und Argentinien ein zweites, größeres Deutschland zu errichten, eine *Magna Germania.*[36] Den südamerikanischen Regierungen empfiehlt Sieveking, die Sklavenarbeit in ihren Ländern abzuschaffen und stattdessen deutsche Männer und Frauen als Tagelöhner zu beschäftigen, das sei besser und billiger – ein nicht unbedingt menschenfreundlicher Vorschlag.

Inspirieren lässt er sich von Autoren, die gesellschaftliche Idealformen anstreben wie der Frühsozialist Robert Owen oder Tommaso Campanella in seinem Werk *Die Sonnenstadt* vom Beginn des 17. Jahrhunderts. Unter den zeitgenössischen englischen Theoretikern der Kolonisierung hat es ihm besonders Edward G. Wakefield angetan, dessen bevölkerungspolitische Thesen in die britische Besiedlung Südaustraliens einfließen. Außerdem ist Wakefield Gründungsdirektor der *New Zealand Company.* Neuseeland gelangt am 21. Mai 1840 unter die staatliche Hoheit Londons.

Ein Jahr danach erhält Sieveking von der *New Zealand Company* ein verlockendes Angebot: Um endlich seine Kolonialidee zu verwirklichen, könne er die vor Neuseeland liegenden Chatham-Inseln kaufen.

Die Inselgruppe mit knapp tausend Quadratkilometern Landfläche ist nach dem Vermessungsschiff *HMS Chatham* der Royal Navy benannt, auf dem 1791 die ersten Europäer ankamen. Bewohner sind zu dieser Zeit die Moriori, die von Robben-, Fisch- und Vogelfang leben und als ausnehmend friedfertig gelten. 1835 überfallen fast tausend Maori aus dem Hunderte Kilometer entfernten Neuseeland die Inseln. Sie töten und versklaven viele Einheimische und unterwerfen die übrigen; der Hauptinsel geben sie den Namen Warekauri.

Als fünf Jahre später eine Expedition von Wakefields *New Zealand Company* dort eintrifft, schließt ihr Vertreter mit den Maori einen Kaufvertrag über die drei größten Inseln ab. 200 der vereinbarten 4000 Pfund zahlt er sofort, hauptsächlich in Form von Kleidung, Waffen, Munition und Alkohol. Die Firmenzentrale versucht baldmöglichst, die Inseln weiterzuverkaufen. Als Verhandlungen mit dem belgischen König im April 1841 ergebnislos bleiben, ergeht die Offerte an Sieveking.

Sind die Chatham-Inseln eigenständig oder nicht? Als die Briten Neuseeland annektieren, wird die abseits gelegene Gruppe in den Dokumenten nicht ausdrücklich genannt. Die *New Zealand Company* geht davon aus, über rechtmäßigen Landbesitz in eigener Souveränität zu verfügen.

Im September kommt es zum Abschluss eines Vorvertrags zum Preis von 10 000 Pfund; die zahlungspflichtige *Deutsche Colonisationsgesellschaft* muss jetzt zügig gegründet werden. Sieveking betrachtet das Kolonialprojekt auf der weit entfernten Südhalbkugel, traditionell auch Antipoden genannt, als ersten Versuch, ihm schwebt Größeres vor: »Mein Plan beschränkt sich nicht auf Hamburg, sondern er zielt auf Deutschland.« Die Nation soll unter hanseatischer Führung ein ganzes Netz von Kolonien knüpfen. Dem Bremer Bürgermeister Smidt schreibt er, in puncto Kolonialpolitik wolle er »der deutschen Prokrastination einen Sporn zum Handeln« verpassen.

Bei einem Besuch in London will Sieveking sich des britischen Wohlwollens für sein Projekt versichern, am besten verbunden mit einem förmlichen Verzicht auf Hoheitsrechte über das Gebiet. Premierminister Robert Peel empfängt ihn überaus freundlich, bleibt aber unverbindlich. Ist das ein Grund, sich Sorgen zu machen? Im Parlament hat Peel bereits »das große und edle Deutschland« gepriesen. Diese Worte »finden einen ungeheuren Widerhall« in England, glaubt Sieveking.

Daheim treibt er anschließend die Gründung der *Colonisationsgesellschaft* voran und macht Werbung für die unbekannten Inseln, um Investoren und Auswanderungswillige anzulocken. Dem mit Kartenmaterial angereicherten Prospekt gibt er als Überschrift den Inselnamen »Warrekauri«, sein Aufruf trägt den Titel »Die Deutsche Antipoden-Kolonie«. Darin breitet er volkswirtschaftliche, von Wakefield inspirierte Überlegungen aus. Die Zukunft der organisierten Auswanderung liege im Zusammenspiel »roher Arbeitskräfte« mit den »gebildeten Ständen«. In Deutschland sei die Zeit reif dafür, besonders wenn man die Sache nüchtern-kapitalistisch betrachte: »Das sich im Frieden anhäufende Kapital fängt schon an, sich nach auswärtiger Beschäftigung umzusehn.« Die Chatham-Inseln eigneten sich für »die Verbindung mit den Kolonisationsgebieten Amerikas, Afrikas und Australiens« – ein erster Knotenpunkt in einem größeren Netz. Die Böden dort seien gut, für die Aussaat von Getreide ebenso geeignet wie für Weinbau. Selbst auf Orangen dürfe man hoffen. Die Inselbewohner »gehören jenem bildungsfähigeren braunen Menschenstamm an«, dessen Sprache sich durch ihren Wohlklang auszeichne.

Über Sievekings Projekt wird deutschlandweit berichtet. Außerhalb Hamburgs überwiegen die kritischen Stimmen: Zweifel an der Plausibilität einer Chatham-Kolonie mischen sich darin mit allgemeinen Vorbehalten gegen die Hamburger, die einen Ruf als eigensüchtige Geschäftemacher haben. Im Dezember bemängelt das in Köln erscheinende *Allgemeine Organ für Handel und Gewerbe,* der zukunftsweisende Kolonialgedanke solle hier »zum hanseatischen Privat-Vorteil ausgebeutet werden«. Der Initiator wolle nicht bloß Geld verdienen, sondern beabsichtige auch »die Eröffnung eines neuen Feldes, um recht vielen hanseatischen Vettern und Ungeheirateten Anstellungen (wie man in Hamburg sagt ›Versorgungen‹) zu verschaffen«. Belege für diese Unterstellung liefert das Blatt nicht. Fazit des Beitrags auf der Titelseite: »Es wäre recht sehr zu bedauern, wenn es gelänge, mit dem erwachenden deutsch-patriotischen Unternehmungsgeist zugunsten von Privatzwecken Missbrauch zu treiben.«

Sieveking tröstet sich damit, dass auch kritische Begleitung das Projekt bekannt mache. Am 15. Februar 1842 tritt zum ersten Mal das provisorische Komitee der *Deutschen Colonisationsgesellschaft* zusammen. Auf der Mitgliederliste stehen klangvolle Hamburger Namen: Abendroth, zweimal Chapeaurouge, Godeffroy, Johns, Ross, Schiller, Schramm, Sloman.

Robert Miles Sloman hat fünf Jahre zuvor begonnen, mit der ersten Linienreederei von Hamburg nach Nordamerika den Bremern Konkurrenz zu machen. Adolph Schramm ist Sievekings einstiger Sekretär auf der Brasilienreise und nun ein erfolgreicher Zuckerhändler. Johan Cesar Godeffroy und die beiden Chapeaurouge stammen aus hanseatischen Unternehmerdynastien – die einen mit französischen Wurzeln, die anderen ursprünglich aus Genf kommend. Seit 1823 ist Sieveking mit Caroline Henriette de Chapeaurouge verheiratet. Nach dem Tod ihres Vaters erben sie dessen Landhaus vor den Stadttoren in Hamm, das sie zu einem Mittelpunkt des gesellschaftlichen Lebens an der Elbe machen.

Godeffroy ist einer der stärksten Verfechter der Kolonialidee.[37] Seinem Onkel Carl, hanseatischer Ministerresident in Berlin, schwärmt er vor, »dass Waurikauri eine deutsche Republik werde, wahrscheinlich unter englischem Schutze«. Wie verquer diese Vorstellung damals bereits ist, wird durch Enthusiasmus übertüncht: »Geht es mit Waurikauri nach Wunsch, so wird die Gesellschaft mit der Kolonisation anderer schöner Gegenden durch Deutsche sich beschäftigen und auf diese Weise den großen Plan deutscher vereinter Auswanderungen ins Werk setzen.«

Sieveking rechnet damit, dass er in Deutschland und der Schweiz rund vierzig Aktionäre für seine *Colonisationsgesellschaft* gewinnen kann. Ein Viertel bis die Hälfte des Kapitals, so hofft er, werde der König von Preußen zeichnen, Friedrich Wilhelm IV. Vor allem würde dies seinem Privatunternehmen den Schutz der preußischen Flagge sichern.

Aber es kommt, wie es wohl kommen muss: Das Projekt scheitert. Am 4. April 1842 unterzeichnet die britische Königin Victoria ein *Letters Patent,* das als Grenze Neuseelands den 173. westlichen Längengrad definiert. Mit diesem Machtwort zieht sie die Chatham-Inseln in ihr Hoheitsgebiet, das niemand in Deutschland ihr streitig machen kann.

Sieveking erfährt davon zwei Tage später. Eine Wahl hat er jetzt nicht mehr, ihm bleibt nur, seine *Colonisationsgesellschaft* aufzulösen. »Mit Dank für das ihr bewiesene Vertrauen« erklärt er sie für erloschen. Sein Freund Carl Godeffroy gratuliert ihm »dazu, dass es Ihnen gelungen ist, sich die verzweifelte Insel noch in guter Zeit und auf so gute Weise wieder vom Halse zu schaffen. … Das Verdienst der ersten Auffassung des großartigen Gedankens der deutschen Kolonisation wird Ihnen unverkümmert bleiben.«

Der Spott kommt wie so oft zum Schaden dazu. Unter dem Motto »God save the Sieveking« erscheint bald ein satirisches Gedicht über »Warrekauri, die Insel der Glückseligkeit«, in dem es heißt:

*Schon seh' die hanseatisch-deutsche Flotte*
*Ich siegreich schwimmen auf dem Ozean;*
*Sie wird als ein Geschenk vom höchsten Gotte,*
*Als Evangelium allen Völkern nah'n;*
*Zum Hohn Amerikas, zu Englands Spotte*
*Macht sie die halbe Welt sich untertan*
*Und dieser gibt man dann als Haupt-Verzierung*
*Die hanseat'sche Vetterschafts-Regierung.*

Der bittere Rückschlag hält Sieveking nicht davon ab, seine brasilianischen Verbindungen für neue Kolonialvorhaben zu nutzen.[38] Auf Wunsch der Kommerzdeputation instruiert er im April 1846 den hamburgischen Generalkonsul in Rio de Janeiro, zusammen mit seinem Ex-Sekretär Schramm den Aufbau landwirtschaftlicher Siedlungen für deutsche Auswanderer vorzubereiten. Kurz darauf gründen zwanzig Hamburger Firmen und Unternehmer den *Verein zum Schutze deutscher Auswanderer nach Brasilien.*

Zu den ideellen Antreibern gehört Hermann Blumenau. Der aus

dem Harz stammende Apotheker und Brasilienkenner hat nach seinen Gesprächen in Hamburg den Eindruck: »Für die Kolonisation und Auswanderung fängt das Interesse erst an, sich zu regen. ... Was aber die Trägheit und Apathie verdirbt, macht der Neid gegen Bremen wieder gut.«

Mit großem Elan tut sich Blumenau in Brasilien um, doch auf die dort lebenden Hamburger macht er einen zwiespältigen Eindruck. Schramm schreibt an Sieveking: »Er ist ein guter braver Mensch, aber einer jener Enthusiasten, die nur davon träumen, 200 000 Deutsche nach Rio Grande als Grenzprovinz zu schaffen und dann die Brasilianer zum Lande hinauszujagen und eine Musterrepublik für deutsche Demagogen zu errichten.« Blumenau wiederum missfällt die strikte Orientierung am Geschäftserfolg: Von den Hamburgern werde »die Sache mehr als eine große Unternehmung betrachtet, welche ihre Schifffahrt und ihren Handel emporbringen soll«. Immerhin gelingt es ihm in eigener Regie, eine Siedlung zu gründen, die seinen Namen trägt und eine Zukunft hat. In der Stadt Blumenau leben heute mehr als 300 000 Menschen.

Das hamburgische Projekt löst sich dagegen 1848 sang- und klanglos auf. Doch schon im Folgejahr formiert sich das nächste unter dem Namen *Provisorisches Komitee des Kolonisations-Vereins von 1849 in Hamburg*. Im Lauf von vier Jahrzehnten – und mithilfe staatlicher Subventionen aus Rio de Janeiro – gelingt es dem Verein, 17 408 Personen von Hamburg aus nach Brasilien zu transportieren. Aus der damals gegründeten Auswandererkolonie entsteht die Stadt Joinville, die heute rund 600 000 Einwohner hat.

Karl Sieveking erlebt von alldem nichts mehr; am 30. Juni 1847 ist er in Hamburg gestorben. Nach dem erfolgreichen Vertragsabschluss in Brasilien ist keiner seiner Kolonialträume in Erfüllung gegangen. Doch der Blick auf die außereuropäische Welt, den er von seinem Vater und seinem Patenonkel übernommen und weitergegeben hat, sollte für das Verhältnis der Deutschen zu fernen Ländern noch lange prägend bleiben. Ihre Suche nach Ressourcen – Land, Arbeitskraft, Rohstoffe – irgendwo da draußen hat gerade erst begonnen.

# 3
# EIN SÜDSEEKÖNIG, DER NIEMALS IN DER SÜDSEE IST

**Das Oberhaupt einer alten Hamburger Familie steigt hoch hinauf und stürzt tief. Bismarcks vergebliches Eingreifen zeigt: Die Zeit für eine deutsche Kolonie ist noch nicht gekommen.**

Das fällt ihm nun auch noch ein, diesem hanseatischen Cesar, dem sechsten seines Namens aus dem Hause Godeffroy: Am 24. Mai 1854 kauft sich Johan Cesar Godeffroy VI. die *Sovereign of the Seas,* das schnellste und berühmteste Segelschiff seiner Zeit. Einen Klipper, schnittig und elegant, mit drei hoch aufragenden Masten, den »Mondkratzern«, gebaut von Donald McKay in East Boston, Massachusetts.[1] Weniger als vierzehn Tage hat die *Sovereign of the Seas* von New York nach Liverpool benötigt – eine neue Bestmarke. Auch ihr Geschwindigkeitsrekord weckt Staunen und Bewunderung: Mit 22 Knoten (fast 41 Kilometer pro Stunde) vermag das 77 Meter lange Schiff durch die Wellen zu pflügen. Der schlanke Rumpf ist fünfeinhalbmal länger als breit; gewöhnliche Tiefwassersegler sehen dagegen plump und gestaucht aus. Ein Klipper ist eine riesige Rennjacht.

Aber was hat Godeffroy davon? Für die gewaltige Takelage braucht ein Klipper viel mehr Männer an Bord als die üblichen Handelsschiffe, der Aufwand geht ins Geld. Die Engländer beladen ihre Klipper in China mit Tee und liefern sich auf dem Heimweg regelrechte Rennen mit der kostbaren Fracht. Teeblätter sind wertvoller als Kaffeebohnen und büßen in der Seeluft relativ schnell ihr feines Aroma ein – darin liegt die ökonomische Vernunft der teuren Raserei, doch sie ist auch ein Sport. Die Sieger der Wettfahrten werden in England gefeiert.

Der Hamburger Kaufmann Godeffroy setzt die *Sovereign of the Seas* ebenfalls im Teehandel ein, außerdem schickt er sie nach Australien, wo die anreisenden Goldsucher so schnell wie möglich ihrem Glück nachjagen wollen. Ob sich der Kaufpreis von rund 200 000 Mark Banco für ihn lohnt, bleibt unklar, aber darauf kommt es wohl auch nicht an. Dadurch, dass über dem berühmten Wunderschiff seine Flagge mit dem goldenen Falken weht, zeigt Godeffroy in aller Welt, wie weit er es gebracht hat. Und seine besten Jahre liegen noch vor ihm.

Wenn er sich in seinem Kontorhaus am Hamburger Hafen an den Schreibtisch setzt, kommandiert Godeffroy bereits die größte Handelsflotte der Stadt und eine der größten der Welt.[2] Zusammen mit seinen beiden jüngeren Brüdern Adolph und Gustav redet Cesar überall dort mit, wo an der Elbe die wichtigen Fragen entschieden werden: in der Kommerzdeputation, im Rathaus, in den Banken. Die Godeffroys besitzen riesige Ländereien am Fluss, sie kontrollieren Aktiengesellschaften und eine Zeitung. Sicher, manche Kaufleute verdienen noch mehr Geld als sie, aber niemand in Deutschland gebietet über ein Imperium von ähnlich globalen Dimensionen. Handelsschiffe mit dem Falkenbanner fahren über alle sieben Weltmeere. Kein anderes Haus in Hamburg denkt so groß und entscheidet so kühn.

Das liegt an Cesar VI., der sich selbst und seine Brüder antreibt. Sein Vater, von dem er den Namen hat wie dieser von seinem Vater, war noch eine andere Natur – maßvoller, nicht so sehr auf Expansion bedacht wie auf die Bewahrung des Erreichten. Und erreicht haben die Godeffroys schon einiges.

Es war ein langer Weg für sie, er begann im 17. Jahrhundert an der französischen Atlantikküste. Als verfolgte Protestanten, genannt Hugenotten, wanderten sie von La Rochelle nach Brandenburg aus und bewohnten in Frankfurt an der Oder eines der schönsten Häuser der Stadt. 1737 suchte Cesar III. sein Glück in Hamburg und machte sich bald mit einem Weinhandel selbstständig. Sein Sohn gründete die Firma *Joh. Ces. Godeffroy*, später *Joh. Ces. Godeffroy & Sohn*. Es gelang ihm, das Großbürgerrecht zu erwerben, mit dem nicht nur der Zugang zur großen Waage neben der Börse verbunden war, sondern auch geschäftliche und finanzielle Vorteile; dazu schwor er den traditionellen »Eid derjenigen, die sich zur Zollfreiheit von Leinen, Garn, Kupfer und Blech qualifizieren«. Als Wappenzeichen wählte Cesar IV. den Falken.

Seine Firma verdiente nun mehr denn je am Export von schlesischem und westfälischem Leinen. Über Cádiz gelangten die Stoffballen in die spanischen Kolonien, wo daraus die Kleidung der versklavten Plantagenarbeiter geschneidert wurde (siehe Kapitel 1). Als Rückfracht transportierten die Schiffe Kaffee und karibischen Rohzucker für die Hamburger Raffinerien.[3] Die Godeffroys waren schon im 18. Jahrhundert eines der größeren Rädchen im Getriebe des Kolonialismus. Manchmal arbeiteten sie mit Caspar Voght und Georg Heinrich Sieveking zusammen.

Zum Geschäftserfolg kam noch das Glück hinzu: Cesar und sein Bruder Pierre erbten ein Vermögen. Ihr Onkel Isaac war als junger Mann nach Suriname ausgewandert, eine niederländische Kolonie nördlich von Brasilien. Als Isaac Godeffroy 1778 kinderlos starb, hinterließ er die Kaffeeplantage Marienbosch mit 374 unfreien Arbeitskräften. Vom Verkaufserlös erhielten seine neun Nichten und Neffen jeweils 42 571 Pfund Sterling, eine enorme Summe. Durch einen weiteren Todesfall erbten Cesar und Pierre bald ein zweites Mal aus dem Plantagenverkauf, jeweils rund 20 000 Pfund.

Die Brüder waren nun reich und ließen es die Hamburger Gesellschaft wissen. Cesar steckte das ererbte Geld – Millionen nach heutigem Wert – in ein großes Landgut am holsteinischen Elbhang westlich von Hamburg und ließ sich eine dreiflügelige Villa in seinen Park stellen, die nach wie vor als architektonisches Meisterwerk gilt. Nur 300 Meter entfernt entstand für Pierre das kupfergedeckte »Weiße Haus«. Ein entzückter Zeitgenosse notierte nach einem Besuch des weitläufigen Geländes: »Auf der vordersten Kante des Hügels ist eine der schönsten Gartenpartien, die das Auge sehen, der innere Mensch durch das Auge genießen, die die Natur schaffen und die Kunst ausbilden kann.«

Mit den beiden klassizistischen Repräsentationsbauten begann die Architekturgeschichte einer der berühmtesten deutschen Wohnstraßen: der nach Blankenese führenden Elbchaussee, vornehmste Adresse für arrivierte Hanseaten. Die beiden Godeffroy-Villen, in denen niemals etwas an die Sklaven von Suriname erinnert hat, tragen heute die Hausnummern 499 und 547. Im Familienbesitz sind sie lange nicht mehr.

## »Mit dankbarem Herzen gegen Gott«

Am 1. Juli 1813 kommt der sechste Godeffroy namens Cesar zur Welt, nicht in Hamburg, sondern in Kiel. Da in ihrer Heimatstadt Napoleons Truppen herrschen, hat sich die Kaufmannsfamilie mit einem großen Teil ihrer beweglichen Habe in Sicherheit gebracht. Die Geschäfte liegen darnieder, das Ende von *Joh. Ces. Godeffroy & Sohn* scheint nahe. Als der französische Imperator schließlich geschlagen ist, schreibt das Familienoberhaupt an ein Leinenhandelshaus in Breslau, mit dem die Godeffroys geschäftlich eng verbunden sind: »Gottlob, dass man wieder frei wird denken, frei wird handeln können.«

Hamburg schließt sich dem 1815 gegründeten Deutschen Bund an. Unter konservativen bis reaktionären Vorzeichen stabilisieren sich die politischen Verhältnisse, wirtschaftlich geht es nach dem Ende der Franzosenzeit an der Elbe rasch wieder aufwärts. Die Godeffroys kaufen einen 30 Meter langen Dreimaster und schicken ihn vollgepackt mit Leinen nach Havanna. Während sich die spanischen Kolonien in Mittel- und Südamerika vom Mutterland lösen, wird Kuba mit seinen ertragreichen, durch Versklavte bestellten Zucker- und Kaffeeplantagen immer wichtiger für den Königshof in Madrid. Als Jahresergebnis trägt Cesar V. mit feiner Handschrift einen Reingewinn von 141 883 Mark Banco in sein Geschäftsbuch ein, nicht ohne zugleich seinen christlichen Glauben zu bekunden: »Mit dankbarem Herzen gegen Gott« bittet er »den Höchsten um seinen ferneren Segen, die mir obliegenden mancherlei Lasten ohne Sorgen zu tragen«. Er kauft ein zweites Schiff und bald ein drittes.

Als 1818 sein Vater stirbt, fällt Cesar V. die alleinige Verantwortung für die Geschäfte zu, die seiner Familie einen fürstlichen Lebensstil ermöglichen. Das Godeffroy'sche Haushaltsbuch vermittelt für das Jahr 1822 einen Eindruck: Die Equipage – zwei livrierte Kutscher, sechs Pferde, ein neuer Landauer – kostet 7500 Mark Banco, der Weinkeller 2500 Mark, der Unterhalt des Landhauses 9000 Mark, der »Domestikenlohn« (ohne Kutscher, Gärtner und Nachtwächter) 1200 Mark, die Kinder mit »Privatlehrer, Gouvernante, Kleidung, Spielsachen etc.« 3200 Mark, das Feuerholz 1300 Mark. Für die Unterstützung der Armen müssen 120 Mark reichen. Mit dem spitzen Rechnen hat es jedoch ein Ende, wenn sich die Kaufleute in geselliger Runde an den Spieltisch setzen. Im Lauf der Jahre gewinnt und verliert Godeffroy Zehntausende.

Auf Empfehlung von Senatssyndikus Karl Sieveking, einem Freund der Familie, wird der älteste Sohn mit neun Jahren aufs Lübecker Katharineum geschickt. Nach der Schulzeit beginnt für Cesar VI. die Ausbildung im väterlichen Kontor. Er übt den kaufmännischen Stil im schriftlichen Geschäftsverkehr, indem er die auf Deutsch, Französisch, Englisch und Spanisch verfassten Briefe des Hauses in die großen Kopierbücher überträgt. Er besorgt die Post, hebt Bargeld von der Bank ab, lernt Lagerdisposition und Warenkunde. Schließlich darf er seinen Vater zur Börse begleiten. Börsenzeit ist nachmittags von halb drei bis halb vier, wer zu spät kommt, zahlt eine Strafe. Eine Regel besagt, dass die Frauen und Töchter der Kaufleute zu dieser Zeit die Stadt meiden müssen, damit die Herren auf ihrem Weg nicht durch höfliches Grüßen aufgehalten werden. Nach Börsenschluss trifft sich die Geschäftswelt in einem der zahlreichen Cafés.

Heiß diskutiert wird an den Kaffeehaustischen über die Frage, ob die Stadt dem Binnenmarkt beitreten soll, den die Preußen propagieren. Gegen ein Ende der Zollschranken im Inneren kann niemand etwas einwenden, aber lohnt es, dafür Schutzzölle im Außenhandel hinzunehmen, die den internationalen Warenfluss hemmen? Was hat ein Hamburger Kaufmann davon, wenn importiertes Getreide mit einem Zoll belegt wird, damit die preußischen Landjunker ihr Korn besser verkaufen können? Nichts, na also.

Der junge Godeffroy rundet seine Ausbildung durch einen Aufenthalt in England ab, weiter in die Welt hinaus wird er sein Leben lang nicht reisen. In London, Liverpool und Manchester hat er Verwandte, die Briten sind Hamburgs wichtigste Handelspartner. An jedem zweiten Schiff, das von der Nordsee hereinkommt, weht ihre Flagge. Viele sind vollbeladen mit Stoffballen und Garnrollen aus den dampfgetriebenen Fabriken von Manchester, in denen Baumwolle aus dem Empire und den US-Südstaaten verarbeitet wird.

Die Hamburger importieren auch den britischen Sport. In Wandsbek gleich hinter den Stadttoren findet 1835 das erste Pferderennen statt. Im Jahr danach gründet Cesar VI. zusammen mit seinem Bruder Adolph und anderen jungen Kaufleuten den *Hamburger Ruder-Club,* den ersten Ruderverein Deutschlands. Als Klubuniform legt Cesar fest: Hose und Hemd in Weiß, rot-weiße Jacke, blaue Mütze mit grün-weiß kariertem Seidenband.

Mit dreiundzwanzig Jahren schwört er den Hamburger Bürgereid. Die Eltern sind da schon ein Dreivierteljahr auf Reisen, ausgiebig lassen sie sich durch Frankreich und Italien kutschieren. Der Vater hat seinem Ältesten die Geschäfte übergeben und ihm zum Abschied eine lange Instruktion hinterlassen. Das in ihn gesetzte »uneingeschränkte Vertrauen«, schreibt der Senior, müsse der Junior nun »sowohl durch Fleiß, Aufmerksamkeit und Umsicht in den Geschäften, als auch durch ein ausgezeichnetes moralisches Betragen« rechtfertigen. Zwei unternehmerische Maximen seien besonders wichtig: »Dass der Gang der täglichen Geschäfte mit Gründlichkeit betrieben werde, ist die erste Hauptsache... sämtliche Bücher müssen immer à jour sein.« Genauso komme es darauf an, neue Geschäfte zu planen: »Du musst solche in ruhigen Stunden entwerfen, wenigstens 24 Stunden überlegen, dann Deine Gehilfen zurate ziehen und nur dann zur Ausführung schreiten, wenn Ihr alle sie ratsam findet.« Außenstehende dürfe er allerdings niemals um Rat fragen, ganz gleich in welcher Angelegenheit, da die Firmeninterna keinen etwas angingen.

Im Oktober 1836 kehren die Eltern zurück, und weil der älteste Sohn seine Sache gut gemacht hat, setzt ihn der Vater als Teilhaber ein. Auch einer Eheschließung steht nichts mehr im Weg: Im Februar heiratet Johan Cesar Godeffroy VI. die zwei Jahre jüngere Emily Hanbury, Tochter eines aus England stammenden Hamburger

Kaufmanns und Diplomaten. Den Polterabend feiern sie mit spanischer Musik und kostümierten Tänzern, ihre Freunde lassen prachtvoll geschmückte Pferde antraben.

## »Stehen bleiben dürfen wir nicht«

Den jüngeren Bruder Adolph schickt das Familienhaus nach Havanna. Mit einem Teilhaber gründet er dort die Firma *Godeffroy & Co.,* die Bankverbindungen nach Hamburg, London und New York anzeigt. Ganz nach der Tradition soll *Godeffroy & Co.* Leinen und Eisenwaren an die Kubaner verkaufen und die Schiffe mit Zucker und Kaffee zurückschicken. Cesar spornt seinen Bruder an: »Wir müssen der größte Importeur havanesischer Produkte am hiesigen Platz werden. ... O, Adolph, welche Aussicht für Dich und mich!«

Sein Ehrgeiz sollte sich auszahlen. Das Kubageschäft schwächelt zwar, dennoch wird sich das Eigenkapital der Firma in den nächsten zwei Jahrzehnten versiebenfachen. Die Expansion ist vor allem das Werk des Juniorchefs. Der Senior hält auf strenge Regeln. Als Adolph aus Havanna zurückkehren will, um zu heiraten, weist ihn der Vater in die Schranken: »Deine eheliche Verbindung lasse ich nicht eher zu, bis Du Dir in pekuniärer Hinsicht eine unabhängige Lage gesichert hast.« In Zahlen bedeutet das: Erst einmal müsse der Sohn 100 000 Mark verdient haben oder, die Aussteuer eingerechnet, 125 000 Mark besitzen. Wolle er vorher schon unbedingt heiraten, so werde er mit seiner Frau eben einige Jahre auf Kuba leben. »Aber dann kommst Du natürlich nicht eher nach Europa, bis Du ein reicher, vollkommen unabhängiger Mann bist.«

Für Gustav Godeffroy, den dritten Sohn, ist nun ebenfalls die Zeit gekommen, seine eigenen Erfahrungen zu sammeln. Die Lehrzeit hat er bei *Parish & Co.* absolviert. Gründer des Hauses war der Schotte John Parish, dessen Reichtum und Verschwendungslust in Hamburg sprichwörtlich wurden (»pärrisch leben«). Der 22-jährige Gustav versucht sein geschäftliches Glück zuerst in Brasilien, fasst dort allerdings nicht Fuß und bekommt eine neue Aufgabe: Er soll herausfinden, welche unternehmerischen Möglichkeiten die südamerikanische

Westküste bietet. Auf dem Weg nach Chile umsegelt ein Godeffroy-Schiff zum ersten Mal das sturmumtoste Kap Hoorn.

Der unermesslich große Pazifik gerät nun ins Blickfeld der Kaufmannsfamilie. Als Karl Sieveking von den Chatham-Inseln erzählt und seinen Plan einer Auswandererkolonie erläutert, ist der Juniorchef hellauf begeistert und zeichnet Anteile (siehe Kapitel 2). Cesar VI. gehört bereits zu den angesehensten Männern der Stadt. Lange Zeit haben die lutherischen Hamburger die calvinistischen Godeffroys von den Institutionen der Macht ferngehalten, doch das ist jetzt vorbei. 1841 wählt die *Versammlung Eines Ehrbaren Kaufmanns* den 28-Jährigen in die Kommerzdeputation, vier Jahre später rückt er als Präses an deren Spitze. Anschließend wechselt er in die Stadtregierung, als Mitglied der Deputation für Schifffahrt und Hafen. Wenn er von seinem Landsitz an der Elbe zu seinem Kontorhaus in die Stadt fährt, setzt er sich gerne morgens um acht in die *Dame Blanche,* eine von den Villenbesitzern gemeinsam betriebene Kutsche mit sechzehn Plätzen, die von vier Schimmeln gezogen wird. Sie ist weiß lackiert, hat innen grüne Samtpolster und fährt nachmittags um vier über die Elbchaussee zurück.

Beim großen Hamburger Brand im Mai 1842, der 51 Menschen das Leben kostet, 20 000 obdachlos macht und ein Drittel der Innenstadt zerstört, bleibt die Familie verschont, abgesehen von finanziellen Einbußen. Die Börse und der an einem geheimen Ort gelagerte städtische Silberschatz werden gerettet. Heinrich Heine kann sich in *Deutschland, ein Wintermärchen* einen ironischen Seitenhieb nicht verkneifen:

*Die Bank, die silberne Seele der Stadt,*
*Und die Bücher wo eingeschrieben*
*Jedweden Mannes Banko-Wert,*
*Gottlob! sie sind uns geblieben!*

Zu den tatkräftigsten Helfern nach der Brandkatastrophe zählt Heines Onkel Salomon, der mit seiner Bank den Zahlungsverkehr aufrechterhält und der Stadtkasse ein zinsfreies Darlehen für den Wiederaufbau gewährt.

In Gustavs Briefen aus Chile liest der älteste Bruder wenig Erfreuliches. Der Handel mit Kupfererz würde lohnen, aber den haben die Engländer fest in der Hand. Cesar verlangt, sich von Rückschlägen nicht aufhalten zu lassen und besser zu sein als die Konkurrenten: »Betreiben wir das Geschäft mit ganzer Energie, so wird es nicht lange dauern, dass sie alle aus dem Felde sind.«

Nach wie vor lockt der Pazifik. 1844 fasst Cesar einen konkreten Plan: Eines seiner Schiffe, die *Charlotte,* will er in die Südsee schicken. Er lässt »ein Dutzend Karabiner und Säbel« mit an Bord nehmen, wie er Gustav schreibt, »da ich das Fahrzeug von Dir für die Fahrt nach den Sandwich Inseln bestimmt zu sehen erwarte«. Daraus wird zwar nichts, aber die Idee behält Cesar im Kopf. Seine Maxime lautet: »Stehen bleiben dürfen wir nicht, uns auch nicht mit den einmal bekannten Transaktionen begnügen, sondern wir müssen immer vorwärtsstreben.«

Noch schlechtere Nachrichten als aus Chile erreichen die Firma aus Kuba. Adolph hat sich schon länger über die »fatalen Runkelrüben« beklagt, die ihm angeblich den Zuckerhandel vermiesen (eine Ausrede, denn der kubanische Zuckerabsatz nimmt weiter zu). Außerdem behauptet er, ihm machten Sklavenaufstände zu schaffen: Weil die Arbeit auf den Plantagen darniederliege, hätten die Pflanzer weder Bedarf noch Geld für Waren aus Europa. In aller Stille löst sich das Havanna-Haus *Godeffroy & Co.* auf. Adolph muss seinen Teilhaber entschädigen, und weil ihm das Geld dafür fehlt, hilft ihm der Vater aus. »Die Summe wurde mir später bei seinem Tode abgezogen«, vom Erbe sei ihm nur wenig geblieben, schreibt er Jahre danach.

Während Adolph und Gustav in Amerika zu tun haben, befällt den Vater eine hartnäckige Krankheit. Johan Cesar Godeffroy V. stirbt im Juli 1845. Er hinterlässt ein Privatvermögen von 625 411 Mark Banco – weniger als vermutet. Sein Ältester steht nun allein an der Unternehmensspitze. Als Adolph nach Hamburg heimgekehrt ist, sichtet Cesar mit ihm zusammen den väterlichen Weinkeller, in dem 3000 Flaschen lagern.

Um diese Zeit schickt der Gewährsmann einer Frankfurter Bank seine vertraulichen Einschätzungen an den Main. Ähnlich den Berichten heutiger Ratingagenturen liefern die Informationen Anhaltspunkte, wie es um die Solidität der Hamburger Geschäftswelt bestellt ist. »Guter Kredit« heißt es über *Wm. O'Swald,* »erster Kredit, bedeutendes Kapital« über *Lutteroth & Co.,* »vermögend, solide und sehr geachtet, bester Kredit« über *Albrecht & Dill.* Die Auskünfte über *Joh. Ces. Godeffroy & Sohn* bleiben unscharf. »Brauchen oft Geld, haben aber auch«, heißt es nebulös. »Sehr ausgedehntes Geschäft, besonders durch Reederei, besitzen 12 Schiffe«, das klingt gut. Allerdings: »Über ihr Vermögen ist man nicht recht im Klaren, und da sie sehr großes Kapital bedürfen, so benutzen sie sehr häufig ihre auswärtigen Kredite.«

In Chile wendet sich das Glück zugunsten der Godeffroys: Die Engländer lassen zu, dass nun auch die Hamburger ihre Schiffe mit Kupfererz beladen dürfen. Weil die Industrie in Deutschland wächst, bahnt sich ein glänzendes Geschäft an. Ein Porträt in Öl, das er von sich malen lässt, zeigt Cesar VI. in der Pose eines Herrschers auf seiner Elbterrasse, mit durchgedrücktem Rücken und forschenden Augen, die Widerspruch nicht zu dulden scheinen. Seine Kleidung besteht aus der schlichten schwarz-weißen Uniform der bürgerlichen Elite: Frack, Weste, Hemd, Krawatte ohne jeglichen Ordenszierrat, wie ihn ein Adliger tragen würde. Als einziges Accessoire hält er in der rechten Hand, einem Zepter nicht unähnlich, ein Fernrohr.

Kupfer ist ein Stoff mit Zukunft, darum beteiligt sich das Haus Godeffroy 1846 führend an einer neuen Hamburger Fabrik, dem *Elbkupferwerk.* Im Lauf der nächsten acht Jahre belaufen sich allein die Gewinne durch die chilenischen Erzfrachten auf 745 000 Mark Banco. Gustav kann heimkehren und die Vertretung in Valparaiso einem Angestellten der Firma überlassen. Der Erfolg zieht eine weitere Investition nach sich: Cesar wird Aktionär der Burra-Burra-Mine, einem ergiebigen Kupfertagebau in Südaustralien. Mit dem *Elbkupferwerk* erlebt er gute und schlechte Zeiten. Nach einer Fusion geht die Kontrolle auf die *Norddeutsche Bank* über, die das Geschäft in die neu gegründete *Norddeutsche Affinerie* einbringt. Die Aktiengesellschaft heißt heute *Aurubis* und ist ein industrieller Global Player.

Ein Jahr nach dem *Elbkupferwerk* gründen ein Schiffsmakler, die

Godeffroys und weitere Hamburger Geschäftsleute ein Unternehmen von noch stärkerer Strahlkraft: die *Hamburg-Amerikanische Packetfahrt-Actien-Gesellschaft,* kurz *Hapag.* Als Firmenzweck wird eingetragen: »die regelmäßige Verbindung Hamburgs mit Nordamerika mittels Segelschiffen unter Hamburger Flagge«.

Das wahre Ziel der 41 Aktionäre besteht darin, den Bremern die Auswanderer abspenstig zu machen, um selbst an den Atlantikpassagen zu verdienen. Die Gesellschafter wählen drei Direktoren, die lange ehrenamtlich arbeiten, denn der bezahlte Manager gilt in Hamburg damals nichts. Den Vorsitz übernimmt Adolph Godeffroy; 33 Jahre wird er an der *Hapag*-Spitze stehen. Heute betreibt der mit dem Bremer *Norddeutschen Lloyd* zu *Hapag-Lloyd* fusionierte Konzern eine der größten Containerreedereien der Welt.

Für Auswanderer aus Deutschland und anderen europäischen Staaten werden die Schiffspassagen nach Nord- und Südamerika oder Australien häufig zu einer ungeahnten Tortur. Enge, Schmutz, Dunkelheit, Krankheiten, fauliges Wasser, verschimmeltes Essen, fehlende Vitamine, Mangel an Bewegung und frischer Luft machen ihnen die Zwischendecks zur Hölle. Die Todesrate während der Wochen und Monate dauernden Fahrten ist hoch. Nur widerstrebend und unter dem Druck von Gerichtsurteilen und Verordnungen sorgen die hanseatischen Reeder dafür, dass die Verhältnisse erträglicher werden.

## »Auf denn erstehe, junge Marine!«

Von Frankreich her kommend, politisiert die bürgerliche Revolution 1848 das ganze Land, auch Hamburg. Als einer von drei entsandten Abgeordneten vertritt Gustav Godeffroy den Stadtstaat in der Frankfurter Nationalversammlung. Der preußische Prinz Wilhelm, von dem es heißt, er habe Aufständische in Berlin niederschießen lassen (»Kartätschenprinz«), flüchtet sich als Kaufmann getarnt nach Hamburg. Zwei Wochen harrt »Wilhelm Oelrichs« im Haus von Cesars Nachbar William O'Swald aus, dann reist der spätere Kaiser Wilhelm I. ins zeitweilige Exil nach England.

Als es einem dänischen Kriegsschiff, der Fregatte *Gefion,* im Zuge der Schleswig-Holsteinischen Erhebung gelingt, die Elbmündung zu blockieren, tritt Johan Cesar Godeffroy mit einem flammenden Aufruf an die Öffentlichkeit. Gemeinsam mit dem Reeder Robert Miles Sloman schreibt er am 5. Mai im *Hamburgischen Correspondenten:* »Auf denn, Deutsche, wehrt euch und ergreift die Mittel, ein Joch und Fesseln abzuschütteln, die die deutsche Flagge nicht dulden und nicht tragen darf! Bewaffnet Dampfboote und Kauffahrteischiffe … Auf denn, erstehe junge Marine, zur Verteidigung der deutschen Flagge!«

Am nächsten Tag wird er für eine patriotische Rede in der Börsenhalle bejubelt, ein neu gegründeter Flottenverein sammelt Spenden ein, 330 000 Mark kommen zusammen. Cesar Godeffroy stellt einen Dreimaster, der seinen Namen trägt, in Aussicht. Sloman bietet gleich zwei seiner Schiffe an. Doch die erste deutsche Flotte endet als große Peinlichkeit. Die Sachverständigen der Nationalversammlung lehnen eins der Sloman-Schiffe wegen Altersschwäche ab. Von der *Cesar Godeffroy* halten die Gutachter ebenfalls wenig: Unter dem Namen *Deutschland* wird sie zum Schulschiff deklariert und nach drei Jahren auf einer Auktion verscherbelt. Haben Godeffroy und Sloman nur versucht, ihre ollen Kähne loszuwerden? Das fragen sich viele in Hamburg. Auf einem Flugblatt kursiert die Parodie eines Goethe-Gedichts:

*Kennst du die Stadt, wo voller Edelsinn*
*Man Schiffe gibt zur deutschen Flotte hin?*
*Das heißt für Geld, für schweres Geld*
*Ein Wrack, das in sich selbst zusammenfällt.*

Während die Deutschen versuchen, die Fürstenherrschaft abzuschütteln, bricht in Kalifornien das Goldfieber aus. Was für die meisten Glückssucher mit einer Enttäuschung endet, ist für Kaufleute wie die Godeffroys eine Gelegenheit zum Geldverdienen. Der jüngste Bruder Alfred gründet mit zwei Partnern eine Firma in San Francisco, Cesar schickt ihm Schiffe in dichter Folge. Mit üppigen Sofas und goldgerahmten Spiegeln, den Insignien der Erfolgreichen, machen die jungen Unternehmer gute Gewinne. Als ihr Geschäftshaus abbrennt, nimmt Alfred sich die Amerikaner zum Vorbild: »Sie scheinen nie daran zu denken, was sie verloren haben, sondern nur, wie sie es am schnellsten wieder verdienen können.«

## »Ein bedeutendes Geschäft auf diesen Inseln«

Die Godeffroys bauen ein Schiff nach dem anderen, sie haben eine eigene Werft, breiten sich am Elbhang weiter aus und geben ihren Landerwerbungen Namen wie Falkenstein und Falkental, nach ihrem Wappentier. Seinen neuen, weithin sichtbaren Wohnsitz nennt Gustav Beausite, es ist ein Schloss im Stil einer gotischen Ritterburg. In der *Norddeutschen Bank,* an deren Gründung die Godeffroys beteiligt sind, übernimmt er den Aufsichtsratsvorsitz. Hamburger Senator wird Gustav auch. Cesar lässt ein Hirschgehege einzäunen, den heutigen Hirschpark. Er kauft die *Sovereign of the Seas,* das schnellste Schiff der Welt.

Was soll jetzt noch kommen?

Der Chinahandel ist nach ersten Versuchen vielversprechend. Indien erweist sich als schwierig, dort regieren die Engländer. Der Pazifik ist noch immer wenig erschlossen.

Am 21. Februar 1855 sticht das Godeffroy-Schiff *Stintfang* von Valparaiso aus in See, an Bord befindet sich der erfahrene Handelsvertreter August Unshelm, der bereits den Chatham-Traum mitgeträumt hat. Er führt Musketen und Munition zum Tauschen oder Verkaufen mit sich, Messer und Werkzeuge, rote Gesichtsfarbe, Salben gegen Syphilis und Läuse, Glasperlen, Stoff. Zurückbringen soll er Perlen, Perlmutt und Kokosöl. Das Öl dient als Speisefett und für die Herstellung von Seife und Kerzen. Ein großer Abnehmer von Kokosöl ist die Fabrik des nach Hamburg eingewanderten Schotten John Sharp Douglas, auf die der heutige Douglas-Konzern zurückgeht.

Unshelms Auftrag ist weit gefasst, sodass ihm große Entscheidungsfreiheit bleibt.[4] Er soll die Karolinen und Fidschi-Inseln anlaufen, notfalls auch Tahiti – Ziele, die zum Teil Tausende Seemeilen voneinander entfernt liegen; einen Plan scheint es nicht zu geben. Am 15. Mai erreicht er eine ganz andere Insel: Samoa.

Aus dem Hafenort Apia schreibt er nach Hamburg, die Samoaner seien »arbeitsscheu«, und mit den dort lebenden Weißen sei auch nicht viel anzufangen – »größtenteils Leute von der schlimmsten Sorte, Glücksritter, junge verlaufene Taugenichtse, desertierte Matrosen u. dergl.«. Dennoch spricht er sich dafür aus, am Ort eine Handelsstation einzurichten.

Als der Firmenchef in Hamburg zugestimmt hat, holt Unshelm seine Frau, die vier gemeinsamen Kinder und einen Gehilfen nach Samoa, kauft ein Ufergrundstück und lässt ein Wohn- und Lagerhaus errichten. Bei diesem Tempo wird es selbst Cesar Godeffroy mulmig zumute: Setzt sein Mann in der Südsee womöglich zu viel Kapital ein? Unshelm stellt klar: »Sie irren sich, wenn Sie glauben, dass ich Häuser als Ornament bauen ließ ... Die innere Einrichtung habe ich auf meine eigenen Kosten bescheiden-elegant gemacht, um meiner Familie den Aufenthalt in einem unzivilisierten Lande so erträglich und angenehm wie möglich zu machen.«

1857 erfolgt ein Rückschlag: Die von einem Bankenkollaps in New York ausgehende Weltwirtschaftskrise greift auf Europa über, von allen deutschen Städten ist das globalisierte Hamburg am stärksten betroffen. Mehreren Handels- und Finanzhäusern, auch *Joh. Ces. Godeffroy & Sohn,* droht plötzlich der Bankrott.

Die Rettung gelingt der Familie mithilfe einer schwerreichen Tante in Berlin (deren Vermögen unter anderem auf die Suriname-Plantage zurückgeht) sowie staatlicher Unterstützung, was noch peinlicher ist als verwandtschaftlicher Beistand. Die Stadt hält mehrere große Unternehmen – heute trügen sie das Etikett »systemrelevant« – mit Darlehen über Wasser. Auch Österreich springt den Hanseaten bei und stellt 15 Millionen Mark Banco zu sechs Prozent auf ein Jahr zur Verfügung. Ein Sonderzug bringt 90 Tonnen Silberbarren als Sicherheit von Wien nach Hamburg.

Nach einem halben Jahr ist die Krise überstanden, die Hamburger schicken das Silber zurück nach Wien. Auf der Verlustseite stehen 150 Firmenpleiten, zehnmal mehr als in Bremen. Das Haus Godeffroy hat eine halbe Million verloren. Cesar verkauft die *Sovereign of the Seas.*

Seinen ältesten Sohn schickt er zu Unshelm nach Apia, ein Zeichen, dass er dort die Zukunft seiner Firma sieht. Als Cesar VII.

dreiundzwanzig Jahre alt ist, macht der Vater ihn zu seinem Teilhaber, genau wie sein eigener Vater ihn als 23-Jährigen zum Teilhaber gemacht hat. So jäh es abwärtsgegangen ist, so steil geht es nun aufwärts. Vor allem das Geschäft im Pazifik floriert.

Bald steht das Familienunternehmen so gut da wie noch nie.

## »Der Nimmersatt der Südsee«

Ein preußischer Kapitän berichtet später anerkennend über »die Energie der Hamburger Firma«, zumal sie sich auf keine Regierung stützen konnte. »Zu damaliger Zeit war die Hamburger Flagge im ganzen Osten, in Siam, China und auch in Australien viel bekannter als die preußische, und ich selbst bin in Bangkok im Jahre 1858 an Bord eines preußischen Handelsschiffes allen Ernstes gefragt worden, ob wir nicht Hamburg tributpflichtig seien.«[5] Mehr als zwei Drittel des Südseehandels befinden sich nach 1860 in deutschen Händen,[6] den größten Anteil daran hat *Joh. Ces. Godeffroy & Sohn*. Die Hamburger fangen an, Cesar VI. den Südseekönig zu nennen, mehr bewundernd als spöttisch.

Auf Cesars Ersuchen wird Unshelm 1861 zum hamburgischen Konsul auf Samoa ernannt. Dankbar verspricht der Niederlassungsleiter, »das große Vertrauen Ihres Ehrenhauses zu rechtfertigen«. Wie vom Chef gewünscht, werde er »alle Konkurrenz töten«.

Unshelm weitet die Geschäfte aus, nach Tonga, auf die Fidschis. Dass die Godeffroys und ihre Leute mit harten Bandagen um Marktanteile kämpfen, spricht sich auf den Inseln schnell herum. Das feine hanseatische Unternehmen sei »der Nimmersatt der Südsee«, lautet eine englische Klage. »Godeffroys Schoner hatten den Auftrag, jedweden Handel, wo immer Konkurrenz auftauchte, zu vernichten. ... Die Godeffroy'schen Kaufleute mussten die Rivalen unterbieten und schließlich vertreiben, was es auch koste.«

Die dunkle Seite des »Ehrenhauses« bekommt sogar der Mann zu spüren, dem es in der Südsee bisher fast alles zu verdanken hat: Der knallharte August Unshelm wird seinerseits systematisch ausgebeutet. In Apia handelt er selbstständig, aber nur zum Schein. Hamburg diktiert die Preise für alles, für Investitionen, für Frachtraten, für importierte und exportierte Ware. Selbst wenn ein Geschäft einmal schlecht läuft, verdienen die Godeffroys an den überhöhten Kosten und Kreditzinsen, die sie ihrem Abgesandten aufbürden und der nichts dagegen tun kann. Cesars Gesinnung zeigt sich auch im Kleinen: Als eine jüngere Schwester von Unshelms Frau nach Samoa zu Besuch kommt, schreibt der Handelsvertreter erbittert: »Geehrtester Herr Godeffroy, hätten Sie nicht vielleicht aus besonderer Rücksicht der Verhältnisse eine Ermäßigung in der Passage des Mädchens eintreten lassen können?«

1864 ertrinkt Unshelm auf einer Reise, wohl während eines Orkans. Nach längerem Zögern und mangels Alternative ernennt Godeffroy den Buchhalter Theodor Weber zum Nachfolger, der zwei Jahre zuvor als 18-Jähriger in der Südsee angekommen ist.[7] Weil er tatkräftig anpackt und vorausschauend denkt, wird Weber seiner Firma viel Freude bereiten. Als Konsul dient er außerdem der Stadt Hamburg, dann dem Norddeutschen Bund und schließlich dem Deutschen Reich. Weber macht sich in der Südsee einen Namen.

Auf Land, das Unshelm schon dafür erworben und mit Baumwolle als Vorfrucht bepflanzt hat, legt der junge Niederlassungsleiter die erste Palmenplantage an, weitere folgen. Um die Ölausbeute zu steigern, etabliert er ein neues Verfahren. Bisher wurde das Öl gleich auf den Inseln aus den Kokosnüssen gepresst, der Ertrag lag bei höchstens 50 Prozent, denn die Methoden waren recht primitiv. Außerdem sickerte während der langen Schiffspassage häufig eine Menge Öl aus den Fässern. Weber stellt nun auf die Gewinnung des getrockneten Fruchtfleischs der Kokosnüsse um. Das sogenannte Kopra wird dann in Deutschland maschinell ausgepresst, die Ausbeute steigt auf rund 80 Prozent. Was übrig bleibt, ist gutes Viehfutter.

Dass die Firma Godeffroy prosperiert, dürfen die Hamburger ruhig wissen. Cesars »sommerliche Jagddiners« sind ein gesellschaftliches Ereignis. 1866 lädt er zu einem spektakulären Winterfest in seine Elbvilla ein: Livrierte Diener holen die Gäste in warm gepolsterten Pferdeschlitten aus der Stadt ab und kutschieren sie über den vereisten Fluss; unter Fackelbeleuchtung geht es zurück. Dass er Probleme mit den Augen hat und zu erblinden fürchtet, behält Cesar lieber für sich.

Apia entwickelt sich weiter prächtig, wie aus Zahlen des englischen Konsuls in der Hafenstadt hervorgeht. Von 1868 bis 1871 sinkt dort die Tonnage der Engländer von 8038 auf 4856, die der Amerikaner von 3072 auf 500. Der addierte Tonnengehalt der deutschen Schiffe nimmt von 3875 auf 8696 zu. Theodor Weber kann zufrieden sein. Nach dem Auslaufen seines Vertrages mit *Joh. Ces. Godeffroy & Sohn* reist er an die Elbe, um über seine berufliche Zukunft zu sprechen. Er bleibt der Firma erhalten, zu besseren Konditionen.

Beim Senat wird Weber ebenfalls vorstellig und bittet um »ein gelegentliches Vorlaufen eines Kriegsschiffes einer deutschen Macht«. Bisher musste er, wenn er einmal gewaltsam für Ordnung sorgen wollte, die Engländer oder Amerikaner fragen, aber auf die kann und will er sich nicht verlassen. Sind denn die Interessen des Hauses Godeffroy nicht auch die Interessen Deutschlands?

Die Hansestädte gehören nun dem Norddeutschen Bund an, in dem Preußen den Ton angibt. Mächtigster Mann im Bund ist Otto Fürst von Bismarck, dem sogar der preußische König nicht allzu viel vorschreiben kann. Im November 1868 unterstützt Godeffroy Webers Wunsch nach einem Kriegsschiff, das vor Samoa Flagge zeigen möge. Doch Bismarck schickt keines. Hamburg und die Preußen, das ist noch keine Liebe.

Auf der rastlosen Jagd nach Kopra nimmt Cesar eine Insel nach der anderen in den Blick. Die Orte, in denen seine Leute sitzen, heißen Pemé, Niata, Uruputput.[8] Mit einem deutschen Händler auf dem Jaluit-Atoll schließt er einen Exklusivvertrag, und er versucht, das weit im Westen des Pazifiks gelegene Jap zu seinem zweiten Samoa zu machen. Sein Interessengebiet auf der Südhalbkugel erstreckt sich über 9000 mal 4000 Kilometer.

Gustav wird es zu viel Südsee in der Firma. 1872 scheidet er aus dem Familienunternehmen aus, belässt dort jedoch einen Teil seines Vermögens. Weil er mit Grundstücken spekuliert, wird er öffentlich angegriffen: Wie es aussieht, hat der Senator Kenntnisse, die er dienstlich erhielt, beim Immobilienerwerb genutzt. Aber soll er sich deswegen attackieren lassen? Gustav will nicht länger Senator sein – ein Amt, das auf Lebenszeit verliehen wird. Die Geschäfte sind ihm wichtiger. Ein solcher Schritt ist neu in Hamburg.

Als Bismarck ihn einige Jahre danach bittet, preußischer Finanzminister zu werden, lehnt er ab. Ein guter Steuereintreiber wäre Gustav Godeffroy bestimmt nicht geworden. Abgaben an den Staat hält er für »Vermögenskonfiskationen«.

## »Skelette und Schädel von den Eingeborenen«

Cesar Godeffroys Südsee-Leidenschaft geht seit Langem über das Geschäftliche hinaus. Schon bald nach Gründung seiner Apia-Station hat er Unshelm mitgeteilt, ihn interessiere alles, »was die Inseln der Südsee und das sie umgebende Meer an Wunderbarem in der Natur-Welt enthält«. Die Vogelbälge, Haifischzähne, Trommeln, Speere, Masken, Halsketten, die seine Kapitäne angeschleppt haben, füllen die Speicherböden seines Kontorhauses am Alten Wandrahm. Von einem Schweizer Naturforscher lässt er Ordnung in das Sammelsurium bringen, dann schickt er den jungen Mann nach Samoa, um seinen Bestand systematisch zu erweitern.

Wissenschaft ist Mitte des 19. Jahrhunderts populär, überall entstehen naturkundliche Sammlungen, Forschungsgesellschaften und Museen. Wer nach Welterkenntnis sucht, greift zu den neuesten Büchern der Gelehrten. 1859 veröffentlicht Charles Darwin sein revolutionäres Hauptwerk *Über die Entstehung der Arten,* von dem schon ein Jahr später die deutsche Übersetzung vorliegt. Was bedeutet Darwins Evolutionstheorie für die Entstehung des Menschen? Diese viel diskutierte Frage treibt auch Godeffroy um.

Im Lauf der Jahre beauftragt er sechs Männer und eine Frau mit Forschungsarbeiten im Südpazifik.[9] Aus dem, was sie nach Hamburg schicken, stellt er das größte naturkundliche Privatmuseum der Welt zusammen. Wie bei allem, was er anpackt, will er es auch hier bedeutend machen, darum lädt er führende Wissenschaftler ein und gibt von 1873 an eine opulent gestaltete Zeitschrift heraus, das *Journal des Museum Godeffroy.* Zu den Autoren zählen Koryphäen wie der Berliner Mediziner Rudolf Virchow.

Die auffallendste Erscheinung im Umkreis des Museums ist Amalie

Dietrich. Sie stammt aus armen Verhältnissen und hat sich autodidaktisch zur anerkannten Botanikerin weitergebildet, unter anderem auf Fußmärschen quer durch Deutschland. Godeffroy schickt die 42-Jährige nach Australien, wo sie zehn Jahre lang bleiben wird. Zur Vorbereitung lernt sie Schießen und Tierpräparation.

In Australien erweist sich Dietrich als außerordentlich zäh und unerschrocken. Unter oft schwierigen Bedingungen sammelt sie massenhaft Pflanzen und Tiere und entdeckt mehrere Arten, die nach ihr benannt werden, etwa die Alge *Sargassum amaliae* oder die Wespe *Odynerus dietrichianus.* Aber das ist nicht alles. Amalie Dietrich sammelt auch Menschen.

Im Januar 1865 übermittelt ihr Godeffroy seinen nachdrücklichen Wunsch, »Skelette und Schädel von den Eingeborenen sowie auch deren Waffen und Geräte zu senden. Diese Sachen sind sehr wichtig für die Völkerkunde«. Nachweislich liefert Dietrich ihrem Auftraggeber mindestens acht Skelette, einen Schädel und eine präparierte Menschenhaut. Um an ihre Beute zu gelangen, plündert sie Grabstätten. Ein Gerücht besagt, sie habe sogar einen Mann töten lassen, um sein Skelett zu bekommen; Einheimische nennen sie »Angel of Black Death«. Erhärten lässt sich das Gerücht bis heute zwar nicht, aber für andere Fälle von Menschenjagd im Dienst der Wissenschaft gibt es in Australien Belege.

Sammler, Auftraggeber und Wissenschaftler sind mit bestem Gewissen bei der Sache. Von vornherein steht für sie fest: Bei Menschen mit dunkler Haut müsse es sich um eine primitivere Entwicklungsstufe handeln, die in Europa überwunden worden sei – der weiße Mann als Krönung der Evolution. Godeffroys Lieferanten schicken ihm insgesamt 53 Skelette. Nach dem Tod des Unternehmers wird der anthropologische Teil seiner Sammlung an das Leipziger Museum für Völkerkunde verkauft. Während des Zweiten Weltkriegs verbrennt dort alles im Feuer der Bombenangriffe.

## »Im Namen des Reiches«

Als sich Gustav Godeffroy 1872 aus der gemeinsamen Firma zurückzieht, beschäftigt die Niederlassung Apia rund dreißig Deutsche und zahlreiche Frauen und Männer anderer Nationalitäten. Auf den Plantagen setzt Theodor Weber vierhundert schlecht bezahlte Arbeiter ein, die er von weit entfernten Inseln holen ließ; viele wurden dazu gezwungen und wie Sklaven verschleppt. Die Angaben gehen auf den Bericht eines Amerikaners zurück, der zeitweilig für das Unternehmen tätig war.

Den Niederlassungsleiter beschreibt er als »sehr gerissen«. Wer bei Weber vorspreche, um irgendwo eine Handelsstation zu übernehmen oder zu gründen, müsse die immer gleichen drei Fragen beantworten: »Kannst du die Sprache sprechen? Kannst du mit den Eingeborenen leben, ohne mit ihnen Streit anzufangen? Kannst du den Mund halten, d. h., soweit es das Geschäft deines Chefs betrifft, wenn du mit weißen Männern zusammenkommst?« Wer dreimal überzeugend Ja sage, werde sofort eingestellt. Nach Webers frühem Tod 1889 in Hamburg verfasst der auf Samoa lebende Schriftsteller Robert Louis Stevenson, Autor des Abenteuerromans *Die Schatzinsel,* einen Nachruf auf ihn: Theodor Weber sei ein Mann »ohne Furcht oder Skrupel« gewesen, der seine Ziele mit großer Härte verfolgt habe. »Dennoch habe ich nie jemanden getroffen, unter den Weißen oder den Eingeborenen, der ihn nicht zu würdigen wusste. ... Sein Name lebt in den Liedern Samoas weiter.«

Der Norddeutsche Bund ist inzwischen im Deutschen Reich aufgegangen, und Webers Bitte um den Besuch eines Kriegsschiffs wird erstmals erhört.[10] Die *Nymphe,* die im Juli 1871 in Kiel in See gestochen ist, erreicht nach Stationen in Brasilien und Südafrika ein Dreivierteljahr später Samoa. Den Einheimischen, die ihm 3000 Pfund schulden, will Weber einmal die Macht der Deutschen beweisen. Allerdings zögert der Kommandant der *Nymphe,* seine Leute bewaffnet an Land zu schicken, denn der samoanische Anführer hat angeblich 2000 Krieger kampfbereit.

Weil die 3000 Pfund immer noch ausstehen, beschweren sich

die Godeffroys beim Auswärtigen Amt in Berlin über »Räubereien und Belästigungen« seitens der Inselbewohner. Zwei Jahre nach der *Nymphe* läuft eine andere Korvette, die *Arcona,* im Hafen von Apia ein, um nicht nur die Schulden einzutreiben, sondern auch einen Streit um Landbesitz zu klären. Theodor Weber ist nicht da, sondern auf Urlaub. Als es aus Sicht des *Arcona*-Kommandanten zu keiner Klärung kommt, lässt er ein Dorf niederbrennen.

Im Deutschen Reich schlagen nach Jahren des Wirtschaftswachstums nun die Wellen des sogenannten Gründerkrachs hoch. Anders als 1857 folgt der Krise kein rascher Aufschwung. Um mithilfe von Bankdarlehen zahlungsfähig zu bleiben, verpfändet *Jos. Ces. Godeffroy & Sohn* den Kredithäusern fast das gesamte Firmenvermögen, zum Buchwert von mehr als sieben Millionen Mark Banco. Den größten Posten bildet mit 3,1 Millionen der Besitz in Apia.

Dort macht bald das nächste deutsche Kriegsschiff, die *Gazelle,* Station. Deren Befehlshaber berichtet von Eifersüchteleien zwischen Amerikanern und Engländern auf Samoa, da beide Seiten bestrebt seien, Teile der Inselgruppe zu annektieren. Dabei liege doch »der wichtigste Teil des Handels« in Händen der Deutschen, »für welche die politischen Zustände und die Zukunft der Inseln daher eine wichtige Existenzfrage bilden«. Mit anderen Worten: Berlin täte gut daran, über ein koloniales Engagement nachzudenken.

Theodor Weber, der sowohl Kaufmann als auch Konsul ist, pflegt zur deutschen Marine beste Beziehungen und sorgt in der Südsee für die angenehme Bewirtung der Offiziere. Im November 1876 schließt er mit dem König von Tonga einen staatlichen Freundschaftsvertrag ab, der die Errichtung einer Kohlestation für die Reichsmarine vorsieht. Bismarck hat zugestimmt, trotz seiner Skepsis: »Was wird unter einer ›Kohlestation‹ verstanden?« Der Kanzler befürchtet, »dass wir durch faktisches Vorgehen der Marine schließlich doch in eine Gründung hineingeraten, die einer kaiserlichen deutschen Kolonie gleichsteht«. Gegenüber dem Reichstag erklärt das Auswärtige Amt: »Der Schutz der deutschen Handels-Unternehmungen in den großen Archipelen des Stillen Ozeans bildet seit einigen Jahren den Gegenstand erhöhter Fürsorge der Reichsregierung.« Mit der Bildung von Kolonien habe dies jedoch nichts zu tun.

Es ist wohl eine Frage der Perspektive. Bei einem Besuch an der Elbe sagt der Präsident der italienischen Geographischen Gesellschaft: »Hamburg ist das Herz für die deutschen Kolonien geworden.«[11] Er meint das ganz unbefangen als Schmeichelei.

Für Bernhard Ernst von Bülow, Staatssekretär im Auswärtigen Amt, dürfte die Unterstützung der hanseatischen Südsee-Geschäfte auch eine Familienangelegenheit sein. Bülow ist mit einer Hamburger Kaufmannstochter verheiratet, durch die er in verwandtschaftlichen Beziehungen zu den Godeffroys steht. Dem Chef der Admiralität schreibt er, dass die im Pazifik unter »großen Opfern, Mühen und Gefahren erreichte Stellung des deutschen Handels ernstlich bedroht werde, ... wenn nicht die Kaiserliche Regierung auf einen dauernden und ausgiebigen Schutz dieser Interessen Bedacht nähme«.

In kurzer Zeit schließt die Marine eine ganze Reihe weiterer Verträge über Stationen in der Südsee ab. Der örtliche Herrscher »King Dick« bekommt 400 Reichsmark für den Hafen Makada. Der Hafen Mioko kostet 200 Mark. Für die Besuche deutscher Kriegsschiffe im Südpazifik gibt Berlin jährlich 700 000 Mark aus.[12]

Auf Vorschlag Webers besetzt der Kommandant der *Ariadne* im Juli 1878 zwei Hafenorte auf Samoa – »im Namen des Reiches«.[13] Die Okkupation endet erst, als die einheimischen Anführer ein halbes Jahr später bereit sind, einen »Freundschaftsvertrag« zu unterschreiben, der den Deutschen einen weiteren Marinestützpunkt und völlige Handelsfreiheit verschafft. »Im Hinblick auf die große Bedeutung dieser Sache« für die hanseatischen Unternehmer wirbt Staatssekretär Bülow im Reichstag um rasche Zustimmung zu dem Vertrag, die auch erfolgt. Politische und familiäre Interessen fügen sich perfekt zusammen.

## »Diese Verlegenheiten«

Obwohl die Regierung ganz in seinem Sinne handelt, ist es Cesar Godeffroy nicht gelungen, aus seinen Zahlungsschwierigkeiten herauszukommen. Gemeinsam mit seinen Gläubigern gründet er im März 1878 die *Deutsche Handels- und Plantagengesellschaft der Süd-*

*see-Inseln zu Hamburg,* kurz *DHPG.* Sie erwirbt das Südsee-Vermögen von *Joh. Ces. Godeffroy & Sohn,* einschließlich der Schulden und Forderungen. 800 der 1000 Aktien à 5000 Reichsmark gehören dem Familienhaus. In einem Memorandum an die Reichsregierung schreibt Godeffroy: »Die Ausdehnung des Geschäfts überstieg die individuellen geistigen und finanziellen Kräfte jeder einzelnen kaufmännischen Firma.« Das Eingeständnis dürfte ihm schwerfallen, ist aber höchstens ein halbes: Der Südseekönig hat sich mutwillig übernommen und verspekuliert.

Das bedeutende Bremer Haus *H. H. Meier & Co.* will wissen, ob es sich bei klügerem Vorgehen lohnen könnte, in der Südsee einzusteigen. Es schickt einen Wirtschaftsspion los, der sich »unter der Maske eines Touristen und Naturschwärmers« auf den Inseln umsieht. Schon bald gewinnt der Mann den Eindruck, dass die Geschäfte mühsamer sind, als es aus der Ferne den Anschein hat: Das Kopra sei im Einkauf teuer. Die Fracht aufwendig. Das Wachstum der Plantagenpalmen langsam. Bei aller Härte ihres Geschäftsgebarens sei es den Godeffroys »nie gelungen, das Monopol, das ihr ausgesprochener Endzweck ist + und von welchem sie die endliche Bezahlung ihrer Mühe + Auslagen erwarten, an sich zu reißen«. Am Ende seiner Recherchen ist es dem Spion schleierhaft, wie das Haus Godeffroy in der Südsee so groß werden konnte. Es müsse am »Ruf der Rentabilität« gelegen haben, am »Nimbus«.

Mit dem Nimbus ist es vorbei. Cesar muss betteln gehen und versucht es bei Staatssekretär Bülow: Ihm fehle, »um das Unternehmen, welches täglich wächst, überhaupt und zur Ehre Deutschlands durchführen zu können, ein Betriebskapital von 2 bis 2,5 Millionen Mark«. Der ihm verbundene Bülow sondiert, erreicht aber nichts. Godeffroy hakt nach und malt dem Politiker eine patriotische Fantasie aus: »Die Anmeldungen von tüchtigen Leuten behufs Niederlassung auf unseren Besitzungen in der Südsee nehmen jetzt in so ausgedehnter Weise zu, dass sich dort schnell eine stetig wachsende deutsche Kolonie bilden würde; deutsche Gesittung und deutscher Fleiß könnten … ein wahres Eldorado schaffen.«

Godeffroy läuft die Zeit davon. Sein Sohn und Teilhaber, Cesar VII., reist nach London zum Bankhaus *Baring Brothers,* zu dem gute Beziehungen bestehen. Aber an eine weitere Kreditlinie der Londoner ist nicht zu denken, im Gegenteil, sie drängen auf Rückzahlung des schon geliehenen Geldes. Aus dem einst beträchtlichen Privatvermögen des Seniors kann die Firma ohnehin nicht mehr gerettet werden, denn fast all seine Häuser, Gärten, Grundstücke sind schon belastet und verpfändet, ebenso das naturkundliche Museum. Am 1. Dezember 1879 wird an der Hamburger Börse bekannt, dass *Joh. Ces. Godeffroy & Sohn* gezwungen ist, die Zahlungen einzustellen.

Bismarck wird durch seinen Bankier Gerson von Bleichröder, der mit Gustav Godeffroy befreundet ist, sofort informiert.[14] Die Firma habe auf Samoa »bedeutende Plantagen«, und nun drohe England »diese Verlegenheiten zu benutzen, um dort festen Fuß zu fassen«. Obwohl der Reichskanzler erkrankt ist, zeigt er sich sehr interessiert daran, einen Ausverkauf an die Engländer zu verhindern. Schon am 14. Dezember kommt in Berlin eine von Bleichröder zusammengerufene Runde zusammen, die den Plan einer Auffanggesellschaft entwickelt. Neben den Godeffroys nimmt auch der Chef des Reichsschatzamts teil.

In der anschließenden Unterrichtung Bismarcks lautet der entscheidende Satz: »Voraussetzung bei diesem Projekt ist die Betätigung des Reichs-Interesses durch reichsgesetzliche Gewährung einer nur subsidiären Dividenden-Garantie.« Das bedeutet: Die Kapitalgeber wollen sich vom Staat einen Gewinn garantieren lassen, auf Kosten der Steuerzahler. An den Rand schreibt Bismarck nur zwei Worte: »Wie hoch?«

Für die Gesetzesvorlage, die den Reichstag passieren muss, autorisiert der Kanzler eine Höchstsumme von 300 000 Mark jährlich, die das Unternehmen zurückzahlen müsse, sobald es die Gewinnzone erreicht. Auf dieser Grundlage wird die *Deutsche Seehandels-Gesellschaft* gegründet, die das in der *DHPG* gebündelte Südseegeschäft der Godeffroys übernimmt.

## »Also kein Kolonial-Unsinn, kein Samoa-Schwindel!«

Was hat die Nation davon, wenn sie die Expansion deutscher Firmen in fernen Weltgegenden unterstützt? Bisher ist diese Frage nicht groß diskutiert worden, auch nicht bei den Einsätzen der Reichsmarine im Pazifik. Beim Absturz des Hauses Godeffroy aber wird es grundsätzlich und emotional. In der Zeitschrift *Export,* dem Organ des *Centralvereins für Handelsgeographie,* heißt es: »Unsere Hamburger Südseefirmen haben nicht seit 30 Jahren in der Südsee kolonisiert und Hunderte von Faktoreien angelegt, damit eines Tages der Erfolg jahrzehntelanger Arbeit in fremde Taschen falle!« Die Hamburger Kaufleute wiederum, von denen die meisten nicht nur eingefleischte Freihändler, sondern auch Konkurrenten der Godeffroys sind, halten mehrheitlich nichts von einer »Verstaatlichung überseeischer Spekulationen«. Der Tüchtige soll Erfolg haben, wer aber nicht mehr erfolgreich ist, muss selbst damit klarkommen – ungefähr so denken die meisten an der Elbe.

Auch in Bismarcks politischer Umgebung gibt es massiven Widerstand gegen den Rettungsplan. Der ihm sehr ergebene Botschafter in London schreibt eine ganze Serie von Briefen an Bleichröder mit der Bitte, den Kanzler umzustimmen: »Also kein Kolonial-Unsinn, kein Samoa-Schwindel!«

Am 22. April 1880 beginnen im Reichstag die Beratungen über die Samoa-Vorlage. Hermann Heinrich Meier, Abgeordneter der Nationalliberalen, erfolgreicher Kaufmann aus Bremen und als Chef von *H. H. Meier & Co.* Auftraggeber des Südsee-Spions, erklärt den Parlamentariern, warum Papier geduldig ist: »Der Buchwert, meine Herren, ist ein fiktiver Wert, da können Sie so viel ansetzen, wie Sie wollen.« Auch Meiers Parteifreund Ludwig Bamberger, einer der besten Redner im Reichstag, kennt viele unternehmerische Details, die er schwungvoll ausbreitet. Bamberger will wissen: »Welcher Art sind denn hier in Sachen des Handels die nationalen Interessen?« Er spottet über die »Schwärmer der Kolonialpolitik unter uns, die immer in Ekstase geraten«, wenn eins der »himmelblauen Kolonialprojekte«

am Horizont auftauche. Aber von einem »Versuchsfeld für koloniale Experimentalphysik« rät Bamberger ab und kann das gut begründen, denn seine Informanten haben ihm das Südseegeschäft genau erklärt.

Als nach fünf Tagen abgestimmt wird, sprechen sich 112 Abgeordnete für die Samoa-Vorlage aus, 128 dagegen. 140 enthalten sich oder ziehen es vor, erst gar nicht zur Stimmabgabe zu erscheinen. Damit ist der staatliche Rettungsplan für die Godeffroys gescheitert. Fürst Bismarck hat eine Niederlage erlitten.

An die Gründung einer Südseekolonie hat er, all seinen Bekundungen zufolge, zwar niemals gedacht. Aber die von ihm eingeschlagene Richtung hätte dort hinführen können. Besorgt oder erwartungsvoll, je nach Standpunkt, haben das schon viele Zeitgenossen so gesehen. Zwei hanseatischen Afrika-Kaufleuten sollte es schließlich gelingen, den Kanzler auf dem kolonialen Weg vor sich herzutreiben (siehe Kapitel 4).

Das Reich des einstigen Südseekönigs bleibt trotz allem weitgehend in deutschen Händen. Während sich die als Auffangnetz gedachte *Seehandels-Gesellschaft* auflöst, gründen Bleichröder und andere Bankiers mit Bismarcks Segen ein neues Unternehmen, das einen alten Namen trägt: *Deutsche Handels- und Plantagengesellschaft.* Die Substanz des pazifischen Geschäfts ist gut, haben die Finanzleute bei genauer Prüfung festgestellt. Sie berufen Theodor Weber in den Verwaltungsrat. Godeffroy junior machen sie zum Direktor und geben ihm ein Monatsgehalt von 1650 Mark. Davon kann er es sich leisten, mit seiner Familie und vier Bediensteten ein Elf-Zimmer-Haus in Alsternähe zu mieten.

Dem Senior bleibt vom einstigen Vermögen fast nichts. Da der Insolvenzverwalter seine Elbvilla nicht zu einem annehmbaren Preis verkaufen kann, übernimmt ein Kreis von Hamburger Kaufleuten die Immobilie und gewährt dem bisherigen Eigentümer auf zehn Jahre das Wohnrecht. Für die Pflege des Parks muss er selbst aufkommen.

Das Ende der Frist erlebt er nicht mehr. Am 9. Februar 1885 stirbt Johan Cesar Godeffroy VI. nach längerer Krankheit. Seit Jahren war er fast blind. Wie er seinen tiefen Sturz empfand, behielt er für sich. Nur ein einziger Satz aus seinem Mund ist dazu überliefert: »Ich bereue auch nicht einen Pfennig, den ich ausgegeben habe.«

4

# »EINE FRÖHLICHE CONQUISTA«

**Hanseatische Unternehmer kaufen und erschwindeln sich Land, das Bismarck auf ihr Drängen zu »Schutzgebieten« erklärt. So gründen sie das deutsche Kolonialreich.**

Eingebunden in stabilen Karton, bewahrt das Bundesarchiv in Berlin-Lichterfelde einen Satz Dokumente aus dem Jahr 1884 auf. »Vermischtes Kamerun 1« heißt der Band mit der Signatur R 1001/4202, aber anders als die banale Bezeichnung vermuten lässt, findet man darin Schriftstücke von historischem Rang: Bei einigen der Papiere handelt es sich um Verträge, die ein Gebiet im westlichen Afrika in eine deutsche Kolonie verwandelten. Wer die verschnörkelten Handschriften entziffert, bekommt eine erste Ahnung davon, wie aus vielen einzelnen Ereignissen etwas entstehen konnte, das radikal in Millionen Lebensgeschichten eingriff und die Verhältnisse in jenem Teil des Kontinents für immer veränderte.

Am bedeutendsten ist aus heutiger Sicht das Papier mit der Nummer 101, es beginnt mit den Worten »Our wishes«. Der in einer Abschrift erhaltene Text ist auf Englisch abgefasst, weil damals viele Menschen an der dortigen Küste die Sprache des British Empire sprachen, aber kein Deutsch. Unterschrieben haben »the Chiefs of Cameroons« und der kaiserliche Konsul Emil Schulze – ein hoheitlicher Akt am 12. Juli 1884.

Allerdings hatten die Deutschen niemals die Absicht, sich an diese

Vereinbarung zu halten. Denn die beiden zentralen Forderungen darin widersprachen den Plänen derer, die an der Kolonisierung das größte Interesse hatten.

Die Chiefs, lokale Anführer im Mündungsgebiet mehrerer Flüsse, ließen sich schriftlich zusichern, »dass die Weißen nicht flussaufwärts gehen und mit den Buschleuten handeln«. Dieses lukrative Geschäft sollte den Einheimischen vorbehalten bleiben. Außerdem stellten sie ihr Eigentum unter Schutz: »Der von uns kultivierte Boden darf uns nicht genommen werden, da wir ihn nicht wie andere Länder kaufen und verkaufen können.«

Beides, der Handel im Inneren und der Erwerb von Land, war jedoch genau das, was die Deutschen wollten. Und sie setzten ihre Interessen durch.

Die Afrikaner waren sicherlich nicht naiv, hatten sie doch wie an vielen Küsten schon jahrhundertelange Erfahrung mit europäischen Kaufleuten, mit Portugiesen, Dänen, Holländern, Engländern, Franzosen und Deutschen. Doch sie spürten zunächst nicht, dass ihre Geschäftspartner von einer neuen Dynamik, einem bisher unbekannten Herrschaftsanspruch getrieben waren. Der Germanist David Simo aus Kamerun, der an den Universitäten von Leipzig und Yaoundé gelehrt hat, beschreibt es so: »In Afrika bereiteten oft lokale Potentaten den Kolonialisten den Weg, weil sie Vorteile in der Kooperation suchten. In Kamerun etwa waren die örtlichen Machthaber überzeugt, sie könnten den Einfluss der Kolonialisten begrenzen. Dass sie selbst ihre Macht verlieren würden, haben anfangs nur wenige geahnt.«[1]

Vom Ablauf der ersten Kolonisierung wird dieses Kapitel berichten.[2] Es beschreibt vor allem die Handlungen und Absichten der Deutschen, nicht nur in Kamerun und daheim im Kaiserreich, sondern auch in Togo und Südwestafrika, wo zur gleichen Zeit die schwarz-weiß-rote Flagge gehisst wurde. Das anschließende fünfte Kapitel wird die Auswirkungen des Vertragsbruchs und die Folgen der Kolonisation für die Bewohner Kameruns aufzeigen. Darin soll die afrikanische Perspektive stärker in den Blick kommen.

Am Ende der in beiden Kapiteln dargestellten Ereignisse werden einige Hamburger Kaufleute viel Geld verdient haben. Der weithin verehrte Reichskanzler wird sich enttäuscht die Frage stellen, was er falsch gemacht hat. Ein nach Afrika entsandter Reichskommissar wird seine deutsche Heimat nie mehr wiedergesehen haben. Ungezählte Menschen in Kamerun werden Prügelstrafen und Zwangsarbeit unterworfen sein. Und einer ihrer wichtigsten Anführer, dessen Familie über Generationen von der Zusammenarbeit mit Europäern profitierte, wird von deutschen Richtern zum Tod verurteilt werden.

Zunächst jedoch ein kurzer Rückblick.

Unter preußischer Führung hatten die Deutschen 1871 ihren Nationalstaat gegründet – später zwar als andere europäische Nationen, aber es schien dann doch wie von Gott oder wenigstens vom Weltgeist gewollt. Drei Kriege und große patriotische Energie waren dafür nötig: ein Feldzug im Norden gegen Dänemark, einer im Südosten gegen Österreich, einer im Westen gegen Frankreich. Die Zeit nach dem Einmarsch in Paris und der Staatsbildung mit der Hauptstadt Berlin erlebten viele Deutsche wie in einem nationalen Rausch, sie genossen den Triumph und erwarteten eine goldene Zukunft. Der Wirtschaft ging es zunächst prächtig.

Allerdings wuchsen auch im Reich des Kaisers Wilhelm die Bäume nicht in den Himmel. Die Fabriken produzierten; aber produzierten sie vielleicht zu viel und brauchten neue Absatzmärkte? Die Familien bekamen mehr Kinder; doch hatten junge Leute daheim noch eine Perspektive? Der Patriotismus glühte; nur wofür sollte man brennen, wenn das Reich geeinigt und der Feind besiegt war?

In diesem Umfeld richteten sich die Blicke der Deutschen mehr denn je auf ferne Kontinente. Gab es dort nicht Absatzmärkte, unbesiedelte Räume und edle Ziele für eine neue nationale Anstrengung? Mit Büchern, Reden und Aufsätzen machten sich einige Kolonialenthusiasten einen Namen, zu den wichtigsten zählten Wilhelm Hübbe-Schleiden, ein mäßig erfolgreicher Hamburger Kaufmann, und Friedrich Fabri, Leitender Inspektor der *Rheinischen Mission.* Während Fabri neben den erhofften wirtschaftlichen Vorteilen deutscher Kolonien vor allem die Auswanderung propagierte, dachte Hübbe-Schleiden in erster Linie an die Eroberung neuer Märkte. Besonders Afrika schwebte ihm als Schauplatz der kommenden Expansion vor – seine Vision nannte er »ein deutsches Indien in Afrika«.

Die »Indien«-Parole wurde zum geflügelten Wort, weil sie an das beneidete Vorbild Großbritannien anknüpfte. Durch kaufmännisches Geschick, Waffengewalt und rücksichtslose Verfolgung der eigenen Interessen hatten die Engländer ihr riesiges Empire geschaffen, und Indien war darin das Kronjuwel. Dass die Kolonialherren das Land und seine Menschen hemmungslos ausplünderten, berührte die Europäer kaum, da sie nur den imperialen Glanz und nicht das Elend sehen wollten.

Die Appelle eines Hübbe-Schleiden, eines Fabri riefen ein brausendes Echo unter nationalstolzen Bürgern hervor, doch allein durch Propaganda konnte keine Kolonie entstehen. Wie sich im Scheitern der Samoa-Vorlage gezeigt hatte (siehe Kapitel 3), waren die politischen Kräfte gespalten. Würde die verbreitete Sehnsucht nach deutscher Expansion ungestillt bleiben?

Zwei hanseatische Kaufleute – Adolf Lüderitz aus Bremen und Adolph Woermann aus Hamburg – zeigten schließlich, wie es geht: Ihnen gelang es, auf afrikanischem Boden Fakten zu schaffen und die Reichsregierung für ihre Ziele einzuspannen. Wovon viele damals träumten, setzten diese beiden in die Tat um: Sie nutzten die imperialistische Stimmung im Land, übten Druck auf die Staatsführung aus und gründeten das deutsche Kolonialreich. Ohne ihr Handeln vor Ort und ihr Drängen in Berlin wäre die Schwelle zu einer formalen Kolonialherrschaft des Kaiserreichs vermutlich niemals überschritten worden; für alles, was danach kam, hatten Lüderitz und Woermann den Weg geebnet. Am Ende dieser Ära regierten die Deutschen ein Gebiet, das fast sechsmal größer war als ihr eigenes Land.

Wie ist es dazu gekommen?

Die Chronik der Ereignisse zeigt, dass es keinen großen Plan, keine lang gehegte, geheime Absicht gegeben hat. Am klarsten ist die Motivlage bei den Afrika-Kaufleuten, sie wollen ihr Geschäftsfeld vergrößern und Geld verdienen. Die Reichsregierung in Berlin, angeführt von Otto Fürst von Bismarck, tastet sich dagegen eher voran, zaudert, prescht vor, wechselt die Positionen, handelt nach der Opportunität des Augenblicks und gibt bis heute Rätsel auf.

## November 1882

Adolf Lüderitz schreibt in feiner, steiler Handschrift an das »Hohe Kaiserliche auswärtige Amt« und teilt mit, dass er in Südwestafrika einiges vorhat: »Das von mir ins Auge gefasste Gebiet liegt zwischen dem großen und dem kleinen Fischflusse, also zwischen dem 26. und dem 29. Grad südlicher Breite ... Die Eigentümer desselben sind Namaquas, von deren Häuptlingen ich das Besitzrecht erwerben werde.« Die besten Buchten an der Küste seien leider schon in englischer Hand, doch werde er sich davon nicht beirren lassen.

Um dem Außenministerium seine Pläne schmackhaft zu machen, streicht Lüderitz die angeblichen wirtschaftlichen Vorteile für die gesamte Nation heraus. In den Häfen der Engländer müsse ein deutscher Kaufmann hohe Zölle entrichten, zum Beispiel für Gewehre pro Lauf ein Pfund Sterling, für alkoholische Getränke neun Schillinge je Gallone. Außerdem sei es schwierig, von den Briten einen Erlaubnisschein für den Waffenhandel zu bekommen. Gerade Waffen und Munition seien jedoch »bei dem großen Wildreichtume ... sehr gesuchte Artikel«.

Dann kommt Lüderitz auf sein eigentliches Anliegen zu sprechen: »Würde ich mich nun, ohne den Schutz der deutschen Flagge, an der Küste niederlassen, so würden mir die benachbarten Engländer bald genug das Handwerk legen.« Darin bestehe aber nicht bloß sein persönliches Geschäftsrisiko, vielmehr handele es sich um eine Frage von nationaler Tragweite: »Ein wahrscheinlich bedeutendes Absatzgebiet für deutsche Industrie ginge wieder verloren.« Weil ihm offenbar klar ist, wie sehr er übertreibt, fügt er hinzu: »Wie ich ferner höre, sollen die im Namaqua-Lande liegenden Berge teilweise reich an Kupfer und Silber sein.«

Im deutschen Wirtschaftsleben ist Adolf Lüderitz bis dahin eine Randerscheinung. Von seinem Vater hat er eine Tabakhandlung geerbt; finanziell unabhängig ist er durch die Ehe mit Emilie von Lingen, die aus einem Bremer Patrizierhaus stammt. Einige Jahre nach der Reichsgründung packt ihn das Kolonialfieber. Tage- und nächtelang sitzt Lüderitz in seinem Kontor mit zwei Gesinnungsgenossen zusammen, dem arbeitslosen Kapitän Karl Timpe und dem Handelsgehilfen Heinrich Vogelsang.[3] Auf der Suche nach geeigneten Weltgegenden für eine Koloniegründung wälzen sie Karten und Atlanten. Timpe erzählt, was er über Silber, Gold und Diamanten in Südwestafrika gehört hat – und dass man dort das Land billig erwerben könne. Im Herbst 1882 legt sich Lüderitz eine zweimastige Brigg zu, tauft sie auf den Namen *Tilly* und belädt sie mit Waffen, Munition, Tabak und anderen Tauschwaren. Mit Timpe als Kapitän segelt die *Tilly* nach Süden. Als Expeditionsleiter an Bord ist der 20-jährige Vogelsang, der für Lüderitz so viel Land wie möglich kaufen soll.

## Februar/März 1883

Adolph Woermann nimmt Kontakt mit dem Auswärtigen Amt auf, empfohlen hat ihn der Hamburger Bürgermeister. Nach ersten Gesprächen mit leitenden Beamten legt Woermann eine sogenannte Denkschrift vor, ein Thesenpapier »über die Gestaltung der politischen Verhältnisse an der Westküste Afrikas und Mitwirkung des Reiches bei denselben«. Etablierte Kolonialmächte wie Großbritannien und Frankreich trieben dort ihre weitere Expansion voran, zum Nachteil der deutschen Kaufleute. Noch sei es nicht zu spät, etwas dagegen zu unternehmen. Die vor der Küste liegende Insel Elobey Chico (»schon jetzt Hauptdepot des deutschen Handels«) könne »als Basis einer Kolonialversuchsstation dienen«.

Woermann ist Patriot, vielleicht auch Nationalist. Er tut gern, was dem Vaterland nützt – vorausgesetzt, in seine Kassen fließt genügend Geld. Einen seiner Handelsvertreter in Cameroons, wie das Gebiet damals noch heißt, belehrt er einmal per Brief: »Wir dürfen bei allen patriotischen Gesinnungen niemals die Priorität des Geschäftes außer Augen lassen.«[4]

Dass Woermann in großen Dimensionen denkt, deutet sich in seinem Entwurf einer »Kolonialversuchsstation« bereits an. Seit drei Jahren steht er an der Spitze des von seinem Vater Carl gegründeten Unternehmens *C. Woermann,* das zu den führenden deutschen Häusern im Afrikahandel zählt. Aber der Sohn will mehr, ihm schwebt ein wirtschaftliches Imperium aus Handel, Schifffahrt und Plantagenbesitz vor, und er wird sein Ziel erreichen. Die nationale Begeisterung für koloniale Abenteuer kommt ihm gerade recht, genau wie die Hoffnung, neue Absatzmärkte auf anderen Kontinenten seien ein geeignetes Mittel, um Arbeitsplätze zu sichern.

Ihre familiären Wurzeln haben die Woermanns in Bielefeld. Seit dem 17. Jahrhundert sind sie durch den Handel mit westfälischem Leinen zu Wohlstand gekommen, nicht zuletzt dank guter Geschäftsbeziehungen zur holländischen Kolonie Java.[5] Um die Märkte in Übersee noch besser bedienen zu können, verlegt Carl Woermann seinen Sitz nach Hamburg; er beliefert Südamerika und die Karibik, beteiligt sich zeitweilig am Walfang vor der Antarktis und gehört zu den Gründern der *Hapag* (siehe Kapitel 3). Außerdem weitet er sein Unternehmen nach Afrika aus. Die ersten Niederlassungen, sogenannte Faktoreien, richtet er in Sierra Leone und Liberia ein. Im Export sind nun Waffen und Branntwein wichtiger als Textilien. Auf der Rückfahrt nach Hamburg haben Woermanns Schiffe Palmöl und Elfenbein geladen.

Die typische Faktorei eines europäischen Kaufmanns in Afrika besteht aus einer »Hulk«, einem abgetakelten Segelschiff, das an einem Flussufer vertäut ist und als Wohn- und Geschäftssitz des örtlichen Vertreters dient. 1872 wird die Woermann-Hulk *Cameroons* geplündert, worüber sich der Senior beim Hamburger Senat beschwert.[6] »Die englischen Händler verhöhnen nun die Meinigen: Wenn so etwas einem englischen Schiff passiert wäre, wäre längst ein Kriegsschiff da gewesen – wo denn nun der Schutz des mächtigen Deutschen Reiches wäre!« Die Stadtregierung wird in Berlin vorstellig, es dauert jedoch zwei Jahre, bis sich der Reichskanzler nach den Wünschen der Hamburger Afrika-Kaufleute erkundigt.[7] Die sind noch bescheiden: Ein deutscher Berufskonsul als Pendant zum britischen wäre hilfreich, und ab und zu sollte bitte ein kaiserliches Kriegsschiff zu Besuch kommen. Danach passiert für längere Zeit: nichts.

## April 1883

Otto von Bismarck muss sich seit Jahren mit Kolonialprojekten aller Art beschäftigen. Ein steter Strom von Eingaben aus sämtlichen Ecken des Reiches ergießt sich an seine Adresse, und so füllen sich die Regierungsakten mit Plänen für deutsche Ansiedlungen und Flottenstützpunkte, Protektorate und Strafkolonien in den unterschiedlichsten Teilen der Welt. An die dreißig Bände hat das Auswärtige Amt schon beiseitegepackt und für immer erledigt.[8] Doch Lüderitz und Woermann wecken jetzt Bismarcks Interesse.

Das Gebiet, in dem der Bremer Tabakhändler Land erwerben will, hat sich der Reichskanzler auf einer Afrikakarte zeigen lassen, da er »die Entfernung von der Grenze der englischen, portugiesischen und der neuesten französischen Ansprüche« sehen wollte. Seinen Sohn Herbert, der gerade Geschäftsträger an der Botschaft in London ist, hat er anschließend instruiert, die Briten ins Bild zu setzen: »Jede Einmischung in vorhandene britische Interessen in Süd-Afrika« liege dem Reich fern. Deutschland würde es im Gegenteil begrüßen, »wenn England eventuell deutschen Ansiedlern in jenen Gegenden seinen wirksamen Schutz angedeihen lassen wollte«. Sollte das nicht möglich sein, behalte sich Berlin vor, »diesen Schutz unsererseits« zu gewähren.

Könnte in diesem Vorbehalt bereits die Absicht Bismarcks verborgen liegen, koloniale Ansprüche zu erheben? Das ist so gut wie ausgeschlossen. Denn auch intern gibt der Kanzler etwas später zu Protokoll: Lüderitz könne zwar mit dem gelegentlichen Besuch eines deutschen Kriegsschiffs vor der südwestafrikanischen Küste rechnen. Mehr werde das Reich jedoch nicht für ihn tun, »da dauernde Schutzmaßnahmen auf das Gebiet der Kolonisationspolitik führen würden«.

Davon will Bismarck jedoch nichts wissen, wie allgemein bekannt ist. Kolonien hält er für teuer und nutzlos. Schon einige Jahre vor der Reichsgründung mokiert er sich über die »Illusionen« derer, die für staatliche Annexionen auf anderen Kontinenten eintreten: »Die Kosten, welche die Gründung, Unterstützung und namentlich die

Behauptung der Kolonien veranlasst, übersteigen ... sehr oft den Nutzen, den das Mutterland hieraus zieht.« Zudem sei es unangemessen, »die ganze Nation zum Vorteil einzelner Handels- und Gewerbezweige zu erheblichen Steuerlasten heranzuziehen«.

Als ihm nach dem Sieg über Frankreich 1870 angeboten wird, Deutschland könne im Zuge der Kriegsentschädigungen Cochinchina erhalten, den französisch beherrschten Süden Vietnams, wehrt Bismarck theatralisch ab: »O! O! Cochinchina! Das ist aber ein sehr fetter Brocken für uns; wir sind aber noch nicht reich genug, um uns den Luxus von Kolonien leisten zu können.«

Allerdings sind manchmal auch andere Töne von ihm zu hören. In einem Gespräch mit dem Kolonialpropagandisten Ernst von Weber räumt Bismarck 1876 ein, dass Deutschland vielleicht »auf die Länge der Kolonien nicht entbehren könne«. Würde er den Anstoß dazu geben? Nein, »ohne einen Impuls aus der Nation« sicher nicht. »Zu einem so bedeutenden Projekt gehört eine tiefgehende Bewegung der Nation, und davon ist bisher keine Spur vorhanden.«

Als er das sagt, trifft er zweifellos die vorherrschende Stimmung. Aber die Gefühlslage im Reich ändert sich; die Kolonialpropaganda wird lauter, immer mehr Deutsche möchten »Weltpolitik« machen. Dennoch bleibt Bismarck vorsichtig, ihm gefällt die Rolle des »ehrlichen Maklers« im Kreis der europäischen Mächte. 1879 stellt er befriedigt fest, dass die außenpolitische Lage des Reiches so stabil sei wie noch nie, sie bereite ihm »keine einzige schlaflose Stunde« mehr. Warum sollte er sich in Experimente mit ungewissem Ausgang stürzen? »Solange ich Reichskanzler bin, betreiben wir keine Kolonialpolitik«, bekräftigt er zwei Jahre später seine Haltung. Und auf den Kanzler kommt es an.

Der Kaiser hat schon lange die Kraft verloren, ihm etwas entgegenzusetzen. Bismarck ist nicht nur Reichskanzler, sondern auch Außenminister, preußischer Ministerpräsident und preußischer Handelsminister. Einzig der Reichstag kann durch das parlamentarische Budgetrecht seine Macht beschränken, was ihm naturgemäß ein Dorn im Auge ist. Dass er sich in den Plenardebatten oft heftige Kritik anhören muss, ärgert ihn ebenfalls; andererseits genießt er es, wenn er sich im rhetorischen Kampf Mann gegen Mann beweisen kann (Frauen dürfen im Deutschen Reich weder wählen noch kandidieren).

Was hält er von der Denkschrift Adolph Woermanns? Soweit ersichtlich, legt sich Bismarck noch nicht fest. Die beiden Geheimen Legationsräte, die mit dem Hamburger gesprochen haben, sind völlig verschiedener Meinung. Der eine verfasst ein Gutachten, in dem er empfiehlt, die Wünsche des forschen Unternehmers zurückzuweisen. Der andere verfolgt einen Plan, mit dem er genau das Gegenteil erreichen will.

## April/Mai 1883

Die Lüderitz-Expedition auf der *Tilly* ankert in einer menschenleeren Bucht mit dem portugiesischen Namen Angra Pequena. »Das Land ist unwirtlich und kahl, windig und sandig«, schreibt Expeditionsleiter Vogelsang in sein Tagebuch.[9] Zwei Wochen nach der Ankunft reiten die Deutschen 60 Kilometer landeinwärts zum Dorf Bethanien, in dem seit vielen Jahren rheinische Missionare stationiert sind. Für 100 britische Pfund in Gold und 200 Gewehre kauft Vogelsang dem örtlichen Anführer Joseph Fredericks, der sich Capitein oder König nennen lässt, die Bucht ab, »inklusive fünf Meilen Land von jedem Punkt der Küste aus gerechnet«. Verhandelt und besiegelt wird der Vertrag in Afrikaans, der Sprache der benachbarten Buren: »Verkoop-Contract tuschen Capitein Joseph Fredericks en de Firma *F.A.E. Lüderitz* van Bremen in Duitschland.«

Zurück an der Küste, lässt Vogelsang einen Fahnenmast in den harten Boden rammen. Stürmischer Wind bläst Wüstensand ins Meer hinaus, aus der Brandung schwimmen Robben und Pinguine an Land, und die Deutschen halten eine patriotische Feier ab. Der Expeditionsleiter notiert: »Um 4 1/2 Uhr zog unter brausendem Hurra aller Anwesenden die deutsche Flagge am Mast auf. Vom Schiff aus salutierte man mit Gewehrsalven, und nachdem auch an Land eine größere Anzahl Schüsse gefeuert worden war, begaben sich sämtliche Teilnehmer zum Chef, welcher Champagner hatte anfahren lassen. Dann wurde unter großem Jubel und begeistert auf den Kaiser, auf das Haus Lüderitz, auf Herrn Vogelsang und auf die erste deutsche Kolonie angestoßen.«

Einige Wochen danach hält Lüderitz in seinem Kontor die Kaufurkunde in den Händen. Er zeigt sich überzeugt, dass nun »im Handel großartige Geschäfte gemacht« werden können und »reiche Kupferminen« der Entdeckung harren. Die im Gebiet lebenden Menschen vom Volk der Nama – von den Deutschen werden sie oft abschätzig als Hottentotten bezeichnet – würden »bald die Stellung von Vasallen annehmen«. Noch heute trägt Angra Pequena den Namen Lüderitzbucht, und die dort erbaute kleine Hafenstadt heißt Lüderitz.

Heinrich von Kusserow, einer der Geheimen Legationsräte im Auswärtigen Amt, ergreift unterdessen die Gelegenheit, etwas für den kolonialen Gedanken zu tun. Die deutsche Expansion liegt ihm so sehr am Herzen, dass Bismarck später einmal behaupten wird, es sei Kusserow gewesen, der ihm die Sache mit den Kolonien eingebrockt habe – ein kläglicher Versuch, die Verantwortung von sich zu schieben. Mitte April fordert Kusserow die Hansestädte auf, der Reichsregierung darzulegen, wie »die Interessen des deutschen Handels« in Westafrika zu gewährleisten seien. Aus Lübeck und Bremen kommt wenig. Doch die an Hamburg gerichtete Aufforderung erweist sich als perfekte Vorlage für Adolph Woermann.

## Juni 1883

Die Hamburger Deputation für Handel und Schifffahrt hat Kusserows Ersuchen an die Handelskammer weitergeleitet, sie soll die Stellungnahme erarbeiten. Unter den Kaufleuten der Hansestadt dominieren seit Langem die sogenannten Freihändler, die vom Staat nichts anderes erwarten als polizeilichen oder militärischen Schutz, möglichst geringe Steuern und am besten keinerlei Zölle. Von deutschen Kolonien halten die Freihändler wenig, da sie fürchten, dort würde sich der Staat mehr einmischen als nötig.

Woermann gehört zur Minderheit derer, die sich von außereuropäischen Annexionen klare Vorteile erhoffen. Durchsetzungsstark, wie er ist, zieht er die Beantwortung des Berliner Schreibens an sich. Er verfasst ein ausführliches Exposé, über das nun in einer Abendversammlung der Kammer debattiert und abgestimmt wird. Die erste Hürde hat Woermann bereits genommen: Der zuständige Ausschuss ist mit seinen Vorschlägen einverstanden.

Der amtierende Präses, dem Woermann bald nachfolgen wird, referiert für die Versammelten noch einmal die wichtigsten Punkte und nennt fünf »der Reichsregierung zu unterbreitende Wünsche«, wie es im Protokoll heißt: 1. Schutz der deutschen Handelsinteressen in Westafrika. 2. Verträge »mit den einheimischen Fürsten«. 3. Entsendung deutscher Kriegsschiffe. 4. Aufbau einer Flottenstation in der Region. 5. »Besitzergreifung eines Küstenstriches etwa von Cameroons bis Gaboon.«

Der Präses macht kein Geheimnis daraus, dass er die Stoßrichtung dieser Vorschläge ablehnt: »Wenn die Handelskammer entgegen ihrer früheren Stellung nunmehr eine Kolonialpolitik für Deutschland befürworten wolle«, hielte er das für »bedenklich«. Doch viele Hamburger Kaufleute haben ihre Meinung geändert. Mit nur zwei Gegenstimmen wird die von Woermann erarbeitete Denkschrift angenommen.

Das Ergebnis ist ganz im Sinne Kusserows, der sich nun weiter vorantastet. Ihm sei natürlich klar, schreibt er in einer Stellungnahme zum Hamburger Thesenpapier, dass ein staatlicher Gebietserwerb »wohl noch nicht in dem Rahmen der gegenwärtigen Reichspolitik« liege. Dennoch könne man gemeinsam mit den Kaufleuten vielleicht einen Weg finden, die betreffenden Gebiete dem »Zugriff anderer Mächte« zu entziehen. Tatsächlich steht das Reich kurz davor, diesen Weg einzuschlagen.

## August 1883

Lüderitz ist in Hochstimmung und fährt nach Berlin. Im Auswärtigen Amt redet er auf einen Ministerialbeamten ein und erklärt ihm, dass er auf seinem neuen Grundbesitz in Südwestafrika über »Hoheitsrechte« verfüge. Der Geheimrat widerspricht deutlich. Ein solches

»Privatgeschäft vermöge nicht Souveränitätsrechte zu übertragen«. Der Kaufmann solle nur ja nicht dem Irrtum erliegen, »dass das von ihm erworbene Land fortab als zum Deutschen Reich gehörig angesehen werden solle«.

In den deutschen Zeitungen erscheinen kurz danach erste Meldungen über die Lüderitz-Expedition. Bismarck, der stets aufmerksam verfolgt, was in den Blättern steht, ärgert sich darüber. Dass in Angra Pequena zum »Zeichen der Besitzergreifung« die deutsche Flagge gehisst wurde, findet er empörend, denn dafür wäre die »Genehmigung von Kaiser und Reich erforderlich« gewesen.

Aber der Reichskanzler schluckt seinen Ärger herunter. Sollten die Briten keine territorialen Ansprüche auf das von Lüderitz gekaufte Gebiet anmelden, müsse das Reich seinem Staatsbürger Schutz gewähren. Einerseits hält sich Bismarck damit an Artikel 4 der Verfassung, in dem es in allgemeinen Worten heißt, dem Reich obliege der »Schutz des Deutschen Handels im Auslande«. Andererseits geht er über die bisherige Praxis ein gutes Stück hinaus: Der mächtigste Mann im Reich betritt außenpolitisches Neuland.[10]

Da aus London bislang keine Einwände gekommen sind, weist er jetzt kurzerhand den deutschen Konsul in Kapstadt an, für den staatlichen Rückhalt der Lüderitz-Unternehmung einzustehen.

Zur selben Zeit unterbreitet Heinrich Vogelsang dem Nama-Capitein Joseph Fredericks ein weiteres Kaufangebot. Ende August sind sie handelseinig: Für 500 Pfund und 60 englische Gewehre erwirbt Lüderitz' Firma ein riesiges Gebiet, das von der Oranjemündung bis zum 26. Grad südlicher Breite reicht und sich 20 Meilen landeinwärts erstreckt. Aus europäischer Sicht ist der Preis lächerlich niedrig. Aber das ist noch nicht alles, der Afrikaner wird von den Deutschen ausgetrickst. Vogelsang macht sich zunutze, dass die Menschen der Region unter einer Meile ganz selbstverständlich eine englische Meile verstehen, die rund 1,6 Kilometer misst. Von der deutschen Meile, die nahezu fünfmal so lang ist, haben sie noch nie gehört. Dennoch beharren die Kaufleute darauf, sie hätten immer nur von der deutschen Meile gesprochen. Den Betrug begehen sie mit voller Absicht, Lüderitz instruiert Vogelsang schriftlich: »Lassen Sie Joseph Fredericks aber vorläufig in dem Glauben, dass es 20 englische Meilen sind.«

Das, was als »Meilenschwindel« in die Geschichte eingehen wird, spricht sich bald herum. Einige Jahre später spottet ein Satiriker über die deutschen Koloniegründungen in Afrika: »Weiße, zwei, die sind schon dort, / Die dort haben Grundbesitz, / Heißen Woermann, Lügenfritz.«

## Oktober/November 1883

Während Lüderitz nach Südwestafrika gereist ist, um seine Landkäufe abzusichern und das Gebiet zu erkunden, drängt Woermann darauf, dass auch seine Anliegen gebührend berücksichtigt werden. Zu einer Sitzung der Hamburger Afrika-Kaufleute reist nun ein hochrangiger Diplomat aus Berlin an. Woermann zeigt sich verstimmt darüber, dass die Regierung »nichts tun wolle, um auf dem Kampfplatze internationaler Konkurrenz den bedrohten deutschen Handelsinteressen den erbetenen staatlichen Schutz zu gewähren«. Der Umgang mit Lüderitz könne und müsse als Vorbild dienen.

Beeindruckt fährt der Diplomat in die Hauptstadt zurück. Es bereite ihm Sorgen, schreibt er in seinem Bericht an Bismarck, »wie viel Deutschland dadurch verliert, dass der kühne Unternehmungsgeist seines Handelsstandes in fernen Weltteilen nicht für das Vaterland nutzbar gemacht wird«.

Der unermüdliche Kusserow knüpft sofort daran an und verfertigt eine weitere Denkschrift, die dem Reichskanzler vorgelegt wird. Kusserow schlägt vor, einen Sonderbeauftragten nach Westafrika zu schicken, der Handelsverträge mit den einheimischen Anführern abschließen soll. Zur Unterstützung sei es ratsam, die Korvette *Sophie* vor der Küste aufkreuzen zu lassen.

Bismarck stimmt zu. Von völkerrechtlichen Schritten will er allerdings weiterhin nichts wissen. Sein Staatssekretär hält einige Wochen später als politische Linie des Chefs fest: »Es liege nicht im Interesse der Reichsregierung, Kolonien zu erwerben; wohl aber liege es in ihrem Interesse, den deutschen Handel auszubreiten und möglichst zu schützen. Das einzige dem Handel noch zu erschließende Land sei Afrika.«

Währenddessen haben die Firmen *C. Woermann* und *Jantzen & Thormählen* – ein weiteres bedeutendes Afrikahaus mit Sitz in Hamburg – damit begonnen, im Umfeld ihrer Handelsstationen Grundbesitz zu erwerben. Nach dem Jahreswechsel erhöhen alle Beteiligten den Druck und das Tempo. 1884 wird zu einem Schlüsseljahr der deutschen Kolonialgeschichte.

## 9. Januar 1884

Woermann weiht Eduard Schmidt, den momentan wichtigsten seiner 63 deutschen Angestellten in Westafrika, in die Planungen ein.[11] Schmidt betreibt eine Faktorei in dem ausgedehnten Mündungsgebiet, dessen Name Cameroons vom portugiesischen Wort für die Garnelen herrührt, die manchmal massenhaft in den Gewässern auftauchen. Mehrere Flüsse ergießen sich dort in den Golf von Guinea.

Er habe in Berlin darauf hingewirkt, schreibt Woermann an Schmidt, dass »Deutschland in Ihren Gegenden mal Kolonien erwerbe«. Darum werde »die deutsche Regierung in allernächster Zeit einen Kommissar nach der Küste senden, und ebenfalls ein Kriegsschiff«.

## 24. Januar

Das kaiserliche Kanonenboot *Nautilus* läuft in Angra Pequena ein. Schiffsführer Richard Aschenborn hat vom Auswärtigen Amt den Auftrag erhalten, sich die Gebiete, die Lüderitz gekauft hat, genauer anzusehen. Während der Anreise hat die *Nautilus* in Kapstadt Station gemacht und einiges Aufsehen erregt. Die Regierung der britischen Kolonie in Südafrika stellt klar, dass sie territoriale Interessen an der gesamten südwestlichen Küste bis hinauf nach Angola verfolge. In der deutschen Hauptstadt nimmt man das stirnrunzelnd zur Kenntnis, kümmert sich aber nicht groß darum.

Aschenborns Bericht über die Landerwerbungen von Lüderitz fällt positiv aus. Die Verträge seien rechtens, die wirtschaftliche Perspektive vielversprechend. »Der Mineralreichtum des Landes soll ein großer sein«, kabelt der Marineoffizier nach Berlin. Seine Auskunft beruht auf nicht viel mehr als den hoffnungsvollen Angaben von Lüderitz und seinen Leuten.

## 3. Februar

Die Korvette *Sophie,* mit der Kusserow Großes vorhat, ankert vor der Togoküste. Seit 1847 ist dort die *Norddeutsche Mission* tätig, die sich nicht nur um das Seelenheil kümmert, sondern auch um geschäftliche Interessen.[12] In der Chronik eines Missionsinspektors heißt es, seine Glaubensbrüder hätten »die scheuen Bewohner der Sklavenküste zutraulich gemacht und ... vor allem den Kaufleuten das eingeborene Personal gestellt und ausgebildet«.

Inzwischen haben sich vier deutsche Handelshäuser mit Faktoreien in dem Gebiet niedergelassen: aus Bremen *Friedrich M. Vietor Söhne,* aus Hamburg *Wölber & Brohm, C. Goedelt* und *Max Grumbach & Co.*[13] Aus Sorge, sie könnten wirtschaftlich unter dem wachsenden Einfluss Englands auf den örtlichen Herrscher leiden, haben die Unternehmer den Besuch eines kaiserlichen Kriegsschiffs erbeten.

Gleich nach der Ankunft setzt ein Landungskorps von hundert Matrosen mit aufgepflanzten Bajonetten über und durchstreift die Handelsstadt Klein-Popo. Zwei Männer, die den »King« des Landstrichs beraten, werden als Geiseln genommen. Der King gibt schriftliche Erklärungen zugunsten der deutschen Kaufleute ab. Als die *Sophie* wieder fort ist, erweisen sich die Papiere als bedeutungslos.

## 7. Februar

Der Münchner Arzt und Afrikakenner Max Buchner erhält einen geheimnisvollen Brief. Er soll als Berater erneut den Kontinent besuchen, teilt ihm ein Freund aus Berlin mit, mehr dürfe er allerdings noch nicht verraten. Buchner lehnt ab, die Sache gefällt ihm nicht, wie er in seinen Erinnerungen schreibt.

Umgehend kommt ein zweiter Brief, in dem es heißt: »Die Reichsregierung habe die Absicht, an der Westküste Afrikas über die deutschen Interessen genaue Erhebungen einzuziehen.« Als Expeditionsleiter sei Gustav Nachtigal vorgesehen, der sich Buchner als Begleiter wünsche. Die beiden kennen sich gut. Es dauert nicht lange, bis in München Post aus Tunis eintrifft, wo der Afrikaforscher Nachtigal als Generalkonsul amtiert. Buchner notiert: »Er war wieder liebenswürdig wie immer.«

Auf schnellstem Weg reist Buchner nun nach Berlin, »in die Ehrfurcht gebietende Wilhelmstraße«, den Sitz des Auswärtigen Amts. Geheimrat von Kusserow führt ihn vor eine mehr als zwei Meter hohe Afrikakarte und weiht ihn in die laufenden Planungen ein. Buchner hält beeindruckt fest: »Die kühnsten Pläne der Kolonialvereine schienen zu Taten auszureifen.«

## 12. März

Nach acht Monaten Abwesenheit kehrt Bismarck nach Berlin zurück. Im Kreis der preußischen Minister erzählt er, ihm gehe es gesundheitlich deutlich besser als »vor einem Jahr, wo er nicht geglaubt habe, den Winter zu überleben«.[14]

Der stark übergewichtige Reichskanzler hatte sich von mehreren Ärzten behandeln lassen, die ihm unter anderem Morphium verabreichten. Bismarck selbst verschrieb sich am liebsten Champagner. Nun hielt er aber immerhin so weit Diät, dass er etliche Pfunde verlor. Erleichterung brachte auch der Abgang eines Gallensteins. Bei Kuraufenthalten in Bad Kissingen und Bad Gastein gingen außerdem seine Gesichtsneuralgie, die Migräneanfälle und die Venenentzündung am Bein zurück, die ihn fast bewegungsunfähig gemacht hatte. Aus seinem Landgut Friedrichsruh bei Hamburg hat der 68-Jährige bereits vor Weihnachten dem Kaiser mitgeteilt, er fühle sich so gut wie seit Jahren nicht.

## 21. März

Lüderitz ist seit einigen Wochen aus Afrika zurück und spricht nun in der Wilhelmstraße vor. Durch sein »unruhiges und lautes Wesen« geht er Kusserow schwer auf die Nerven. Trotzdem erhält er politische Rückendeckung – und mehr als das. Es sei »sehr erwünscht«, erfährt Lüderitz, dass er ein weiteres großes Gebiet an sich bringe: Es soll vom 26. Breitengrad nordwärts bis an den Kunene reichen, den Fluss, der die Grenze zur portugiesischen Kolonie Angola bildet. Damit würde der Landbesitz des Bremer Kaufmanns einen rund 1500 Kilometer langen Küstenstreifen umfassen, exakt in den Nord-Süd-Dimensionen der späteren Kolonie Deutsch-Südwestafrika und des heutigen Namibia.

Die Hamburger Afrikakaufleute haben unterdessen bereits deutlich gemacht, dass es ihnen nicht nur um einen Küstenstreifen geht, sondern dass sie tief ins Landesinnere vordringen wollen. Dies wäre, heißt es in einem Schreiben von *Jantzen & Thormählen,* »von größter Wichtigkeit und von unberechenbarem Vorteil«, zumal im Inland »noch Millionen von Menschen wohnen«, die deutsche Produkte kaufen könnten. Auch Woermann hegt diesen Plan. Letztlich hat er »das ganze afrikanische Festland« als Handelsmarkt im Auge.

## 29. März

Gustav Nachtigal wird offiziell zum »Reichskommissar für die Westküste von Afrika« ernannt. Er soll sich nach Lissabon begeben, um dort nähere Instruktionen zu empfangen und Max Buchner zu treffen. Anders als ursprünglich vorgeschlagen hat die Admiralität nicht die *Sophie,* sondern das Kanonenboot *Möwe* entsandt, um Nachtigal und Buchner zu ihren Einsatzorten zu fahren.

Auf Bitten des Auswärtigen Amts reist Buchner zuvor nach Bremen und Hamburg, um sich aus erster Hand mit den Interessen der Afrika-Kaufleute vertraut zu machen. Lüderitz singt ihm das Lied vor, mit dem er angeblich Bismarcks Gunst gewann, »ein ziemlich rauhes Lied«. Bei einem festlichen Diner in Hamburg bringt Woermann auf Buchner einen Trinkspruch aus, der rundheraus mit dem Wunsch endet, »dass er uns auch nütze«.

## 8. April

In einem umfassenden Papier lotet Kusserow für Bismarck die Optionen aus. Der Reichskanzler schwankt noch zwischen Tatendrang und Zurückhaltung. Einerseits hat er zu Beginn des Monats die forsche Parole ausgegeben: »Jetzt wollen wir handeln.« Andererseits weiß er, dass er im Wort steht, keine deutschen Kolonien zu gründen. Mit Blick auf das von Lüderitz erworbene Land erklärt Kusserow vage, dass Berlin schon »irgendeine Form finden werde, um die Annexion des fraglichen Gebiets durch eine andere Macht zu verhüten«. Bismarck sieht sofort das Problem und schreibt an den Rand: »Dazu müssten wir entweder Besitz ergreifen oder Lüderitz als Souverän anerkennen.«

## 10. April

Kusserow bringt Berlin als Ort einer internationalen Konferenz über das Kongo-Gebiet und Westafrika ins Gespräch. Die Reichshauptstadt biete sich an, um »mit den zumeist beteiligten deutschen Kreisen in Fühlung« zu bleiben.

Der Hintergrund ist folgender: Belgiens König Leopold II. hat durch seine *Association internationale du Congo* ein riesiges Gebiet im Herzen Afrikas unter seine private Kontrolle gebracht. Die geplante Konferenz soll die Interessen der Europäer dort und in den Nachbarregionen einvernehmlich klären, vorrangig wird es um freie Handelszugänge und Schifffahrtsrechte auf den Flüssen gehen. Deutschland stimmt sich im Vorfeld eng mit Frankreich ab, lässt die Briten jedoch im Unklaren.

Niemand kommt auf die Idee, Afrikaner anzuhören oder einzuladen.

## 19. April

Die deutsche Regierung setzt London über die bevorstehende Expedition Nachtigals auf der *Möwe* in Kenntnis. Allerdings ist nur von einer »Informationsreise« die Rede, mit der Bitte um Unterstützung durch die britischen Vertretungen in Westafrika – die auch gewährt werden soll.

Dass es sich um eine absichtliche Täuschung handelt, macht Bismarck gegenüber Kusserow deutlich. Die Engländer dürften »in ihrem Argwohn ... nicht bestärkt werden«, schärft er seinem Beamten ein. »Bevor unsere Schiffe mit Nachtigal nicht ihre Aufträge ausgeführt haben, müssen wir tun, als ob Afrika für uns gar nicht existierte.« Für alle Eingeweihten gelte es nun, den Mund zu halten.

Am selben Tag lässt er Lüderitz zu sich kommen. Der Kaufmann berichtet darüber seinem südwestafrikanischen Statthalter Vogelsang: »Fürst Bismarck leerte mit mir eine Flasche Spatenbräu auf das fernere Gedeihen meines Unternehmens und war höchst liebenswürdig gegen mich.«

## 22. April

Nach Absprache mit Kusserow verfasst Lüderitz ein Schreiben an Bismarck, in dem er um »Reichsschutz« bittet – es ist das erste Mal, dass dieser Begriff dokumentiert ist.[15] Der Kaufmann will wissen, wie der Schutz konkret aussehen würde. Er gehe davon aus, »dass es keine Reichskolonie unter kaiserlich deutscher Verwaltung werden soll, sondern ich bzw. eine von mir zu bildende Gesellschaft« diese Aufgabe übernehmen solle. Außerdem wünscht er die Zollhoheit.

Klare Antworten bekommt er nicht. Möglicherweise, heißt es im Auswärtigen Amt, werde der Kaiser das »Land in Besitz nehmen« und es Lüderitz »dann zum Lehen übertragen«. Damit würde der Bremer Tabakhändler zum Souverän des Gebiets, ähnlich wie ein mittelalterlicher Fürst. »Lüderitz der Erste«, spottet Bismarck später einmal – immer noch unschlüssig, wie er die aufgeworfenen Probleme lösen soll.

Den von Lüderitz verwendeten Begriff »Reichsschutzgebiet« macht sich der Kanzler indes gerne zu eigen. Die Formulierung gefällt ihm, weil sie das Ausmaß der staatlichen Verantwortung verschleiert. De facto sind die deutschen »Schutzgebiete«, von denen künftig viel die Rede sein wird, zwar nichts anderes als Kolonien, doch Bismarck hofft weiterhin darauf, die Quadratur des Kreises hinzukriegen: Gebiete, in denen Bürger des Deutschen Reiches hoheitliche Aufgaben erfüllen, ohne das Reich politisch oder finanziell zu belasten.

Als Vorbild schwebt Bismarck das Modell der »Chartered Company« vor, mit dem die Engländer lange erfolgreich operiert haben: ein wehrhafter Kaufmannsstaat von Gnaden der Monarchie, aber frei in seinen Entscheidungen, so wie die 1600 gegründete *East India Company.* Doch die große Zeit dieser »Charter«-Unternehmungen ist vorbei.

Nach dem indischen Aufstand von 1857 hat die Regierung in London die Herrschaftsgewalt über das Land an sich gezogen. Königin Victoria trägt mittlerweile stolz den Titel »Kaiserin von Indien«. So weit würden Bismarck und Kaiser Wilhelm keinesfalls gehen wollen; nicht einmal Wilhelm II. wird sich einen vergleichbaren Titel zulegen.

## 24. April

Ein Schlüsseldatum – oder doch nicht? In einem Telegramm an die deutsche Vertretung in Kapstadt setzt sich Bismarck für Lüderitz ein. Der Konsul möge den Behörden der britischen Kolonie »amtlich erklären, dass er und seine Niederlassungen unter dem Schutze des Deutschen Reiches stehen«.

Schon bald wird das kurze Schreiben mit großer Bedeutung aufgeladen: Aus Sicht der Zeitgenossen beginnt an diesem Tag die deutsche Kolonialpolitik.[16] Der 24. April 1884 bekommt einen festen Platz in den Geschichtsbüchern.

Bis heute schließen sich viele Historiker dieser Auffassung an.

Aber stimmt sie auch? Inhaltlich geht das Telegramm nicht über die Anweisung hinaus, die Bismarck bereits im August 1883 nach Kapstadt gekabelt hat. Jetzt, ein Dreivierteljahr später, hat sich die Welt des Kolonialismus zwar weitergedreht. Aber Bismarcks neuerliche Direktive ist nur ein Ereignis unter vielen. Die Frage, wann die Kolonialära der kaiserlichen Regierung beginnt, lässt sich nicht eindeutig beantworten: Genügt schon die Schutzzusage an einen deutschen Kaufmann? Oder bedarf es der wiederholten Order des Kanzlers an einen Konsul? Ist das Hissen der Reichsflagge auf afrikanischem Boden der entscheidende Schritt? Das Aufstellen eines Grenzpfostens? Oder ein Vertrag zwischen Einheimischen und einem Vertreter Berlins?

So verständlich das Bedürfnis nach einem Gründungsdatum sein mag – die Ereignisse auf dem Weg zur deutschen Kolonialherrschaft sind zu komplex, um es zu befriedigen.

## 25. April

Gustav Nachtigal und Max Buchner treffen sich in Lissabon. Der 50-jährige Reichskommissar macht keinen Hehl daraus, dass er am Sinn seiner Mission zweifelt. Sein zwölf Jahre jüngerer Reisebegleiter versucht ihn aufzumuntern: »Ihnen ist es vorbehalten, die ersten Kolonien zu machen, nach denen die Patrioten lechzen.«

Aber Nachtigal wehrt ab: Er verstehe nicht, was das Reich eigentlich dort an der afrikanischen Westküste wolle. »Die Hamburger Schnapsinteressen stärken?«

Damit spricht er einen Punkt an, der für anhaltende Diskussionen sorgt. Alkoholika, vor allem Branntwein, gehören seit Langem zu den wichtigsten Exportartikeln der Überseehändler. Ein großer Teil der Ausfuhr geht über den Hamburger Hafen. Zudem hat sich an der Elbe eine blühende Schnapsfabrikation entwickelt, samt einer Zulieferindustrie zur Herstellung von Flaschen, Kisten und Korbverpackungen.

Zwischen 1874 und 1884 hat sich der Alkoholexport nach Westafrika vervierfacht.[17] In den britischen Kolonien gilt ein Branntweinzoll von 25 bis 100 Prozent des Warenwerts. Wo sich noch keine europäische Macht etabliert hat wie in Cameroons und an der Togoküste, ist das Geschäft entsprechend lukrativer, und die hanseatischen Händler gehen natürlich davon aus, dass es für sie unter deutscher Flagge so bleiben würde.

Nach Gewicht gerechnet handelt es sich bei 64 Prozent der deutschen Waren, die im laufenden Jahr nach Afrika verschifft werden, um Spirituosen. Schnaps ist im Reich ein wirtschaftspolitischer Faktor, zumal Bismarck bei Friedrichsruh und auf seinen ostelbischen Gütern selbst vier Brennereien betreibt.

Buchner hat seinen Hamburg-Besuch dazu genutzt, sich ein Bild von der Spirituosenindustrie zu machen. In den Werkshallen von »Herrn Nagel, dem berühmten Schnapsfabrikanten«, schaut er zu, wie dessen Arbeitskräfte Rum und Gin, Essig und Likör, auch Wein und Champagner herstellen und abfüllen. »Der billige russische Sprit« wird in großen Fässern angeliefert und weiterverarbeitet. Buchner staunt über die niedrigen Produktionskosten: »Eine fertige Kiste Gin mit zwölf freundlich etikettierten und ganz sauber verschlossenen Flaschen um 2,50 Mark!« Nur ungefähr 80 Pfennig entfallen auf den hochprozentigen Inhalt. »Dabei ist der betreffende Gin gar nicht allzu schlecht und an sich keineswegs gesundheitsschädlich.«

In Hamburg und den Nachbarstädten Altona und Wandsbek produzieren mindestens 23 Firmen scharfe Alkoholika.[18] Einige wie *J. F. Nagel* unterhalten mittlere Industriebetriebe, in denen Hunderte Frauen und Männer arbeiten. Ein heute noch klangvoller Name dieser Branche ist Helbing, bekannt für *Helbing Kümmel,* der im Hamburger Rathaus bei Anlässen wie dem traditionellen Matthiae-Mahl gerne serviert wird.

Auf dem internationalen Markt wirbt das Unternehmen während des Kaiserreichs für »Helbing's renowned Germania-Spirits«. Die Firmengeschichte reicht zurück bis zu dem deutsch-dänischen Großunternehmer Heinrich Carl Schimmelmann (siehe Kapitel 1), der Samuel Ernst Helbing um 1770 damit beauftragt hat, einen »typisch norddeutschen Schnaps« zu brennen. Die Grabplatte für dessen Sohn Johann Christian auf dem historischen Wandsbeker Friedhof deutet an, auf welche Weise das Geld verdient wurde: Oben symbolisiert eine Biene den Fleiß des Kaufmanns, unten weist eine Palme auf den Kolonialhandel hin.

## 28. April

Bismarck ruft Lüderitz, Woermann und weitere Kaufleute zu einer Besprechung zusammen, auch sein Kolonialexperte Kusserow ist dabei. Für Woermann ist es die erste Begegnung mit dem Kanzler, und so hört er aus seinem Munde das, was dem Regierungschef weiterhin am Herzen liegt: Das Reich strebe keine formelle Kolonialherrschaft nach Art der Franzosen an, die überall gleich ihre Sprache, ihr Verwaltungssystem und ihre Kultur verbreiten wollten. Stattdessen halte er sich an das »Vorbild Englands«. Am besten wäre es, doziert Bismarck, wenn sich die Afrika-Kaufleute zu einer gemeinsamen »Kompanie« zusammenschließen würden, für die ein kaiserlicher Schutzbrief ausgestellt werden könne, eine »Charter«.

Woermann und Lüderitz schütteln die Köpfe. Nicht nur wollen sie in ihren geschäftlichen Entscheidungen frei bleiben, sie beharren auch darauf, dass Deutschland in West- und Südwestafrika im wortwörtlichen Sinne Flagge zeigen müsse. Nur dadurch ließen sich die Engländer von Annexionen abhalten. Bismarck versteht. Dann sei es wohl das Beste, die Afrika-Händler würden einmal genau erklären, was Reichskommissar Nachtigal auf seiner Reise tun soll. Woermann zögert nicht lange, er hat einen Plan im Kopf. Auf diesen Moment ist er perfekt vorbereitet.

## 29. April

Zurück in Hamburg, notiert Woermann Punkt für Punkt, was er am Vortag in Berlin vorgetragen hat: die Dramaturgie der Aneignung von Cameroons. Erster Schritt: Die Handelsagenten an der Küste schließen Gebietsverträge mit den Kings und Chiefs ab. Dann: Der Reichskommissar nimmt das Land für den Kaiser in Besitz und hisst feierlich die deutsche Flagge. Ältere Rechte, etwa von englischen Kaufleuten, bleiben gewahrt. Die Kings und Chiefs sollen wie bisher ihre Abgaben erheben können, müssen den deutschen Firmen im Übrigen jedoch freie Hand lassen. Ein deutsches Kriegsschiff soll alles absichern. Als oberster Vertreter des Reichs wird ein Zivilbeamter an der Küste installiert.

Seine fertige Wunschliste schickt Woermann umgehend in die Reichshauptstadt.

Der britische Botschafter in Berlin ist inzwischen hellhörig geworden. Bismarck hat ihm etwas von »großen und wachsenden Interessen« des Reiches außerhalb Europas erzählt. Sie würden »von den großen Handelszentralen Bremen und Hamburg bei ihm verfochten«.

Der Präsident des 1882 gegründeten Deutschen Kolonialvereins, Hermann Fürst zu Hohenlohe-Langenburg, freut sich über das, was ihm zu Ohren kommt: Im Auswärtigen Amt wehe auf einmal »ein ganz anderer Wind«.

## 2. Mai

Zusammen mit Leo von Caprivi, dem Chef der Kaiserlichen Marine, fasst Bismarck den Plan, die Kreuzerfregatte *Elisabeth* nach Angra Pequena zu beordern, um dort die deutsche Flagge zu hissen – im Einklang mit seiner Maxime: »Die Flagge folgt dem Handel.« Das Kriegsschiff soll praktischerweise auch gleich die Teilnehmer einer geologischen Expedition der Firma *F. A. E. Lüderitz* an ihr Ziel bringen.

## 9. Mai

»Äußerst vertraulich« unterrichtet Woermann seinen Handelsvertreter Schmidt in Cameroons: Das Drängen und die Vorschläge mit dem Ziel, »die deutsche Reichsregierung zum Erwerb überseeischer Besitzungen zu veranlassen, haben endlich Erfolg gehabt«. Er selbst sei »zum Fürsten Bismarck berufen worden, um mit ihm die Art & Weise zu besprechen, wie am besten zur Erreichung dieses Zweckes vorzugehen sei«. Es folgt eine ausführliche Anweisung.

Über die Verhältnisse in der Region ist Woermann bestens unterrichtet. Während seiner Lehrzeit in der väterlichen Firma hat er nicht nur ein Jahr in Batavia (heute Jakarta) gearbeitet und die USA von West nach Ost durchquert, sondern auch die Faktoreien an der westafrikanischen Küste besucht.[19] Sein Name hat dort Klang, einheimische Händler nennen ihn »the big Woermann«. Als erste deutsche Firma hat das Familienunternehmen 1868 in Cameroons eine Niederlassung eröffnet; der Mann vor Ort war Johann Thormählen, der sich sechs Jahre später selbstständig gemacht hat *(Jantzen & Thormählen)*.

Woermann hat mit eigenen Augen gesehen, was er für seine Afrika-Geschäfte wissen muss. Er hat zugeschaut, wie aus den Palmnüssen das rote, nach Veilchen duftende Öl[20] gestampft und gepresst wird; er hat sich gemerkt, dass 800 Pfund Palmöl so viel wert sind wie 20 Fässchen Schießpulver oder eine Kiste Gewehre; er kennt das komplexe »Trust«-System, auf dem der Handel beruht und bei dem auf Vertrauensbasis Vorschüsse gegeben und Schulden mit neuer Ware verrechnet werden. Eine gängige Währungseinheit in Westafrika heißt Kru. Ein Kru kann maximal so viel wert sein wie ein englisches Pfund.

Die Handelsnetzwerke knüpfen an die in Jahrhunderten gewachsenen Beziehungen an, die sich durch den transatlantischen Sklavenhandel entwickelt haben – nur dass seit einiger Zeit nicht mehr gefangene Menschen aus dem Landesinneren für den Export an die Küste gebracht werden, sondern Palmöl aus den Wäldern, die an den sogenannten Ölflüssen liegen. Die Europäer verarbeiten es zu Seife und Kerzen, Margarine und Maschinenöl. Mehrere Fabriken in Hamburg und anderen Städten, die 1929 im Unilever-Konzern aufgehen werden, gehören zu den führenden Palmölverbrauchern.

Über die Lieferwege des Rohstoffs aus dem afrikanischen Inland wachen die Kings und Chiefs von Cameroons: selbstbewusste Oligarchen, die auf gute Kontakte zu Geschäftsleuten aus Deutschland und England angewiesen sind. Es ist ein Geben und Nehmen, das unablässig neu austariert wird – zumal die einheimischen Anführer miteinander konkurrieren und sich ihrer Position bei den eigenen Familienmitgliedern und Untergebenen selten ganz sicher sein können.

In Verträgen mit Europäern sehen viele aus der Oberschicht darum ein Mittel, ihre Stellung im Land zu festigen. Woermann weiß das genau, er schreibt an Schmidt: »Nach früheren Berichten … scheinen die Herren Chiefs gar nicht abgeneigt zu sein, eine ordentliche reguläre Regierung eines zivilisierten Staates anzuerkennen. Die Streitigkeiten der Chiefs untereinander würden aufhören, auch würden dieselben eine ganz andere Macht gegenüber ihren Sklaven entwickeln können.«

Schmidt soll sich mit Johannes Voss, dem örtlichen Vertreter von *Jantzen & Thormählen* zusammentun und Verträge abschließen. Von den vier führenden Männern von Cameroons sollen sie sich »die Oberhoheit über das ganze diesen gehörige Gebiet abtreten lassen, und zwar zunächst für Se. Majestät den Kaiser von Deutschland«. Anfang Juli werde Reichskommissar Nachtigal auf der *Möwe* eintreffen und alles Weitere übernehmen. Die »Hauptschwierigkeit« bestehe darin, den Briten zuvorzukommen. Bei Nachtigals Ankunft »muss alles Schlag auf Schlag gehen, und Cameroons muss deutsch geworden sein, ehe die Engländer auch nur eine Ahnung davon haben«.

Außerdem soll Schmidt im Umland »ausgedehnte Ländereien« kaufen, die sich für Plantagen eignen. Viel kosten darf es jedoch nicht: »Man kann das Land ja beinahe umsonst bekommen.« Und noch etwas: Jede Gelegenheit, abseits der Küste tätig zu werden, habe Priorität. Das Ziel sei, »weiter ins Innere hineinzugehen«.

Umsichtig, wie Woermann ist, übermittelt er seinem Vertreter elf mögliche Situationen, die sich in den kommenden Wochen ergeben könnten. Für jede Variante erfindet er ein Codewort, das Schmidt durchgeben soll; die nächste Telegrafenstation befindet sich auf Madeira. Im besten Fall (»Dr. Nachtigal mit der Möwe ist angekommen, die deutsche Flagge weht in Cameroons, alles in Ordnung«) lautet die Chiffre »German«. Bei vollständigem Misslingen: »Coffee«.

## 12. Mai

Emil Schulze, seit vielen Jahren Niederlassungsleiter von *C. Woermann* in Gabun und »Kaiserlich deutscher Konsul für die westafrikanischen Gebiete von der Biafrabucht bis zum Kongo«, wird aus Berlin aufgefordert, sich nach Cameroons zu begeben. Er soll dort die Verträge, die Schmidt und Voss mit den einheimischen Anführern schließen, amtlich beglaubigen. Schon vor Nachtigals Ankunft soll der Konsul die Vereinbarungen dadurch »gegen ungerechtfertigte Anfechtungen vonseiten Dritter« absichern. Gemeint sind die Engländer.

## 19. Mai

Nach Rücksprache mit dem Kaiser und Marinechef Caprivi lässt Bismarck die finale Fassung der Instruktionen abschicken, nach denen Nachtigal in Afrika vorzugehen hat. Der Woermann-Plan für Cameroons liegt als Richtlinie im Anhang bei – was für ein Erfolg: Dank kontinuierlicher Lobbyarbeit sollen die Ideen des Hamburger Kaufmanns nun vom Staat umgesetzt werden.

Der Reichskanzler hat noch einmal persönlich Hand an die Regierungsorder gelegt. Im Entwurf streicht er den Begriff »Souveränität« und ersetzt ihn durch das unverfänglichere »Protektorat«. Zur Klarstellung fügt er hinzu: »Die Einrichtung eines Verwaltungsapparates, der die Entsendung einer größeren Anzahl deutscher Beamter bedingen würde, die Errichtung ständiger Garnisonen mit deutschen Truppen … wird dabei nicht beabsichtigt.« Starke Vokabeln wie »Besitzergreifung«, »Oberhoheit« und »Schutzherrschaft« lässt er allerdings stehen.

In Deutschland beginnt allmählich der Wahlkampf für die Reichstagswahl im Herbst. Erstmals rückt dabei die Kolonialpolitik in den Mittelpunkt. »Eine große nationale Bewegung gärt an allen Enden unseres Vaterlandes«, schreibt die *Kölnische Zeitung.*

## 1. Juni

Nachtigal und Buchner sind mit dem Zug von Lissabon nach Gibraltar gefahren, ihre Reise nach Afrika beginnt. Am Vorabend hat ein Feldjäger die Schlussfassung der Instruktionen aus Berlin überbracht. Als die *Möwe* in See sticht, ist es sonnig und windstill, Kommandant Paul Hoffmann erinnert sich später an den »herrlichen Anblick« der Berge, den weißen Turm von Tarifa und »eine riesige französische Trikolore«, die über der marokkanischen Küstenstadt Tanger weht.[21]

Mit 53 Metern Länge und 9 Metern Breite ist die *Möwe* nicht gerade groß. Ihre Besatzung umfasst 130 Mann, bewaffnet ist sie mit zwei Kanonen Kaliber 12,5 Zentimeter und kleineren Revolverkanonen. Wie viele Schiffe der Zeit ist sie ein Hybridmodell mit Dampf- und Segelantrieb. Nachtigal kommt in der Kapitänskajüte unter, an einen Schlafplatz für Buchner hat niemand gedacht. Ihm bleibt nur, in der Messe eine Hängematte aufzuspannen.

## 9. Juni

Die *Möwe* steuert einen Hafen der Kapverdischen Inseln an, um dort Kohle nachzuladen. Zu Buchners Überraschung ankert dort die *Elisabeth*. Er freut sich, dass er einige Nächte auf der größeren und bequemeren Kreuzerfregatte schlafen darf. Die *Elisabeth* ist unterwegs nach Australien, soll aber in Angra Pequena halten und dort zusammen mit der ebenfalls entsandten *Leipzig* die deutsche Flagge aufziehen.

## 12. Juni

Leopold II. erklärt, dass er den Landbesitz seiner *Association internationale du Congo* in einen veritablen Staat umwandeln will. Bismarck ist im deutschen Namen bereit, Leopolds Privatstaat »diejenigen Garantien zu geben, die Eure Durchlaucht wünschen«.

Das Wohlwollen des Kanzlers verdankt der belgische König seiner Verbundenheit mit Gerson von Bleichröder, der zu den einflussreichsten Persönlichkeiten des Kaiserreichs zählt. Bleichröder ist der erste deutsche Jude, der ohne Übertritt zum Christentum geadelt wurde.[22] Er verfügt über ein immenses Vermögen, hat den preußischen Krieg gegen Österreich finanziert und steht Bismarck als dessen Privatbankier jederzeit zur Verfügung.

Kennengelernt haben sich Leopold und Bleichröder bei einem gleichzeitigen Kuraufenthalt in Ostende. Nützlich wird der Kontakt, als der König sich um die internationale Anerkennung seiner afrikanischen Besitzungen bemüht: Er bestürmt den Finanzmann in langen Briefen, sich bei der Reichsregierung für ihn einzusetzen, und macht ihn zu seinem Sonderbevollmächtigten in Berlin.[23] Der Bankier tut, was er kann. »Der König von Belgien schrieb mir gestern, er wünscht sehnlichst den Abschluss der Kongo-Angelegenheiten«, teilt er Bismarck einmal mit. Auch beim Kaiser wird Bleichröder vorstellig.

## 14. Juni

Der Reichskanzler schickt seinen Sohn Herbert auf eine Sondermission nach London, um über das deutsche Engagement in Afrika zu sprechen. Seine Aussagen bleiben noch immer deutlich hinter dem zurück, was Woermann geplant hat und Nachtigal ausführen soll.

Im Foreign Office erklärt Bismarck junior, das Reich habe »nicht die Absicht, ... irgendwo Staatskolonien zu begründen, sondern nur Deutschen in unzivilisierten Ländern vollen Schutz zu gewähren«. Nachdem er seinen Vater telegrafisch über die Unterredung informiert hat, kommt der Senior ins Grübeln: Er habe zwar »keine Bedenken« gegen Herberts Zusicherung. Doch andererseits: »Ich kann darüber nur meine Ansicht von dem, was für Deutschland jetzt zweckmäßig ist, ausdrücken, meine Nachfolger und das Reich aber nicht binden; was sind außerdem ›state colonies‹, und wo ist die Grenze dieses Begriffs?«

Offenbar hat der Reichskanzler ein wenig die Orientierung verloren.

## 16. Juni

In einer Richtlinie für die Ministerialbeamten hält Bismarck an seiner lieb gewonnenen Illusion fest: »Für meine Person denke ich bis jetzt nur an Charter.« Festlegen wolle er sich jedoch nicht. Ob das Reich »Souveränität proklamieren«, also eine Kolonie gründen werde, »hängt von Umständen, sogar von Zufällen ab«.

Umstände, Zufälle: Aus Sicht eines Politikers, der seine Machtfülle auch einem bewährten Gespür für Opportunitäten verdankt, mag das so sein. Allerdings haben die treibenden Kräfte, Lüderitz und Woermann, dafür gesorgt, dass in ihren Gebieten möglichst wenig dem Zufall überlassen bleibt.

Was bei dilettantischer Vorbereitung passiert, erleben die Deutschen an diesem Tag in den Gewässern von Guinea, wo die *Möwe* vor den Ufern der Los-Inseln aufläuft. Kapitän Hoffmann hat drei Monate zuvor in Berlin erstmals von dieser Inselgruppe gehört: Im Vorzimmer des Kaisers traf er auf Fürst zu Hohenlohe-Langenburg, den Präsidenten des Deutschen Kolonialvereins. Die Los-Inseln seien »ein wichtiges Ziel meiner Reise«, erfuhr Hoffmann zu seiner Verwunderung.

Der Grund: Hohenlohe-Langenburg unterstützt die Interessen eines befreundeten Kaufmanns aus Stuttgart, der im Küstengebiet von Guinea geschäftlich engagiert ist. Doch schon bei der Ankunft sehen die Deutschen, dass sie sich umsonst bemühen: »Denn da wehte lustig im Winde der Union Jack, die englische Regierungsflagge.« Hoffmann fühlt sich »gründlich in die Irre geführt«.[24]

Auch der anschließende Versuch, auf dem Festland etwas zu erreichen, geht schief. Begleitet von zwanzig Matrosen und zwei Leutnants suchen Nachtigal und Buchner den Regionalherrscher auf, Bala Demba. Nachtigal überreicht ein Prunkschwert im Renaissancestil als Geschenk und dazu ein Schreiben von Kaiser Wilhelm. Der Dank Bala Dembas wird übersetzt: »Wahrlich, das nenne ich mir eines Freundes Worte.« Anders als erwartet bittet der King jedoch nicht um deutschen Schutz. Nachtigal drängt, es wird verhandelt und peinlich geschwiegen, bis Bala Demba etwas einfällt: »Hört ihr nicht?

Es donnert. Es wird gut sein, nach Hause zu gehen. Sonst werdet ihr noch alle nass.« Wie sich herausstellt, hat er sich zwar nicht den Engländern, aber den Franzosen zugewandt.

## 17. Juni

Eine Gruppe von Geschäftsleuten um die Bankiers Bleichröder und Adolph von Hansemann erwirbt ein Gebiet in Südwestafrika. Es liegt im Landesinneren östlich der Walfischbucht und gilt als geeignet, dort »Kupferbergbau zu treiben«. Hansemann steht an der Spitze der *Disconto-Gesellschaft,* eines führenden deutschen Geldhauses. Die *Disconto-Gesellschaft* finanziert und entwickelt in diesen Jahren eine ganze Reihe kolonialer Projekte. 1885 wird Adolph Woermann in den Aufsichtsrat berufen.

## 21. Juni

Die britische Regierung beschließt, wegen Südwestafrika keinen Streit mit Deutschland anzufangen. »Alles, was er nur wünscht«, werde man Bismarck in Angra Pequena gewähren, notiert ein Minister nach der Kabinettssitzung an diesem Tag. »Die Anerkennung des Rechtes der Deutschen Regierung, deutsche Staatsangehörige dort zu schützen«, wird anschließend in einer diplomatischen Note fixiert.

## 26. Juni

Der Reichskanzler äußert sich zum ersten Mal im Parlament zu seiner forcierten Kolonialpolitik. Nach dem obligatorischen Geplänkel mit seinen Kritikern, bei dem er durch alle rhetorischen Tonarten moduliert, von bescheiden bis arrogant, von weinerlich bis kämpferisch, erklärt er die Gründe seiner Politikwende: »Wir sind zuerst durch die Unternehmung hanseatischer Kaufleute, verbunden mit Terrainankäufen und gefolgt von Anträgen auf Reichsschutz, dazu veranlasst worden, die Frage, ob wir diesen Reichsschutz in dem gewünschten Maße versprechen könnten, einer näheren Prüfung zu unterziehen.«

In diesem gewundenen Stil geht es weiter. Das, was er »das französische System« der Kolonisation nennt, lehne er weiterhin ab. »Ich glaube, dass man Kolonialprojekte nicht künstlich schaffen kann.« Er freue sich allerdings über den »Mut«, die »Schneidigkeit«, die »Begeisterung« der Unternehmer aus Hamburg und Bremen. Es sei die Pflicht des Reiches, »ihnen gewisse Beihilfen in ihren Kolonialbestrebungen zu leisten, um denjenigen Gebilden, die aus den überschüssigen Säften des gesamten deutschen Körpers naturgemäß herauswachsen, in fremden Ländern Pflege und Schutz angedeihen zu lassen«.

Aber was treibt ihn wirklich an? Schon die Zeitgenossen rätseln über die Gründe für Bismarcks Kurswechsel in der Kolonialpolitik, und die Chronik der Ereignisse lässt daran zweifeln, dass er in jedem Moment genau weiß, was er tut. Offensichtlich steht mal das eine, mal das andere Motiv seines Handelns im Vordergrund. An einem Tag ist ihm die Förderung wirtschaftlicher Interessen wichtiger, am nächsten das Kalkül, den wachsenden Nationalismus der Deutschen für sich nutzen zu können. »Die ganze Kolonialgeschichte ist ja Schwindel, aber wir brauchen sie für die Wahlen«, sagt er einmal im vertrauten Kreis.

Als Caprivi, der dem Reichskanzler 1890 im Amt nachfolgen wird, ihn nach seinen Beweggründen fragt, bekommt er zur Antwort: Es gehe darum, durch die steigende Kolonialbegeisterung den Reichsgedanken zu stärken, also den inneren Zusammenhalt im föderalen Nationalstaat.

Vermutlich spürt Bismarck auch, wie sich das internationale Umfeld sozialpsychologisch neu einfärbt. Die europäischen Mächte und die USA reichern ihre Expansions- und Kolonialpolitik mit populistischen Tönen an. Die Briten nennen das »jingoism«, die Franzosen »chauvinisme«. Um 1880 hat die Ära des klassischen Imperialismus begonnen, der patriotische Gefühle in grenzüberschreitende Aggressivität umwandelt.[25] »Weltpolitik« ist das Wort der Stunde, es lässt viele Herzen höherschlagen. Die Deutschen, die als Nation einiges nachzuholen haben, wollen da nicht zurückstehen.

Deutlich zeigt sich in Bismarcks aktueller Außen- und Kolonialpolitik eine Stoßrichtung gegen die Briten. Dies hängt mit dem hohen Alter des Kaisers und den liberalen Neigungen des Thronfolgers zusammen. Wie kommt das?

Friedrich Wilhelm, der älteste Sohn des 87 Jahre alten Monarchen Wilhelm, ist mit einer Tochter von Queen Victoria verheiratet; er gilt als anglophil und würde in Deutschland voraussichtlich ein parlamentarisches Regierungssystem nach britischem Vorbild einführen. Der Reichskanzler, der viel von seiner Macht verlöre, hat sich bereits über die »unglaubliche politische Schwachköpfigkeit« des Thronfolgers echauffiert.[26]

Bismarcks Sohn Herbert erklärt die Zusammenhänge später so: »Als wir in die Kolonialpolitik hineingingen, mussten wir auf eine lange Regierungszeit des Kronprinzen gefasst sein, während welcher der englische Einfluss dominieren würde. Um diesem vorzubeugen, musste die Kolonialpolitik eingeleitet werden, welche volkstümlich ist und jeden Augenblick Konflikte mit England herbeiführen kann.« Zu einer langen Regierungszeit kommt es allerdings nicht, im Gegenteil: Als Friedrich III. 1888 das Zepter übernimmt, ist er schwer krebskrank und lebt noch drei Monate. Den Thron erbt sein Sohn, Wilhelm II.

Letztlich bleibt offen, warum der Kolonialskeptiker Bismarck der deutschen Kolonialherrschaft den Weg bereitet. Die innere Reserve, die er stets erkennen lässt, schmälert jedoch nicht seine Verantwortung. Wie üblich gilt auch in säkularen Angelegenheiten das Bibelwort: »An ihren Früchten sollt ihr sie erkennen.« Und das bedeutet hier: Unter der unangefochtenen Führung des Kanzlers geht das Deutsche Reich mit großen Schritten auf die Kolonialenthusiasten zu und wertet kaufmännische Gründungen so stark auf, dass daraus staatliche Kolonien entstehen. Bismarcks Überlegungen und Instruktionen auf diesem Weg sind in dichter Folge dokumentiert; dass dennoch Lücken und unbeantwortbare Fragen bleiben, zeichnet politische Prozesse aus, wie er selbst einmal gesagt hat: »Die Hauptsache aber liegt immer in dem, was alles nicht zu den Akten kommt.«

## 4. Juli

Die *Möwe* hat die Togoküste erreicht. In Bagida Beach ergibt sich eine Gelegenheit, von der nichts in den Instruktionen steht.[27] Kapitän Hoffmann schreibt später darüber: »Nachtigal war wegen seiner bisherigen Erlebnisse sehr verstimmt, hatte Fieber und Seekrankheit, sodass er sich danach sehnte, irgendetwas auszurichten. Da kam dies Gebiet, an das in Berlin niemand gedacht hatte, sehr gelegen.«

Da er sich schlecht fühlt, bleibt der Reichskommissar an Bord und schickt Buchner los. Der kehrt mit einem von ihm selbst formulierten Schriftstück zurück: »Wir die hier unterzeichneten Chiefs von Togo und Bagida befürchten, dass die Engländer uns dazu zwingen, unsere guten Freunde, die deutschen Kaufleute, vertreiben zu müssen.« Klar, dass das nicht passieren darf.

Am nächsten Tag lässt sich Nachtigal durch die tückische Brandung an Land rudern. »In der noch recht primitiven Faktorei *Wölber & Brohm* (Holzhaus ohne Veranda)«, wie er in seinem Tagebuch festhält, begründet er das erste deutsche Protektorat in Westafrika. Paragraf 1 des Vertrags legt fest: »König Mlapa von Togo, geleitet von dem Wunsch, den legitimen Handel, welcher sich hauptsächlich in den Händen deutscher Kaufleute befindet, zu beschützen ..., bittet um den Schutz Seiner Majestät des Deutschen Kaisers.« Nach der Unterzeichnung wird die deutsche Flagge gehisst, die Bordkanonen der *Möwe* feuern Böllerschüsse ab.

Der von Bismarck angeführte Zufall – bei der Kolonisierung von Togo spielt er tatsächlich die Hauptrolle.

## 6. Juli

Einige Kilometer weiter in Lome (heute Lomé, Hauptstadt von Togo) wiederholt sich das Prozedere vom Vortag. Anschließend ernennt Nachtigal den Hamburger Kaufmann Heinrich Randad zum Kaiserlichen Konsul und trägt ihm auf, seinen Wohnsitz vom Handelszentrum Klein-Popo nach Lome zu verlegen.

Buchner begibt sich auf »eine fröhliche Conquista«, zu der er einige Matrosen und Einheimische um sich schart. »Zu Pferd und zu Fuß und in Hängematten« geht es eine halbe Stunde westwärts am Strand entlang bis zu einem Fahnenmast, an dem die Fahne fehlt. Die Stange markiert den Beginn der englischen Goldküstenkolonie (heute Ghana). In zehn Schritten Abstand lässt Buchner einen Grenzpfahl eingraben. Die erste deutsche Grenzmarkierung auf afrikanischem Boden ist »fußdick und drei Meter hoch«. Als noch ein Schild mit der Aufschrift »Kaiserlich Deutsches Protektorat« angenagelt und der Pfahl schwarz-weiß-rot angestrichen ist, kehrt Buchner mit seiner kleinen Truppe hochzufrieden nach Lome zurück.

## 8. Juli

Das nächste Ziel der *Möwe* ist Lagos. Den europäischen Namen hat die Stadt wie viele andere Orte Westafrikas von portugiesischen Seefahrern bekommen – nach der lang gestreckten Lagune hinter der breiten Sandbank.

Kapitän Hoffmann äußert Bedenken, mit einem deutschen Kriegsschiff in das von Briten dominierte Gebiet einzufahren. Nachtigal will sich an die Berliner Instruktionen halten, nach denen er sich auch in Lagos um deutsche Firmen, etwa das Hamburger Handelshaus *Gaiser & Witt,* kümmern soll. Hoffmann setzt sich jedoch durch und nimmt Kurs auf Cameroons.

## 9. Juli

Konsul Schulze kommt zusammen mit Eduard Woermann, einem jüngeren Bruder des Firmenchefs, aus Gabun in Cameroons an. Was sie von Schmidt und Voss zu hören bekommen, bereitet Woermann Sorgen: Die beiden Handelsagenten seien »ziemlich desparat«, schreibt er in sein Tagebuch.[28]

Der Grund dafür: Mit den beiden bedeutendsten Anführern, King Bell und King Akwa, sind die Deutschen zwar handelseinig, aber in deren Gefolgschaft gibt es starke Kräfte, die sich gegen einen Vertragsabschluss sperren. Die Gespräche waren teilweise von lautstarken Auseinandersetzungen begleitet, in denen verschiedene Gruppen aufeinanderprallten, begleitet von den Rufen »we want English« – »we want Hamburg«. Jetzt stocken die Verhandlungen.

Die örtlichen Machtverhältnisse sind nicht leicht zu durchschauen. Die rund 15 000 bis 20 000 Menschen in Cameroons bilden gemeinsam die Volksgruppe der Duala aus der Sprachgemeinschaft der Bantu; im 17. und 18. Jahrhundert haben sie an den Flussufern ihre Siedlungen gegründet. Die ersten europäischen Geschäftspartner waren Holländer, danach hauptsächlich Engländer. Versklavte Männer, Frauen und Kinder sowie Elefantenstoßzähne sind zunächst die wichtigsten Handelsgüter, später auch Palmöl; der Sklavenhandel endet um 1860.[29] Einige Jahre danach lassen sich deutsche Händler an der Küste nieder.

Traditionelle Herrscher wie King Bell (Ndumb'a Lobe auf Duala), und King Akwa (Dik'a Mpondo) verfügen über Handelsnetzwerke und besitzen ein beträchtliches Vermögen. Ihr Status ist erblich; dennoch müssen sie ihn immer wieder neu behaupten, indem sie gute Geschäfte machen und ihre Gefolgsleute daran teilhaben lassen. Darum sind sie auf Handelsbeziehungen mit ausländischen Abnehmern ihrer Ware angewiesen. Dass sie Wert darauf legen, als »King« tituliert zu werden, bedeutet nicht, dass sie über die Macht eines Königs verfügen. Eher geht es ihnen darum, den Europäern zu imponieren.[30]

Der erste registrierte Handelsvertrag datiert vom März 1840, die damaligen Kings haben ihn mit den Briten abgeschlossen. Um Streitfragen zu klären, etablieren die »Kings, Chiefs und Händler von Cameroons« 1856 einen eigenen Gerichtshof, den »Court of Equity«. 1879 schreiben einige Anführer einen Brief an Queen Victoria – »a nice loving letter«, wie es darin heißt. Die Duala möchten demnach die britischen Gesetze und eine britische Regierung einführen, um ihre Konflikte zu beenden, denn es gebe »viele Morde«. Zwei Jahre danach bekräftigen King Bell und King Akwa in einem Schreiben an Premierminister William Gladstone ihren Wunsch nach britischer Herrschaft. Doch in London fürchtet man, ein solches Protektorat würde die Steuerzahler zu viel Geld kosten, sodass Gladstone dankend ablehnt. Allerdings verspricht er, das Ersuchen der Kings später noch einmal zu prüfen. Einige Duala sind verstimmt über diese Hinhaltetaktik.

## 10. Juli

Eduard Woermann, Schmidt und Schulze wollen ihr Glück erst einmal in Bimbia versuchen, das westlich des Mündungsgebiets an der Meeresküste liegt. Schulze schreibt an den Firmenchef in Hamburg: »Die Kings haben nicht den Einfluss, wie Sie wohl angenommen haben.« Sollte es in Cameroons doch noch zu einem Vertrag kommen, werde der dafür fällige Dash – die landesübliche Zahlung, die zwischen Geschenk, Bonus und Bestechungsgeld changiert – sicherlich noch größer als einkalkuliert.[31]

Während der Fahrt auf einem kleinen Dampfer nach Bimbia entdecken sie am Horizont ein Kriegsschiff: die *Möwe,* endlich! Aber die Herren täuschen sich. Als sie ihren Irrtum bemerken und sehen, dass es sich um das britische Kanonenboot *Goshawk* handelt, glaubt Woermann: »Cameroons ist verloren.«

## 11. Juli

In Bimbia sind die drei Deutschen schnell am Ziel. »Die unterzeichneten Head-Leute«, heißt es im Vertrag, treten ihr Land »an Herrn Eduard Schmidt, Agent der Firma *C. Woermann,* Hamburg, käuflich ab.« Konsul Schulze beglaubigt das Dokument, dann geht es schon zurück. In der Abenddämmerung fahren sie an einem ankernden Kanonenboot vorbei, diesmal ist es wirklich die *Möwe.*

Cameroons ist doch nicht für das Reich verloren. Denn anders als befürchtet hielt sich der britische Konsul Edward Hewett, der an der Küste wohlbekannt ist und Fakten schaffen könnte, nicht an Bord der *Goshawk* auf. Die Duala haben also wieder nur Unverbindliches von den Engländern gehört. Sofort machen sich die Deutschen dies zunutze und agitieren, wie Woermann im Tagebuch festhält: »Von den Engländern bekommt ihr Cameroonsleute gar nichts, aber wenn ihr uns Deutsche nehmt, gibt es einen großen Dash.«

Ein wichtiger Gefolgsmann von King Akwa erklärt sich sogar schon bereit, ein Dokument zu unterschreiben: Dido (oder Deido), der Chief von Didotown, wie das Dorf Bonabela auf Englisch heißt, erhält dafür 400 Kru. Unter seinen Leuten ist er angesehen genug, um sich als King Dido zu bezeichnen.

Zwei Verträge haben die Deutschen an diesem Freitag unter Dach und Fach gebracht. Bis tief in die Nacht wird weiterverhandelt.

## 12. Juli

Ein einheimischer Lotse dirigiert die *Möwe* vorbei an den Sandbänken der Flussmündung zu einem guten Ankerplatz. Hunderte Duala haben ihre Dörfer, die hinter dem Strand in den Palmenwäldern liegen, verlassen und schauen vom Ufer aus zu. Buchner notiert: »Wir sind ein Kriegsschiff des King of Hamburg, das erste, das sich hier blicken lässt.« Offenkundig macht das Eindruck. Es wird ein bedeutender Tag.

Buchner zählt sieben Hulks, sechs englische und eine deutsche, nämlich die *Luise,* auf der Voss von *Jantzen & Thormählen* wohnt und arbeitet. »An den Ufern unter den Dörfern drängen sich Faktoreigebäude, in der Mehrzahl deutsch beflaggt.« Eine englische Baptistenmission kommt Buchner verglichen damit »wie ein Schloss« vor.

Wie Nachtigal bezieht er Quartier in der Woermann-Faktorei in Akwatown (Bonaku), in der Schmidt der Hausherr ist. Dessen Vorgänger hat unter dem Blechdach einen Speisesaal für zwanzig Personen sowie eine Kegelbahn eingerichtet. Eduard Schmidt ist fünfundzwanzig, gebürtiger Berliner, klein und lebhaft. Die Duala scheinen ihn zu mögen, alle nennen ihn Smiti. Im Haus wohnt auch Martha, seine schwarze Geliebte.

Gelingt den Kaufleuten und Regierungsvertretern nun doch noch ein Durchbruch? Ohne deutsche Beteiligung versammeln sich die Duala-Chiefs und einigen sich auf ein Dokument, in dem sie die Bedingungen formulieren, unter denen sie zu einem umfassenden Vertrag bereit sind. Diese Urkunde, die mit den Worten »Our wishes« beginnt, geht an Konsul Schulze. Im Namen der Reichsregierung zeichnet er das Papier ab – und akzeptiert damit die Forderungen (siehe den Anfang dieses Kapitels).

Buchner findet das »bedauerlich«, da Schulze etwas unterschrieben hat, an das die Deutschen sich nicht halten wollen. Aber das sagt er den Duala nicht.

Jetzt ist der Weg frei für das große Abkommen. Nachtigal hält sich im Hintergrund. Er hat nicht vergessen, dass Bismarck in seiner Order vom 19. Mai bewusst den moderaten Begriff »Protektorat« gewählt hat. Die deutsche Verhandlungsführung liegt jedoch bei den Kaufleuten, und deren Vereinbarung mit den Duala-Oberen geht klar über die Regierungsanweisung hinaus.

Feierlich erklären King Bell, King Akwa und mehrere ihrer Gefolgsleute: »Wir treten mit dem heutigen Tage unsere Hoheitsrechte, die Gesetzgebung und Verwaltung unseres Landes vollständig ab an die Herren Eduard Schmidt und Johannes Voss als Vertreter der Firmen *C. Woermann* und *Jantzen & Thormählen,* beide in Hamburg, die seit vielen Jahren an diesem Flusse Handel treiben.« Eduard Woermann notiert: »Man unterschrieb und schloss den Akt mit einem begeisterten Wohl auf unseren deutschen Kaiser.«

Einer der vier wichtigsten Anführer verweigert allerdings seine Unterschrift: Lock Priso Bell. Als Chief von Hickorytown (Bonaberi) ist er in hohem Maße eigenständig. Vor zwei Jahren hatte er mit King Bell einen heftigen Konflikt, bei dem es zu Überfällen und blutigen Schlägereien kam. Doch weil King Bell jetzt versichert, Lock Priso sei weiterhin sein Untertan, scheint alles in Ordnung zu gehen.

Und wie hoch ist der Dash? Daraus wird ein großes Geschäftsgeheimnis gemacht. Angeblich sind King Bell von Schmidt 70 Puncheons (Palmölfässer) zugesagt worden, die einen Wert von 1120 Kru oder rund 13 500 Reichsmark darstellen. Die Bezahlung erfolgt nicht in Form von Ware oder Geld, sondern als Gutschrift im Rahmen des Trust-Systems. King Bell soll mit seinen Leuten teilen. King Akwa und seine Leute werden einzeln bedacht, zusammen sollen es ebenfalls ungefähr 70 Puncheons sein, die Voss übernimmt.

Daheim in Hamburg klagt Adolph Woermann: »Von der deutschen Regierung werden wir keinen Ersatz dafür beanspruchen dürfen.«[32]

## 14. Juli

Seit zwei Tagen ist die Hoheit über das Land der Duala gleichsam bei den Hamburger Firmen geparkt. Jetzt begibt sich Voss, der deutsche Senior am Ort, zu Nachtigal und händigt ihm die Verträge aus, um die Souveränität auf das Reich zu übertragen.

Die Besatzung der *Möwe* hat inzwischen dafür gesorgt, dass in Akwatown, Belltown (Bonanjo) und Didotown Flaggenmasten am Ufer stehen. Vor jedem Mast hält Nachtigal, der seine mit Orden geschmückte Uniform trägt, eine Ansprache, erst auf Englisch, dann auf Deutsch. Offiziere und Matrosen stehen stramm. Es nieselt. Unter dreimaligen »Hoch«-Rufen und Trommelwirbeln steigt die schwarz-weiß-rote Flagge empor, dann folgen drei Gewehrsalven. Zum Abschluss der Zeremonie hallen 21 Böllerschüsse aus den Kanonen der *Möwe* über Wasser und Land. Die Engländer verhalten sich ruhig, sie zeigen ihre Flagge und schauen zu. »Cameroons ist und bleibt nun hoffentlich deutsch«, notiert Eduard Woermann.

Am folgenden Tag gibt Nachtigal ein Rundschreiben heraus, in dem er »die englischen Gentlemen« in Cameroons offiziell über die Ereignisse informiert. Ihre Geschäfte würden nicht beeinträchtigt. Sämtliche Firmen sollen bitte weiterhin gut zusammenarbeiten – »in the same old friendly way«.

## 19. Juli

Nachtigal hat bestimmt, dass Buchner als deutscher Regierungsvertreter in Cameroons bleibt. In einer langen Weisung schreibt er ihm: »Wie Sie wissen, haben die Häuptlinge … aus eigener Initiative die

Annexion ihrer Gebiete anstatt deren Protektion verlangt.« Schwierigkeiten mit ihnen seien also nicht zu erwarten. Lock Priso müsse sich fügen.

Gegen Abend läuft das britische Kanonenboot *Flirt* ein, an Bord ist Konsul Hewett. Die englischen Handelsvertreter zeigen ihm das Rundschreiben Nachtigals. Einzelheiten des Vertrages, den die Duala mit den Deutschen geschlossen haben, kennen sie nicht. Dann lässt sich King Bell auf die *Flirt* bitten; King Akwa soll ebenfalls kommen, hat aber keine Lust. Hewett wirft den Duala vor, sie hätten sich voreilig auf das Abkommen eingelassen; er habe wertvolle Geschenke mitgebracht, die er aber nun natürlich behalten werde. King Bell bleibt wortkarg.

## 20. Juli

Die Briten erfahren, dass »mehrere mächtige Chiefs« den Vertrag nicht unterschrieben haben. Gilt er dann überhaupt im gesamten Gebiet?

Nachtigal besucht vormittags den britischen Konsul auf der *Flirt*. Anschließend sagt er zu Buchner: »Niemals konnte ein Protest freundlicher verabreicht werden.« Der freundliche Mr Hewett wird daheim schon bald ungnädig behandelt. Weil er einige Tage nach Nachtigal in Cameroons eingetroffen ist, verspotten ihn die englischen Zeitungen als »too-late-consul«.

Um 13 Uhr reist Nachtigal auf der *Möwe* ab, das erste Ziel ist Bimbia, wo die Flagge gehisst werden soll. Danach will er weitere Verträge in benachbarten Küstenorten abschließen. Insgesamt sammeln die Deutschen mehr als neunzig Abkommen mit Kings und Chiefs ein.

## 29. Juli

Bismarck will verhindern, dass Südwestafrika den Deutschen womöglich entgleitet. Zwei Wochen zuvor hat die britische Kapkolonie erklärt, die Küste bis hinauf nach Angola zu annektieren. Als abhängiges Gebiet ist Südafrika zwar nicht auf Augenhöhe mit dem Deutschen Reich, aber sicherheitshalber lässt der Kanzler anordnen, dass die Marine Verstärkung zum Flaggenhissen schickt.

Einen großen Teil des Gebiets, vom 26. Breitengrad bis zur Kunene-Mündung, hat Lüderitz noch nicht erworben. Dennoch soll die Kaiserliche Marine dort Fakten schaffen. Eine der geheiligten Maximen Bismarcks – »die Flagge folgt dem Handel« – wird diesmal in ihr Gegenteil verkehrt.

## 7. August

Die Besatzungen der *Elisabeth* und der *Leipzig* salutieren in Angra Pequena vor der wehenden Reichskriegsflagge, Kapitän zur See Rudolf Schering spricht im Namen des Kaisers, die Kapelle spielt *Heil dir im Siegerkranz* und *Ich bin ein Preuße.*[33] Keine zwanzig Minuten dauert die Zeremonie. Angra Pequena erhält amtlich den Namen Lüderitzbucht.

Am nördlich gelegenen Küstenabschnitt, den der Bremer Geschäftsmann erst noch kaufen will, fährt in den nächsten Tagen die *Wolf* entlang, hisst die Flagge und bringt Schrifttafeln an, die den deutschen Anspruch dokumentieren. Nur die englische Walfischbucht spart das Kanonenboot aus.

## 17. August

Auf die vereinbarte Weise, Chiffre »German«, hat Adolph Woermann erfahren, dass die Westafrika-Mission der *Möwe* erfolgreich war. Um Bismarck die gute Nachricht zu übermitteln, schickt er umgehend eine Depesche ab, »in der Hoffnung, dass die obige Mitteilung Ew. Durchlaucht Freude machen wird«. Woermann dankt dem Reichskanzler für das »energische und entschiedene Vorgehen«.

## 28. August

Die *Möwe* ist zurück in Cameroons, es gibt noch etwas zu erledigen. In Hickorytown, dem Dorf des widerspenstigen Lock Priso, soll ein Zeichen gesetzt werden. Nachtigal zieht wieder seine Paradeuniform an, das Kanonenboot fährt vor, die Matrosen pflanzen einen Mast auf den Strand. Nach der üblichen Zeremonie ist jedoch etwas anders als sonst: Die Deutschen holen die Flagge wieder ein und bauen sogar den Mast ab, »damit kein Unfug geschehen kann«, wie Buchner notiert. »Denn die Stimmung des Volks ist böse und uns gänzlich abgeneigt.« Das Land hier sei noch nicht verkauft, heißt es aus dem Dorf.

Das Wasser wimmelt seit zwei Tagen von den großen Garnelen, nach denen Cameroons benannt wurde. Alle drei Jahre wiederholt sich das, die Freude ist immer groß. Die Duala machen ihre Körbe mit den Krustentieren voll und feiern.

## 29. August

Die *Möwe* mit Nachtigal an Bord dampft ab in Richtung Südwestafrika. Buchner bleibt zurück und wundert sich, dass der Reichskommissar bei jeder Schiffsreise seekrank wird.

Ein englischer Handelsvertreter, der als Vizekonsul amtiert, macht ihm Vorhaltungen: Das Flaggenhissen in Hickorytown sei unklug gewesen, eine Provokation. Buchner hält das für übertrieben.

Einen Brief, den Lock Priso ihm am Vortag in leicht holperndem Englisch geschrieben hat, nimmt der deutsche Regierungsvertreter ebenfalls nicht richtig ernst. »Holen Sie diese Flagge herunter, niemand hat uns gekauft, wir wollen die Engländer«, heißt es darin. Und noch einmal: »We want English.« Die Deutschen hätten versucht, ihn und seine Leute mit »viel Dash« zu ködern. Aber man solle sie bitte in Frieden lassen.

Ein heutiger Nachfahre Lock Prisos, der Historiker Alexandre Kum'a Ndumbe III., sieht in dessen Haltung eine Art frühen Freiheitskampf. Er lobt »den außergewöhnlichen Weitblick, das ›Nein‹ zur Korruption, den Widerstandsgeist und den Mut« seines Großvaters, der in seiner eigenen Sprache Kum'a Mbape Bele hieß.[34]

## 3. September

Buchner geht in Akwatown spazieren und begegnet Konsul Hewett und dem Kommandanten der *Flirt*. Wie immer sind die Herren freundlich zueinander. Angenehm ist das Gespräch für den deutschen Regierungsvertreter dennoch nicht.

»Konnten Sie wirklich glauben, hier eine Majorität zu haben?«, muss er sich fragen lassen. »Selbst in Belltown gibt es Leute, die Ihnen feind sind.« Den lang gehegten Wunsch der Duala, britisch regiert zu werden, habe Hewett nur deshalb noch nicht erfüllen können, weil er immer ehrlich gewesen sei. Denn die britische Bedingung sei gewesen, dass die Kings und Chiefs ihr Handelsmonopol mit den Lieferanten im Inland aufgeben. Dasselbe Ziel verfolgten die Deutschen ja auch, hätten das aber verschleiert. Buchner kann nicht widersprechen.

Ein paar Tage später kommt der deutsche Handelsvertreter aus Bimbia zu Besuch und berichtet: Einige der Anführer hätten den Briten erzählt, »der deutsche Vertrag sei ihnen abgeschwindelt worden«. Sie wollten »doch lieber englisch werden«. Buchner hakt nach: Anscheinend haben die Deutschen an zwei der drei Bimbia-Dörfer keinen Dash bezahlt. An eines hat Konsul Hewett außerdem einen agitatorischen Brief geschrieben: Deutschland habe sich noch nie um Bimbia gekümmert. Dennoch hätten sie ihr Land »für ein bisschen Rum und Stoff« verscherbelt, ohne ihr früheres Ersuchen an die Queen zu bedenken.

## 6. September

Adolph Woermann hat wieder einen Plan. Um die Verhältnisse in den neu erworbenen Gebieten zu ordnen, hat er ein Programm ausgearbeitet, das er ans Auswärtige Amt schickt. Seine wichtigsten Punkte sind: Es handelt sich um künftiges »Reichsgebiet«. Deutschland soll tief ins Landesinnere vorstoßen. Ein Kriegsschiff muss permanent anwesend sein. Dem Zivilgouverneur könnte ein Rat aus vier deutschen Kaufleuten und zwei Einheimischen zur Seite stehen. Das Reich bringt Geld für Infrastruktur und Schulen auf.[35]

Der Plan ist anspruchsvoll; Woermann weiß, dass es an der Küste noch Schwierigkeiten gibt. An Schmidt schreibt er einmal: »Sie müssen nur noch einige Monate Geduld haben. Deutsch ist Kamerun, und deutsch wird es bleiben. Was Fürst Bismarck hat, gibt er nicht mehr her.«[36]

Die Deutschen gehen dazu über, Kamerun zu sagen statt Cameroons.

## 15. September

Buchner hört aus Bimbia, dass Konsul Hewett dort zu Besuch war. Die Anführer hätten im Gespräch mit ihm bekräftigt, dass sie lieber englisch als deutsch sein wollten. Hewett habe entgegnet, das sei nicht mehr möglich, da der Vertrag mit dem Kaiserreich nun einmal unterschrieben ist. Lenken die Briten ein? Die Deutschen bleiben misstrauisch.

## 21. September

Woermann hält eine Rede auf der Generalversammlung des Deutschen Kolonialvereins. Im Geist der protestantischen Ethik lobt er den »zivilisierenden Einfluss des Christentums«, der die Arbeitsmoral der Afrikaner hebe. Sein Blick auf Schwarze ist zeitgemäß rassistisch, vor allem aber kalt berechnend.[37] Die Versklavten »haben viel geleistet in aller Welt, sie waren das Arbeitsmaterial für alle tropischen Länder. ... In Nordamerika haben sie nach ihrer Freilassung fast noch mehr gearbeitet.« Für Kamerun empfiehlt er, »durch Lehrer und Missionare Schulen zu begründen, in denen deutsche Sprache, deutsche Sitte, deutsches Gesetz der Jugend beigebracht wird«. Genauso wichtig sei die handwerkliche Ausbildung. »Man soll ja nicht zu viel abstrakte Religion lehren.« Seine eigene Religion ist offensichtlich die Arbeit, auch die Arbeit anderer Menschen, welche sein Vermögen mehren. Für Schulen, die von Missionaren gegründet werden, bezahlen die Kirchen – wie praktisch.

## 22. September

Die britische Regierung teilt offiziell mit, dass sie »die Errichtung des deutschen Protektorats« in Südwestafrika begrüße. Ihr Geschäftsträger in Berlin will wissen, ob der Anspruch des Reichs auch »territorialen Charakter« habe, also auf Annexion ziele. Der Kanzler antwortet mit einem klaren Ja.

## 25. September

Bismarck bestellt einige Westafrika-Kaufleute zu sich nach Friedrichsruh. Woermann trägt den Plan vor, den er vor knapp drei Wochen ans Auswärtige Amt geschickt hat. Allerdings will der Kanzler die Unternehmer stärker in die Pflicht nehmen, da gebe es auch die geeigneten Leute. »Ich kann Ihnen doch keinen preußischen Landrat nach Kamerun setzen!« Darum sei die Verwaltung der neuen Schutzgebiete eine Aufgabe der ansässigen Firmen. Die »Departements« Auswärtiges, Krieg und Justiz könne das Reich gern übernehmen. Die Kaufleute sollen sich zusammensetzen und eine Vereinigung gründen, ein »Syndikat«.

## 6. Oktober

Die Reichsregierung verschickt die Einladungen zur Konferenz über das Kongogebiet und Westafrika, die Mitte November in Berlin beginnen soll. Bismarck bittet Woermann, daran teilzunehmen, so sehr schätzt er ihn. Manchmal nennt er ihn einen »königlichen Kaufmann«, ganz ohne Ironie.

## 7. Oktober

Die *Möwe* kommt in der Lüderitzbucht an. Nachtigal erholt sich von seiner Seekrankheit und vom Fieber, das ihn immer wieder plagt. Wahrscheinlich hat er sich schon kurz nach Beginn der langen Reise mit Malaria infiziert.

## 8. Oktober

In Woermanns Kontor gründen die Firmen *C. Woermann, Jantzen & Thormählen* und andere Hamburger Häuser das *Syndikat für Westafrika*. Zwei Monate später tritt *Friedrich M. Vietor Söhne* aus Bremen bei. Die Runde hat formal nur beratende Funktion, de facto entscheidet sie, was die Regierung tut. Woermann übernimmt den Vorsitz und erhält die schriftliche Zusicherung aus Berlin: »Was Sie nicht vorschlagen, wird nicht eingerichtet werden.« In den Sitzungen des *Syndikats* kommt es häufig zu Streitereien, schließlich stehen die Firmen in Konkurrenz zueinander.

## 9. Oktober

Unter dem Befehl von Konteradmiral Eduard von Knorr hat die Marine die Korvetten *Bismarck* und *Olga* nach Westafrika abkommandiert.[38] In seiner Segelorder erhält Knorr weitgehende Handlungsfreiheit: »Sollten Verletzungen deutscher Rechte oder deutscher Personen in den unter das Protektorat Seiner Majestät gestellten Küstenstrichen zu Ihrer Kenntnis kommen, so haben Sie – sofern Ihnen andere Wege zur Erledigung des Falles nicht möglich oder nicht rätlich erscheinen – mit Waffengewalt einzuschreiten.« Französische Interessen in erster, englische in zweiter Linie seien zu respektieren.

## 13. Oktober

Die Briten erfahren von Bismarck, was sie längst wissen: »Zur wirksameren Wahrung des deutschen Handels« habe die Reichsregierung einige Gebiete an der Küste von Togo und in der Kamerun-Region »unter ihren Schutz genommen«. Schon zwei Tage später erkennt London dies an; Konsul Hewett protestiert vergeblich.

## 28. Oktober

Nachtigal reitet zusammen mit dem Lüderitz-Statthalter Vogelsang nach Bethanien. Dort schließt der Reichskommissar einen »Schutz- und Freundschaftsvertrag« mit Joseph Fredericks, dem Nama-Capitein. Die »Oberhoheit« über das Land fällt damit dem Kaiser in Berlin zu. Wie üblich wird die deutsche Flagge gehisst.

Die stimmberechtigten Deutschen – Männer ab 25 Jahren – wählen an diesem Tag die Abgeordneten für den Reichstag. Voll Vorfreude hat Bismarck dem Kaiser schon angekündigt, der »über Erwarten günstige Eindruck unserer Kolonialpolitik« werde sich im Ergebnis niederschlagen. Der Erfolg für den Kanzler fällt jedoch kleiner aus als erhofft: Denn nicht nur die Nationalliberalen, auf die Bismarck sich stützt, legen deutlich zu, sondern auch die Sozialisten. Und als stärkste Kraft behauptet sich das katholische Zentrum, mit dem er über Kreuz liegt.

In Hamburg gelingt es Adolph Woermann, für die Nationalliberalen den Wahlkreis III zu gewinnen (»Vororte und Landherrenschaften«). Da er nun noch häufiger in Berlin sein muss, legt er sein Amt als Präses der Handelskammer nieder.

Im Hamburger Wahlkreis I (»Neustadt, St. Pauli«) verteidigt August Bebel sein Mandat; er ist einer der führenden Köpfe der Sozialistischen Arbeiterpartei Deutschlands, aus der die SPD hervorgeht. Wie wenige andere wird Bebel zum fulminanten Kritiker der deutschen Kolonialherrschaft.

In einer Reichstagsrede beschreibt er eindringlich, was er davon hält: »Im Grunde genommen ist das Wesen aller Kolonialpolitik die Ausbeutung einer fremden Bevölkerung in der höchsten Potenz. ... Und das treibende Motiv ist immer, Gold, Gold und wieder nur Gold zu erwerben. Und um die Ausbeutung der afrikanischen Bevölkerung im vollen Umfange und möglichst ungestört betreiben zu können, sollen aus den Taschen des Reichs, aus den Taschen der Steuerzahler Millionen verwendet werden.«

## 7. November

Unerwartet taucht der Woermann-Agent, der in Bimbia stationiert ist, bei Buchner auf. Die Einheimischen haben ihn aus seiner Faktorei vertrieben, möglicherweise steckt der englische Vizekonsul dahinter.

## 15. November

Vertreter von zwölf europäischen Staaten, den USA und dem Osmanischen Reich kommen in Berlin zusammen, um sich über die wirtschaftlichen und politischen Verhältnisse in großen Teilen Afrikas zu einigen. Draußen vor dem Reichskanzlerpalais schneit es, als Bismarck seine pathetische und verlogene Eröffnungsansprache hält. »Unsere Regierungen teilen den Wunsch, den Eingeborenen Afrikas den Anschluss an die Zivilisation zu ermöglichen.« Darum müsse »das Innere dieses Kontinents für Handel und Bildung erschlossen« und »der Sklaverei ein Ende bereitet« werden.[39] Konferenzsprache ist Französisch.

An der Wand des Tagungsraums hängt eine fünf Meter hohe Afrikakarte. Viele der darauf eingetragenen Flüsse, Seen und Berge hat bis vor wenigen Jahren kein Europäer gesehen.

Die geografischen Interessensphären sind zu einem großen Teil abgesteckt, als die Konferenz beginnt. Der »Scramble for Africa«, wie die englische *Times* den Wettlauf der europäischen Mächte genannt hat, wird nicht mehr lange dauern. In Berlin legen die Regierungen die Regeln fest, nach denen die Kolonien funktionieren sollen. Die sogenannten Mutterländer wollen vermeiden, dass es wegen ihrer afrikanischen Gebiete zum Streit kommt. Wer ein Territorium beansprucht, muss es durch »das Vorhandensein einer Obrigkeit« sichern, damit der Anspruch gewahrt bleibt. Der Kontinent wird in Berlin also nicht aufgeteilt, die Aufteilung aber legitimiert.

Ausgiebig verhandelt werden Fragen des freien Handels, des Zugangs zu potenziellen Ressourcen, Regeln für die Schifffahrt auf den großen Flüssen, dem Kongo, dem Niger, dem Sambesi. Nur um eines geht es so gut wie nie: die Interessen, die Rechte der dort lebenden Menschen.

Gerson von Bleichröder, Bismarcks Hausbankier und Bevollmächtigter Leopolds II., lädt während der Konferenz zu einem Galadiner ein. Nach der sorgfältigen Vorbereitung verläuft für den belgischen König alles wie gewünscht, sein Riesenreich im Kongo findet internationale Anerkennung.

Adolph Woermann, deutscher »délégué adjoint«, passt auf, dass möglichst große Gebiete dem freien Handel zugänglich bleiben – eine »offene Tür« für Unternehmer aus dem Kaiserreich.[40] Dabei gilt sein Augenmerk nicht zuletzt dem, was Nachtigal die »Hamburger Schnapsinteressen« genannt hat: Zölle auf Branntwein sollen nicht erhoben werden. Die Deutschen setzen ihre Position durch.

## 19. November

Max Buchner hat einen schweren Fieberanfall, nicht zum ersten Mal: Malaria. Steht er auf, friert er, legt er sich ins Bett, treibt ihm der Schweiß den »roten Hund« auf die Haut, einen Ausschlag. Gegen die Krankheit schluckt er viel Chinin, das Tinnitus verursacht: »Es ist wie Militärmusik mit sehr lauten Kanarienvögeln.«

## 25. November

Der konservative Historiker Heinrich von Treitschke bejubelt die Kolonialpolitik. »Als im August die Kunde kam, dass unsere Flagge auf der Küste von Angra Pequena und Kamerun wehe«, da »ging es wie ein elektrischer Schlag durch die deutsche Jugend«, schreibt er in einem seiner viel beachteten Aufsätze. Treitschke berauscht sich an der von ihm diagnostizierten nationalen Leidenschaft der jungen Männer: »Ihr Ehrgeiz geht dahin ..., den deutschen Namen der Welt zugleich furchtbar und teuer zu machen.« Im nächsten Jahrhundert wird das bekanntlich furchtbar enden.

## 30. November

Curt Pantänius, Vertreter von *C. Woermann* in Belltown, dem Heimatdorf von King Bell, sieht sich einem Angriff ausgesetzt. Aus Hickorytown vom gegenüberliegenden Ufer kommen vier große Kanus mit Bewaffneten angefahren. Sie drohen, die Faktorei zu zerstören, und verlangen einen Schnaps. Pantänius gelingt es, den englischen Handelsvertreter aufmerksam zu machen, der von seiner Hulk herübereilt. Da sich die Hickoryleute wie ihr Anführer Lock Priso den Engländern zugehörig fühlen, schafft es der Mann, sie zu beruhigen. Den Schnaps bekommen sie.

## 1. Dezember

Der Reichstagsabgeordnete Woermann wirbt in seiner ersten Parlamentsrede für die weitere Kolonisierung Afrikas: »Es wäre geradezu ein Unrecht, wenn wir nicht kräftig auf diesem Wege weiterschreiten wollten, um von diesem Kontinent so viel in unseren Besitz zu bringen, wie wir können.«

## 6. Dezember

Anarchische Verhältnisse an den Ufern von Kamerun: In Akwatown ist es zu einer Plünderung gekommen, die niemand ahndet. Der deutschfreundliche King Bell hat sich schon seit längerer Zeit ins Landesinnere an den Mungo zurückgezogen. Einige seiner Gefolgsleute rebellieren, wahrscheinlich hätte er mehr von seinem Dash abgeben müssen.

Buchner macht sich Sorgen: »Wir sind bereits sehr klein geworden.« Nach seinem Eindruck gehen die Engländer davon aus, dass die Herrschaft der Deutschen auf drei Dörfer beschränkt ist, Belltown, Akwatown, Didotown. Wo bleiben die versprochenen Kriegsschiffe?

Am nächsten Tag setzt Buchner einen Hilferuf ab. Vor der Küste liegt einer der regelmäßig verkehrenden Woermann-Dampfer, die *Karl Woermann*. Dem Kapitän gibt Buchner ein Schreiben mit, das schnellstmöglich an den Kommandeur des Westafrika-Geschwaders gehen soll. Es hört sich dramatisch an: Die Lage habe sich so sehr verschärft, »dass Leben und Eigentum der hier angesessenen Europäer, insbesondere der Deutschen, in Gefahr schweben«.

## 9. Dezember

In einem Bericht an Bismarck formuliert Nachtigal seine Eindrücke aus Südwestafrika. Sie sind ernüchternd. »Aussicht auf lohnende Entwicklung« gebe es für den Handel dort nicht. Zwar sehe er »in den mineralischen Schätzen die hauptsächlichste Grundlage« für wirtschaftliche Erträge. »Abbauwürdige Kupferminen sind aber noch nicht gefunden worden… und man hat kein Recht, mit einiger Sicherheit auf deren Entdeckung zu zählen.« Wie anders klang doch der Bericht, den im Januar der Kommandant der *Nautilus* abgesetzt hat.

## 16. Dezember

Belltown brennt. Hickoryleute und ihre Verbündeten aus Josstown drohen, auch die Woermann-Faktorei anzuzünden. Gegen Zahlung von sieben Kru kann der dort stationierte Vertreter Pantänius dies abwenden. Bei Kämpfen zwischen Anhängern von Lock Priso und King Bell sind drei Menschen ums Leben gekommen.

## 19. Dezember

Die Deutschen können aufatmen, ihre Korvetten sind da, die *Bismarck* und die *Olga*. Unter Leitung von Konteradmiral Knorr wird auf der *Bismarck* Kriegsrat gehalten. Erstes Angriffsziel soll Hickorytown sein, weil dort »die englische Partei« sitzt. »Die Entrüstung über die Engländer ist das große Leitmotiv«, notiert Buchner, der wieder Fieber hat.

Tausende Kilometer entfernt schreibt die deutsche Kronprinzessin Victoria einen Brief an ihre gleichnamige Mutter, die britische Queen. »Ich wundere mich nicht, dass unsere Kolonien wütend sind ob dieses lächerlichen Hissens der deutschen Flagge an allen Orten… Wenn Bismarck beginnt, Weltreich zu spielen, denke ich, ist es Zeit für uns, ihn wissen zu lassen, wer wir sind.«[41] Dass die Gattin des preußischen Thronerben mit »unsere Kolonien« die britischen meint, ist kein Ausrutscher, so redet sie eben.

## 20. Dezember

Ein Dutzend Landungsboote mit 334 bewaffneten Matrosen fährt in Kamerun die Flussmündung hinauf. Ein junger Offizier sieht »überall freudig erregte Gesichter«. Das aufständische Josstown lassen sie steuerbords liegen, ihr Ziel ist Hickorytown, das Dorf von Lock Priso, dem Engländerfreund. Knorr hat befohlen, »Hickorytown niederzubrennen«. In Marinekreisen gilt Knorr als Draufgänger, sein Spitzname ist »der wilde Eduard«.[42]

Obwohl sie von ortsansässigen Zivilisten davor gewarnt werden, gehen die Militärs sofort zum Angriff über. Es kommt, wie befürchtet: Die Jossleute ergreifen Pantänius, der schutzlos in seiner bis dahin verschonten Faktorei ausharrt. Der Woermann-Vertreter wird erschossen, seine Leiche in den Busch gezerrt.

## 22. Dezember

Knorr schickt die *Olga* den Fluss hoch bis vor Hickorytown, wo sie das, was von der Siedlung noch steht, mit Granaten bombardiert – »vornehmlich des moralischen Eindrucks wegen«, wie der Geschwaderchef sagt. Dann brennen die Deutschen das Haus von Lock Priso nieder, der unauffindbar ist.

Vorher hat Buchner allerdings noch geplündert. Nach Absprache mit den Offizieren darf er das Dorf »auf ethnografische Merkwürdigkeiten durchsehen«, ehe alles zerstört wird. »Meine Hauptbeute ist eine große Schnitzerei, der feudale Kahnschmuck des Lock Priso, der nach München kommen soll.«

Binnen drei Tagen haben die deutschen Truppen, die von King Bell und seinen Kriegern unterstützt werden, vier Dörfer niedergebrannt. Dazu die englische Baptistenmission, von wo aus geschossen worden sein soll. Hunderte Einheimische wurden vertrieben, etwa dreißig getötet, Dutzende verletzt, sieben gefangen genommen. Auf deutscher Seite gibt es einen Toten und acht Verwundete. Knorr erhält bald auch Meldung über den Munitionsverbrauch: 39 Granaten, 1 Kartätsche, 9741 Gewehrpatronen, 298 Revolverpatronen und 92 Revolverkanonenpatronen. Mit dieser Bilanz endet der erste deutsche Kolonialkrieg.

Buchner wird ab 1887 die Königlich Ethnographische Sammlung in München leiten, die später in Museum für Völkerkunde umbenannt wird und heute Museum Fünf Kontinente heißt. Dort befindet sich die von ihm erbeutete »große Schnitzerei« bis heute, ausgestellt in einem Raum über »Afrikas Königreiche«.

Für die Duala handelt es sich um einen »Tangué«, einen königlichen Schiffsschnabel. Der Historiker Alexandre Kum'a Ndumbe verlangt seit Jahren die Rückgabe des Kunstwerks, für ihn ein »Medium mit Lebenskraft«, das sich in München »in Geiselhaft« befinde.[43] Aus Sicht der Landesregierung handelt es sich bei dem Tangué jedoch um »Eigentum des Freistaates Bayern«, erworben »aufgrund einer Schenkung«. Auf die Idee, Buchner als rechtmäßigen Eigentümer zu betrachten, der den Schiffsschnabel (»meine Hauptbeute«) verschenken konnte, muss man erst einmal kommen.

Der Museumstext zum Ausstellungsstück mit der Inventarnummer 7087 ist ein kleines Meisterwerk der Irreführung, angefangen mit dem ersten Satz im naiven Tonfall eines Kinderbuchs: »Diese farbenfrohe Schnitzerei schmückte den Bug eines großen Kanus.« Anschließend wird subtil Gift geträufelt: »Die Eliten der Duala waren vor allem durch ihre Beteiligung am atlantischen Sklaven- und Elfenbeinhandel zu erheblichem Reichtum gelangt.« Der atlantische Sklavenhandel lag 1884, als Buchner den Tangué an sich nahm, in Kamerun schon ein Vierteljahrhundert zurück. Der Handel mit Palmöl wird nicht einmal erwähnt. Und noch gravierender: Jeder Hinweis auf Max Buchner, der zwanzig Jahre lang Direktor der Institution war, fehlt. Angemerkt wird nur, dass »diese Bugverzierung Gegenstand einer Rückgabeforderung« sei. Wer es genauer wissen will, soll bitte eine Webadresse auf der Museumshomepage eingeben, wo Unerschrockene zu komplexen wissenschaftlichen Aufsätzen vorstoßen können.[44] – Besser lässt sich die Nichtaufklärung über den geschichtlichen Hintergrund des Exponats kaum inszenieren.

## 24. Dezember

Heiligabend auf der *Bismarck,* alle in Kamerun stationierten Deutschen sind da. Am Christbaum werden die Kerzen angezündet.

Am ersten Weihnachtstag verfasst Knorr ein Telegramm, das für den Kaiser und Marinechef Caprivi bestimmt ist. »Aufrührerische Negerparteien mit Waffengewalt niedergeschlagen. Mehrere Häuptlinge und größere Zahl ihrer Krieger gefallen bzw. vertrieben oder gefangen. Ortschaften vernichtet. Unter schwierigen klimatischen und Terrainverhältnissen Haltung der Truppe vorzüglich.« Wilhelm I. spricht dem Geschwader »Allerhöchst seine Anerkennung« aus. Bismarck lobt Knorr später für seine »umsichtige Einwirkung«. Die deutschen Kämpfer erhalten reichlich Orden.

Ein Reporter der *Kölnischen Zeitung,* der den kurzen Krieg aus der Nähe beobachtet hat, schickt flammende Berichte nach Hause: »In diesem Augenblick lebt am Kamerunfluss kein Mensch, sei er weiß oder schwarz, der nicht wusste und fühlte, dass jeder andere Einfluss als der deutsche gebrochen und für immer niedergeschmettert ist.«

## 31. Dezember

Mehr als hundert Matrosen paradieren durch die zerstörten Kamerundörfer. Sie tragen Tropenuniformen mit breitkrempigen Hüten, von denen weiße Schleier herabhängen, zum Schutz vor Sonne und Mücken. Die Schleier bleiben leicht in Palmwedeln oder Büschen hängen und reißen.

## 1. Januar 1885

Die *Möwe* kehrt aus Südwestafrika zurück. Buchner freut sich, Nachtigal wiederzusehen, muss allerdings feststellen: »Er hat wieder stark gelitten und sieht angegriffen aus.« Eher missmutig hat sich der Reichskommissar seiner Pflichten in Südwestafrika entledigt, zu gewinnen sei eigentlich nichts: »Was für eine schreckliche Sandwüste haben wir uns dort zugelegt.« Sein Zusammentreffen mit Konteradmiral Knorr ist frostig, denn beide machen für sich geltend, in Kamerun das letzte Wort zu haben. Nach zwei Tagen reist Nachtigal zusammen mit dem Reporter der *Kölnischen Zeitung*, den er kurzerhand zum Kommissar ernennt, nach Bimbia, um dort die Gemüter zu besänftigen.

## 13. Januar

Der Reichstag genehmigt das Gehalt für einen kaiserlichen Gouverneur in Kamerun. Der Abgeordnete Woermann hat nach Kräften dafür geworben. Zwei Wochen später gehen die nächsten Budgetforderungen im Parlament ein, benötigt werde Geld für Verwaltungsbeamte und Dienstgebäude. Eugen Richter, Wortführer der Freisinnigen Partei, sieht gleich, wohin das führt: »Nur ganz wenige Firmen« hätten künftig »den ganzen Vorteil von diesen Aufwendungen«. Entgegen allen offiziellen Beteuerungen sagt Richter voraus, »dass wir weiter nichts schaffen als Kolonien nach französischem System«.

Woermann weiß das auch, es ist ja seit Langem sein Ziel. Als Politiker, der mit dem Nimbus des erfahrenen Praktikers und Kenners der Lage auftreten kann, verschleiert er die Realität jedoch so gut es geht. Darum behauptet er im Plenum: Er und die anderen Kolonialunternehmer seien »vollständig in der Lage«, die anfallenden Kosten mitzutragen. Das ist nicht einmal gelogen, denn in der Lage wären sie ja, nur wollen sie es nicht. Zwingen wird sie niemand.

Ein Hamburger Geschäftsmann, dessen Interessen in der Südsee liegen, äußert einmal voll grimmiger Bewunderung: Woermann »hat für Kamerun durchgesetzt, was er wünschte«. Er sei »eben Abgeordneter für Kamerun, only«.

Die Dinge entwickeln sich wieder einmal ganz in Woermanns Sinn. Der Plan, den er im September nach Berlin geschickt hat, wird in weiten Teilen umgesetzt. Nimmt man dazu noch seine Denkschrift aus dem Frühjahr 1883, sein wegweisendes Exposé für die Handelskammer und die Instruktionen an Nachtigal, ergibt sich ein klares Bild: Kein anderer als der Hamburger Unternehmer Adolph Woermann ist der Gründer der deutschen Kolonie Kamerun. Nur will er nicht, dass jemand es bemerkt, denn mit dem Ruhm käme auch mehr Verantwortung.

## 19. Januar

Lock Priso hat sich nach längeren Verhandlungen bereit erklärt, aus seinem Versteck im Landesinneren zurückzukehren. Er wird Kommandant Knorr vorgeführt, der ihn auf der *Olga* festsetzt. Später schließen er, die Deutschen und King Bell miteinander Frieden.

## 1. Februar

In der Nähe der nach ihm benannten Bucht trifft Lüderitz ein harter wirtschaftlicher Schlag: Sein Schiff, die *Tilly*, sinkt mit voller Ladung.

## 4. Februar

Der Reichstag debattiert kritisch über den deutschen Branntweinexport, Woermann muss sich verteidigen: Sicher, der Schnaps wirke sich »nicht günstig« auf die Afrikaner aus. Aber so schlimm sei es auch wieder nicht, der Alkohol habe sein Gutes: »Ich meine, dass es da, wo man Zivilisation schaffen will, hier und da eines scharfen Reizmittels bedarf und dass scharfe Reizmittel der Zivilisation wenig schaden.«

Das Thema wird Woermann noch länger verfolgen. Vor allem christliche Kreise setzen ihm mit ihrer Kritik zu. Ein Missionar berichtet aus Kamerun: »Das ganze Leben hier ist gewissermaßen von Branntwein durchtränkt.« Mit Blick auf die lange Kolonialgeschichte prangert Sozialistenführer August Bebel im Reichstag das Geschäft mit dem »Feuerwasser« an: »Der Branntwein war überall das Hauptmittel, den Untergang der fremden Völker zu erreichen.«

Im Mai 1889 stimmt das Parlament über einen noch vorsichtig formulierten Antrag ab: Die Regierung möge auf befreundete Staaten zugehen, um zu prüfen, »ob und wie dem Handel mit Spirituosen in den deutschen Kolonien durch Verbot oder Einschränkung wirksam entgegenzutreten sei«.[45]

Woermann wehrt sich nach Kräften. In einer langen, mit statistischen Angaben gespickten Rede argumentiert er, Schnaps sei jedenfalls besser als Opium, und in Afrika habe er »die wesentlich schlimmeren Narkotika verdrängt, welche die Leute dort hatten«. Der Transport von Alkohol sei außerdem entscheidend für die Auslastung der Schiffe, die nach Kamerun und Togo fahren: »Es ist eben der Verkehr mit den Spirituosen, welcher uns es ermöglicht, die Reederei aufrechtzuerhalten« – ein Geschäft, in dem Woermann ebenfalls führend ist. Den Schifffahrtsbetrieb hat er inzwischen aus *C. Woermann* herausgelöst und zu einem eigenen, stark wachsenden Unternehmen gemacht. Zum Schluss appelliert er noch an den Nationalstolz der Abgeordneten, denn der Erfolg der hanseatischen Kaufleute erfülle die anderen Nationen »mit der allergrößten Eifersucht«: Der Branntweinhandel sei »der Punkt gewesen, wodurch sich die Deutschen überhaupt in den Handel in Westafrika haben hineinbohren können und sich so fest in den Handel Afrikas hineinsetzen konnten, dass sie jetzt eine ganz bedeutende Macht dort haben«.

Es nützt ihm aber alles nichts, die Mehrheit stimmt für die Resolution.

## 13. Februar

Eduard »Smiti« Schmidt wird morgen die Heimreise antreten, er hofft auf einen erholsamen Urlaub. Zum Abschied gibt er abends ein großes Fest mit fünfzig Gästen, darunter alle deutschen Marineoffiziere. Knorr hat ihm seinen Koch ausgeliehen. Vor der mit Palmwedeln, Lampions und Flaggen geschmückten Woermann-Faktorei spielt das Bordorchester auf. Nachtigal und Buchner bestärken Schmidt in der Erwartung, dass sein Einsatz für die Gründung der Kolonie daheim gebührend anerkannt wird.

In Hamburg erlebt er jedoch eine bittere Enttäuschung. Woermann macht ihm Vorhaltungen, er habe nicht effizient genug gearbeitet und die Erschließung des Inlands vernachlässigt. Die Reichsregierung speist ihn mit dem Roten Adlerorden IV. Klasse ab, der untersten Kategorie. Schmidt quittiert den Dienst bei Woermann und lässt sich in Lagos nieder. Einem Briten, den er aus Kamerun kennt, erzählt er, dass er sich ganz als Engländer fühle und niemals mehr einen Fuß auf deutschen Boden setzen wolle. Allerdings stirbt er dann doch in Deutschland, mit nur neununddreißig Jahren.

## 26. Februar

Feierliches Ende der Berliner Afrikakonferenz. Aus einem Rundschreiben des Auswärtigen Amts erfahren die deutschen Diplomaten in aller Welt, was die Schlussakte »in erster Linie« bedeute: Sie verschaffe »dem Handel mit dem Inneren Afrikas die größtmögliche Erleichterung«.

Ein weiteres Konferenzergebnis: Leopold II. wandelt seine Kongo-Gesellschaft in einen international anerkannten Staat um, der nicht zu Belgien gehört, sondern ihm persönlich untersteht. Die Hilfe Bleichröders und Bismarcks hat sich ausgezahlt. In den nächsten Jahren wird Leopolds Herrschaft die übrigen Kolonialregimes an Grausamkeit noch übertreffen.

## 21. März

Ein Mann, der die Ermordung des Woermann-Angestellten Pantänius in Belltown gestanden hat, soll rasch hingerichtet werden. Knorr drängt, denn morgen ist Kaisers Geburtstag, ein Tag, an dem kein Blut fließen soll. Paul Hoffman, der Kapitän der *Möwe,* und zehn Matrosen vollstrecken das Urteil am Strand.

## 1. April

Bismarck feiert in der Reichskanzlei seinen 70. Geburtstag, die Herren tragen Frack, der Kaiser kommt zum Gratulieren. Woermann, der seit einiger Zeit verwitwet ist, lernt auf dem Fest Gertrud Krüger kennen, eine Tochter des hanseatischen Gesandten in Berlin.[46] Es ist Bismarck, der die beiden bekannt macht. Im Oktober werden sie heiraten.

## 8. April

Nachtigal bereitet in Kamerun seine Heimreise vor. Der Reichskommissar verfasst eine lange Weisung an Buchner, seinen Stellvertreter. Dessen wichtigste Aufgabe werde es sein, »den Frieden im Flusstal zu befestigen«. Buchner möge deshalb auf King Bell einwirken, den Dash, den er für den Vertrag vom vergangenen Juli erhalten hat, angemessen zu teilen. Auch Lock Priso müsse etwas abbekommen.

Kümmern soll sich Buchner zudem um die »territorielle Ausdehnung der Kamerun-Kolonie« und die »Eröffnung der Hinterländer für den direkten europäischen Handel«. Das in »Our wishes« zugesicherte Handelsmonopol stehe dem zwar entgegen, doch darüber müsse geredet werden – mit dem Ziel, für die Beendigung des Monopols eine Entschädigung zu zahlen. Und zwar bitte »im vollen Einvernehmen mit den Kamerun-Leuten«.

## 10. April

Buchner erhält Post aus dem Auswärtigen Amt. Den Ministerialen missfällt, dass seine Mitteilungen bisher nur den Charakter von »Privatbriefen« haben und nicht als »amtliche Berichte« abgefasst sind. Buchner wiederum ärgert es, dass er als »Wohlgeboren«, aber nicht als »Hochwohlgeboren« angesprochen wird: »Jeder Leutnant ist ›Hochwohlgeboren‹.«

## 11. April

Die *Möwe* lichtet den Anker. Nachtigal ist mit Fieber an Bord gegangen, nun kommt wieder die Seekrankheit dazu. Die Besatzung baut ein Zelt an Deck auf, sodass er an der frischen Luft liegen kann.

## 20. April

Nach einer Reise von 369 Tagen, davon 155 Tage an Bord eines kleinen Kanonenboots,[47] stirbt der Reichskommissar für Westafrika, der – mit Buchners Worten – losgeschickt wurde, um »Kolonien zu machen«. Den Auftrag hat er mit preußischer Disziplin und im Grunde widerwillig erfüllt. Auf Kap Palmas an der liberianischen Küste wird Gustav Nachtigal am nächsten Nachmittag beigesetzt. Er wurde einundfünfzig Jahre alt.

## 30. April

Mit einem Kapital von 800 000 Mark wird die *Deutsche Kolonial-Gesellschaft für Südwestafrika* gegründet. Zu den treibenden Kräften gehören die »Disconto-Gruppe« und Bismarck. Der Hintergrund: Lüderitz, der nach dem Untergang der *Tilly* finanziell in der Klemme steckt, hat erwogen, seine afrikanischen Besitztümer an eine britische

Firma zu verkaufen. Um diese politisch blamable Wendung zu verhindern, muss sich der Koloniegründer in die neue Gesellschaft eingliedern, gegen eine Entschädigung von 300 000 Mark plus Aktienoption. Für ihn ist es eine Demütigung; die anderen Gesellschafter betrachten ihr Engagement als »patriotische Pflicht« und wollen keine Steuern zahlen.

Zum ersten Reichskommissar für Deutsch-Südwestafrika beruft Bismarck den Juristen und Diplomaten Heinrich Göring. Eines seiner Kinder ist Hermann Göring, ab den 1920er-Jahren ein führender Nationalsozialist. Albert, ein anderer Sohn, wird zu einem entschiedenen Nazigegner.

## 18. Mai

Buchner ist schwer krank und wird auf einer Trage an Bord der *Ella Woermann* gebracht, die nach Hamburg zurückfährt. Unterwegs erhält er die Nachricht vom Tod Nachtigals.

## 26. Juni

Ernst Falkenthal, ein 27-jähriger Justizbeamter, kommt in Bagida Beach an.[48] Als »Kaiserlicher Kommissar« soll er im Schutzgebiet an der Togoküste eine deutsche Verwaltung aufbauen.

## 3. Juli

Der erste Gouverneur von Kamerun trifft in der Kolonie ein: Julius von Soden, ein erfahrener Diplomat. Ganz im Sinne der Afrika-Kaufleute will er für Ruhe und Stabilität sorgen.

## 8. Juli

Nach rund zwanzig Zwischenstationen erreicht die *Ella Woermann* Hamburg. Eduard Woermann kommt an Bord, nimmt Buchner in Empfang und trägt ihn die Treppe zum Kai hinunter. Der Malariapatient, der von 140 auf 90 Pfund abgemagert ist, muss für fünf Wochen ins Krankenhaus. In seinen viele Jahre später erscheinenden Erinnerungen schreibt Buchner: »Kamerun ist heute groß. Wer damals kühn vorausgesagt hätte, dass dieser kleine Faktoreiplatz noch so ausgiebig wachsen sollte, bis zum Tschadsee und zum Kongo, wäre wahrscheinlich ausgelacht worden.«

## Oktober 1886

Lüderitz erkundet die Oranje-Mündung und kehrt nie wieder zurück. Vermutlich ertrinkt er, als sein Segelboot im Sturm kentert. In einem Brief an seine Frau (»Herzens Emmy!«) hat er kurz vorher den Fluss als »hübsch und romantisch« beschrieben.

## Dezember 1886

Das *Syndikat für West-Afrika* löst sich auf. Damit ziehen sich die Hamburger Geschäftsleute vollständig aus der politischen Verantwortung für Kamerun zurück.

Bismarck will das nie wirklich wahrhaben. Noch drei Jahre später lässt er den Hamburger Bürgermeister Johannes Versmann nach Friedrichsruh kommen und macht ihm das Angebot, Hamburg und vielleicht auch Bremen in die Verwaltung der Kolonien einzubinden. Versmann zuckt sofort vor diesem zweifelhaften »Geschenk« zurück. Von der »Übernahme einer gründlich verfahrenen Sache« sei nichts zu gewinnen, schreibt er in sein Tagebuch. »Der Reichskanzler … hält die gute Laune Englands für wichtiger als alle Kolonien zusammen. Er will die ganze Kolonialsache deshalb abschütteln.«

Was hat Bismarck falsch gemacht? Dass ihn diese Frage quält, lässt sich an seiner wiederholt geäußerten Enttäuschung und Distanz ablesen. Als er 1889 ein letztes Mal am Rednerpult des Reichstags steht, um seine Kolonialpolitik zu erläutern, sagt er: »Kurz und gut, ich war gegen die Gründung deutscher Kolonien.« Doch habe er dem Zeitgeist nachgeben müssen, denn er halte sich »nicht für ermächtigt, der großen Reichslokomotive, wenn sie ihren Bahnstrang einmal gewählt hat, Steine in den Weg zu werfen«.

Vielleicht war er auch, was er sonst höchst selten ist: ein bisschen naiv. Als es um die ersten Kolonialbudgets geht, schreibt der Unternehmer und Kommunist Friedrich Engels an August Bebel: »In diesem Falle halte ich Bismarck für dumm genug, zu glauben, Lüderitz und Woermann würden die Kosten tragen.« Es ist ein Gedanke, an den man sich wohl gewöhnen muss: dass die deutsche Kolonialgeschichte weniger durch Bismarcks Stärke als durch seine Schwäche beeinflusst wurde.

## 1887/1888

In Kamerun entsteht ein stattliches Grabmal für Gustav Nachtigal, dorthin wird sein Leichnam aus Kap Palmas umgebettet. Der Obelisk aus rotem Granit, in den sein Name eingemeißelt ist, erhebt sich noch heute auf einer Grünfläche unweit des Flussufers in der Millionenstadt Douala – »gewidmet von den deutschen Kaufleuten«, wie es in der Inschrift heißt.

# 5 REGIME DER GNADENLOSEN

**Um Kamerun zu unterwerfen und wirtschaftlich profitabel zu machen, ziehen die Deutschen mit dem Maschinengewehr durchs Land, brechen Verträge und begehen einen Justizmord.**

Eine Nachfahrin von King Bell, dem Mann, der seine Hoheitsrechte an zwei hanseatische Unternehmen übertragen hatte und danach als bester Freund der Deutschen in Westafrika galt, reiste im August 2021 nach Hamburg. Marilyn Douala Manga Bell besuchte dort eine Ausstellung, an deren Zustandekommen sie beteiligt war. Im Mittelpunkt stand ihr Urgroßvater, der zwei Generationen nach King Bell sein Volk angeführt hatte.[1] Er trug einen deutschen Namen: Rudolf.

Für die Ausstellung über ihn hatte Marilyn Douala Manga Bell mit dem MARKK zusammengearbeitet, dem Museum am Rothenbaum – Kulturen und Künste der Welt, ehemals Museum für Völkerkunde. Während eines Rundgangs sagte sie über Rudolf Duala Manga Bell: »Er war der Erste, der die Menschen in Kamerun zusammengeführt hat. Darum wird er bis heute sehr verehrt.«[2] Aus ihren Erinnerungen an die Familiengeschichte traten die historischen Linien hervor, durch die weit entfernte Orte und Zeiten miteinander verbunden sind: »In Hamburg finden wir die Grundlagen für den deutschen Kolonialismus in Kamerun. Es ist gut, dorthin zurückzukehren, wo alles begann.«

In der Ausstellung konnte man Rudolf Duala Manga Bell auf mehreren Porträts betrachten, Reproduktionen von Schwarz-Weiß-Fotos aus dem späten 19. und frühen 20. Jahrhundert. Sie zeigen ihn mit ernstem Blick, stets makellos gekleidet, von Kopf bis Fuß ein gut situierter Bürger jener Epoche. Bereits als Schüler strahlt er Ruhe und Selbstbewusstsein aus. Dass er auf den Bildern kaum zu altern scheint, hat einen einfachen Grund: Er wurde nur um die vierzig Jahre alt.

Es war kein natürlicher Tod. Manga Bell starb nach einem Unrechtsurteil 1914 am Galgen. In einem kamerunischen Lied heißt es: »Vater des Volkes! Meister des Volkes! Wir weinen um dich. Wir trauern um dich. Du bist für dein Volk gestorben.«[3] Seine Urenkelin setzt sich dafür ein, dass die Bundesrepublik Deutschland das Urteil für nichtig erklärt. Mit einer schnellen Entscheidung ist allerdings nicht zu rechnen. Das Auswärtige Amt will zunächst einmal sämtliche Akten des Falles zusammentragen, um »das damalige Gerichtsverfahren zu rekonstruieren«.[4]

Von der wechselhaften und dennoch fast zwangsläufigen Vorgeschichte des Justizmords, die auch die Geschichte der deutschen Herrschaft über Kamerun ist, handelt dieses Kapitel.

## Duala-Region

Wann Rudolf Duala Manga Bell zur Welt kam, ist nicht genau bekannt; sein Geburtsjahr dürfte 1873 oder etwas später sein. Als sein Großvater King Bell und andere Duala-Obere ihren Vertrag mit den Deutschen schließen, als an weiß gestrichenen Masten schwarz-weiß-rote Flaggen emporsteigen und bald danach deutsche Kriegsschiffe Dörfer bombardieren, ist der Junge alt genug, um zu erahnen, was in seiner Heimat vor sich geht.

Kamerun ist nun eines der deutschen »Schutzgebiete«, in denen weniger die Rechte und Interessen der afrikanischen Einwohner geschützt sind, sondern vor allem die Geschäfte und Expansionsvorhaben der niedergelassenen Firmen aus dem Reich. So deutlich wird das allerdings nicht ausgesprochen.

Julius von Soden, der erste Gouverneur, versteht sich gut darauf, eine einvernehmlich erscheinende Zusammenarbeit zwischen Deut-

Heinrich Carl von Schimmelmann, seine Frau Caroline und ein versklavter Diener. Der deutsche Kaufmann war einer der größten Sklavenhalter seiner Zeit. [1]

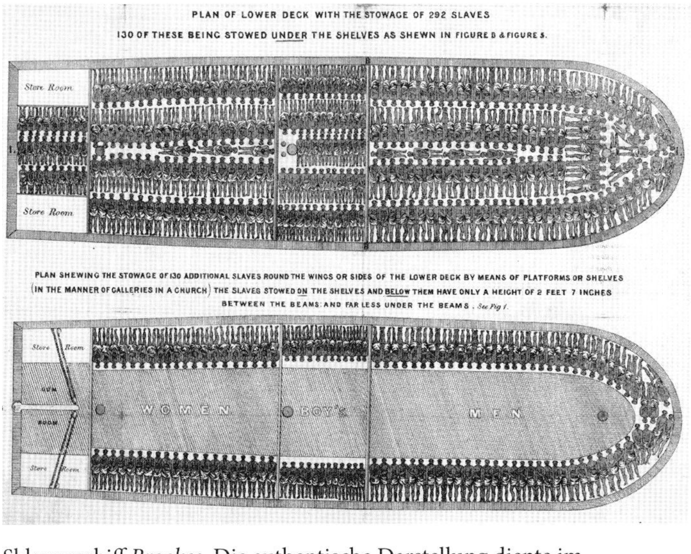


Sklavenschiff *Brookes*. Die authentische Darstellung diente im 18. Jahrhundert dem Kampf gegen den Menschenhandel. [2]

Olaudah Equiano, der sich aus der Versklavung freikaufen konnte, wurde zum Kronzeugen der Abolitionisten. [3]

Adolf Lüderitz gründete an der südwestafrikanischen Küste die erste Kolonie des Deutschen Reichs. [4]

Adolph Woermann, Gründer der deutschen Kolonie Kamerun, übte großen Einfluss auf Reichskanzler Bismarck aus. [5]

Rudolph Duala Manga Bell (r.), Tube Meetom, Familie Oesterle in Aalen. Die Kameruner Oberschicht schickte ihre Kinder gerne zur Ausbildung nach Deutschland. [6]

»Queen« Emma Kolbe mit ihrem Mann Paul. Die Samoanerin stand im Zentrum des gesellschaftlichen Lebens im deutschen Südsee-Gebiet. [7]

Emily Ruete, geborene Prinzessin von Oman und Sansibar, wurde zum Spielball der deutschen Kolonialpolitik in Ostafrika. [8]

Truppenkommandeur Lothar von Trotha (mit breitkrempigem Südwesterhut) erhielt nach dem Völkermord in Südwestafrika einen ehrenvollen Empfang in Hamburg. [9]

Herero, die den Vernichtungskrieg überlebten, wurden in Konzentrationslager gesteckt. [10]

Eine Gruppe aus Äthiopien posiert 1910 im Rahmen einer »Völkerschau«. Für den Veranstalter Carl Hagenbeck war es ein lukratives Geschäft. [11]

Mit einem gigantischen Bismarck-Denkmal ehrten die Hamburger den Mann, der sich stets für die Interessen des Handels eingesetzt hatte. [12]

Das Hamburger Chilehaus, das heute zum UNESCO-Weltkulturerbe gehört, zeugt von der Ausbeutung Lateinamerikas. [13]

Die Speicherstadt, heute ebenfalls UNESCO-Weltkulturerbe, ist ein Monument des deutschen Kolonialhandels. [14]

Im von Adolph Woermann errichteten Afrika-Haus hat die Firma *C. Woermann* bis heute ihren Hauptsitz. [15]

schen und Duala zu organisieren. In regelmäßigen Abständen beruft er die »Häuptlingsversammlung« ein. Am 17. Juli 1885 kommen, vermutlich zum ersten Mal, die Kings Bell und Akwa sowie zehn ihrer wichtigsten Gefolgsleute zusammen; zu ihnen gehört auch Lock Priso, der seinen Widerstand aufgegeben hat. Als Vertreter des deutschen Kaisers führt Soden den Vorsitz.[5] Auf der Tagesordnung stehen etwa die künftige Form der Gerichtsbarkeit und die Handelsbedingungen auf dem Mungo, einem der großen Ölflüsse.

Eine symbolträchtige Entscheidung trifft der Regierungsbeamte spontan, weil King Bell deutlich verspätet zu der Runde hinzustößt: Soden kündigt an, dass »jedes unbegründete Zuspätkommen ... nicht akzeptiert und in Zukunft bestraft« werde. Und weiter: »Um es den Einheimischen zu erleichtern, die aktuelle Zeit nicht zu vergessen, wird dafür gesorgt werden, dass von nun jeden Tag um 12 Uhr ein Kanonenschuss von Bord des auf dem Fluss stationierten Kriegsschiffs abgefeuert wird.«

Es ist auf mehreren Ebenen ein bedeutsamer Eingriff in das Leben der Duala. Sie müssen damit zurechtkommen, dass eine Waffe, die ihre Vernichtungsgewalt soeben erst demonstriert hat, sich akustisch in ihren Alltag einnistet – als stete Erinnerung, wozu die Deutschen in der Lage sind. Sie müssen die Vorstellung von einer genau strukturierten Zeit übernehmen, die bisher nur am Rande eine Rolle spielte. Und sie bekommen zu spüren, dass sie einer Macht unterworfen sind, die sie nur schwer ergründen können.

Noch ist das alles aber auch neu und interessant. Vor allem unter den jüngeren Duala gibt es nicht wenige, die in der Oberhoheit der Weißen – einer Oberhoheit, die von der Mehrzahl der schwarzen Anführer absichtlich herbeigeführt wurde – Chancen für sich sehen.[6] Sie möchten für die Regierung arbeiten und bewerben sich als Übersetzer, Zöllner oder Sekretäre. Die Nachfrage ist hoch.

Zwischen Hamburg, Berlin und Kamerun beginnt eine längere Korrespondenz mit dem Ziel, in der Kolonie eine Schule zu eröffnen.[7] Im April 1886 schreibt Adolph Woermann als Vorsitzender des *Syndikats für West-Afrika:* Der Regierungsbeschluss, »demnächst einen Lehrer hinauszusenden«, werde von den Kaufleuten einhellig begrüßt. Zur aufgeworfenen Frage nach einer Übernahme der

Reisekosten »teilt das Syndikat ergebenst mit, dass die Afrikanische Dampfschiffs-Gesellschaft sich bereit erklärt hat, den Lehrer zur Hälfte der Überfahrtspreise, also für M. 300 in der ersten, M. 200 in der zweiten Kajüte, hinüberzubefördern«. Die Reederei gehört zu Woermanns Firmenimperium.

Im Jahr darauf reist der 24-jährige Missionarssohn Theodor Christaller auf der *Ella Woermann* an, der als erster deutscher Lehrer in Kamerun unterrichten wird.[8] Eine verfallende Hütte aus Palmrippen und Matten dient anfangs als Schulgebäude; um Abhilfe zu schaffen, bestellt Christaller in Deutschland ein hölzernes Fertighaus. King Bell bezahlt die Rechnung, genauso wie das Schulgeld für sieben seiner Söhne und seinen Enkel Rudolf Duala.

Als ein Kolonialoffizier zu Besuch kommt, singen die Schüler »mit ungeheurer Begeisterung«, wie der Lehrer vermerkt, deutsches Liedgut, zuerst *Lobe den Herren, o meine Seele,* dann *Ich hatt' einen Kameraden.* Aus ihrem Schulbuch lernen die Kinder: »Kamerun ist seit dem Jahre 1884 eine deutsche Kolonie ... Der Kaiser lebt in einem Palast in Berlin, und sein Gouverneur in Kamerun heißt Exzellenz.«[9]

Christaller stirbt mit dreiunddreißig Jahren an Schwarzwasserfieber, das bei manchen Malariakranken als Folge der Chinin-Medikation auftritt. Beseelt habe ihn das »hohe Ziel, deutsche Bildung und Sitte, deutsche Sprache und Glauben in den dunklen Erdteil hinauszutragen«, heißt es in einem Nachruf.

Das Sendungsbewusstsein hindert ihn zu Lebzeiten freilich nicht daran, seinen Hausdiener nach einem Diebstahl dermaßen zu verprügeln, dass dem einheimischen Jungen »die Haut in Fetzen vom Leibe flog«, wie er selbst notiert. Auch in der Schule macht Christaller reichlich Gebrauch von der Bambusrute – bis sich Rudolfs Vater August (sein Duala-Name ist Manga Ndumbe) über die Züchtigungen beim Gouverneur beschwert.

Der Duala-Obere, designiert als nächster King, ist selbst bereits europäisch gebildet. Ein Baptistenmissionar hatte August Manga Ndumbe Bell als Jugendlichen ins englische Bristol mitgenommen, wo er eine höhere Schule besuchte und anglikanisch getauft wurde. Die Deutschen rühmen sein elegantes Aussehen und seine tadellosen Umgangsformen.

Von den geografischen Dimensionen, wie sie bald schon auf Afrikakarten gezeigt werden, ist der reale Einflussbereich der Kolonialherren noch weit entfernt. Im ersten Jahrzehnt nach der Gründung besetzen sie lediglich vier Stationen an der Küste mit Beamten. Nach und nach kommen dann sechzehn weitere übers Land verteilt hinzu.[10] Aber in der Duala-Region hat sich das neue Regime seit dem Dezemberkrieg fest etabliert, sodass die Regierung ohne großes Risiko damit beginnen kann, die Interessen der deutschen Unternehmer durchzusetzen.

Was wurde aus dem »vollen Einvernehmen mit den Kamerun-Leuten«, das Reichskommissar Gustav Nachtigal in seiner letzten Weisung vom April 1885 angemahnt hat? Darum kümmert sich offensichtlich niemand mehr.

Ganz im Gegenteil. Deutsche und englische Kamerun-Firmen machen schon bald gemeinsame Sache, um ihre Profite zu erhöhen. Weil sie für die gängigen Rohstoffe weniger bezahlen wollen, erlassen sie als Druckmittel zeitweilig eine Handelssperre. Woermann ist zufrieden, »weil man nur so zu billigeren Preisen der Produkte der Einheimischen gelangen könne«, wie er Bismarck schreibt.[11]

Die Kings und Chiefs der Duala versuchen sich im Handelskrieg zu behaupten, indem sie Lieferstopps verfügen: Den Europäern verkaufen sie nun weder Lebensmittel noch Trinkwasser oder Feuerholz. Außerdem ziehen sie alles Dienstpersonal aus den Haushalten der Weißen ab und ebenfalls, wie ein Deutscher vermerkt, »sämtliche schwarzen ›Bettschätze‹«.

Jetzt schlägt die Stunde des Gouverneurs. Julius von Soden begründet das Vorgehen der deutschen und britischen Händler mit gefallenen Preisen für Kolonialwaren auf ihren Absatzmärkten. Das leuchtet den Duala so weit ein, dass sie einen Lösungsvorschlag machen: Bei neuen Abschlüssen wollen sie niedrigere Zahlungen akzeptieren, wenn auch sie von wieder steigenden Verkaufspreisen profitieren.

Der Gouverneur entscheidet nun auf eine Weise, die als Kompromiss erscheint und den Handelskrieg beendet. In Wirklichkeit inszeniert er ein Schmierentheater. Denn der angebliche Kompromiss entspricht den Wünschen der niedergelassenen Europäer »so vollständig«, berichtet Soden nach Berlin, dass er »dieselben bitten musste, wenigstens der Form nach zu protestieren«. Offenkundig ist der Gouverneur ganz stolz darauf, wie geschickt er die Afrikaner übers Ohr gehauen hat: »Ohne diese Komödie wäre es mir nicht gelungen, die Eingeborenen zur Nachgiebigkeit zu bewegen.«

## Aalen und Ulm

Rudolf Duala Manga Bell reist 1891 nach Deutschland, um bessere Schulen zu besuchen und Europa kennenzulernen. Die Ausbildungskosten trägt das Deutsche Reich. Gustav Pahl, ein kaiserlicher Finanzrat, bringt ihn in seine Heimatstadt Aalen am Rande der Schwäbischen Alb. Doch weil Rudolf während der Überfahrt erkrankt ist, kommt er erst einmal nach Tübingen ins Hospital.[12]

Ein zweiter Jugendlicher aus der Duala-Oberschicht ist ebenfalls dabei, Tube Meetom, Sohn des Regierungsdolmetschers David Meetom, der 1884 zu den Mitunterzeichnern des Vertrags mit den Deutschen gehörte. Als Tube Meetom in Begleitung Pahls am Aalener Bahnhof eintrifft, wartet dort schon eine aufgeregte Menschenmenge, »um einen echten Schwarzen zu sehen«, wie die Lokalzeitung berichtet. Die Stadtkapelle spielt auf, eine Kutsche bringt die Reisenden zum Haus der Familie Oesterle. Vater Gottlob, von Beruf Lehrer, seine Frau und ihre drei Töchter werden sich in den nächsten Jahren um die beiden jungen Leute aus Kamerun kümmern.

Im Juli 1892 schreibt Rudolfs Vater auf Englisch an »Herrn Oesterle«.[13] Er wünscht ihm gute Gesundheit, bedankt sich für die Gastfreundschaft und kündigt an, dass er telegrafisch Geld überweisen werde: 300 Mark für ihn und seine Familie, 40 Mark Taschengeld für seinen Sohn. »Ich hoffe, Sie erlauben ihm nicht, es auf die falsche Weise auszugeben.«

Nach zwei Jahren auf der Volksschule kommen die jungen Afrikaner auf die Lateinschule. »Um ihre Freundschaft wurde richtig gebuhlt«, erinnert sich später ein Mitschüler. Rudolf und Tube gehen zu Kostümfesten, auf Faschingsbälle und ins Freibad. Ob sie sich daran gewöhnen, dass sie überall die Blicke auf sich ziehen?

Beide wechseln schließlich ins größere Ulm.[14] Rudolf besucht dort das Gymnasium und schließt mit der Mittleren Reife ab; ein Klassenfoto zeigt ihn im dunklen Anzug mit weißem Stehkragen neben seinem Lehrer. Tube lernt Koch in einem Offizierscasino. Überliefert ist, dass Rudolf Duala Manga Bell nach dem Schulabschluss eine Weile in Bonn lebt, um dort Vorlesungen über Kolonialverwaltungsrecht zu hören. An der Hochschule soll er Hermann Röhm kennengelernt haben, der später in seinem Leben eine bedeutende und düstere Rolle spielen wird. Nähere Belege für den Bonner Aufenthalt fehlen zwar, an der freundschaftlichen Begegnung mit Röhm in Deutschland besteht jedoch kein Zweifel.[15]

Über das weitere Leben von Tube Meetom ist nichts Sicheres bekannt. Manga Bell nutzt seinen Aufenthalt in Deutschland, um mehrmals nach England und Frankreich zu reisen. Als er 1896 in seine Heimat zurückkehrt, kennt er wie kaum jemand sonst in seinem Volk die Sitten und Gebräuche der Kolonialherren, ihre Ideale und Errungenschaften, ihre Sorgen und Ängste. Er mag sie, diese Deutschen.

## Eine Zwischenfrage

Wie war es möglich, dass eine kleine Gruppe von Weißen in relativ kurzer Zeit große Gebiete unter ihre Kontrolle brachte? In Kamerun und anderswo handelte es sich oft um wenig erschlossenes Land, in dem Menschen lebten, die sich anders als die meisten Duala-Oberen keine Vorteile von guten Beziehungen zu Fremden versprachen und nicht im Traum daran dachten, sich freiwillig zu unterwerfen.

Die Frage ist leichter gestellt als beantwortet. In einem sicherlich unvollständigen Versuch können vielleicht drei Aspekte zu einer Antwort beitragen.

In der direkten Auseinandersetzung hatten die Europäer erhebliche Vorteile durch ihre überlegene Waffentechnik. Ohne Kriegsschiffe und gut ausgerüstete Soldaten wäre es nicht zu einer längeren deutschen Herrschaft in Kamerun gekommen. Zum Sinnbild der Überlegenheit wurde im späten 19. Jahrhundert die erste automatische Schusswaffe: die nach ihrem britisch-amerikanischen Erfinder Hiram Maxim benannte *Maxim gun.* Von 1888 an stand sie auch deutschen Kolonialtruppen zur Verfügung. Ein einziges Maschinengewehr konnte auf den

Feldzügen ins Innere Afrikas über Sieg oder Niederlage entscheiden. Der kolonialkritische Schriftsteller Hilaire Belloc fasste die enorme Wirkung dieser Waffe in zwei kurzen Zeilen zusammen: »Whatever happens, we have got / The Maxim gun, and they have not.«

Aber waren die Afrikaner nicht die geübteren Kämpfer auf heimischem Boden, die den technischen Rückstand durch Härte und Schlauheit ausgleichen konnten? Dafür mochte es Beispiele geben, doch – zweiter Punkt – etwas anderes fiel stärker ins Gewicht: Die Eindringlinge standen in einer langen soldatischen Tradition.

Seit der Antike war Europa ein kriegerischer Kontinent. Unablässig fiel ein Nachbar über den anderen her, um Machtfülle und Reichtum des jeweiligen Herrschers zu mehren. In der Welt des Geistes, der Wissenschaft, Dichtung, Philosophie, Musik, Malerei, Architektur und Ingenieurskunst entstanden zwar glanzvolle Meisterwerke. Aber das, was bis heute den Stolz des »Abendlandes« ausmacht, bildete aus Sicht der politischen Führungsschicht gewöhnlich nur das Beiwerk. Durch alle gesellschaftlichen Wandlungen hindurch behauptete das Militärische in den meisten europäischen Ländern seine Vorrangstellung, und dies sogar mit zunehmender Tendenz. Gerade das Deutsche Reich des 19. und 20. Jahrhunderts war vom Militarismus durchdrungen. Soldatentum war Leitkultur.

Auch in den Kolonien verstanden sich die Deutschen aufs Kämpfen, und sie taten dies – angestachelt von der Ideologie, eine zivilisatorische Mission zu erfüllen – mit hemmungsloser Konsequenz und Rücksichtslosigkeit. Während sie ihre Gegner als gefährliche und grausame »Wilde« stigmatisierten, verwandelten sie sich oft selbst in Barbaren. Nach einem Feldzug gegen die Bakoko notierte der Gerichtsassessor, der die Truppe anführte, mit spürbarer Befriedigung: »Zahlreiche Gegner nach kurzer Gegenwehr niedergeschossen, viele Weiber und Kinder niedergehauen … fast jeder Soldat brachte zum Andenken ein Bakokohaupt nach der Beach.«[16]

Aufschlussreich ist die Figur des Mr Kurtz in dem berühmten Roman *Herz der Finsternis* von Joseph Conrad. Kurtz, ein Handelsvertreter im Kongo, hat auf dem Zaun vor seiner Faktorei eine Reihe abgeschnittener Köpfe drapiert. Ahmt er landestypische Gebräuche nach, wie viele Leser annehmen? Nein, Conrad zeigt mit seiner

Romanfigur etwas anderes: Er inszeniert ein europäisches Theater der Grausamkeit.

Von dem deutschen Kolonialoffizier Hans Dominik ist überliefert, dass er sich die abgeschlagenen Köpfe seiner schwarzen Gegner vor die Füße legen ließ. Dominik machte sich in Kamerun einen gefürchteten Namen als besonders grausamer Truppenführer. In Deutschland wurde er für seine Schneidigkeit bewundert, bis heute sind Straßen nach ihm benannt, etwa in Hamburg und München. Belegt ist, dass er den Bremer Sammlungen für Naturgeschichte und Ethnographie (heute Übersee-Museum) den Schädel eines getöteten Mannes aus Südkamerun schenkte.[17]

Allerdings – dritter Punkt – gelang es den Deutschen auch, mit einigen Einheimischen auf längere Zeit zusammenzuarbeiten. Ein Beispiel ist die oben beschriebene »Häuptlingsversammlung«, die der erste Gouverneur in Kamerun institutionalisierte. Angehörige der Oberschicht erhielten Vergünstigungen, wenn sie die Wünsche der Kolonialmacht erfüllten. Wenn nötig, griffen die Deutschen in das vorhandene Sozialgefüge ein und statteten Männer, die bis dahin keinen besonderen Rang eingenommen hatten, mit Privilegien aus. Die neue Elite bekam lukrative Aufträge, Schutzbriefe und Insignien wie Stäbe, Mützen und Flaggen.[18] »Oberhäuptling« wurde in Kamerun zu einem besoldeten Regierungsamt.

Auf die altbewährte Methode *divide et impera* – teile und herrsche – griffen die Kolonialherren ebenfalls zurück. Obwohl King Bell in Kamerun der wichtigste Partner der Deutschen war, nutzten sie gelegentlich die alten Rivalitäten unter den Duala aus, etwa indem sie ab und an den Akwa-Clan begünstigten. Ein früherer Gouverneur von Ostafrika schrieb 1906: »Für die deutsche Herrschaft mit ihren geringen Machtmitteln im Verhältnis zu dem weiten Raume ist es von großer Bedeutung«, dass die Einheimischen »in gegenseitiger Fehde leben.«[19]

Dass sich die Kolonialherren mit ihrer eigenartigen, zwischen Allmacht und Ohnmacht changierenden Lage eingehend beschäftigt haben, zeigen die Ausführungen von August Seidel, dem Gründer der *Zeitschrift für Kolonialpolitik, Kolonialrecht und Kolonialwirtschaft,* herausgegeben von der einflussreichen *Deutschen Kolonialge-*

*sellschaft*. Gerade durch Seidels kalte, in vielem zutreffende Analyse tritt hier der abgrundtiefe Rassismus als Voraussetzung europäischer Herrschaft scharf konturiert hervor. Das Zitat spricht für sich: »Das Klima bringt es – wenigstens in unseren Tropenkolonien – mit sich, dass die Europäer auf lange Zeit hinaus und vielleicht für immer nur einen verschwindenden Bruchteil der Bevölkerung ausmachen werden. Ihre Herrschaft kann sich also nicht auf die Zahl, auf die physische Masse gründen, sondern muss auf der höheren Kultur, der größeren Intelligenz und der Überzeugung der Eingeborenen von dieser Überlegenheit beruhen; sonst wird auch eine erheblich verstärkte Schutztruppe eine ungenügende Garantie bleiben. ... Andererseits ist die eingeborene Bevölkerung der Kolonien ein Element, dessen wir zur Erschließung derselben unbedingt bedürfen. Wir haben daher alle Veranlassung, auf ihre berechtigten Interessen jede mögliche Rücksicht zu nehmen. ... Wir müssen uns gewöhnen, wenn nicht Gleichberechtigte, so doch Menschen in ihnen zu sehen und sie dementsprechend zu behandeln. ... Die Beamten müssen darüber aufgeklärt werden, dass sie es nicht mit unvernünftigen Tieren, sondern mit vernunftbegabten und menschlich fühlenden Wesen zu tun haben.«[20]

Tatsächlich war es nötig, an die allereinfachsten Grundsätze der Menschlichkeit zu erinnern.

## Berlin, Südkamerun, Dahomey

Noch während Rudolf Duala Manga Bell in Deutschland auf die Schule geht, schlagen dort Berichte aus Kamerun hohe Wellen. Zur Sitzung des Deutschen Reichstags am 17. Februar 1894 bringen SPD-Abgeordnete mehrere Nilpferdpeitschen mit und legen sie auf die Tische. Erstaunen und Empörung im Hohen Haus: Wollen sich die Sozialdemokraten einen schlechten Scherz erlauben?

Parteichef August Bebel erläutert in der nächsten Sitzung, worum es ihm und seinen Leuten geht: »Wir haben sie ausgelegt, um ... Ihnen einmal die Kulturwerkzeuge zu zeigen, mit denen Sie die christliche Zivilisation in Afrika verbreiten.« Mit der Nilpferdpeitsche werden keine Nilpferde gepeitscht, sondern Menschen. Angefertigt wird sie aus der getrockneten Haut der Tiere, die besonders zäh und robust ist. Für den bis zu anderthalb Meter langen Lederstreifen nehmen die Hersteller manchmal auch Nashornhaut.

Ein international beachteter Skandal hat dazu geführt, dass sich der Reichstag mit solchen Dingen beschäftigt. Die Ereignisse gehen zurück auf den Beschluss des Gouverneurs Julius von Soden, in Kamerun eine Polizeitruppe zu gründen.

Um die anfangs aus zwölf afrikanischen Polizeidienern bestehende Einheit zu einer schlagkräftigen Formation auszubauen, reist ein Abgesandter der Kolonialregierung im Sommer 1891 nach Dahomey (heute Benin). Anders als in Kamerun herrschen dort mächtige Könige. Sie haben seit Jahrhunderten viel Geld im Sklavenhandel verdient und verdienen immer noch.

Dem amtierenden König Behanzin kauft der deutsche Bevollmächtigte 370 Sklavinnen und Sklaven ab.[21] Eine Frau kostet 280 Mark, ein Mann 320 Mark. Alle müssen einen aus vier Paragrafen bestehenden »Arbeitskontrakt« unterzeichnen, in dem sie sich dazu verpflichten, in Kamerun fünf Jahre lang jede Tätigkeit auszuüben, »die von dem Herrn Arbeitgeber für passend und gut befunden wird«. Der an König Behanzin entrichtete Kaufpreis wird ihnen als »Vorschuss« auf den Lohn in Rechnung gestellt. Ehe sie für ihre Dienste Geld bekommen, müssen sie den Betrag also abarbeiten.

Als die »Freigekauften«, deren Freiheit in weiter Ferne liegt, nach Kamerun gelangen, sind sie »in durchaus heruntergekommenem, fast tierischem Zustande«, wie Vizegouverneur Heinrich Leist bemerkt. Während der ersten drei Monate stirbt ein Drittel von ihnen, viele an Pocken, da sie keine Widerstandskraft gegen die Krankheit haben. Ein weiteres Drittel stirbt im Verlauf der nächsten zwei Jahre. Ist das die Schuld der Deutschen? Oder die von König Behanzin? Wie die verschleppten »Kontraktarbeiter« darüber denken, kann heute niemand sagen.

Nach einem Befehl des Gouverneurs wird »alles taugliche Dahomey-Material« zum Dienst in der Miliz verpflichtet. Aus Sicht der Kolonialverwaltung handelt es sich um eine effiziente Verwendung der zur Verfügung stehenden Finanzmittel. »Die billigen Dahomey-

Soldaten« (Leist) machen es möglich, die Mannstärke der Truppe von 50 auf 100 zu verdoppeln, ohne den Personaletat zu überschreiten.

Wie irreführend die Bezeichnung »Polizeitruppe« ist, zeigen die kriegerischen Einsätze, zu denen die Formation herangezogen wird: Alle paar Wochen steht ein Feldzug ins Landesinnere an. Im Interesse der Handelsfirmen geht es gegen die Abo, Buea, Jaunde, Mabea, Bakoko und andere Volksgruppen. Während die übrigen Soldaten 20 oder 30 Mark Monatslohn erhalten, bekommen die in Dahomey Versklavten nichts. Um ihre Unzufriedenheit zu dämpfen, dürfen sie Ehen schließen, ohne das übliche Heiratsgeld zahlen zu müssen – ein Privileg »wie im Himmel«, so Leist. Bei vielen der Frauen handelt es sich um Prostituierte, die inoffiziell und meist unfreiwillig in Diensten der Kolonialregierung stehen.

Mit grotesker Genauigkeit legen deutsche Beamte die Verpflegungsrationen ihrer Zwangsrekruten aus Dahomey fest: täglich 600 Gramm Reis, 200 Gramm Fleisch und 62,5 Gramm Hartbrot, dazu wöchentlich 50 Gramm Zucker, 20 Gramm Tee, ein Stück Tabak sowie ein Stück Seife, das sich drei Männer teilen müssen, und an jedem Dienstag, Donnerstag und Samstag eine Flasche Rum, ebenfalls für den Konsum zu dritt.

Soll ein Dahomey-Polizeisoldat bestraft werden, kürzen die Deutschen seine Ration oder verprügeln ihn. Misshandlungen durch Vorgesetzte gehören zum Alltag. In mehreren Fällen haben die Übergriffe »eine ärztliche Behandlung im Gefolge«. Vizegouverneur Leist geht beim Prügeln mit schlechtem Beispiel voran. Laut einem offiziellen Bericht zeichnet er sich außerdem dadurch aus, dass er bei der »Befriedigung sinnlicher Reize … keine Schranke« kennt – eine Chiffre für Vergewaltigungen.

Nach anhaltenden Protesten der Dahomey-Gruppe kündigen die kaiserlichen Offiziere mehr als einmal an, den Männern bald Geld zu bezahlen. Doch es bleibt ein leeres Versprechen. Schließlich versuchen es die Polizeisoldaten mit einer schriftlichen Eingabe; einer der gebildeten Duala hilft ihnen dabei. In der Petition an Leist (»Euer Hochwohlgeboren«) tragen sie ihr Anliegen höflich, wenn auch mit grammatikalischen Schwächen vor: »Wir haben eben so gut unseren Herzen und Hände für deutsches Vaterland ergeben wie jeder deutsche Soldat so bitten wir Ihnen gehorsamst uns auch etwas Taschengeld zu geben.« Leist lehnt das Gesuch sofort ab.

Statt auf die Dahomey-Leute zuzugehen, lässt er ihnen die Rationen kürzen – das Fleisch um die Hälfte, den Zucker um zwei Drittel, den Reis um ein Siebtel. Einige Monate später, im Herbst 1893, setzt sich ein Offizier dafür ein, die einst Versklavten endlich für ihre Dienste zu bezahlen. Leist bewilligt ihnen Monatslöhne zwischen einer und fünf Mark, die sie als beleidigend zurückweisen.

Die ganze Zeit über werden auch die Ehefrauen der Dahomey-Männer zu unentgeltlicher Arbeit verpflichtet, etwa auf einer Kaffeeplantage der Kolonialregierung. Viele von ihnen wollen das jetzt nicht mehr mitmachen. Am 15. Dezember gegen 16 Uhr inspiziert Leist die Kaffeeplantage und stellt fest, dass dort nur zehn der Frauen tätig sind. Einem Dolmetscher, der ihn begleitet, befiehlt er, die anderen Frauen herbeizuholen. Als sich eine von ihnen, die als Vorarbeiterin eingeteilt ist, zu rechtfertigen versucht, fängt der Vizegouverneur an, wahllos mit seinem Stock auf die Frauen einzuschlagen. Dann kommandiert er alle zum Exerzierplatz und lässt dort auch die Männer antreten. Da sich der Gouverneur auf Heimaturlaub befindet, kann sein Stellvertreter schalten und walten, wie er will.

Leist ordnet nun einen Gewaltexzess an. Vor aller Augen lässt er zwanzig bis fünfundzwanzig der Frauen weitgehend nackt über ein eisernes Zementfass legen. Unter lauten Schmerzensschreien erhält jede von ihnen bis zu fünfzehn Hiebe mit der Nilpferdpeitsche auf Gesäß, Beine und Rücken.

Die Dahomey-Soldaten, die schon viel erlitten haben, bleiben dabei äußerlich ruhig. Als sie sich abends gemeinsam mit den Frauen versammeln, ist jedoch sofort allen klar, dass Leist eine Grenze überschritten hat. Sie beschließen, ihn zu töten. Alle übrigen Weißen wollen sie entwaffnen und fortjagen.

Gegen 18 Uhr holen sie heimlich ihre Gewehre, der Aufstand beginnt. Einen deutschen Gefreiten, der aufgeschreckt durch ihre Geräusche aus dem Lazarett kommt, lassen sie laufen (»you sick, go back and sleep«). Gegen 19 Uhr dringen sie zur Offiziersmesse vor, wo die Deutschen wie üblich beim Abendessen sitzen. Rebellenführer Mamadu feuert auf den Mann am Kopfende der Tafel. Aber dort sitzt an diesem Abend nicht Leist, sondern ein junger Assessor, der tödlich verwundet wird.

Während sich Leist und seine Leute im Gouverneurshaus verschanzen, geht Mamadu mit drei Kampfgefährten zu King Bells Sohn, der allgemein Manga Bell genannt wird. Er und seine Leute sollen sich dem Aufstand anschließen, verlangen sie; Waffen und Munition könnten sie zur Verfügung stellen. Manga Bell lehnt ab. Später gibt er zu Protokoll: »Ich weigerte dies mit dem Bemerken, dass ich mit dem Gouvernement in freundlichen Beziehungen stände und mich nicht in die Sache einmischen würde.« Ein führender deutscher Kolonialfunktionär charakterisiert ihn danach so: »Manga Bell ist in den letzten Jahren nichts anderes mehr gewesen als ein unbesoldeter Gouvernementsbeamter und hat der Regierung viele und gute Dienste geleistet.«

Ohne die Unterstützung der Duala ist die Erhebung der Dahomey-Leute zum Scheitern verurteilt. Am folgenden Tag kommen zwei leicht bewaffnete Regierungsdampfer den Verschanzten im Gouverneurshaus zu Hilfe, die *Nachtigal* und die *Soden,* die vor der Küste liegen. Auf Beibooten gelingt es, die Gruppe um Leist in Sicherheit zu bringen. Am 20. Dezember trifft das herbeigerufene Kanonenboot *Hyäne* ein und nimmt die Stellung der Aufständischen unter Feuer. Die Rebellen und ihre Frauen flüchten in den Wald.

In den folgenden Tagen und Wochen werden die meisten von ihnen gefasst. Ohne Verfahren befiehlt Leist, die Soldaten hinzurichten; die Frauen müssen sich fortan wieder wie Sklavinnen behandeln lassen: »Während ich die gefangenen Männer hängen ließ, habe ich die gefangenen Weiber, von denen viele Säuglinge hatten, zu lebenslänglicher Zwangsarbeit begnadigt.« Die freihändig angeordneten Exekutionen sollen Schrecken im Land verbreiten, sind also ein Terrorakt. Nachträglich werden sie vom Außenministerium in Berlin gebilligt. Die Zeitungen berichten ausführlich über den Kolonialskandal.

Keine zwei Monate nach dem gescheiterten Aufstand beginnen in der Budgetkommission des Reichstags die Verhandlungen über den Etat für Kamerun. Ein Abgeordneter der Nationalliberalen verteidigt die Prügelstrafe, sie sei »ein zivilisatorisches Erziehungsmittel, das man nicht entbehren könne, auch nicht gegen die Frauen«, vermerkt das Sitzungsprotokoll. Einige Tage später legen die Sozialdemokraten im Plenarsaal Nilpferdpeitschen auf den Tisch, und August Bebel erklärt, was es damit auf sich hat.

Der Druck auf die Regierung führt dazu, dass Leist abberufen wird. Nach einem Disziplinarverfahren, in dem weitere Verfehlungen ans Licht kommen, verliert er in letzter Instanz seinen Beamtenstatus. Reue oder Einsicht zeigt der Jurist nicht. Nach Abschluss des Verfahrens emigriert er in die USA und eröffnet eine Anwalts- und Notarspraxis in Chicago.

Im April 1896 wird die Prügelei kodifiziert. Reichskanzler Chlodwig Fürst zu Hohenlohe-Schillingsfürst erlässt eine Verfügung »wegen Ausübung der Strafgerichtsbarkeit und der Disziplinargewalt gegenüber den Eingeborenen in den deutschen Schutzgebieten«.[22] Nach Paragraf 3 dürfen Frauen nun nicht mehr körperlich gezüchtigt werden. Auch Araber und Inder, die im Kolonialreich leben, sind von Prügeln ausgenommen. Nach Paragraf 6 werden die Hiebe mit einem »genehmigten Züchtigungsinstrument« verabreicht. »Bei jedem Vollzug der Prügelstrafe darf die Zahl von 25 Schlägen ... nicht überschritten werden.« Wenn möglich soll ein Arzt dabei sein.

Kräftig geprügelt wird überall, wo die deutsche Flagge weht, besonders häufig aber in Kamerun. Laut amtlicher Zählung steigt der Anteil der körperlichen Züchtigungen an den verhängten Strafen von weniger als einem Drittel auf 42,7 Prozent im Berichtsjahr 1912/13. Gleichzeitig vervielfacht sich die absolute Zahl der Verurteilungen.[23] »The twenty-five country« heißt die deutsche Kolonie bei vielen in Westafrika, nach dem üblichen Maß der Schläge.

Was ist nun ein nach Paragraf 6 »genehmigtes Züchtigungsinstrument«? Gewöhnlich benutzen die Deutschen entweder eine Nilpferdpeitsche oder ein geflochtenes Tauende, das manchmal noch in Teer getunkt und dann in grobem Sand gewälzt wird. Unter führenden Kolonialbeamten entspinnt sich 1905 ein bizarrer Briefwechsel über die Frage, welches Werkzeug besser geeignet sei.[24]

Der Meinungsaustausch beginnt mit einem Erlass der Berliner Kolonialabteilung, wonach »aufgrund der hier vorliegenden ärztlichen Gutachten« nur noch die Nilpferdpeitsche (auch Kiboko oder Schambock genannt) verwendet werden soll. Ein weiteres Gutachten bestätigt, dass Schläge mit dem Tauende zwar »weniger leicht blutige Striemen und direkte Hautverletzungen« verursachten. Doch sei es bereits zur »Verletzung tiefer Organe, besonders der Leber«, mit Todesfolge gekommen.

Aus Togo meldet sich jedoch der Chef der Kolonialpolizei, ein »Freund der Prügelstrafe«, mit der Bitte, weiter das Tauende nehmen zu dürfen. Denn »es ist fast unvermeidlich, dass von den Hieben mit der Flusspferdpeitsche Löcher in die Haut gerissen werden«. Unnötig grausam finde er dies, und außerdem: »Der Gezüchtigte bleibt wochenlang arbeitsunfähig.« Dagegen sei »die Züchtigung mit dem Tauendchen... milder, menschlicher und doch von pädagogischer nachhaltiger Wirkung«.

Der Gouverneur von Ostafrika widerspricht der Darstellung aus Togo und plädiert für die Nilpferdpeitsche. »Bei Einhaltung des... vorgeschriebenen Verfahrens können stärkere Hautverletzungen nicht vorkommen.« Für gewöhnlich sei »der Delinquent sofort nach Vollziehung der Strafe dienst- oder arbeitsfähig«. Dieser Meinung schließt sich der Gouverneur von Südwestafrika an. Die Schwarzen hätten nun einmal »eine besonders abgehärtete, wenig empfindliche Haut«.

Damit ist in dieser Sache das letzte Wort gesprochen.

## Südkamerun

Rudolf Duala Manga Bell sieht bei seiner Heimkehr aus Deutschland mit eigenen Augen, wie stark sich Kamerun in den fünf Jahren seit seiner Abreise verändert hat. Das kaiserliche Kolonialregime ist militärisch und bürokratisch gefestigt. Nach dem Aufstand der Dahomey-Soldaten haben die Deutschen ihre »Schutztruppe« professionalisiert, auf neuen Straßen und Wegen stolzieren die Offiziere in ihren weißen Tropenuniformen umher. Über ein englisches Kabel ist die Kolonie an das weltweite Telegrafennetz angeschlossen.[25]

Die Küstenbewohner ahnen inzwischen, dass sie sich auf die

1884 gegebenen Zusicherungen, wie sie in »Our wishes« und dem anschließenden Vertrag niedergelegt sind, nicht ohne Weiteres verlassen können. In einer längeren Beschwerdeschrift an den Gouverneur haben »the Kings, Chiefs and all the Duala« deutlich gemacht, dass sie auf ihr Handelsmonopol weiterhin Wert legen.[26] Außerdem monieren sie ungerechte und harte Bestrafungen und verlangen, künftig von deutschen Beamten wie Leist nicht mehr als »Schweine und Vieh« beschimpft zu werden. Bei solchen Beleidigungen würden sie »den Tag bereuen, an dem wir unser Land der deutschen Regierung übergeben haben«. In seiner Antwort wehrt der Gouverneur fast alle Anliegen ab. Verkehrssprache ist weiterhin Englisch. Nur ein kleiner Teil der Duala lernt Deutsch, und kein deutscher Beamter wird während der Kolonialherrschaft mit den Duala in ihrer Sprache sprechen können.[27]

Mit militärischen Mitteln kontrolliert die Kolonialregierung um 1895 bereits große Teile Südkameruns, und sie plant die weitere Expansion. Die Oberhoheit des Kaisers soll nicht bloß eine leere Behauptung sein. Darum greifen die neuen Herren regelmäßig zu Gewalt, um ihre Ziele zu erreichen.

Eine Niederlage wie bei der ersten Erkundung des südlichen Hinterlands möchten sie nicht wieder erleben: Begonnen hat jene fehlgeschlagene Expedition Ende 1887.[28] Die teilnehmenden Offiziere und Wissenschaftler wollen herausfinden, »wie sich am geschicktesten die weiter im Innern lebenden Eingeborenen in direkte Handelsbeziehungen mit der Küste bringen lassen« – also mit den dort ansässigen deutschen Firmen. Ausgangspunkt ist der Küstenort Kribi, etwa 80 Kilometer südlich von Duala.

Landeinwärts stößt die Expedition bald auf den entschlossenen Widerstand der dort lebenden Bakoko. Ihr Häuptling Tungo verlangt, dass die Eindringlinge kehrtmachen sollen. Der Expeditionsbericht gibt seine Worte wieder: »Weder sein Vater noch seine Mutter haben ihm erzählt, dass jemals weiße Leute in sein Land gekommen seien. Er habe sie nicht rufen lassen.«

Als die Weißen hartnäckig bleiben, greifen die Bakoko an. Der Expeditionstrupp flüchtet an die Küste und lässt zehn Tote zurück. Einer der leitenden Offiziere notiert: Die Annahme, dass man »vom

Süden her in das Hinterland von Kamerun eindringen könnte, ohne in Konflikte mit der Bevölkerung zu kommen«, sei offenkundig falsch gewesen, »ein Irrtum«.

Aber die Deutschen geben nicht auf. Bei einer zweiten, stärker ausgerüsteten Südkamerun-Expedition meiden sie zunächst das Land des Bakoko-Anführers Tungo und errichten die Station Jaunde, mehrere Tagesmärsche tief im Landesinneren. Ein Dorf, das sich widersetzt, wird kurzerhand niedergebrannt – aus Sicht der interessierten Kaufleute »eine durchaus zweckmäßige und dankenswerte Maßregel mit wohltuenden Folgen«. Heute erhebt sich dort, wo einst die Station der Deutschen stand, die Landeshauptstadt Yaoundé.

1897 stirbt King Bell. Wie erwartet tritt sein Sohn August Manga Ndumbe Bell die Nachfolge an. Als bewährter Freund der Deutschen hat er bereits einige Ämter übernommen, darunter die örtliche Rechtsprechung, für die er Gebühren kassieren darf.[29] Als die Kolonialmacht in Duala-Stadt das erste »Eingeborenenschiedsgericht« eröffnet, das in Streitfällen zwischen Angehörigen unterschiedlicher Gruppen der Region entscheidet, ernennt ihn die Regierung zum Präsidenten.

Im Todesjahr des alten King wird in der Bell-Familie auch eine Hochzeit gefeiert: Rudolf Duala Manga Bell heiratet die 16-jährige Emily Engome Dayas, genannt Emmy, Tochter eines englischen Kaufmanns und einer Frau aus Bonanjo.[30] Die Ehe ist zugleich ein Signal seiner Abkehr von Traditionen. Denn weder stammt Emmy aus einer der einflussreichen Familien, noch heiratet er – wie sein Vater und die anderen männlichen Vorfahren – weitere Frauen. Die Eheleute sind praktizierende Protestanten, Emmy gilt als sehr fromm. Ein Jahr nach der Hochzeit kommt ihr erster Sohn zur Welt, Alexander Ndumbe.

## Berlin

Rudolf Duala Manga Bell nimmt den vier Jahre alten Alexander Ndumbe mit nach Deutschland, er soll dort die Sprache lernen und auf die Schule gehen. Aber das ist nicht der Grund für die Reise im

Sommer 1902. Eine ganze Delegation von Bell-Leuten hat sich auf den Weg gemacht. Ihr Quartier bezieht die Gruppe im Adlon, einem der feinsten Hotels von Berlin.[31] Sie sind gekommen, um dem Kaiser höflich, aber bestimmt die Meinung zu sagen. Anscheinend hoffen sie, einem weisen Herrscher zu begegnen, der sich ihren guten Argumenten nicht verschließt.

Anfang August sprechen der Bell-Anführer und sein mit Deutschland vertrauter Sohn im Auswärtigen Amt vor. Ihre Bitte um eine Audienz bei Wilhelm II. wird von der Kolonialabteilung jedoch ebenso abgelehnt wie ihr Wunsch, der Reichskanzler möge ihnen »durch Naturalisation die Reichsangehörigkeit« verleihen. Als Trost wird ihnen die Ehre zuteil, dem Kaiser »huldigen« zu dürfen, während er die Herbstparade des Gardekorps auf dem Tempelhofer Feld abnimmt. Den »angesehensten und einflussreichsten Häuptling des Küstengebietes von Kamerun« möchte der zuständige Legationsrat nicht völlig vor den Kopf stoßen.

Seine weiteren Anliegen reicht August Manga Ndumbe Bell schriftlich ein. Als ersten Punkt nennt er »die Ungewissheit, ob manche wichtigen Verordnungen vom Auswärtigen Amt in Berlin ausgehen oder Willkür der ansässigen Beamten in Kamerun sind«. Nach einer längeren Liste weiterer Punkte schließt das Schreiben mit dem Wunsch, künftig »in wichtigen Angelegenheiten direkt« mit Berlin verhandeln zu dürfen.

Auch wenn die Formulierungen zurückhaltend klingen, muss das Ansinnen, die Kameruner Kolonialregierung zu umgehen, auf erbitterten Widerstand stoßen. Der seit 1895 amtierende Gouverneur Jesko von Puttkamer empört sich sofort über den »frechen Ton«, als er die Eingabe liest. »Nicht Manga, sondern der Gouverneur hat die Interessen der Regierung und der Duala zu wahren«, teilt er dem Ministerium mit. Dabei bleibt es.

Im Lauf des Augusts trifft eine zweite Delegation aus Kamerun in der Reichshauptstadt ein, angeführt von King Akwa, der 18 Jahre zuvor selbst sein Kreuz unter den Vertrag mit den Deutschen gemacht hat. Eigentlich haben die Duala auf ihrer Ratsversammlung beschlossen, dass die beiden führenden Familienverbände eine gemeinsame Gruppe nach Berlin schicken. Doch dann wollte King Bell nicht warten, bis die Akwa genug Geld für die teure Reise beisammenhatten, und ist allein losgefahren.

Vom Bell-Oberhaupt hört King Akwa nun, alles sei geregelt, er habe sämtliche Wünsche und Beschwerden, auch die Anliegen der Akwa, bereits vorgetragen. Aber die Akwa lassen es sich nicht nehmen, ebenfalls die Kolonialabteilung aufzusuchen. Dort will man sie abwimmeln und schickt sie zu einem Beamten, der mit Kamerun noch nie befasst war. Er hört sich an, was die Afrikaner zu sagen haben, redet freundlich mit ihnen, hält es aber nicht einmal für nötig, nach dem Gespräch eine Aktennotiz zu schreiben.

## Kamerun, Hamburg

Daheim berichten beide Delegationen, ihr Besuch in Berlin habe sich gelohnt, ihnen seien einige Zusagen gemacht worden. Glauben sie das wirklich? Ihre Landsleute vertrauen jedenfalls auf ihr Wort: Es hagelt nun Beschwerden bei der Kolonialregierung, die den Gouverneur in Rage bringen – er weiß ja, dass den Duala nichts versprochen wurde: »Frechheit und Unbotmäßigkeit machen sich in allen Kreisen des Stammes immer breiter, die unglaublichsten Lügen über heimische Verhältnisse und Personen werden verbreitet.«

Jesko von Puttkamer ist ein erklärter Feind der Duala. Vom ersten Tag an nutzt er seine Macht, die führenden Handelsoligarchen, die Kings und Chiefs, die den Hamburger Firmen im Wege stehen, klein zu machen. Etwas Gutes haben die Einheimischen niemals von Puttkamer zu erwarten. In seinen Erinnerungen schreibt er: »Die Duala sind das faulste, falscheste und niederträchtigste Gesindel, welches die Sonne bescheint, und es wäre sicherlich das Beste gewesen, wenn sie bei der Eroberung des Landes im Jahre 1884 wenn schon nicht ausgerottet, so doch außer Landes verbracht worden wären.«

In Puttkamers Menschenverachtung schwingt bereits jene genozidale Fantasie mit, die im 20. Jahrhundert mehr als einmal in die Tat umgesetzt wird. Dass dem Beamten mit der Attitüde eines Herrenmenschen ein Mann wie Hans Dominik imponiert, liegt auf der Hand. Dominik habe gegenüber den Afrikanern »das einzig richtige

Prinzip« verfolgt: »Sie müssen wissen, dass ich der Herr bin und der Stärkere; solange sie das nicht glauben, müssen sie es eben fühlen, und zwar hart und unerbittlich, bis ihnen das Auflehnen vergeht!«[32]

Ein einheimischer Zeitzeuge, Franz Momha, erzählt später, wie er sich an das Kolonialregime erinnert: »Sobald ein Weißer durch die Straße ging, mussten alle anderen einen großen Bogen machen und die Kopfbedeckung abnehmen, sonst gab es Prügel. Die Ängstlichen rissen deshalb schon von ferne ihre Kappen herunter.« Ziel des permanenten Terrors ist die Entmenschlichung, die sich aus Momhas Perspektive gleich doppelt manifestiert, als Erniedrigung auf der einen und Überhöhung auf der anderen Seite: »Der Schwarze wurde zum Gegenstand herabgewürdigt. Er sollte den Weißen als Gott ansehen.«

Puttkamer hält sich länger als jeder andere Kamerun-Gouverneur im Amt, nicht zuletzt, weil sein »Schutzgebiet« für einige Jahre den wirtschaftlichen Spitzenplatz unter Deutschlands Kolonien erreicht.[33] Zunehmend werden Kakao und Kautschuk zu lukrativen Exportprodukten. Kaffee, Tee und Tabak bleiben allerdings hinter den Erwartungen zurück.

Während Puttkamers Truppen ihre blutige Spur durch das Land ziehen, hat die systematische Anlage von Plantagen begonnen. Eine spezielle Form der Enteignung ebnet ihrem Ausbau den Weg: 1896 hat der Gouverneur eine Verordnung erlassen, die alles »herrenlose Land« zu »Kronland« erklärt. Mit einem Federstrich gehören weite Teile Kameruns nun nicht mehr den Menschen, die dort leben, sondern den Deutschen. Für jede einheimische Familie bleiben weniger als zwei Hektar, um dort Produkte für den Eigenbedarf anzubauen. Bis 1914 entsteht am Fuß des fast 4100 Meter hohen Kamerunbergs das größte zusammenhängende Pflanzungsgebiet Westafrikas.

Nach der Jahrhundertwende verlegt der Gouverneur seinen Regierungssitz dorthin. Dank der Höhenlage ist das Klima angenehmer als an der Küste, beinahe wie in einem deutschen Mittelgebirge, Puttkamer lobt die »reine, klare Bergluft«.[34] In Buea, dem einstigen Hauptdorf der Bakweri, hat Hans Dominik mit seinem Maxim-Maschinengewehr Tabula rasa gemacht, ehe der Ausbau zur Kolonialhauptstadt beginnt.

Das Postamt, das Baubüro und der Friedhof mit den Grabstätten kaiserlicher Beamter sind noch heute zu besichtigen,[35] genau wie das sogenannte Puttkamer-Schlösschen. Seinen wilhelminischen Prunkbau hat der Gouverneur fürstlich ausgestattet, mit Tennisplatz und Rosengarten – die Baukosten übersteigen den Etat bei Weitem. In einer Sennerei weiter oben am Hang halten sich die Deutschen ihre Milchkühe, Allgäuer Rinder, die sie später mit einheimischen Rassen kreuzen. Größere Probleme bereitet ihnen die Zucht von Heidschnucken.[36]

Gründlich, wie Deutsche oft sind, führen sie genaue Statistiken über den Alkoholkonsum ihrer Landsleute in den Kolonien, der das Leben dort erträglicher machen soll. In Kamerun wird besonders viel gesoffen: Nach den Angaben für das Jahr 1910 schüttet dort jeder Deutsche 51,85 Liter Branntwein und 245,30 Liter Bier in sich hinein. Belustigt führt man das im Reichstag darauf zurück, »dass das süddeutsche Element unter den Weißen in unseren Kolonien überwiegt«.[37]

An der Küste, auf einer Halbinsel namens Kap Nachtigal, errichten die Kolonialherren einen »Bismarckturm«. Das Bauwerk im gotischen Stil, teilweise finanziert durch private Spenden, wird jahrzehntelang als Leuchtturm dienen. Im Februar 1903 kommen Adolph und Gertrud Woermann während ihrer Afrikareise zu Besuch. Puttkamer empfängt das Ehepaar auf seiner neuen Jacht *Herzogin Elisabeth,* auf die er mächtig stolz ist (»ungemein schneidig und vornehm«).[38] In seinen Erinnerungen lobt er »den klaren und offenen Blick des großen Hanseaten« und schreibt blumig: »Es waren genuss- und lehrreiche Stunden, die wir verplaudern konnten, und besonders Frau Woermann hatte ihre herzliche Freude, als abends nach einem gemütlichen Essen meine Musik ihre flotten Märsche und Lieder von Deck der hell beleuchteten Jacht durch die laue Tropennacht … hinschallen ließ.«

»King Woermann« interessiert sich wie üblich vor allem fürs Geschäft, unter anderem schaut er auf seiner Plantage in Bimbia nach dem Rechten.[39] Wie früher schon auf den Zuckerplantagen der Karibik oder den Baumwollfeldern der US-Südstaaten stellt sich die Frage: Wer verrichtet die schwere körperliche Arbeit? Wessen Hände pflücken Woermanns Kakaofrüchte, wie gelangen sie auf seine Schiffe?

Freiwillige gibt es nicht genug, weil die Löhne zu schlecht und die Bedingungen zu hart sind.

Die Zwangsrekrutierung von Arbeitskräften für die Pflanzungen, von Trägerinnen und Trägern wird zu einem weiteren dunklen Kapitel der deutschen Kolonialgeschichte. Dass die in Westafrika tätigen Basler Missionare von »einer neuen Art der Sklaverei« oder »Staats-Sklaverei« sprechen, ist kein bisschen übertrieben.[40] Der Bremer Afrika-Kaufmann Karl Vietor erhält von seinem Teilhaber aus Kamerun den Bericht, »dass im Edea-Bezirk die Leute einfach wie Sklaven weggefangen und mit Stricken zusammenkoppelt auf die Plantagen gebracht würden«.

Dass solche Berichte daheim im Reich bekannt werden und viele Menschen schockieren, lässt sich nicht verhindern. Aber die Kolonialisten haben ein Mittel dagegen: die systematische Verdrehung der Tatsachen. Als besonders wirksam erweist sich eine perverse Art von Volkspädagogik, die an den Begriff der Erziehung anschließt. In einem Buch des Tropenarztes Ludwig Külz kommen alle Elemente dieses Narrativs zusammen: »Wozu sollen wir den Neger erziehen? Meine kurze und bündige Antwort lautet: Zur Arbeit für uns. Tun wir das, so haben wir den materiellen Nutzen auf unserer und eine Veredlung der Eingeborenen auf der anderen Seite.«[41]

Was es mit der angeblichen Veredlung auf sich hat, zeigt sich in drastischer Form auf den Kameruner Plantagen: Bei schlechter Ernährung und unter miserablen hygienischen Bedingungen werden die Arbeiterinnen und Arbeiter zum Schuften in die Pflanzungen geprügelt. Wer sich widersetzt, landet auf einer der Anlagen im »Hungerturm«. Den Trägern ergeht es nicht besser: Aufgereiht zu Menschenkarawanen, schleppen Männer und Frauen – darunter Mütter mit kleinen Kindern im Tragetuch – Lasten von 30 oder 40 Kilo durch den Wald, nicht selten bis zur völligen Entkräftung. Entsprechend hoch ist die Sterblichkeit. Dr. Külz weiß das natürlich, will darin aber, wie die europäischen und amerikanischen Sklavenhalter früherer Zeiten, bloß ein ökonomisches Problem sehen: »Nehmen wir an, dass in Kamerun, abgesehen von allen Kriegs- und Seuchenverlusten, jährlich 1000 Menschenleben vergeudet werden (ein niedrig gegriffener Satz!), setzen wir den Kapitalwert eines schwarzen Arbeiters auf jährlich 100 Mark fest, und nehmen wir ferner an, dass die Gestorbenen durchschnittlich noch 10 Jahre länger gelebt hätten ... so ergibt das für unser Schutzgebiet einen Jahresverlust von einer Million.«

So wie der aus Sachsen stammende Tropenarzt blicken auch die Hamburger Unternehmer auf die koloniale Welt; das Mitgefühl ihres Bremer Konkurrenten Vietor ist ihnen fremd. Woermann und Thormählen haben von Anfang an auf die Plantagenwirtschaft gesetzt; Aufbau und Betrieb der Pflanzungen kosten allerdings viel Geld, und anders als der Rohstoffhandel werfen sie erst nach mehreren Jahren Profit ab. Darum steigen kapitalstarke Investoren in Kamerun ein, unter ihnen Bankiers aus Berlin und Industrielle aus dem Rheinland und dem Ruhrgebiet. Auch Puttkamer, Aktionär der *Westafrikanischen Pflanzungsgesellschaft Victoria,* hofft auf Rendite und wird nicht enttäuscht.[42]

Besonders vielseitig engagiert sich der Hamburger Rechtsanwalt Julius Scharlach, der nach 1890 als Unternehmer, Verbandsfunktionär und Regierungsberater eine tonangebende Rolle unter den deutschen Kolonialisten einnimmt. Der Leiter der Fachabteilung im Auswärtigen Amt sieht in ihm einen »der weitsichtigsten und einsichtigsten Kolonialpolitiker, die in Deutschland vorhanden sind«.[43] Eine Auflistung von Scharlachs Posten und Beteiligungen wäre seitenfüllend; der Eisenbahnbau in Südwestafrika gehört genauso dazu wie die Verbindung mit dem britischen Großunternehmer Cecil Rhodes, nach dem Rhodesien (heute Simbabwe) benannt wird. Die internationale Anwaltsfirma *Freshfields Bruckhaus Deringer* lässt sich unter anderem auf Scharlachs Kanzlei zurückführen.

Dessen Energie ist ebenso groß wie seine Profitgier. Nach einer millionenschweren Börsenspekulation mit der *Gesellschaft Süd-Kamerun* hält ihm selbst die *Deutsche Kolonialzeitung* seine »unersättliche Begehrlichkeit« vor.[44] Zimperlich tritt der Jurist wahrlich nicht auf. Für die *Hamburger Nachrichten* schreibt er einen Beitrag »Über unsere Kolonien und die Presse«. Es sei falsch, findet er, sich über irgendwelche Kolonialskandale zu empören: »Glaubt man etwa, dass bei den Engländern, den Holländern, den Franzosen, von den Spaniern ganz zu schweigen, nicht bis in die neueste Zeit hinein ähnliche Vergehen in den Kolonien vorgekommen sind wie bei uns?«[45] Seinen Aufsatz spickt Scharlach mit Behauptungen, in denen sich der weitverbreitete Sozialdarwinismus der Epoche in Reinform darstellt: »Kolonisieren, das zeigt die Geschichte aller Kolonien, bedeutet nicht, die Eingeborenen zivilisieren, sondern sie zurückdrängen und schließlich vernichten. ... Diese an sich gewiss traurige Tatsache muss als eine erwiesene geschichtliche Notwendigkeit betrachtet werden. ... Die Verschiedenheit der Rasse ist entscheidend. ... Wo immer ein mächtiges Herrenvolk auf ein Sklavenvolk trifft und die Herrschaft über dasselbe erwirbt, ist das Letztere dem Untergange geweiht.« Unübersehbar formt sich hier bereits das Weltbild der Nationalsozialisten.

Aber schon um 1900 sind unmenschliche Aussagen wie die zitierten im Deutschen Reich weithin akzeptabel. Es ist der imperialistische Wahn eines Scharlach, eines Puttkamer, auch eines Woermann und Thormählen, mit dem die Menschen in den Kolonien oft unmittelbar konfrontiert sind.

Die Duala-Elite an der Küste von Kamerun stemmt sich nach Kräften gegen den Druck und die Verachtung der neuen Herren. Ihren Wohlstand, ihr Wissen, ihre Netzwerke haben sich die führenden Familien über Generationen aufgebaut, und auch sie sind nicht zimperlich gewesen. Zu den Ressourcen, die sie weiterhin nutzen, gehört die Sklavenarbeit.

Noch 1901 gelingt es dem Oberhaupt August Manga Ndumbe Bell, bei der Kolonialregierung die Begnadigung von zwei verurteilten Sklavenhändlern zu erwirken. Sein Argument: Kein Einheimischer könne verstehen, dass dieses Geschäft inzwischen illegal sei.[46] Er selbst betreibt Kakaoplantagen, auf denen Sklaven die Arbeit verrichten, wie es in der Region seit jeher üblich ist. Allerdings sind deren Lebensbedingungen besser als die der Zwangsarbeiter in den Pflanzungen der Deutschen. Die Bell-Leute haben wenig Mühe, Arbeitskräfte aus dem Inland zu gewinnen, da die Perspektive besteht, aus der Versklavung in ein freies Leben hinüberzuwechseln. Nicht selten nehmen die Männer sogar ihre Familien mit. Einer der reichsten Händler unter den Duala ist ein freigelassener Sklave aus dem nördlichen Grasland.

Bei ihrem Besuch in Berlin haben die Bells zwar keine konkreten Zusagen erhalten, aber immerhin Verständnis geweckt. Auf Drängen der Kolonialabteilung sieht sich Puttkamer schließlich genötigt, in einem Punkt nachzugeben: Er erteilt dem Bell-Oberen die Erlaubnis zur Elefantenjagd, die er allen Duala verboten hatte.[47] Wegen des kostbaren Elfenbeins handelt es sich um eine wichtige Einnahmequelle.

Die Akwa dagegen erreichen für sich nichts. An seinen Sohn Mpundu, der nach der Reise in Deutschland geblieben ist, schreibt ihr King in einem Brief: »Puttkamer vermehrt nur noch die schlechte Behandlung, welches das ganze Land sicher in Aufstand bringen kann, mit jedem Gottestag. Fürwahr, mein Sohn, das ganze Land hat jetzt nur noch den einen Wunsch: lieber den Tod.« Viele würden gerne gegen die Deutschen in den Krieg ziehen, selbst wenn es aussichtslos sei: »Ich aber als Kopf des Landes, welcher sein Land freiwillig unter den Schutz Seiner Majestät des Kaisers gestellt hat, sowie meine sämtlichen Großhäuptlinge werden nie und nimmer die Einwilligung zu einem Kriege geben.« Dass King Akwa bei aller Enttäuschung mäßigend auf seine Leute einwirkt, hindert die Deutschen nicht daran, ihn 1905 wegen einer angeblichen Unterschlagung für fünf Monate ins Gefängnis zu werfen. Danach beruft er eine große Versammlung ein, auf der die Akwa sämtliche Beschwerden gegen die Kolonialregierung zusammentragen.

Das Ergebnis ist eine lange Petition mit 24 Punkten, die sie ins Deutsche übersetzen und an den Reichstag und den Reichskanzler schicken. Auspeitschungen, Willkür, Zwangsarbeit, Enteignungen, sexuelle Übergriffe sind einige der angeprangerten Missstände. Hauptforderung ist die Ablösung Puttkamers und seines Beamtenregimes »Die Regierung … ist geradezu eine Schande für das hochlöbliche Deutsche Reich!«

Das Reich denkt allerdings nicht daran, darauf einzugehen. Der Gouverneur soll die Sache selbst regeln, entscheidet der Kolonialdirektor. Puttkamer fürchtet, »dass wir … auf einem Pulverfass sitzen«, darum müsse jeder Funke »unnachsichtig ausgelöscht« werden. Also wirft er seinen Apparat an. Die Unterzeichner der Petition lässt er verhaften, die Vorwürfe lauten auf Hochverrat, Ungehorsam gegen die Obrigkeit, öffentlicher Angriff gegen Staatseinrichtungen und verleumderische Beleidigung. Bezirksrichter Wilhelm Lämmermann spricht im Dezember 1905 drakonische Strafen aus, die höchste für King Akwa: neun Jahre Gefängnis mit Zwangsarbeit. Weil er sich beschwert hat.

## Berlin

Nach Zeitungsberichten aus Kamerun debattiert der Reichstag über Lämmermanns Gerichtsurteile, die anscheinend selbst Puttkamer zu hart findet. Nicht nur die Sozialdemokraten, sondern auch Abgeordnete des Zentrums sind hellauf empört. Der Gouverneur wird in die Hauptstadt zitiert.

Formale Mängel des Gerichtsverfahrens sind schnell gefunden, sodass Berlin eine Wiederholung anordnet. Die Urteile sollen milder ausfallen – zu mild aber auch nicht. Schließlich gehe es um »das Ansehen der deutschen Regierung bei den Eingeborenen«, wie der Kolonialdirektor dem Reichskanzler mitteilt. Der vom Reichskanzler schriftlich informierte Kaiser wundert sich über die Wiederholung des Verfahrens und kritzelt an den Rand des Papiers: »Warum? Bei Wilden muss man logische Konsequenz zeigen!«

In der sozialdemokratischen Parteizeitung *Vorwärts* erscheinen detailkundige Berichte über »den Puttkameruner Kolonialsumpf«. Da sich der Beginn des zweiten Gerichtsverfahrens hinzieht, werden King Akwa und seine Leute freigelassen.

In Berlin hört ein Kammergerichtsrat Puttkamer und weitere leitende Kolonialbeamte zu den Vorwürfen an. Alle versuchen, ihr Verhalten zu rechtfertigen, räumen jedoch ein, dass die in der Petition beschriebenen Sachverhalte im Wesentlichen stimmen. Das Verhör der Akwa in Duala dauert sieben Stunden, als Fazit steht im Protokoll: »Sie werden sich nur der Macht fügen.«

Im zweiten Gerichtsurteil bekommen sie die Macht abermals zu spüren. Der neue Richter verhängt Gefängnisstrafen zwischen fünf Monaten und anderthalb Jahren. Vorgeworfen wird den Schwarzen unter anderem die »Missachtung jedes Subordinationsgefühls«. Das bedeutet: Wer nicht kuscht, wird eingesperrt.

Aus Berliner Sicht ist die Sache damit erledigt. Puttkamer kehrt nie wieder nach Kamerun zurück, die Reichsregierung lässt ihn fallen. Nach einem Disziplinarverfahren wird er mit dreiundfünfzig Jahren pensioniert. Offiziell spielen die Beschwerden der Einheimischen gegen ihn nur am Rande eine Rolle. Der Hauptvorwurf lautet auf Urkundenfälschung: Bei einem Heimaturlaub hat Puttkamer 1896 im Berliner Nachtleben die 22-jährige Marie Ecke kennengelernt, die ihn bis nach Kamerun begleitet. Als »Freiin von Eckardtstein«, angeblich seine Cousine, hat er sie mit zwei falschen Pässen ausgestattet.

Unter Puttkamers Nachfolgern verbessert sich das Leben der Einheimischen nicht.

## Duala

Ab und zu schickt Rudolf Duala Manga Bell eine Postkarte aus Kamerun an seine Freunde in Deutschland. Einem früheren Aalener Schulkameraden gratuliert er im Februar 1903 zur Verlobung und erzählt: »Ich habe ... 3 Kinder gehabt, einer ist im Jahre 1899 gestorben. Der älteste ist gegenwärtig in Berlin.«[48] Drei weitere Kinder wird seine Frau Emmy noch zur Welt bringen.

Einige Jahre danach schreibt er: »Tiefgebeugt machen wir die traurige Anzeige, dass unser innigst geliebter Vater, Großvater A. Manga Bell Oberhäuptling von Duala und Kamerun nach qualvoller schwerer Lungenentzündung im Alter von fünfundfünfzig Jahren heute Nachmittag 5.05 uns durch den Tod entrissen worden ist. Duala, 2. September 1908. Im Namen der Hinterbliebenen, Tiefbetrübter Sohn Rudolf Manga Bell.«

Von seinem Vater erbt er Plantagen und mehrere moderne Gebäude in Duala, von denen die meisten an Europäer vermietet sind. Besonders ins Auge fällt die sogenannte Pagode, eine palastartige Villa mit Arkaden und einem Türmchen, die deutsche Baumeister vor drei Jahren als Wohnhaus errichtet haben. Die Zimmer sind mit schweren wilhelminischen Möbelstücken eingerichtet. Eine deutsche Besucherin staunt über das moderne Grammofon. – Heute beherbergt das Bell-Palais eine Bar und eine Kunstgalerie.

Allerdings erbt Rudolf Duala Manga Bell auch die väterlichen Schulden, die unter anderem bei *C. Woermann* aufgelaufen sind. Kaum ist der Tote begraben, klagt das Handelshaus auf Rückzahlung. An Silvester 1908 schreibt Manga Bell dem Gouverneur einen Bittbrief: »Die Vermögensverhältnisse meines Vaters sind leider so traurige, dass ich gar nicht in der Lage bin, die Gläubiger befriedigen zu können.«[49] Für Schulden und ausstehende Löhne seien 70 000 bis 80 000 Mark fällig gewesen, nur einen kleinen Teil davon habe er bezahlen können. »Außerdem müssen die in Deutschland befindlichen Kinder unterhalten werden, … und diese Ausgaben sind gewiss keine geringen.«

Als Grund für die hohe Verschuldung führt Manga Bell an, dass seinem Vater durch das zeitweilige Verbot der Elefantenjagd viel Geld entgangen sei und dass sich dessen Investition in die Anlage von Plantagen erst in einigen Jahren auszahlen werde. Da der Gouverneur ihn bereits zum neuen »Oberhäuptling von Duala« ernannt habe, erbitte er nun »eine Vergütung für die übernommenen Pflichten«.

Auf dem Dienstweg nimmt sich der neue Bezirksamtmann von Duala des Falles an, Hermann Röhm. Es ist derselbe Hermann Röhm, mit dem sich Manga Bell einst in Deutschland angefreundet hatte, möglicherweise bei juristischen Vorlesungen in Bonn. Von persönlicher Verbundenheit zwischen den beiden ist in Kamerun jedoch nichts zu spüren.

Röhm plädiert zwar dafür, dem neuen Oberhäuptling »ein jederzeit widerrufliches Gehalt zu gewähren – vorläufig in Höhe von 3000 Mark«; Manga Bells Vater hatte allerdings 4900 Mark im Jahr erhalten. Ein Bezirksamtmann verdient inklusive Kolonialzulage jährlich bis zu 13 400 Mark.[50] Als Gegenleistung muss der Duala-Anführer Polizei- und Ordnungsaufgaben übernehmen (»Reinigen der Wege etc.«) und der Regierung Arbeitskräfte stellen, etwa für den Eisenbahnbau. Wie sein Vater darf Manga Bell auch richterliche Aufgaben erfüllen, die ebenfalls vergütet werden. Röhm fasst zusammen, es sei »politisch von Bedeutung, einen einflussreichen Mann, wie das Haupt der Bellfamilie, in der Hand zu haben«.

Bis dahin ist Manga Bell ein williger Gefolgsmann des Kaisers. Und vorerst deutet nichts darauf hin, dass sich daran etwas ändern könnte.

Von den eigenen Leuten wird das neue Bell-Oberhaupt nicht sofort inthronisiert, sondern erst 1910. Der Grund für die zweijährige Verzögerung ist unklar, die Feierlichkeiten sollen aber grandios gewesen sein.[51] Als Königsmacher tritt der einstige Widersacher seines Großvaters auf, Lock Priso.

Zu dieser Zeit beginnt die Kolonialverwaltung, einen älteren Plan energisch voranzutreiben: Die wachsende afrikanisch-europäische Stadt Duala, in der rund 400 Weiße und 20 000 Schwarze zusammenleben, soll eine Vorzeige-Metropole des deutschen Kolonialreichs werden. Die Idee ist, an der Flussmündung jene rassistische Ordnung zu installieren, die später in Südafrika Apartheid heißen wird.[52]

In den guten Lagen nah am Wasser sollen die Weißen leben; abseits davon, getrennt durch eine lang gestreckte, einen Kilometer breite »Freie Zone«, die Schwarzen. Um die Zwangsumsiedlung in Gang zu bringen, will die Regierung die Duala großflächig enteignen. Als Entschädigung sind 40 Pfennig pro Quadratmeter geplant, dazu ein Entgelt für Häuser und Hütten.

Ein besonders eifriger Förderer der Segregation ist Bezirksamtmann Röhm. Bei den Enteignungen hat er auch die deutsche Steuerkasse im Blick, da Duala eine aufstrebende Stadt mit steigenden Grundstückspreisen ist: »Regierung, Kommune, Bahn, die schon lange ansässigen sogenannten Dualafirmen, die erst bodensässig gewordenen Südfirmen, die Baufirmen und andere Private haben zu ihrer Ausdehnung Bauterrain im Europäerviertel notwendig.« Sollen davon die Schwarzen profitieren? Nein, Röhm will, »dass nicht mehr, wie bisher, den Eingeborenen die Wertsteigerung zugutekommt, sondern dem Fiskus«.

Deutsche Ärzte stützen das Vorhaben durch tropenmedizinische Argumente. Wer würde widersprechen, wenn es doch um die Gesundheit geht? Regierungsarzt Hans Ziemann wirbt schon länger dafür, zwischen die Häuser von Schwarzen und Weißen mindestens einen Kilometer Abstand zu legen, um die Malaria einzudämmen. »Diejenigen, die die eigentlichen Träger der Blutparasiten sind, aber von ihnen relativ wenig zu leiden haben«, müssten von denen abgesondert werden, »die hier die eigentlichen Träger der Kultur sind und das Land erschließen«.

Den Nachweis, dass die Malaria auf diese Weise wirksam bekämpft werden könnte, bleibt Ziemann zwar schuldig. Dafür schiebt er ein anderes Argument hinterher – den »enormen Vorteil, den die räumliche Trennung der oft johlenden und schreienden, jedenfalls unruhigen Eingeborenen für das Nervensystem der Europäer bringen wird«. Zwei andere Ärzte schlagen in dieselbe Kerbe, indem sie den »ekelerregenden Gestank« der afrikanischen Speisen ins Feld führen, dazu die dem deutschen Nachwuchs angeblich drohende Gefahr durch Spielgefährten, deren Sprache »ihnen besonders auf geschlechtlichem Gebiete Dinge mitteilt, vor denen unsere Kinder zu hüten unsere heilige Pflicht ist«.

Die Duala wollen sich die Enteignung nicht gefallen lassen. Auf ihrem Ngondo, der Ratsversammlung der Oberen, erhält Rudolf Duala Manga Bell das Mandat, für alle Clans zu sprechen. Am 30. November 1911 schreibt er ein Telegramm an »den hohen deutschen Reichstag« mit der Bitte, die »Rückgängigmachung der vom hiesigen Gouvernement beabsichtigten Enteignung unseres ganzen Grund und Bodens« in die Wege zu leiten. »Die Existenzfähigkeit des ganzen Volkes« stehe auf dem Spiel.

Drei Monate später schicken die Duala eine gemeinsame Petition an den Reichstag. Besonders empörend finden sie es, dass ihnen »Ersatzland in Gestalt von unserem eigenen Farmland« angeboten werde. »Seit wann ist denn unser ländlicher Grundbesitz Eigentum der Regierung geworden?«

Manga Bell erinnert an den grundlegenden Vertrag, den sein Großvater und die anderen Duala-Anführer am 12. Juli 1884 geschlossen haben. Genau wie in »Our wishes« vom selben Tag haben die Deutschen darin glasklar zugesichert: Der Grundbesitz »der gegenwärtigen Eigentümer und ihrer Nachfolger« sei unantastbar. Gilt das etwa nicht mehr?

## Hamburg, Duala

Für die Koloniegründer um Adolph Woermann war der Vertrag immer bloß ein Stück Papier. Woermann ist inzwischen tot, gestorben im Mai 1911, begraben auf dem Ohlsdorfer Friedhof in Hamburg. Ein langer Trauerzug lief hinter seinem Sarg; der Kaiser, mehrere deutsche Fürsten und die großen internationalen Schifffahrtslinien schickten Kränze; die Flaggen in der Stadt wehten auf Halbmast.[53]

Auf seiner kupfernen Grabplatte im heutigen Planquadrat Q 24 fehlen die üblichen Symbole des Christentums. Stattdessen hat Woermann Verse eingravieren lassen, die mit den Worten beginnen: »Seinen Tod stirbt der Vollbringende siegreich.« Sie stammen aus *Also sprach Zarathustra,* Nietzsches dunkel-prophetischer Vision des »Übermenschen«, und beseitigen die letzten Zweifel, für wie bedeutend sich der Verstorbene gehalten hat.

Dass die moralisch anspruchsvoll auftretenden Deutschen aus einem Rechtsakt einen Trickbetrug machen wollen, geht Manga Bell nicht in den Kopf. Einen schwierigeren Gegner hätte die Regierung kaum haben können. Der Duala-King fällt niemals aus der Rolle des gesetzestreuen Sachwalters, der die Interessen seines Volkes im Rahmen der geltenden Regeln vertritt, um zu einer gerechten Entscheidung zu gelangen. Sein Auftreten ist der Inbegriff dessen, was die Kolonialisten als ihr angebliches Ziel ausgeben: Zivilisierung. An zivilisierter Finesse lässt sich Manga Bell von keinem Reichsbeamten übertreffen.

Die Deutschen haben zwar niemals vor, ihren Enteignungsplan aufzugeben. Aber vor offener Willkür scheut die Kolonialmacht zurück, weil sie die Empörung bürgerlicher Kreise im eigenen Land fürchtet. Der Reichstag debattiert ausführlich, Parlamentsausschüsse tagen, die Exekutive stellt umfassende Denkschriften zusammen, der gesamte Vorgang nimmt enorme Ausmaße an. Und dies alles, um den Anschein zu wahren, es handle sich um ein rechtlich zulässiges und moralisch einwandfreies Projekt.

Bezirksamtmann Röhm wendet gegen Manga Bells Rückgriff auf den Vertrag von 1884 ein, dessen Argument sei »unrichtig«, da den

Deutschen im selben Vertrag das »right of management« übertragen worden sei. Dieses übergeordnete Recht gebe der Regierung freie Hand bei ihren Entscheidungen. Im Januar 1913 ordnet Röhm an, binnen fünf Jahren 903 Hektar Duala-Land zu enteignen.

Um ihrem Widerstand Nachdruck zu verleihen, wollen Manga Bell und andere Duala-Obere persönlich in Berlin vorsprechen, aber die Regierung lässt sie nicht ausreisen. In einer schriftlichen Beschwerde gegen Röhms Enteignungsbeschluss fassen sie nun alle ihre Argumente zusammen – und mehr als das. Ihre Petition liest sich wie ein verfassungsrechtliches Manifest zum künftigen Miteinander in Kamerun: Der Vertrag sei einst geschlossen worden, damit die Deutschen den Duala »die grundlegenden Kenntnisse vom Wesen des Staates vermitteln«. Ziel sei auch gewesen, »die Volkswirtschaft der Einheimischen« zu fördern. Letztlich hätten die Kings und Chiefs in der Erwartung unterschrieben, dass die Reichsregierung »die Anerkennung der persönlichen Freiheit und der Gleichheit aller Menschen herbeiführe und dann die völlige bürgerliche Emanzipation durch den Staat erfolge: ›Aus Untertanen werden Staatsbürger‹«. Es sind Sätze, die wie gezielte Pfeile ins Herz des heuchlerischen Kolonialregimes treffen.

Nach einem Vertragsbruch durch die Deutschen würden die Duala erwägen, »ob nicht ... von dem Vertrage zurückzutreten und der Vertrag mit einer anderen Macht abzuschließen wäre«. Jemand im Reichskolonialamt hat die Textstelle in seiner Akte dick unterstrichen. Wollen die Duala etwa so weit gehen, sich Engländern oder Franzosen zuzuwenden?

Zunehmend konzentrieren die Deutschen ihren Argwohn auf die Person Manga Bells. »Er erweist sich immer mehr als Führer der gegen die Regierung gerichteten Bewegung«, heißt es in einem Bericht, der sich auf den Bezirksamtmann beruft. Der Bell-Obere sei ein »Aufhetzer und Friedensstörer«. Im August 1913 setzt Röhm ihn als amtlich bestellten Oberhäuptling ab. Die kaiserliche Marine lässt demonstrativ ihre Kriegsschiffe in der Flussmündung aufkreuzen.

Kurz danach trifft hoher Besuch aus Berlin ein: Der Leiter des Kolonialamts, Staatssekretär Wilhelm Solf, macht während seiner Westafrikareise Station in Kamerun. In Duala hält er eine größere Versammlung ab, auf der allerdings nur einer der Einheimischen sprechen darf. Manga Bell wendet sich direkt an Solf: »Wir glauben, dass der Herr Staatssekretär geneigt sein wird, die uns sehr am Herzen liegende Angelegenheit der Enteignung generell zu prüfen.« Das Gegenteil ist der Fall. Kaum hat Manga Bell zu Ende geredet, erklärt Solf: »Häuptlinge und Leute von Duala! Hört mich an und merkt euch meine Worte gut. ... Ihr habt euch den rechtmäßig zustande gekommenen Befehlen der Regierung widersetzt.« Nun gebe es nichts mehr zu prüfen und zu verhandeln. Die Entscheidung sei gefallen. Im Reichstag sagt der Staatssekretär später: »Wenn ich von dem Grundsatz aus die Neger behandeln wollte, ... dass alle Menschen gleich sind, dann würde ich die Kolonialverwaltung aufgeben. Das ist unmöglich.«

Ende des Jahres beginnt die gewaltsame Umsiedlung. Solf erwirkt bei der Marine, dass die Truppen in Kamerun Verstärkung bekommen und Manöverübungen abhalten.

## Berlin

Sollte die Kolonialregierung mit einem Ende des Widerstands gerechnet haben, hat sie sich getäuscht. Trotz des Ausreiseverbots gelingt es den Duala, Adolf Ngoso Din nach Deutschland zu schicken, Sekretär und Vertrauter Manga Bells. Beide haben einst die Reichsschule von Theodor Christaller besucht. Auf Betreiben Röhms wird Ngoso Din nach seiner Ankunft in Hamburg »wegen unerlaubter Auswanderung« kurzzeitig festgenommen. Dann aber sucht er den Kontakt zu einem politisch engagierten Journalisten und einem Rechtsanwalt, die beide schon den Duala helfen.

Der linksliberale Journalist prangert öffentlich die »Tyrannei der Kolonialregierung« an. Die nationalistische Presse hält dagegen und beklagt die »fantastisch-sentimentale Afrikaromantik« mancher im Land. Druck auf die Regierung üben Unternehmer und ihre Verbände aus, etwa die *Westafrikanische Pflanzungsgesellschaft Victoria* und der *Verein westafrikanischer Kaufleute Hamburg*. Sie fürchten um die »erforderliche Autorität« der Staatsmacht in Kamerun.

Am 9. Mai 1914 tritt die Budgetkommission des Reichstags zusammen, um abschließend über den Enteignungsplan zu beraten. Die Meinungen gehen auseinander, Staatssekretär Solf muss befürchten, überstimmt zu werden. Dann verliest er ein Telegramm aus Kamerun, das er kurz vor Beginn der Sitzung bekommen hat. Demnach hat Manga Bell den König der Bamum im Westen des Landes aufgefordert, »ein Bündnis zum Sturze der deutschen Herrschaft abzuschließen«. Ein ungeheuerlicher Vorgang. Mehrere Abgeordnete, die bisher die Duala unterstützt haben, wechseln ins Regierungslager.

Solf kabelt umgehend nach Buea ans Gouvernement: Manga Bell sei »sofort wegen Hochverrats in Verfolgung zu setzen und zu verhaften«.

Was die Parlamentarier nicht wissen können: Der Staatssekretär hat mit gezinkten Karten gespielt. Vom »Sturz der deutschen Herrschaft« steht nichts im Telegramm, die zentrale Stelle ist eine Erfindung. Im Original heißt es wörtlich über die Angaben des Bamum-Königs, er »sei aufgefordert, sich mit Duala solidarisch zu erklären und gegen die deutsche Regierung zu verbünden«. Solidarität und gemeinsamer Widerstand – für die Deutschen wäre das Bündnis der Einheimischen ein Rückschlag, keine Frage. Ein Umsturzversuch wäre es nicht.

Das von Solf angestoßene Strafverfahren soll rechtsstaatlich aussehen, dient aber nur dem Zweck, den Widerstand ein für alle Mal zu brechen. Es kommt zu mehreren Festnahmen. Ngoso Din wird in Berlin verhaftet und mit dem Dampfer *Professor Woermann* von Hamburg nach Kamerun gebracht.

## Duala

Die Hauptverhandlung gegen Rudolf Duala Manga Bell und Adolf Ngoso Din vor dem Bezirksgericht Duala ist für den 17. September 1914 angesetzt. Allerdings bricht Ende Juli der Krieg aus, der sich zum Ersten Weltkrieg ausweiten wird. Schon nach wenigen Tagen erfährt die deutsche Kolonialregierung in Kamerun, dass sich feindliche Schiffe nähern. Um das Verfahren vor dem erwarteten Angriff abzuschließen, wird der öffentliche Prozess auf den 8. August vorgezogen. Die vier erfahrenen Rechtsanwälte, die als Verteidiger der beiden Angeklagten auftreten wollen, können nicht aus Deutschland anreisen.

Manga Bell darf das Gefängnis einmal verlassen, um seine Familie zu sehen. Könnte er den Besuch zur Flucht nutzen? Angeblich stehen Pirogen bereit, kleine Segelboote, um ihn außer Landes zu bringen.[54] »Aber Rudolf sagte nein, ich habe verloren, ich gehe zurück ins Gefängnis«, erzählt einer seiner Nachfahren. »Und das ist wirklich bewundernswert.«

Das Urteil fällt gleich am ersten Tag, ohne Protokoll und schriftliche Begründung: Todesstrafe wegen Hochverrats. Abends setzen sich drei Missionare beim Gouverneur dafür ein, Manga Bell zu begnadigen. Ihr Gespräch, das am nächsten Tag fortgesetzt wird, ist genauso eine Farce wie die Gerichtsverhandlung: Während die Kirchenmänner noch auf den Gouverneur einreden, hat der bereits in einer Sonderausgabe seines Amtsblatts mitgeteilt: »Ihr Leute von Duala! An euch wende ich mich und verkünde euch: Manga (Rudolf) Bell ist heute durch den Strang gerichtet, weil er sich als Verräter erwies an Kaiser und Reich.«

Am 9. August um 17 Uhr wird das Urteil vollstreckt. Was sind Manga Bells letzte Worte? Da ganz unterschiedliche Versionen überliefert sind, bleibt dies ein unlösbares Rätsel. Drei Tage lang lässt die Kolonialregierung seinen Leichnam öffentlich am Galgen baumeln. Seine Neigung zu Deutschland konnte sie ihm bis zuletzt nicht austreiben: Im Testament hat Manga Bell verfügt, dass seine fünf Kinder ihre Ausbildung im Kaiserreich fortsetzen oder noch erhalten sollen.

Die Duala sind von den Justizmorden schockiert. Viele verlassen die Stadt. Andere treffen sich zu nächtlichen Geheimversammlungen, in denen sie verabreden, die anrückenden Engländer zu unterstützen. Sie teilen den Angreifern mit, was sie über die deutschen Verteidigungsstellungen wissen, und leisten den englischen und auch den französischen Kriegsschiffen Lotsendienste.

Kurt Woermann, Sohn und Erbe Adolphs, hält sich gerade in Duala auf, seine Frau Maria und er befinden sich auf Hochzeitsreise. Um der drohenden Internierung zu entgehen, setzt sich das junge

Ehepaar nach Südamerika ab, wie eine Firmenchronik vermerkt.[55] Am 27. September 1914 streckt die kaiserliche Kolonialmacht in Duala die Waffen. Kamerun wird unter den Siegern aufgeteilt. Bedauernd heißt es in der Woermann-Chronik: »Mit der alten Kolonialherrlichkeit Deutschlands war es vorbei.«

In den letzten Wochen der deutschen Herrschaft ist die Gewalt an der Küste noch einmal eskaliert, ähnlich wie dreißig Jahre zuvor, als die Soldaten der *Bismarck* und der *Olga* ihre militärische Überlegenheit ausspielten, um das Land unter Kontrolle zu bringen. In einem Bericht steht: »Alle Posten und Patrouillen hatten den Befehl, auf jeden Eingeborenen, der auf Anruf nicht sofort anhielt, zu schießen.« Ein Oberleutnant habe mit seinen Leuten »180 Dualas erhängt«.

»Von ihnen spricht man nicht«, sagt Marilyn Douala Manga Bell, die Urenkelin des hingerichteten Anführers.[56] »Ich bin Nachkommin eines dieser Märtyrer, und ich teile den Schmerz mit den Nachfahren aller anderen, all dieser Unbekannten. Es war eine Zeit voller Gewalt. Dass man den Namen des Anführers bewahrt – umso besser. Aber man darf die anderen nicht vergessen, das finde ich wichtig.«

Sie sei an der Seite der jüngsten Tochter Manga Bells, der 1913 geborenen Ekedi, aufgewachsen. »Mit ihr hat sich die Familie jedes Jahr am 8. August am frühen Morgen versammelt und einen Blumenkranz auf seinem Grab abgelegt.« Vom Stadtpalais, das sein Vater erbauen ließ, sind es nur wenige Schritte zur Grabstätte. Im Schatten einiger Palmen erhebt sich ein weißer Obelisk, in den ein einzelner Buchstabe eingraviert ist, ein D für den Teil seines Namens, der auch der Name seiner Stadt, seiner Muttersprache, seines Volkes ist: Duala.

6

# IM DEUTSCHEN INSELREICH

**Wie zuvor in Afrika steigt über der Südsee die schwarz-weiß-rote Flagge empor. Die Handelsfirmen machen dort weiter, wo die Godeffroys aufhören mussten. Berlin zeigt militärische Härte.**

Schon wieder die *Elisabeth.* An der afrikanischen Küste hatte das Kriegsschiff bereits geholfen, den Landbesitz eines deutschen Kaufmanns in eine Kolonie zu verwandeln: Am 7. August 1884 ankerte die Kreuzerfregatte in Angra Pequena, wo ihr Kommandant das Gebiet »unter den direkten Schutz Seiner Majestät« stellte (siehe Kapitel 4). Aus der Gründung des Tabakhändlers Adolf Lüderitz entsteht Deutsch-Südwestafrika.

Jetzt, drei Monate später, ist die Südsee an der Reihe.

Auf Matupi, einer kleinen Insel (heute Halbinsel) am nordöstlichen Ende von Neubritannien, kommt eine Männerrunde zusammen, um die Annexion vorzubereiten: Treffpunkt ist das Wohnhaus des Unternehmers und Konsuls Eduard Hernsheim, Firmensitz Hamburg, der seit einigen Jahren auf Matupi seine Hauptniederlassung unterhält. Gut geschützt und doch leicht zugänglich liegt die Insel in einer größeren Bucht.

Nach dem Ende der Ära Godeffroy (siehe Kapitel 3) führt Hernsheim das bedeutendste deutsche Haus in der Südsee. Die erste kaiserliche Flaggenhissung im Pazifik soll darum auf Matupi stattfinden.[1]

Der Reichskommissar für Neuguinea hat dem Kommandanten

der *Elisabeth* eine Liste der deutschen Firmen in der Region übergeben. Gemeinsam mit dem Befehlshaber des Kanonenboots *Hyäne,* das ebenfalls in der Bucht ankert, beschließen sie, dass die zweite Flaggenhissung auf Mioko stattfinden soll: Auf der einige Seemeilen weiter östlich gelegenen Insel gibt es eine größere Station der *Deutschen Handels- und Plantagengesellschaft (DHPG),* die aus dem früheren Godeffroy-Imperium hervorgegangen ist. Ein Vertreter der *DHPG* nimmt an der Besprechung teil, wenn auch ohne Stimmrecht. Hernsheim bleibt der Runde fern, weil er geschäftlich unterwegs ist.

Am 3. November 1884 rudern 250 Matrosen von der *Elisabeth* gleich morgens an Land. Über Matupi steigt die schwarz-weiß-rote Flagge hoch, Kommandant Rudolf Schering verliest die kaiserliche Proklamation, die Bordkapelle der *Hyäne* spielt *Heil dir im Siegerkranz.*[2] Mit einundzwanzig Salutschüssen endet die Zeremonie. Der Nordosten Neuguineas mit den vorgelagerten Inseln ist jetzt »deutsches Schutzgebiet«.

Bei der Wiederholung einen Tag später auf Mioko wird den Bewohnern und ihren Nachbarn eingeschärft, was das alles zu bedeuten habe: »By and by you kill white man, man of war kill you« (»Wenn ihr einen Weißen tötet, wird das Kriegsschiff euch töten«). Das ist auch deshalb leicht zu verstehen, weil es schon vor dem Aufziehen der Reichsflagge zu brutalen Straf- und Vergeltungsaktionen in der Südsee kam.

Das rund 180 000 Quadratkilometer große Gebiet auf Neuguinea erhält nun bald den Namen Kaiser-Wilhelms-Land. Aus der Insel Neubritannien wird Neupommern, aus dem nahen Neuirland Neumecklenburg. Die gesamte Inselgruppe bekommt den Namen Bismarck-Archipel, das zugehörige Binnenmeer wird zur Bismarcksee, ein Gebirge im Inneren Neuguineas zum Bismarckgebirge. Den höchsten Gipfel dort nennen die Deutschen Wilhelmsberg. Die Bismarck-Namen werden sich bis heute als international gültige Bezeichnungen halten, genau wie Mount Wilhelm für den 4509 Meter hohen Gipfel.

Einen Tag vor Heiligabend instruiert das Auswärtige Amt seine Diplomaten in aller Welt: Deutschland sei nun Schutzmacht in der

Pazifikregion, dies mögen sie bitte ihren jeweiligen Staatsregierungen mitteilen.[3]

Vor drei Jahren hat sich Eduard Hernsheim beim Reichskanzler darüber beschwert, dass seine Händler immer wieder von Engländern angegriffen würden. Bismarck solle bitte darauf hinwirken, »dass eins der in der Südsee fahrenden Schiffe der Kaiserlichen Marine für einige Zeit hier stationiert werden möge, um ... die deutschen Interessen zu schützen«.[4] Ähnliche Appelle haben Berlin ein ums andere Mal erreicht, doch weder ist es zu einem klaren Plan für den Einsatz der Kriegsmarine gekommen, noch zu einer konsequenten Direktive für den Schutz der Unternehmen. Die Regierung handelt im Pazifik lange nach Gefühl und Wellenschlag.

Als allerdings die Australier versuchen, die Osthälfte Neuguineas zu annektieren (den Westteil beherrschen die Niederländer), hält Berlin entschlossen dagegen. Das Reich wendet sich an die britische Regierung, der die Kolonie Australien untersteht, und macht deutlich, dass man die Interessen deutscher Händler auf jeden Fall vertreten werde.[5]

Gleichzeitig hält der Bankier Adolph von Hansemann die Gelegenheit für günstig, seinen kolonialen Traum zu verwirklichen. Zusammen mit Bismarcks Hausbankier Gerson von Bleichröder verfolgt er bereits wirtschaftliche Ziele in Südwestafrika. Außerdem haben die beiden Finanzleute der *DHPG* aus dem kollabierten Godeffroy-Reich neues Leben eingehaucht.

Als Chef der mächtigen *Disconto-Gesellschaft* verfügt Hansemann über Einfluss und Beziehungen. Dennoch ist es ihm nicht gelungen, seine Lieblingsidee in die Tat umzusetzen: den Aufbau einer Kolonie auf Neuguinea. Sobald er nun erfährt, dass an der Küste Afrikas die deutsche Flagge aufsteigen soll, verstärkt er seine Bemühungen wieder, »da jetzt aus der Wilhelmstraße ein ganz anderer Wind weht«.[6] Er täuscht sich nicht. Ende Juli 1884 entscheidet Bismarck, dass der Bankier bei seinem Kolonialprojekt »in demselben Maße wie die hanseatischen Unternehmer ... auf den Schutz des Reiches rechnen« dürfe. Wie üblich schränkt der Kanzler ein, sich »auf rein staatliche Kolonien nicht einlassen« zu wollen.

Zunächst versucht Hansemann, den erfolgreichen Südsee-Kaufmann Hernsheim und dessen Hamburger Geschäftspartner für ein gemeinsames Unternehmen zu gewinnen. Doch die winken geschlossen ab, da sie die Pläne des Bankiers für wirtschaftlich zu riskant halten und lieber unabhängig bleiben möchten. Auch in der Folgezeit bleibt Hernsheim meistens auf Distanz zu Hansemann.

Der Bankier lässt sich davon nicht beirren. Er wirbt Otto Finsch an, einen Vogelkundler, der in Bremen die Sammlungen für Naturgeschichte und Ethnographie geleitet hat und anschließend lange in Ozeanien unterwegs war. Das von Hansemann initiierte *Neu Guinea Consortium* gibt Finsch einen Vertrag und schickt ihn auf die Südhalbkugel, um die Inselwelt weiter zu erkunden und Land zu kaufen.

Finsch nimmt sich die Freiheit, nicht nur bei staatlichen Flaggenhissungen dabei zu sein, sondern selbst wie ein Vertreter des Reichs zu agieren und an mehreren Stränden das schwarz-weiße-rote Banner aufzuziehen. Den Namen des *Consortiums* ändert Hansemann in *Neu Guinea Compagnie* und gewinnt dafür weitere Geldgeber, darunter Adolph Woermann. Hansemann wirbelt, Hernsheim wartet ab.

Im Mai 1885 erhält die *Compagnie* des Bankiers einen kaiserlichen Schutzbrief, der ihr weitgehende Hoheitsrechte überträgt. Das ist ganz nach dem Geschmack des Reichskanzlers: Es gelingt ihm, nach dem Charter-Modell einem Privatunternehmen für längere Zeit die Verwaltung des Kolonialgebiets aufzubürden. Ein einziger Reichsbeamter ist dort stationiert, ein Richter, der die Unabhängigkeit der Justiz von kaufmännischen Interessen verkörpern soll.

Für Hansemann besteht der Reiz des Arrangements darin, dass sich seine *Compagnie* fast nach Belieben Land aneignen kann.[7] Seinen Mann in der Südsee weist er an, Grund und Boden »in großem Umfang zu erwerben«. Finsch kauft als Erstes eine Insel und zahlt dafür »4 Beile, 4 bunte Taschentücher, 4 Kalkpfeifen und 24 Stangen Trade-Tabak«. Ein Küstenort erhält den Namen Finschhafen und heißt bis heute so. Riesige Waldgebiete betrachten die Deutschen als »herrenloses« Land, das nur darauf warte, in Plantagen und Siedlungen verwandelt zu werden. Wenn ihnen christliche Missionare erzählen, dass die scheinbar unberührten Wälder schon von den dort lebenden Papua in Jagdreviere aufgeteilt seien, hören sie weg.

Der von Deutschland aus geführten *Compagnie* gelingt es allerdings nicht, aus ihrem Landbesitz den erhofften Profit zu schlagen. Als das Unternehmen 1898 auf eine Insolvenz zusteuert, kauft ihm das Kaiserreich für vier Millionen Mark sämtliche Hoheitsrechte ab und setzt einen Gouverneur ein. Das deutsche Südpazifik-Territorium wird zu einer staatlichen Kolonie wie Kamerun oder Südwestafrika. Bismarck ist da gerade gestorben.

Durch Erweiterungen nimmt das Gebiet erhebliche Ausmaße an. Nach und nach kommen die nördlichen Salomonen dazu, die Karolinen und Palau, die nördlichen Marianen, die Marshallinseln, Nauru und ein Teil der Samoainseln.

Die kolonialen Geschäfte beruhen in der gesamten Südsee auf der systematischen Ausbeutung der Einheimischen. Warum sollte es dort auch anders sein als in der Karibik, in Brasilien oder Afrika? Jemand muss schließlich die harte körperliche Arbeit auf den Plantagen, beim Ernten und Zerteilen der Kokosnüsse und beim Warentransport zu den Schiffen erledigen. Ungefähr eine halbe Million Menschen lebt in dem Gebiet, in dem sich während der deutschen Kolonialära von 1884 bis 1918 nur rund 5000 Deutsche für kürzere oder längere Zeit aufhalten.[8] Von den anfänglichen Hoffnungen, dort Auswanderersiedlungen gründen zu können, müssen sich Hansemann und seine *Neu Guinea Compagnie* rasch verabschieden.

Wie die anderen Europäer auch haben die Deutschen Mühe, genügend Lohnarbeiter für ihre Pflanzungen zu bekommen. Die Bewohner der Inseln sehen gewöhnlich keinen Sinn darin, für fremde Herren den Rücken krummzumachen. Es genügt ihnen, sich selbst zu versorgen, wie sie es immer getan haben. Um dennoch an die dringend benötigte Arbeitskraft heranzukommen, sind spezialisierte Menschenhändler unterwegs, die »black bird catcher« oder »blackbirder«, auf Deutsch manchmal »Schwarzdrossler« genannt.[9] Ihre Methoden beruhen auf Gewalt und Täuschung. Nur selten erfahren die Angeworbenen die Wahrheit darüber, wo und wie lange sie tätig sein sollen. Beim »Missionarstrick« schicken die Blackbirder einen als Geistlichen verkleideten Mitarbeiter los, der die Opfer anlockt. Und wenn einheimische Männer in ihrem Kanu an einem Schiff längsseits gehen, um Handel zu treiben, kann es ihnen passieren, dass der Kapitän sie gefesselt an Bord schleppen lässt und sie in irgendeiner Plantage abliefert.[10]

## Eduard Hernsheim: sein Aufstieg und die Ereignisse auf der Insel Luf

Der in Mainz geborene Sohn eines Rechtsanwalts hat es in relativ kurzer Zeit geschafft, ein profitables Geschäft aufzubauen. Er ist willensstark, muskulös und kann Rückschläge wegstecken. Durch die Vermittlung eines Hamburger Vetters war Eduard Hernsheim mit achtzehn Jahren zur Seefahrt gekommen, seine erste große Reise ging nach Singapur, Hongkong, San Francisco, Auckland, Valparaiso und Kapstadt.[11] Nach einer weiteren Fahrt erwarb er in Kiel das Steuermanns- und das Kapitänspatent. Nicht lange danach wurden ihm 30 000 Mark aus dem väterlichen Erbe ausgezahlt, und er kaufte sein erstes Schiff. Allerdings musste er es schon bald in Südamerika verscherbeln, weil der Rumpf zu altersschwach war, um ohne teure Reparatur die Rückfahrt durchzustehen.

Ein Onkel, der Hamburger Kaufmann Ruben Jonas Robertson, hielt trotz des Malheurs große Stücke auf den jungen Kapitän. Robertson gab einen stattlichen Schoner in Auftrag, den er Hernsheim anvertraute: Mit einer Ladung Kohle steuerte dieser die *R. J. Robertson* nach Hongkong, wo er für die Ware einen guten Preis erzielte. Onkel und Neffe sollten viele Jahre lang Geschäftspartner bleiben, unterstützt von Robertsons Sohn und Hernsheims älterem Bruder. Zwar verlor Hernsheim zum zweiten Mal sein Schiff – während eines Taifuns lief die *R. J. Robertson* zwischen Taiwan und Okinawa vor einer kleinen Insel auf Grund –, aber von seinem Ziel, in Fernost ein Handelsunternehmen aufzubauen, ließ er sich nicht abbringen.

In Singapur erwarb er das nächste Schiff, einen aus Teakholz gebauten Schoner mit sechs Bordkanonen. An die Kabinenwand pinnte er einen Vers aus der *Aeneis* des römischen Dichters Vergil: »Tu ne cede malis, sed contra audentior ito« (»Weiche dem Unheil nicht, sondern schreite umso mutiger voran«).[12] Klassische Bildung für ein beinhartes Lebensmotiv.

Hernsheim fährt jetzt durch die Inselwelt bis vor die Küste Neuguineas. Er sucht nach Geschäftsgelegenheiten, findet aber keine, denn überall haben sich bereits Händler etabliert. Soll er umkehren? Nein, er bleibt seinem Motto treu und stößt weiter in die Südsee vor. Bei seinem ersten Erfolg tauscht er Baumwolltuch gegen mehrere Hundert Pfund Schildpatt, das aus den Rücken- und Bauchpanzern von Meeresschildkröten gewonnen wird. Bald darauf, im April 1874, eröffnet er eine Station in Koror, dem Haupthafen der Palauinseln. Er lässt Seegurken sammeln, errichtet weitere Handelsposten und beschließt, seinen unternehmerischen Schwerpunkt auf das Geschäft mit Kopra zu legen. Bald gibt er in China zwei Schiffe in Auftrag. Im viel besuchten Kontor von *Siemssen & Co.,* der bedeutendsten deutschen Firma in Hongkong, wird der noch keine dreißig Jahre alte Unternehmensgründer als erfolgreicher Aufsteiger gefeiert und beneidet.

Wer sich in der Südsee mit kolonialen Geschäften behaupten will, muss unerbittlich gegen sich und andere sein. Malaria und sonstige schwere Krankheiten machen vielen das Leben zur Hölle. Feindschaften zwischen den Europäern und gewalttätige Auseinandersetzungen mit Einheimischen gehören zum Alltag.

Kaum hat Hernsheim seine ersten Handelsposten aufgebaut, wird er in die Strafaktion eines englischen Kriegsschiffs auf den Hermit-Inseln hineingezogen. Auf der Hauptinsel Luf lässt der Kapitän der *Alacrity* im größten Dorf Feuer legen und mehrere Boote zerstören. Ein weiterer Vorfall auf Luf prägt sich noch tiefer in Hernsheims Gedächtnis ein: Bei einem Landgang sieht er einige Männer, die einen Kreis gebildet haben und ihn heranwinken. In der Mitte des Rings stehen zwei Frauen mit gezückten Messern.[13] »Auf ein Zeichen des Häuptlings stürzten sie aufeinander los und brachten sich große Wunden mit den Messern an allen Stellen ihres Körpers bei«, schreibt er in seinen unveröffentlichten Memoiren. »Ich erfuhr nachher, dass dies ein Sport der Eingeborenen ist, etwa wie bei uns Hahnen- oder Stierkämpfe. Die Wunden werden mit Asche eingerieben, um möglichst dick zu vernarben, und wie ein Gladiator prangen die Kämpferinnen in ihrem Schmucke.« Das blutige Schauspiel habe ihn noch jahrelang in seinen Träumen verfolgt.[14] Die Hermit-Leute hält er für »gefährliche Mordbrenner«, ihre Anführer für eine »grenzenlos fürchterliche Bande«.

Einige Jahre später schreibt Hernsheim an Bismarck, auf den Hermit-Inseln sei es Zeit für eine »Züchtigung«.[15] Immerhin habe die Aktion der englischen *Alacrity* »jahrelang den gewünschten Eindruck hinterlassen«. Nun müsse die deutsche Kriegsmarine ein klares Zeichen setzen. Was ist geschehen?

Mehrere Mitarbeiter des Unternehmers haben auf der kleinen Inselgruppe um Luf ihr Leben verloren: der Stationsleiter und sieben seiner Männer sowie der Kapitän des Hernsheim-Dampfers *Freya*.[16] Der Stationsleiter, heißt es in einem ersten Bericht, sei lebendig begraben worden. Die Empörung über diese Nachricht ist in Deutschland verständlicherweise groß. Später stellt sich heraus, dass der Bericht wohl übertrieben war und der Stationsleiter womöglich einer Krankheit erlegen ist. Allerdings besteht kein Zweifel, dass Einheimische die Station abgefackelt und einige Männer umgebracht haben.

Bismarck drängt auf eine »schnelle und wirksame Bestrafung«, wie sein Staatssekretär dem Chef der Admiralität mitteilt. Als drei Wochen lang nichts passiert, schreibt jemand im Auswärtigen Amt an den Rand einer Akte den Befehl »sofort«, was mit einem ergebenen »kapiert« beantwortet wird. *SMS Carola* und *SMS Hyäne* erreichen die Hermit-Inseln am 26. Dezember 1882.

Die beiden Kommandanten bemühen sich, den Tathergang und die Täter zu ermitteln, aber das ist schwierig. Zeugen widersprechen einander, plausibel klingende Angaben im Logbuch des Dampfers *Freya* sind wohl doch nicht korrekt. Und was soll man von den Aussagen der benachbarten Insulaner halten, die auf den Hermits gearbeitet haben? Kapitän zur See Guido Karcher von der *Carola* notiert: »Merkwürdigerweise ... schien die ganze Bevölkerung große Freude über die bevorstehende Bestrafung ihrer Nachbarn und früheren Freunde zu empfinden.« Schon bald verlieren die deutschen Befehlshaber den Überblick – sie sollen Kriminalpolizisten, Staatsanwälte, Richter und Vollstreckungsbeamte in einer Person sein und sind objektiv weit überfordert. Dass sich die Reichsführung in Berlin der Vorstellung hingibt, ihre Marineoffiziere könnten fernab in der Südsee als Rechtsinstanz auftreten, ist eine Anmaßung, eine Farce.

Die Kommandanten suchen ihr Heil in brutalem Aktionismus. Zehn Tage lang durchkämmen nun Matrosen der *Carola* die knapp sieben Quadratkilometer große Hauptinsel Luf. Ehe die Landungsboote losgefahren sind, hat das Kriegsschiff den Wald und das Buschwerk hinter dem Strand unter Geschützfeuer genommen, um eine verdeckte Attacke zu verhindern. Die *Hyäne* fährt unterdessen im Rest des kleinen Archipels umher. Laut Karchers Bericht besteht sein Plan darin, die Hermit-Leute »durch Zerstörung der Kanus und Wohnstätten ... in Angst und Schrecken zu setzen«. Er hofft, dass er durch den Terror die »Auslieferung und Bestrafung der Hauptbeteiligten« erzwingen kann, doch das geschieht nicht. An manchen Tagen feuern die *Carola* und die *Hyäne* nahezu wahllos mit Granaten des Kalibers 3,7 Zentimeter und größer auf die Inseln, mehrmals verzeichnen die Deutschen eine »starke Detonation«.

Die beiden Landungskorps der *Carola* haben den Befehl, »Weiber und Kinder zu verschonen«. Doch die Matrosen zielen im Busch auf alles, was sich bewegt, mindestens drei Frauen kommen ums Leben. In seiner Bilanz hält Kommandant Karcher fest, dass die Truppe 67 Häuser, 54 Kanus, alle Anpflanzungen »sowie sämtliches kleineres Eigentum« zerstört und zwei Männer erschossen habe. Die toten Frauen verschweigt er, obwohl sie in den beigefügten Berichten seiner Leute aufgeführt sind. Preußisch-untertänig fasst Karcher zusammen: »Ich bin der Überzeugung, dass damit unter Berücksichtigung der örtlichen Verhältnisse das Erreichbare geleistet worden ist, und hoffe, die gestellte Aufgabe im Sinne der mir erteilten Befehle erfüllt zu haben.« Die Zensoren in Berlin gehen alle Schriftstücke durch und streichen vor der Veröffentlichung die Stellen, in denen erschossene Frauen erwähnt werden.

Hernsheim verfolgt seine Geschäftsinteressen auf den Hermits ungerührt weiter. Er schickt zwei Deutsche auf den Archipel, die sich um die Gewinnung von Seegurken und Kopra kümmern sollen. Fünfzig Leute, die von einem entfernten Atoll herangeschafft werden, sollen die Arbeit erledigen.[17]

Die Folgen des Kriegs gegen ein kleines Südseevolk von ein paar Hundert Menschen sind verheerend. Bei einem späteren Besuch kommt ein britischer Regierungsbeauftragter zu der Einschätzung, dass die Bevölkerung »um die Hälfte zurückgegangen« sei – vermutlich, weil die Angreifer gezielt die Lebensgrundlage der Hermit-Leute vernichtet haben. Als sich 1909 ein deutscher Kolonialbeamter auf den »lieblichen Koralleninseln« umschaut, findet er achtunddreißig Menschen vor und notiert, es sei »nur noch eine Frage der Zeit, wann die hier noch lebenden Eingeborenen ausgestorben sind«. 1936 ist von der indigenen Bevölkerung ein einziger Mann am Leben.[18]

War das, was da bereits vor dem Beginn der deutschen Kolonialherrschaft stattgefunden hat, ein Völkermord? Der Historiker Alexander Krug hat die Frage aufgeworfen, und sie ist nicht abwegig.[19] Ganz gleich, wie die Antwort ausfällt: Die Deutschen haben bei ihrem Einsatz einen übersteigerten Vernichtungswillen an den Tag gelegt, der sich am ehesten durch die Wahnidee erklären lässt, sie gehörten einer Herrenrasse an.

Bismarck ist mit dem Ergebnis unzufrieden. Weil auch ihn der Vernichtungswille gepackt hat? Oder weil er das Ausmaß der verübten Gewalt unterschätzt? Jedenfalls lässt er der Marineführung erbost mitteilen, »dass es Seiner Durchlaucht sehr angemessen erscheine, wenn gegen die Bewohner der Hermit-Inseln bei jeder sich darbietenden Gelegenheit erneut vorgegangen würde«. Sie dürften »zehn Jahre hindurch« nicht zur Ruhe kommen, jedenfalls nicht, ehe »die glänzendste Sühne für die begangenen Verbrechen erfolgt sei«. Greifbare Folgen hat der Zornesausbruch des Fürsten nicht.

Die deutschen Kriegsschiffe in Ozeanien haben allerdings weiterhin viel zu tun. Bis zum Ende der Berliner Kolonialära sind rund 200 sogenannte Strafexpeditionen dokumentiert.[20] Häufig dienen sie den Interessen einzelner Geschäftsleute wie Hernsheim: Nur einen Monat nach dem Kampfeinsatz gegen die Hermit-Leute kreuzt die *Hyäne* vor Matupi auf, wo der Unternehmer seine Hauptniederlassung hat. Die Matrosen zerstören drei Dörfer; es geht lediglich darum, einen »Einbruchsdiebstahl« zu ahnden.

Vor einem anderen Einsatz erteilt der Kommandant der *Hyäne*, Kapitänleutnant Wilhelm Geiseler, den maßlosen Befehl: »Männliche Bewohner sind niederzumachen, außer wenn sich einzelne unbedingt ergeben ... Der Hauptzweck muss hier auf die Tötung von Kanaken in möglichst großer Zahl gelegt werden.«[21] Weil die angegriffenen Einheimischen flüchten können, stirbt nur einer von ihnen.

Eduard Hernsheim kehrt der Südsee mit Mitte vierzig für immer den Rücken.[22] Nach einem Schlaganfall ist er nur knapp dem Tod entronnen; in Herbertshöhe (benannt nach Bismarcks ältestem Sohn) lässt er sich ein paar Wochen lang pflegen, dann fährt er mit einem Postdampfer heim ins Kaiserreich. Zum Firmendirektor macht er seinen Neffen Max Thiel, der den Kolonialhandel von der Pike auf gelernt hat. Thiel ist umtriebig, gastfreundlich und großspurig, seine pompös ausgebaute Villa trägt ihm den Spitznamen »der Sultan von Matupi« ein.[23]

Um die Jahrhundertwende ist Südsee-Kunst in Europa begehrter denn je. Aus dem Verkauf von Skulpturen, verzierten Waffen und Werkzeugen, Masken und Booten macht Thiel einen eigenen Geschäftszweig. Formal kauft er die meisten Artefakte von ihren Eigentümern, doch die gezahlten Preise sind oft lachhaft gering.[24] Wie ein deutscher Beamter einmal anerkennend beobachtet, handelt Thiel den Einheimischen mehrere »schön geschnitzte Holzspeere« für billigen Tand ab: »Es war ergötzlich zu sehen, mit welch unverhohlenem Entzücken sie besonders die bunten kleinen Glasperlen in Empfang nahmen.«

Auch Seife, Parfüm, Spiegel, Messer, Äxte und vor allem Tabak sind beliebte Tauschwaren. Stolz erzählt ein zeitweiliger Mitstreiter Thiels, der später im Hamburger Völkerkundemuseum arbeitet, wie er für »etwa 50 Mark in Waren« zum Besitzer eines »großen, schönen Zeremonial-Kanus« wurde. Abends feiert er seine Trophäe »mit einem Glase Sekt«. Ein Ethnograf, der bereits für die Godeffroys tätig gewesen ist, beklagt sich 1904 in einem Brief an das Berliner Völkerkundemuseum: Die Firma *Hernsheim & Co.* habe zwei Inseln »rattenkahl absammeln lassen; es ist ein ethnografischer Raubzug, wie ich ihn noch nicht gesehen habe«.[25]

Das Königliche Museum für Völkerkunde (in modernisierter Form heute ein Teil des Humboldt Forums im wieder aufgebauten Berliner Stadtschloss) ist eine der ersten Adressen für alle, die Kunst und hochwertige Handwerksarbeiten aus den Kolonien zu Geld machen wollen. Im April 1903 notiert der Direktor der Ozeanien-

Abteilung des Hauses: »Herr Eduard Hernsheim übermittelt sieben Fotografien eines 15 Meter langen Bootes von den Hermit-Inseln.«[26]

Das Boot, ein zweimastiger Hochseesegler mit Ausleger, groß genug für fünfzig Passagiere, ist ein superbes Meisterwerk. Die wenigen noch lebenden Männer auf Luf haben dafür ein letztes Mal einen mächtigen Brotfruchtbaum gefällt und ausgehöhlt und ihre ganze Kunstfertigkeit aufgeboten, um den Rumpf mit Planken zu erhöhen, den Bug auszuformen, die Masten zu stabilisieren – alles nach alter Tradition ohne Nägel oder Schrauben. Mit fantastischen Ornamenten und Zeichnungen haben sie ihr Werk verziert.

Wie ist Hernsheim an dieses einmalige Prunkstück gekommen? Soweit sich diese Geschichte rekonstruieren lässt, beginnt sie im Januar 1902 auf Matupi: Hernsheims Direktor Thiel reist mit einigen Männern geschäftlich zu den Hermit-Inseln, danach gelangt das Boot nach Matupi. Ein Europäer, der es dort fotografiert, schreibt später, Thiel habe es »mit großen Kosten und Mühen nach seiner Hauptstation im Bismarck-Archipel schaffen lassen«. Meint er mit »Kosten und Mühen« nur den Transport oder auch die Anschaffung? Wem hat Thiel das Boot abgekauft? Hat er überhaupt etwas dafür ausgegeben? Sicher ist nur, dass der Ozeanien-Direktor des Berliner Völkerkundemuseums mit Hernsheim handelseinig wird: Er kauft »das uns durch Ihre gütige Vermittlung angebotene Hermit-Boot« für 6000 Mark. Heute steht es perfekt ausgeleuchtet vor einer Wandkarte des Pazifischen Ozeans im Humboldt Forum – das wohl bekannteste Stück der gesamten Dauerausstellung.

Entsprechend stark ist der Wunsch, Klarheit über die Herkunftsgeschichte des Prunkbootes zu bekommen. Der Historiker und Publizist Götz Aly behauptet auf Basis seiner in vielen Punkten erhellenden Dokumentenrecherche, Hernsheim und Thiel hätten das Boot »im Vollgefühl kolonisatorischer Allmacht … enteignet«. Es handele sich also um Raubkunst.[27] Belegen kann Aly diese These nicht, was er durch rhetorische Kunstgriffe zu kaschieren versucht. Als Indiz ließe sich die Tatsache anführen, dass fairer Handel im kolonialen Kontext eine Ausnahme war. Das Berliner Museum hat nach eigenen Angaben »Kontakt mit dem Nationalmuseum von Port Moresby aufgenommen, um die eurozentrischen Fragestellungen und Erkenntnisse vieler bisheriger Forschungen zu ergänzen und im Zuge der weiteren Recherchen und des Austausches auch die Ansichten der Partner in Papua-Neuguinea einbeziehen zu können«.[28] Die Rückgabe der meisterlichen Schöpfung aus Luf ist bisher nicht gefordert worden, aber das kann noch kommen.

Der erfolgreiche und oft rücksichtslose Südsee-Kaufmann Eduard Hernsheim hat seit jeher auch eine nachdenkliche Seite. Im Alter zeigt er sich geradezu selbstkritisch: »Auf allen diesen ruhigen und geheimnisvollen Inseln sind früher Dinge geschehen, die das Licht des Tages scheuen. Denn vielleicht würden diese beweisen, dass die Wilden besser waren als ihr Ruf und dass sie erst von gesetzlosen, rohen Weißen verdorben wurden.«[29]

In seiner Hamburger Villa umgibt er sich mit Erinnerungsstücken: Statuen, Masken, Speeren, geflochtenen Wandbehängen, dem polierten Panzer einer Riesenschildkröte.[30] Sein Stiefsohn denkt sich den Namen Haus Matupi aus und schreibt einen Roman über den Mann, der seinen Reichtum jenem fernen Ort verdankt.

Am 13. April 1917 stirbt Eduard Hernsheim. Das *Hamburger Fremdenblatt* rühmt den gebürtigen Mainzer als Hanseaten und »Begründer der deutschen Kolonialbestrebungen im Bismarck-Archipel«. Im Jahr seines Todes haben die Plantagen und Handelsstationen des Hauses *Hernsheim & Co.* einen Wert von ungefähr 13 Millionen Mark. Wie viele Ozeanier, denen der Unternehmer gelegentlich sentimentale Gedanken widmet, dafür ihre Gesundheit und ihr Leben eingebüßt haben, lässt sich nicht einmal schätzen.

## Queen Emma, die Frau im gesellschaftlichen Mittelpunkt der Kolonie

Im Kreis der schillernden Figuren, die zu Eduard Hernsheims Umfeld gehören, dürfte die Tochter einer Samoanerin und eines Amerikaners die schillerndste sein. Emma Eliza Coe, geboren 1850, ist berühmt für ihre Schönheit, für ihren Geschäftssinn und für ihre vielen Männer.

Aufgewachsen ist Emma Coe in der schon damals internationalen

Gesellschaft von Apia, genannt »the Beach«.[31] Ihre Mutter Le'utu Taletale gehört zu einer der ältesten und angesehensten Familien der Inselgruppe, ihr Vater Jonas Coe ist dort Händler und zeitweilig »commercial agent« der USA. Die acht gemeinsamen Kinder (zwei davon sterben früh) werden zwar mit beiden Sprachen groß, sollen sich aber nach dem Willen des strengen Vaters vor allem als Amerikanerinnen und Amerikaner fühlen. Zu samoanischen Männern, die ein Auge auf seine Töchter werfen, soll er gesagt haben: »Glaubt bloß nicht, dass ich mir die ganze Mühe mache, meine Kinder großzuziehen, damit sie Samoaner heiraten und wieder zu Samoanerinnen werden.« Emma besucht Schulen in Sydney und San Francisco.

Kaum ist sie mit neunzehn Jahren nach Apia zurückgekehrt, heiratet sie den drei Jahre älteren Händler und Schiffseigentümer James Forsayth aus Schottland. Sie bekommt zwei Kinder, eins davon lebt nicht lange. Bald verliert sie auch ihren Mann, der auf See verschollen geht. Von jetzt an wird ein Jahr so wild und unruhig wie das nächste; Emma Forsayth stürzt sich in das politisch-wirtschaftliche Machtspiel, das einen großen Teil der Südsee in Atem hält.

Eine längere Liaison geht die junge Witwe mit Albert Barnes Steinberger ein: Er kommt als »special agent« der US-Regierung nach Samoa, ein charmanter Draufgänger, einflussreich, undurchsichtig. Durch gute Beziehungen zu den einheimischen Anführern schwingt sich Steinberger zum Premierminister der samoanischen Regierung auf. Gleichzeitig unterhält er enge Kontakte zum deutschen »Südseekönig« Johan Cesar Godeffroy VI., den er in Hamburg besucht. Wessen Interessen vertritt Steinberger – die deutschen, die der Samoaner oder die der Vereinigten Staaten? Und was führen Emma Forsayth und ihr Vater im Schilde, der seinen amerikanischen Landsmann unterstützt? Nach weniger als einem Jahr wird Steinberger von seinem Posten als Regierungschef abgelöst, verhaftet und mit einem britischen Schiff auf die Fidschi-Inseln deportiert; dasselbe widerfährt Jonas Coe, der allerdings bald zu seiner Familie zurückkehren darf.

Für Emma Forsayth, geborene Coe, beginnt das nächste Abenteuer. Sie tut sich mit dem raubeinigen Iren Thomas Farrell zusammen und nennt sich Mrs Farrell. Ganz korrekt ist das nicht, da die beiden lediglich durch eine »common law marriage« verbunden sind, eine eheähnliche Gemeinschaft. Farrell hat seine Frau auf Neuseeland sitzen lassen, schuldet ihr Unterhalt und schlägt sich als Händler und Blackbirder durch.[32] Nach einer Pleite ist sein Ruf ohnehin nicht der beste, aber er packt an und macht Eindruck. In Apia leitet er einige Monate lang das *Samoa Hotel,* das allerdings durch das neue *Hotel zur Stadt Hamburg* starke Konkurrenz bekommt.[33] Zusammen verlassen sie Samoa und ziehen weit weg: nach Mioko, der kleinen Insel vor Neuguinea, über der einmal die Reichsflagge wehen wird. Anfangs übernimmt Farrell dort als Vertragspartner die Handelsstation von *Joh. Ces. Godeffroy & Sohn,* dann macht er auf eigene Faust weiter. Emmas jüngste Schwester Phebe und ihr Mann, ein Naturforscher englisch-dänisch-deutscher Herkunft, folgen den beiden nach.

Weil die Konkurrenz zwischen den Handelshäusern keinem der Händler nützt, kommt es zwischen Farrell, Eduard Hernsheim und einer mit den Godeffroys verbundenen Firma zu einer Preisabsprache.[34] Sie beschließen, nicht mehr als 2,5 mexikanische Cent für das Pfund Kopra zu zahlen. Farrells Partnerin hat wohl zwischen den Parteien vermittelt. Als die Mitglieder des Kopra-Kartells ihre Abmachung feiern, soll Hernsheim ausgerufen haben: »Wir trinken auf Queen Emma, die Königin der Südsee!« Den Fantasietitel trägt sie wie ein funkelndes Schmuckstück.

Obwohl die beiden Farrells oft miteinander streiten, gelingt es ihnen, eine Handelsstation nach der anderen aufzubauen und Plantagen anzulegen. Queen Emma setzt sich überall durch; es heißt, sie verlasse ihr Haus niemals ohne Revolver. Und wie schafft sie es bloß, an das ganze Land zu kommen? Viele der einheimischen Melanesier sind überzeugt, dass sie dafür mit Sex bezahlt.[35]

Große Unterstützung erhält Emma von ihrer Schwester und ihrem Schwager; weitere Schwestern und andere Verwandte kommen aus Samoa nach. Sie versteht es, in gutem Kontakt zu Hernsheim zu bleiben – Konkurrenz hin oder her. An einem Abend in geselliger Runde rezitiert der Deutsche schwungvoll aus den Werken Shakespeares, dabei fließt der Rheinwein und der Sekt.[36] Lieferant ist sein Mainzer Schulfreund Rudolf Henkell, Erbe einer Wein- und Sektkellerei, dessen »Champagner« dank Hernsheim jahrelang zu den Grundnahrungsmitteln der deutschen Südsee-Kolonie zählt.

Anders als seine Partnerin sucht Thomas Farrell den Konflikt mit den Deutschen. Er nutzt seine britisch-australischen Verbindungen, um Hernsheim geschäftlich in Bedrängnis zu bringen, doch so richtig gelingt ihm das nicht. Seine Bemühungen, der deutschen Annexion im Nordosten Neuguineas zuvorzukommen, scheitern ebenfalls. Rastlos taucht er mal hier, mal da in der Südsee oder in Australien auf; es scheint, dass er sein Glück erzwingen will, doch dabei ruiniert er seine Gesundheit. 1888 stirbt er an Tuberkulose.

Die Hinterbliebene nennt sich jetzt wieder Emma Forsayth und überführt das Erbe Farrells in eine neue Firma, der sie den Namen *E.E. Forsayth & Co.* gibt. Im Jahr zuvor hat sie ihre prächtige neue Residenz Gunantambu eingeweiht. Hier feiert sie Partys, auf denen sich die Kolonialelite trifft, bei Musik und Tanz und jeder Menge Alkohol. Ein Besucher beschreibt ihren höfischen Auftritt: im weißen Seidenkleid mit langer Schleppe, auf dem Haupt ein diamantenbesetztes Krönchen, umgeben von einer Schar Dienerinnen, die ihr Kühlung zufächeln und Zigaretten reichen. Wie niemand sonst versteht es Queen Emma, einen Raum für kultivierte Gespräche und erotische Chancen zu schaffen, in dem Politik und Geschäfte nebenher mitlaufen. Nach Hernsheims Erinnerungen machen »die netten zugänglichen samoanischen Nichten und Cousinen« die Villa »zu einem großen Anziehungsplatz«.[37] Die Hausherrin selbst vergleicht er mit der legendären russischen Zarin Elisabeth – sie könne »in Liebe und Suff Unheimliches leisten«. In direkter Nachbarschaft zu Gunantambo richten die Deutschen bald ihr Verwaltungszentrum Herbertshöhe ein.

Zu Hernsheims Erstaunen gelingt es Emma Forsayth, aus dem »total verschuldeten und bankrotten« Farrell-Erbe ein profitables Unternehmen zu machen. Mit Max Thiel als Vertreter von *Hernsheim & Co.* und der *DHPG* bildet sie ein neues Kopra-Kartell, dessen Mitglieder schriftlich den Preis festlegen: eine Stange Tabak für ein Dutzend Kokosnüsse. Die *Neu Guinea Compagnie* des Bankiers Hansemann gehört dem Kartell nicht an und wird aus dem Markt gedrängt.[38]

Queen Emma dagegen erwirtschaftet genügend Kapital für neue Investitionen. In Herbertshöhe errichtet sie das *Hotel Fürst Bismarck.*[39] Unter den Gästen der glanzvollen Einweihung befindet sich ein berühmter Professor aus Berlin, der Seuchenexperte Robert Koch, der gerade auf einer Expedition zur Erforschung der Malaria durch die Region reist. Gebaut ist das Hotel im üblichen Kolonialstil, zweistöckig mit breiten, umlaufenden Balkons. Termiten und Erdstöße setzen den Stützbalken allerdings so sehr zu, dass es schon nach einem Jahrzehnt abgerissen wird. Sanieren lohnt nicht, da die Deutschen ihre Hauptstadt ins 30 Kilometer entfernte Rabaul verlegen.

Queen Emmas letzter Ehemann ist der deutsche Reserveoffizier Paul Kolbe, mehr als zehn Jahre jünger als sie. Kolbe hat Anfang 1893 seinen Posten als Stationsleiter der *Neu Guinea Compagnie* für den Bismarck-Archipel und die Salomonen angetreten.[40] Sein Vorgesetzter, der Landeshauptmann, lehnt die beantragte Eheschließung aus Missgunst ab und schiebt formale Gründe vor. Die beiden Kontrahenten, die auch sonst über Kreuz liegen, wollen sich duellieren, doch der Landeshauptmann stirbt vorher. Inzwischen hat die Hochzeit außerhalb des deutschen Gebiets nach britischem Recht stattgefunden.

Die Eheleute gehen gern auf Reisen. Ein 1896 in San Francisco aufgenommenes Paarporträt zeigt Emma sitzend mit aufgetürmten schwarzen Haaren in einem matronenhaften dunklen Rüschenkleid. Die selbstbewusste Miene, mit der sie direkt in die Kamera schaut, verrät lang geübte Dominanz, während der noch etwas pausbäckige, aber fesche Paul seinen Blick ins Ungefähre richtet. Leicht distanziert und mit gönnerhafter Lässigkeit steht er zu ihrer Linken. Dass er sie mehr betrügt als sie ihn, wird in kolonialen Kreisen bald als offenes Geheimnis gehandelt. Zum Teilhaber ihrer Firma macht sie ihn nicht.

Ihren 50. Geburtstag feiert Emma Kolbe mit einem opulenten Picknick an einem Wasserfall, zu dem die Gäste in zehn zweispännigen Kutschen gefahren werden. Ihre Schwestern führen samoanische Volkstänze auf, »verführerisch anzuschauen«, wie eine anwesende Missionarin notiert. Pikiert fügt sie hinzu: »Leider ging es zu fortgeschrittener Stunde etwas wüst zu wie bei allen Partys Emmas, denn die anwesenden Herren waren sturzbetrunken und ließen sich natürlich gehen!« Der deutsche Gouverneur zieht sich vorsichtshalber von dem Gelage zurück. Im *Hotel Fürst Bismarck* wird nach dem Picknick weitergebechert.

Dieselbe Missionarin schreibt elf Jahre später, als »Queen« Emma sich mit einem Fest aus der Kolonie verabschiedet: »Frau Kolbe ist sehr gealtert und erweckt den Eindruck, dass sie nicht mehr lange leben wird.« Seit einigen Jahren leidet die Königin der kolonialen Gesellschaft unter Diabetes, ihre Augen sind schwach, sie fürchtet zu erblinden.

Nach längeren Verhandlungen ist es der Unternehmerin gelungen, ihre *E. E. Forsayth & Co.* lukrativ zu verkaufen. Der ehemalige Hernsheim-Mitarbeiter Heinrich Rudolph Wahlen zahlt ihr drei Millionen Mark und überführt die Firma in seine *Hamburgische Südsee Aktiengesellschaft.* Wahlen ist der neue Star in kolonialen Kreisen, mit Anfang dreißig hat es der Hanseat schon zu einem ansehnlichen Vermögen gebracht. In seinem Anwesen auf dem Hermit-Atoll, der Wahlenburg, hält er sich laut Emmas Schwester Phebe »einen regelrechten Harem« junger Frauen, für die er einheimischen Anführern Geld gezahlt habe.[41] Viele Jahre später wird Wahlen NSDAP-Mitglied und stellt sich dem Leiter des Kolonialpolitischen Amts im Nazireich »als der erfolgreichste deutsche Kolonialpionier« vor.[42]

Am 21. Juli 1913 stirbt Emma Eliza, geborene Coe, verwitwete Forsayth, verheiratete Kolbe, genannt Queen einen Tod, den man als standesgemäß bezeichnen kann: Ihr Leben endet in einem Hotelzimmer in Monte Carlo. Ein letztes Mal hat sie dort ihren Mann besucht, den schon länger ein schweres Nierenleiden quälte. Paul Kolbe ist zwei Tage vor ihr gestorben. Der Kaiserliche Gouverneur in Rabaul schreibt Anfang August in seinem Nachruf: »Die Kolbe'schen Besitzungen, die nach dem Ausscheiden Frau Kolbes unter Hamburger Leitung in deutsche Hände übergegangen sind, zählen inzwischen zum wertvollsten Grundbesitz in unserer Kolonie. Das eindrucksvolle Haus von Frau Kolbe in Gunantambu bildete den Mittelpunkt eines ausgedehnten und angenehmen geselligen Verkehrs.«

## Wilhelm Solf und die etwas sanftere Art, ein herrischer Rassist zu sein

Queen Emmas Heimat Samoa wird 1899 zwischen Deutschen und US-Amerikanern aufgeteilt. Weil die Briten leer ausgehen, bekommen sie zum Ausgleich die Tonga-Inseln und den größten Teil der Salomonen. Die deutschen Kaufleute auf Samoa sind zufrieden, haben sie doch seit Jahren darauf gedrängt, wenigstens die beiden Hauptinseln Upolu (mit der wichtigen Hafenstadt Apia) und Savai'i zu einem kaiserlichen Protektorat zu machen.[43] Bismarcks ehemaliger Mitarbeiter Heinrich von Kusserow, der seit 1885 als preußischer Gesandter in Hamburg residiert, hat der Regierung bereits kurz nach seinem Amtsantritt gemeldet: Die Südsee-Unternehmer seien sehr dafür, »Samoa als den bisherigen Zentralpunkt in Polynesien und gewissermaßen als die Wiege der deutschen Kolonialpolitik festzuhalten«.

Der Name Samoa hat in Deutschland einen besonderen Klang, in dem vieles mitschwingt: die Sehnsucht nach einem freien, friedlichen Leben unter Palmen, der Traum von schönen Menschen, die im Schmuck duftender Blüten sinnliche Tänze aufführen, die Utopie einer gewaltfreien Kolonialherrschaft. »Perle der Südsee« lautet der Titel eines viel gelesenen Samoa-Buchs.[44] Für Bernhard von Bülow, Staatssekretär des Äußeren wie bereits sein Vater und ab Oktober 1900 Reichskanzler, ist die Inselgruppe der »schönste Brillant unseres kolonialen Diadems«. Der in einer Villa am Elbhang nahe Hamburg geborene Politiker erbt dank seiner Verwandtschaft mit den Godeffroys ein Millionenvermögen. Zum geflügelten Wort wird der »Platz an der Sonne«, den Bülow 1897 für die Deutschen einfordert.

Dass Samoa von heftigen Unruhen geschüttelt wurde, ist schnell vergessen. »Das unglücklichste Reich der Südsee bilden augenblicklich die Samoa-Inseln«, hat ein deutscher Geograf Ende des 19. Jahrhunderts notiert. »Nicht nur liegen dort die Eingeborenen untereinander in beständiger Fehde, sondern die Weißen ... intrigieren fortwährend dermaßen gegeneinander, dass an Ruhe nicht zu denken ist.« Als 1888 die Korvette *Olga* in eine blutige Auseinandersetzung eingreift und einen 140 Mann starken Landungstrupp absetzt, sterben 16 deutsche Soldaten. Nie erleidet die Kaiserliche Marine im Südpazifik einen höheren Verlust.

Die Rache wird grausam. Mehrere Kriegsschiffe feuern aus allen Rohren auf Siedlungen, in denen die Deutschen feindliche Stellungen vermuten. »An Land war alles ein Flammenmeer« schreibt ein Augenzeuge, der von 300 bis 400 Toten und Verwundeten spricht. Ein anderer protokolliert, wie durch eine einzige Granate »38 Weiber und 10 Kinder« sterben.

Doch die Erinnerung an das Massaker verblasst. Als am 1. März 1900 in Apia die Reichsflagge gehisst wird, schauen rund 5000 festlich gekleidete Samoaner zu – fast ein Sechstel der Bevölkerung im deutschen Teil. Besonderen Eindruck macht die Pickelhaube, unter der Bezirksrichter Dr. Knipping in der Morgensonne schwitzt.[45] »Unsere Herzen waren tief bewegt«, schreibt der Chef der *DHPG*-Niederlassung, der Hamburger Kaufmann Otto Riedel, in seinen Erinnerungen. »Nun erst kam alles, was seit Jahrzehnten hier gearbeitet und geleistet worden war, zu seinem tiefsten Sinn. Deutsche Kaufleute… und deutsche Soldaten hatten nicht umsonst ihr Leben auf Samoa gelassen.«

Erster Gouverneur der neuen Kolonie ist Wilhelm Solf, ein promovierter Indologe und Jurist aus Berlin, der sich für den großen Tag vom Bordschneider des Kreuzers *Cormoran* eine nicht ganz vorschriftsmäßige Uniform mit Admiralsepauletten nähen lässt. *DHPG*-Statthalter Riedel traut dem 36-jährigen Diplomaten von Anfang an viel zu: »Man brauchte diesem großen und sehr ruhigen Mann nur in die klaren Augen zu sehen und wusste, die deutsche Sache habe mit ihm einen Zuwachs an Kraft erhalten, der einige Kanonen auf der Gegenseite aufwog.«[46]

In den fast elf Jahren seiner Amtszeit wird sich Solf tatsächlich den Ruf erarbeiten, ein besonders fähiger Kolonialregent zu sein, was nicht zuletzt am Kontrast zu seinen rigorosen bis brutal-dummen Kollegen in anderen »Schutzgebieten« liegt. Als erste Amtshandlung befiehlt er die Entwaffnung der Bevölkerung – am Verkauf Tausender Gewehre und Pistolen haben die deutschen Firmen und sogar die Marine zuvor gut verdient.[47] Solfs Haltung ist die eines wohlmeinenden Patriarchen, der sein kleines Inselreich mit sanftem Zwang in die von ihm gewünschten Bahnen lenken möchte. Er organisiert ein System weitgehender Selbstverwaltung, erhebt eine Kopfsteuer, von der Schulen für die samoanischen Kinder bezahlt werden, ordnet die systematische Anpflanzung von Kokospalmen an und lehnt es ab, eine »Schutztruppe« aufzubauen.[48]

Einem Freund in Deutschland schreibt er: »Meine Waffe ist die Geduld und die Kunst, mit den Häuptlingen stundenlang Verhandlungen zu pflegen, dabei immer angenehme Dinge zu sagen, ohne irgendeine Verpflichtung einzugehen.«[49] Programmatisch erklärt der Gouverneur in seiner Antrittsrede vor den versammelten Anführern Deutsch-Samoas: »Es ist nicht die Absicht der deutschen Regierung, euch zu zwingen, unsere Sitten und Gewohnheiten anzunehmen, die Regierung nimmt Rücksicht auf eure alten Traditionen.«[50] Kaiser Wilhelm II. sei nun »tupu sili«, König des Landes, der Gouverneur sein Gesandter.[51] Dass es ihm einige Jahre später gelingt, eine Rebellion unblutig zu beenden, hält Solf für seine größte Leistung im Amt.

Wirtschaftlich entwickelt sich Samoa überdurchschnittlich gut, was vor allem die deutschen Investoren erfreut. Die *DHPG* kann Dividenden von bis zu 28 Prozent ausschütten.[52] In der ökonomischen Bilanz des Reichs muss man allerdings lange suchen, um den Beitrag der Südsee-Kolonien zu entdecken: Am deutschen Außenhandel hat der Handel mit den pazifischen Gebieten einen Anteil von weniger als 0,15 Prozent (berechnet für 1909).

Furore macht Solf mit einem Erlass, in dem er alle Nicht-Samoaner als »Fremde« einstuft.[53] Die Einheimischen erhalten damit zumindest verbal einen gewissen Vorrang in ihrem Land. Dazu erklärt er: »Die Gegenüberstellung von Native und Foreigner, zu Deutsch ›Eingeborene und Fremde‹, scheint mir richtig und unanfechtbar. Man ist nur nicht daran gewöhnt.« Als einzige andere, aus seiner Sicht falsche Unterscheidung »bliebe die zwischen ›Weiße‹ und ›Farbige‹« – doch sei es »geschmacklos und dem Rassentakt wenig entsprechend, die Hautfarbe zum Kriterium eines Rechtsunterschiedes zu machen«. Das hört sich klug und menschlich an, zeigt aber nur den halben Solf.

Unbeirrt bis zur Starrsinnigkeit nimmt der Gouverneur für sich in

Anspruch, eine Art weiser Vormund der gesamten Kolonie zu sein. Deutlich zu sehen ist das in seinem Zehnjahresprogramm, das er 1907 aufschreibt: Solf pocht darauf, »dass die Samoaner anders denken und fühlen als wir, dass sie deswegen anders behandelt werden müssen und vor allem, dass es eine Widersinnigkeit ist, unsere Strafgesetze und unser Strafverfahren gegen sie anzuwenden. Auch hier heißt es im Einzelnen, schenkt dem Gouverneur Vertrauen, lasst ihn Recht sprechen und bindet ihn nicht an das Schema eines Prozessverfahrens, denn er kennt das Land und das Volk und weiß, was er zu tun und zu lassen hat«.[54] Hält er sich nach sieben Jahren im Amt für den Kaiser von Samoa? Auf seinen Appell, »die Sitten, Gewohnheiten und Rechtsverhältnisse der Samoaner« noch besser kennenzulernen, folgt das Verdikt: »Das, was gut ist, wird beibehalten und allmählich übergeleitet und veramalgamiert mit unseren Formen und Anschauungen. Das Schlechte, Barbarische und Dumme wird ausgemerzt.«

Gut findet es Solf, wenn die Einheimischen ihre Traditionen pflegen, vorausgesetzt, sie verletzen sein Empfinden nicht. Um die folkloristische »Ursprünglichkeit« zu bewahren, verbietet er den Samoanern das Glücksspiel und die Aufnahme von Schulden; Waffen und Alkohol dürfen nicht an sie verkauft werden. Vor allem die Insel Savai'i behandelt er wie ein Reservat. Allerdings scheinen die jüngeren Bewohner andere Vorstellungen von ihrem Leben zu haben: Viele verlassen Savai'i und wandern ab, oft sogar ins benachbarte US-Samoa, wo der Schutz der traditionellen Kultur keine große Rolle spielt.

Schlecht findet es Solf, wenn sich Einheimische und Fremde miteinander einlassen und auch noch heiraten und Kinder bekommen. »Kanaker-Wirtschaft« sei das, schimpft er und verweist auf das »warnende Beispiel« Tahiti, wo die Bevölkerung unter französischer Herrschaft »depraviert, degeneriert und debauchiert« sei. Als Gouverneur hält er es allerdings für »unmöglich«, etwas dagegen zu unternehmen, vermutlich mit Rücksicht auf die vielen gemischten Verbindungen »fa'a Samoa«, nach samoanischer Art, die seine Beamten und die Kaufleute eingehen.

Als er 1911 überraschend zum Staatssekretär des Reichskolonialamts befördert wird, greift Solf sein Herzensthema wieder auf und treibt eine Gesetzesinitiative zur ethnischen Abgrenzung voran. Im Reichstag hält er eine Grundsatzrede über die »üblen Folgen der Mischehen«.[55]

Vehement und im Vortrag etwas wirr kommt er auf die USA zu sprechen, und dabei stellt sich heraus, dass er inzwischen ein durch und durch rassistisches Menschenbild hat: Die Abschaffung der Sklaverei gefällt ihm nicht, aber auch die sexuelle Zügellosigkeit der Sklavenhalter ist ihm zuwider: »Missverstandene Humanität rächt sich ebenso wie würdeloses Herabsteigen zur niederen Rasse.« Er redet abstoßendes Zeug und findet dafür Beifall. Die Schwarzen hätten sich »in den alten patriarchalischen Verhältnissen in den Südstaaten besser gefühlt«, glaubt Solf, der sich zu blankem Zynismus hinreißen lässt: »Jetzt ist der Neger frei! Er kann sogar Präsident werden, wenn er nicht vorher gelyncht wird!« Das Protokoll vermerkt hier »Heiterkeit«. Es ist einer von vielen Tiefpunkten des deutschen Parlamentarismus.

Dennoch gilt Solf bis heute als Lichtgestalt der deutschen Kolonialzeit. Sein samoanischer Sonderweg verführt zu dieser Sichtweise, aber dieser Weg beruhte auf einer rassistischen Grundeinstellung, die sich weiter vertiefte. Und welche Rolle spielte Staatssekretär Dr. Solf beim Justizmord an Rudolf Duala Manga Bell in Kamerun? Dass er dieses schändliche Verfahren entscheidend vorangetrieben hat (siehe Kapitel 5), wird in den Beschreibungen seiner Person und seiner Amtsführung oft nicht einmal erwähnt.[56] Es wäre wohl zu schade, wenn der gute Mensch von Samoa doch keiner war.

Aber es hilft nichts: Die Lichtgestalten fehlen in der deutschen Kolonialgeschichte.

# 7
# DAS HEIMWEH EINER ARABISCHEN PRINZESSIN

**Als die Deutschen anfangen, auch in Ostafrika eine Kolonie zu errichten, stürzen sie sich in einen Konflikt mit dem Sultan von Sansibar. Eine seiner Schwestern hat einen Hamburger Kaufmann geheiratet, nun gerät sie zwischen die Fronten.**

Neunzehn Jahre lang ist Emily Ruete nicht in Sansibar gewesen, und als sie jetzt auf einem Schiff der deutschen Kriegsmarine zurückkehrt, muss sie aus der Reise ein großes Geheimnis machen.[1] Begleitet von ihren drei Kindern Antonie, Rosalie und Said besteigt sie an der nördlichen Ausfahrt des Suezkanals den Tender *Adler*, einen Versorgungsdampfer des ostafrikanischen Kreuzergeschwaders. Nach Ägypten ist sie inkognito gereist, ihr Sohn Said hat den Decknamen Felix bekommen.

Am 2. August 1885 erreicht die *Adler* ihr Ziel, doch Ruete gilt weiterhin als »sekrete Ladung« und muss mit ihren Kindern noch wochenlang an Bord bleiben, während die Kriegsschiffe bedrohlich vor der Insel kreuzen. Erst als die Deutschen sicher sind, dass ihre militärisch-diplomatische Mission gelingt, erlauben sie es der geheimnisvollen Passagierin, den heimatlichen Boden zu betreten.

Als es endlich so weit ist, wird sie von einer Abordnung der Marine eskortiert. Wie eigenartig, schreibt Emily Ruete in ihren Memoiren, »dass ich jetzt am hellen Tage und von Herren begleitet auf den Straßen ging, was ich früher nur verschleiert und in der Nacht tun durfte«. Was bewegt ihre Gedanken, ihr Herz? Darüber äußert sie sich bloß zurückhaltend. Der erste Gefühlssturm hat sich gelegt, er stieg in ihr auf, als sie von ferne die Küste sah, und dann ertrug sie den »magischen Anblick« nur kurz. Lieber zog sie sich in die Stille ihrer Kabine zurück, denn sie wollte »dem Allmächtigen danken für seine große Güte«. Es war wohl eher der islamische als der christliche Gott, dem sie ihr Gebet schickte. »Ich verließ meine Heimat als vollkommene Araberin und als gute Muhamedanerin, und was bin ich heute? Eine schlechte Christin und etwas mehr als eine halbe Deutsche!«

Aufgewachsen ist Emily Ruete in den Palästen des Sultans von Sansibar als eines der sechsunddreißig Kinder, die er mit seinen vielen Frauen hat. Bis zu ihrem 23. Lebensjahr lautet ihr voller Name: Sayyida Salme binti Said bin Sultan al-Busaidi. Dann heiratet sie einen Deutschen, den Kaufmann Rudolph Heinrich Ruete aus Hamburg. Als sich die beiden das Jawort geben, ist die Prinzessin hochschwanger. Es ist der wohl größte Sexskandal in der Geschichte Sansibars.

Wie berühmt sie in ihrer Heimat ist, merkt sie bei ihrem ersten Landgang. »Die Mütter hoben ihre Kinder in die Höhe, ihnen ›Bibi Salme‹ zu zeigen«, schreibt eine deutsche Augenzeugin. »Und die feinen Araberinnen öffneten heimlich ihre Fensterläden um, mit Schleier oder Maske versehen, sehnsüchtige Blicke ihrer früheren Freundin und Gefährtin nachzuwerfen.« Die Rückkehrerin wird zu einer Sensation: »Täglich nahm die Menschenmenge, die uns begleitete, zu.« Aber der Sultan, einer ihrer Brüder, will nichts von ihr wissen. Barghasch bin Said weigert sich, sie zu sehen, beantwortet keinen ihrer Briefe, reagiert ablehnend auf ihre Gesuche um eine Begegnung, die ihn durch Mittelsmänner erreichen.

Hat seine Schwester die Familienehre so tief verletzt? Findet er es anmaßend, dass sie ihm mit Erbansprüchen kommt? Muss der Herrscher Rücksicht nehmen auf die religiösen Eiferer, die ihn stützen und in deren Augen eine vom Islam abgefallene Person untilgbare Schuld auf sich geladen hat? Oder üben die Engländer Druck aus, die schon länger die eigentlichen Herren von Sansibar sind und in »Frau Ruete« ein Werkzeug der Deutschen sehen? Gut möglich, dass nicht einmal der Sultan selbst sagen könnte, was für seine Haltung ausschlaggebend ist.

Emily Ruete muss schließlich abreisen, ohne mit Barghasch gesprochen und das geforderte Erbe erhalten zu haben. Nur die Deutschen sind zufrieden: Sie haben angefangen, auf dem ostafrikanischen Festland eine Kolonie zu errichten, obwohl es sich um sansibarisches Interessengebiet handelt. Durch die Machtdemonstration ihres Kreuzergeschwaders, unterfüttert durch Diplomatie, ist es der Berliner Regierung gelungen, den Sultan zu Zugeständnissen und die Engländer zum Stillhalten zu bringen. Und Ruete? Notfalls hätte das Kaiserreich die Ansprüche seiner Staatsbürgerin als Vorwand für eine militärische Eskalation benutzt. Doch das erweist sich als überflüssig – und damit wird die sansibarische Prinzessin uninteressant. Im politischen Schachspiel der Deutschen gleicht sie einem Bauern, der sich in eine Dame verwandeln könnte. Bis die Partie plötzlich endet und der Bauer bleibt, was er ist.

Die Geschichte ihres Lebens zwischen zwei Erdteilen führt direkt hinein in die Zeit, als das Deutsche Reich nach der Expansion im Westen Afrikas und in der Südsee auch in Ostafrika ein künftiges Herrschaftsgebiet markiert. In Emily Ruetes heimatlichem Umfeld wird deutlich, welche Spannungen der Berliner Machtanspruch auslöst. Wieder einmal geht die kolonialistische Initiative nicht von der Regierung aus – diesmal aber auch nicht von den hanseatischen Kaufleuten. Einer von ihnen greift allerdings in einem entscheidenden Moment ein: Mit einer Lüge ebnet er den Weg ins Innere des Kontinents.

## Das multikulturelle Reich der Sklaverei

Es ist wahrscheinlich kein Zufall, dass gerade Sansibar der Ort ist, an dem eine Tochter des Herrschers alle Regeln missachtet und sich mit einem Europäer einlässt. Die 40 Kilometer vom ostafrikanischen Festland entfernte Insel unterliegt schon lange den unterschiedlichsten kulturellen Einflüssen, die sich vermischen, aber auch abstoßen und bekämpfen. Seit dem 8. Jahrhundert treiben die nordöstlichen

Monsunwinde arabische Schiffe an ihre flachen Strände, dann lassen sich auch persische und später indische Händler an der Küste nieder. Zu Hunderten segeln ihre Dhaus über den Indischen Ozean, beladen mit Seide, Gewürzen, Kokosnüssen. Die meisten Afrikanerinnen und Afrikaner, die vom Festland stammen, kommen als Versklavte an, um in der Landwirtschaft, im Haushalt oder als Nebenfrauen und Lustobjekte zu dienen.

Unter den Arabern nehmen die Herrscher des Oman die führende Rolle auf der Insel ein. Die Bedeutung Sansibars vergrößert sich während des 19. Jahrhunderts erheblich; wenige Jahre vor Sayyida Salmes Geburt verlegt ihr Vater seinen Hauptsitz vom omanischen Maskat dorthin. Said bin Sultan baut das Geschäft mit Gewürznelken kräftig aus, die exportierte Menge wächst um das Zwanzigfache. Als der absolutistische Monarch 1856 stirbt – Salme ist zwölf Jahre alt –, besitzt er märchenhafte Reichtümer. Sein Einflussbereich an der Küste erstreckt sich über rund 1000 Kilometer von Mombasa bis Kap Delgado.

Salmes Mutter Jilfidan, eine Tscherkessin, wurde als kleines Mädchen während eines Krieges im Kaukasus gefangen und versklavt. Der Sultan machte sie zu einer seiner Nebenfrauen, einer »Suria«. Dadurch blieb sie seine Sklavin, führte aber ein Leben in Wohlstand und erwarb Rechte: Ihr Gebieter darf sie nun weder weitergeben noch verkaufen, nach seinem Tod erlangt sie die Freiheit, und die Kinder einer Suria sind den Kindern der Hauptfrauen dynastisch und beim Erbanspruch gleichgestellt. Jilfidan überlebt den Sultan um drei Jahre, dann stirbt sie an Cholera. Salme, ihre einzige Tochter, schreibt später: »Mein Schmerz war grenzenlos; unwillig missachtete ich alle Mahnungen und Warnungen, mich nicht zu fest an die teure Leiche anzuschmiegen, damit ich nicht selbst der Seuche zum Opfer fiele.«

Mit fünfzehn Jahren ist sie Vollwaise. Wenigstens hat sie keine materiellen Sorgen: Der Vater hinterließ ihr eine Plantage mit einer Landvilla sowie 5429 Pfund Sterling. Von ihrer Mutter erbt sie drei weitere Plantagen. Unter Leitung eines arabischen Verwalters arbeiten in den meisten Pflanzungen der Insel 50 bis 100 Versklavte, in den größten bis zu 500. Neben den besonders lukrativen Gewürznelken wachsen dort Reis, Kokospalmen, Zuckerrohr, Süßkartoffeln und Gemüse.

In ihren Memoiren beschreibt Emily Ruete alias Prinzessin Salme, dass Ausflüge zu den Anlagen ihres Vaters für die Frauen und Kinder des Hofes »immer eine große Freude« gewesen seien. »Drei Tage vorher schon stellten sich einige Hundert Sklaven ein, um das Nötige abzuholen.« Am Vorabend werden die Schwänze der schneeweißen Reitesel mit Henna rot eingefärbt; an ihren Geschirren baumeln Troddeln und klimpernde Glöckchen. Unterwegs »hat jede vornehmere Dame einen schwarzen Schnellläufer zur Seite, der neben ihrem Tier dahineilend mit einem großen aufgespannten Sonnenschirm seine Herrin gegen die zu große Sonnenglut zu schützen sucht«.

Alle Tätigkeiten in den Pflanzungen sind harte Handarbeit. »Landwirtschaftliche Geräte existieren fast gar nicht, nicht einmal der einfachste Pflug ist bekannt.« Zur Ernte an den bis zu zehn Meter hohen Gewürznelkenbäumen dienen schwankende Gestelle aus dünnen, zusammengebundenen Stöcken. »Der Herr oder die Herrin beteiligen sich ... nicht selten an der Arbeit inmitten ihrer Sklaven, um dieselben dadurch zu höherem Eifer anzuspornen. Der Neger ist bekanntlich sehr arbeitsscheu, und man muss ihn sehr scharf und beständig beaufsichtigen, wenn er wirklich etwas leisten soll.« Als sie diese rassistischen Bemerkungen 1886 veröffentlicht, dürften nur wenige Leserinnen und Leser daran Anstoß nehmen.

Gleichzeitig ist die Sklaverei in Deutschland verpönt. Die Autorin weiß das und schreibt zur Verteidigung der sansibarischen Zustände, »das Schlimmste« seien die Sklavenkarawanen aus dem Inneren Afrikas an die Küste. Laut zeitgenössischen Quellen sterben unterwegs bis zu 90 Prozent der Frauen, Männer und Kinder.[2] Wer die Tortur überlebt, kann sich Ruete zufolge glücklich schätzen, da die Versklavten fortan »in jeder Hinsicht gut versorgt« seien. »Sie müssen freilich unentgeltlich für ihre Herren arbeiten, aber sie sind auch frei von allen Sorgen, haben ihren sicheren Unterhalt, und ihr Wohl liegt der Herrschaft am Herzen.«

Es ist die Sichtweise einer Frau, die selbst Tochter einer Sklavin ist, und wahrscheinlich hat sie die beschriebene Zuwendung wirklich erlebt und gesehen. Trotzdem spricht alles dafür, dass sie idealisiert, verallgemeinert und ausblendet. Das Elend der Verschleppten endet nicht, wenn sie die Küste des Festlands erreichen. Die Sklavenmärkte von Sansibar sind berüchtigt. Ein deutscher Seemann beobachtet dort 1864 »die widerlichsten Szenen«.[3] Nach der Ankunft »in vollgepfropften Schiffen« und einer Waschung im Meer würden die Menschen zum Marktplatz gepeitscht. »Ich sah, wie eine zum Skelett abgemagerte kranke alte Frau, um gleichzeitig mit ihrem 18-jährigen Sohn bestens losgeschlagen zu werden, im Trabe um den Marktplatz herumgetrieben wurde, wobei mit lautem Schreien der Händler das Feilbieten besorgte.«

In den Jahren danach, als Ruete in Europa lebt, verschlechtert sich die Lage der Versklavten noch einmal deutlich. Paradoxerweise liegt das an einem Vertrag, in dem sich der Sultan auf Drängen der Briten 1873 dazu verpflichtet, den Sklavenhandel zu beenden. Die Folge ist, dass die sansibarischen Plantagensklaven umso brutaler ausgebeutet werden, weil der menschliche Nachschub fehlt. Ein auf der Insel lebender deutscher Arzt berichtet darüber: »Man muss sie gesehen haben, diese elenden halb verhungerten Gestalten, mit einem schmutzigen Baumwollfetzen um die Hüften, um zu begreifen, auf wie barbarische Art die Sklaverei allmählich beseitigt wird.«[4] Ein Verwalter des Sultans kann das nur bestätigen: »Sie erhalten zu wenig Nahrung und haben zu viel Arbeit, deshalb sterben sie hin und vermehren sich nicht.« Weiß Ruete davon nichts? Verschließt sie die Augen davor, hält sie es für Schicksal?

## Der Skandal und seine Vorgeschichte

Nach dem Tod des alten Sultans ist das Reich geteilt worden. Einer seiner Söhne regiert nun im Oman, ein anderer, Madschid bin Said, in Sansibar. Ein weiterer Sohn fühlt sich übergangen und hegt drei Jahre später noch immer großen Groll: Barghasch bin Said. Er und seine Anhängerinnen und Anhänger planen jetzt den Umsturz, und obwohl Salme sich Madschid stets nahe gefühlt hat – auch er hat eine tscherkessische Mutter –, beteiligt sie sich mit Feuereifer an der aufregenden Verschwörung gegen ihn. »Wir waren sämtlich von einer

Art Krankheit befallen«, bemerkt sie in ihren Erinnerungen. Da sie besonders gut lesen und schreiben kann, ist sie so etwas wie die Generalsekretärin des Aufstands. Überall jedoch haben die Wände Ohren; Geheimnisse halten nicht lange, schon gar nicht, wenn die Spione so prächtig verdienen: »Die Louisdors und die Guineen flossen zu keiner Zeit reichlicher aus unseren Händen als damals.«

Mithilfe eines englischen Kriegsschiffs gelingt es dem amtierenden Sultan, die Rebellion niederzuschlagen. Sein Bruder Barghasch muss ihm Treue geloben und nach Bombay ins Exil gehen, darf allerdings schon nach zwei Jahren heimkehren. Als der großmütige Madschid ein Jahrzehnt später stirbt, gelangt sein Rivale doch noch auf den Thron.

Die Strafe für Salme besteht lediglich darin, dass sie am Hof in Ungnade fällt. Sie zieht sich auf ihr Landgut Kisimbani zurück und muss nach dem turbulenten Leben in den Palästen und Villen ihrer Großfamilie lernen, mit Stille und Einsamkeit zurechtzukommen. Mehr als alles andere vermisst sie den Wellenschlag des Ozeans, darum kehrt sie Kisimbani bald wieder den Rücken und mietet die Küstenplantage Bububu. Dort söhnt sich die junge Prinzessin mit Madschid aus, der es sich nicht nehmen lässt, ihr einen Besuch abzustatten. Als der Sultan sie bittet, das nördlich der Hauptstadt gelegene Bububu dem neuen englischen Konsul als Landsitz zu überlassen, erfüllt sie ihm den Wunsch und zieht in eine Stadtwohnung. Ein späterer Bewohner, der Kaufmann Justus Strandes, hat das Domizil beschrieben: »Anstelle der Fenster aus Glas hatten wir überall nur Holzladen, doch wurden dieselben kaum, eigentlich nur bei Regen in Verbindung mit besonders hartem Winde, benutzt. Alle Zimmer zeichneten sich durch angenehme Höhe und Luftigkeit aus.«[5]

Salmes einstige Mitverschwörer, an ihrer Spitze Barghasch, verübeln ihr beides – sowohl die Annäherung an den Sultan als auch die Konzilianz gegenüber dem Engländer. Von vielen in der Stadt gemieden, erwacht ihr Interesse an den dort lebenden Europäern. Es ist eine kleine, einflussreiche Gruppe: Geschäftsleute, Ärzte und Beamte mit ihren Ehefrauen, einige Geistliche und Missionare, zusammen rund sechzig Personen.[6] Einem anglikanischen Pfarrer fällt auf, dass die Prinzessin etwas Englisch spricht und »sehr begierig« sei, nach Europa zu reisen »und sich auf jede mögliche Weise zu europäisieren«.

Seit einigen Jahrzehnten haben sich auch deutsche Firmen in Sansibar niedergelassen. Wie so oft sind Unternehmer aus Hamburg führend, vor allem *Hansing & Co.* und *Wm. O'Swald & Co.;* beide Häuser handeln mit Gewürzen, Elfenbein, Kautschuk, Tierhäuten, Ölfrüchten.[7] Die Hansings haben darüber hinaus als Finanzdienstleister großen Erfolg; sie tauschen Währungen, stellen Wechsel aus und repräsentieren Versicherungen.

Ganz auf Elfenbein spezialisiert ist die Firma *Heinr. Ad. Meyer.* Ihre Fabrik in Hamburg-Barmbek gehört zu den größten europäischen Herstellern von Elfenbein-Artikeln, die meisten Stoßzähne führt sie via Sansibar direkt aus Ostafrika nach Deutschland ein.[8] Inhaber Heinrich Adolph Meyer weiß genau, was er dadurch anrichtet, 1889 schreibt er über seine Branche: »Die Elfenbeinverschiffungen Afrikas betrugen von 1879 bis 1883 durchschnittlich per Jahr 848 000 kg im Werte von ca. 17 000 000 Mark.« Ein großer Teil davon wird für Klaviertasten verbraucht, die Nachfrage bürgerlicher Haushalte nach Klavieren und Flügeln erreicht im Kaiserreich ungeahnte Dimensionen.[9] Auf der Strecke bleiben dem Firmenchef zufolge »ca. 65 000 getötete Elefanten per Jahr! Wahrlich ein trauriges Bild der Hinschlachtung dieses größten Repräsentanten einer aussterbenden Tierwelt.« Beendet der einsichtsvolle Kaufmann Meyer das blutige Geschäft, für das er Karawanen mit bis zu 600 Trägern ausrüstet? Nein. Er hoffe, behauptet er, »dass es bald gelingt, auch den afrikanischen Elefanten gezähmt uns nutzbar zu machen und dadurch länger zu erhalten«.

Begonnen haben die Hanseaten auf Sansibar mit einem ungewöhnlichen Geschäftsmodell: dem Handel mit Kaurimuscheln (biologisch sind es Schnecken). Eine ganze Reihe von Jahren verdienen sie damit viel Geld.[10] Adolph Jacob Hertz, der Erfinder des Modells, hat eines Tages bei der Lektüre von Reiseberichten bemerkt, dass Kaurimuscheln von den Malediven in Teilen Westafrikas ein beliebtes Zahlungsmittel sind und dass eine etwas größere Art auf den Märkten von Sansibar spottbillig verkauft wird. 1844 beginnt Hertz, Sansibar-Kauris nach Westafrika zu verschiffen, wo sie wie erhofft als

Zahlungsmittel akzeptiert werden: Trotz eines gewissen Abschlags gegenüber den anderen Kauris erzielt der Kaufmann rund das Zehnfache des Einkaufspreises.

Obwohl Hertz versucht, seine Entdeckung geheim zu halten, fangen die O'Swalds und Hansings an, ihm Konkurrenz zu machen, drängen ihn aus dem Geschäft und etablieren sich als Unternehmer auf Sansibar. 1859 schließen die hanseatischen Städte unter Führung Hamburgs mit Sultan Madschid ein Handelsabkommen. Die O'Swalds übernehmen das deutsche Konsulat auf der Insel und das sansibarische Konsulat an der Elbe.

Da der massenhafte Import von Kaurimuscheln auf der anderen Seite des Kontinents zu einer starken Inflation führt, brechen die Gewinne der Händler schließlich ein – ihr Geschäftsmodell geht am Erfolg zugrunde. Was den Hanseaten bleibt, ist der Profit, den sie bereits erzielt haben. Ihren Abnehmern in Westafrika hinterlassen sie eine zerrüttete Finanzwirtschaft.

Als Sayyida Salme ihre Stadtwohnung mietet, lebt ein Europäer im Haus nebenan. Es ist niedriger als ihres, wenn sie ans Fenster tritt, kann sie hinüber auf das Flachdach schauen, auf dem ein offener Pavillon steht. Der deutsche Geschäftsmann sitzt gern auf seiner Dachterrasse, trifft sich dort mit Freunden und Bekannten; sie essen, trinken, unterhalten sich. Irgendwann gibt es den ersten Blickkontakt zwischen Sayyida Salme und dem nur wenige Jahre älteren Händler; irgendwann wechselt sie die ersten Worte mit dem Mann aus Hamburg, der die Landessprache Kiswahili spricht; irgendwann kommen sich die beiden näher.

Anfangs gelingt es ihnen, ihre gefährliche Liaison geheim zu halten. Was haben sie denn getan? Sie haben die Gelegenheit genutzt, ein Abenteuer zu erleben. Aber bald ist es mehr als das, und das Geheimnis wird zum Stadtgeflüster. Es heißt, der Kaufmann und die Sultanstochter seien gemeinsam aufs Land gefahren und dort gesehen worden. Sultan Madschid hört die Gerüchte. Die europäischen Kaufleute wissen, dass es nicht bloß Gerüchte sind.

Eines Tages ist die Prinzessin schwanger, und kein anderer als Rudolph Heinrich Ruete kann der Vater sein. Madschid, der davon Wind bekommt, will die Schwester in seinen Palast einbestellen und seinen Henker bereithalten, um die Schande zu beenden. Aber eine der Witwen seines Vaters rät ihm, sich zu gedulden: Als kluger Herrscher müsse er jeden Zweifel ausschließen können, dass Salme wirklich ein Kind erwartet. Madschid, der Großmütige, hegt brüderliche Gefühle für Salme, darum ist ihm der Rat willkommen. Doch noch wichtiger ist die Staatsraison, die auf den islamischen Gesetzen beruht. Darum verfolgt der Sultan bald einen anderen Plan. In einem Brief an Salme schreibt er, dass sie mit seiner Erlaubnis die Pilgerfahrt nach Mekka antreten dürfe; der oberste Eunuch des Palasts werde sie auf seinem Schiff zur Arabischen Halbinsel fahren.

Die kluge und belesene Prinzessin weiß, was das bedeutet: ihren Tod. Würde sie das Schiff des Eunuchen besteigen, es wäre für sie eine Reise zum Meeresgrund.

Stattdessen schmiedet sie zusammen mit dem Mann, den sie liebt, ihren eigenen Plan, einen Fluchtplan. Sie beginnt, ihre Plantagen und anderes Eigentum zu verkaufen – angeblich, damit sie für die teure Pilgerfahrt genügend Geld zur Verfügung hat. Sie zieht die wohl einflussreichste Frau Sansibars in ihr Vertrauen: Emily Seward, die Gattin des britischen Konsuls. Von ihr erhält sie die entscheidende Unterstützung: Zwar lässt Emily Seward ihren Mann Edward bewusst im Unklaren, um ihm Schwierigkeiten zu ersparen, aber sie wendet sich an den neuen Arzt des Konsulats, den Schotten John Kirk. Und Kirk bittet den Kapitän der im Hafen liegenden *Highflyer,* der Prinzessin die Flucht zu ermöglichen.

Im Sommer 1866 beginnt nach dem alten persischen Kalender das neue Jahr. Den Abend vor dem Jahreswechsel verbringen die Bewohner Sansibars am Strand, sie baden im Meer und beten um Gesundheit. Salme nutzt den üblichen Trubel für ihre Flucht. Nach Einbruch der Dunkelheit lässt sie sich von zwei Sklavinnen, die ein paar Schachteln und Kisten für sie tragen, ans Wasser begleiten (ob auch von ihrem Geliebten, ist ungewiss). Sie wolle bei einer ihrer Schwestern übernachten, hat die Prinzessin gesagt. Unterhalb des britischen Konsulats wartet ein Beiboot der *Highflyer.* Plötzlich überrumpelt Salme ihre beiden Dienerinnen, schnappt sich die Schatullen, in die sie Geld und Schmuck gepackt hat und springt ins Boot. Eine der Frauen rennt schreiend über den Strand, die andere wird von einem

Matrosen überwältigt, während seine Kameraden sich schon vom Ufer abstoßen und zurück zu ihrer ankernden Fregatte rudern. Sofort dampft die *Highflyer* nach Süden ab, um eine falsche Spur zu legen; denn sobald das Schiff außer Sichtweite ist, ändert Kapitän Malcolm Pasley den Kurs auf Nordost und steuert die jemenitische Hafenstadt Aden an. Dort ist die Schwangere in Sicherheit. Zu den Dingen, die sie mitgenommen hat, gehört ein Beutel voll Sand vom heimatlichen Strand, den sie ihr Leben lang mit sich führen wird.

Einer ihrer heimlichen Helfer, Konsulatsarzt Kirk, schreibt an eine Vertraute: »Die Abreise der *Highflyer* hat für einigen Gesprächsstoff gesorgt. Pasley hat die bedauernswerte Bibi Salme auf seinem Schiff mitgenommen. Im Falle ihres Bleibens wäre sie früher oder später getötet worden, glaube ich.«

An Heinrich Ruete vergreift sich niemand. Von den Engländern wird der junge Deutsche, der mit sechzehn Jahren nach Sansibar gekommen ist und als selbstständiger Vertreter für *Hansing & Co.* arbeitet, seit Langem geschätzt. »Er ist ein intelligenter und fähiger Geschäftsmann und hat sich durch einen völlig tadellosen Lebenswandel ausgezeichnet«, urteilt Konsul Seward über ihn. Ein Vertreter von *Wm. O'Swald & Co.* ist der Meinung: »Wäre Barghasch Sultan, ich glaube fest, dass Ruete schon ermordet wäre.« Der deutsche Konkurrent findet es »schändlich, dass er nicht von hier geht«, alle Handelsfirmen litten unter der Affäre. Bis Februar 1867 hält sich Ruete weiterhin auf der Insel auf, dann reist er auf die Seychellen. Es sind wohl berufliche Verpflichtungen, die ihn dort einige Wochen lang festhalten.

In Aden ist inzwischen ein Junge zur Welt gekommen. Seine Mutter Salme, die bei spanischen Bekannten wohnt, lässt ihn in der anglikanischen Kirche auf den Namen Heinrich Rudolph taufen. Sultan Madschid hat ihr schriftlich mitgeteilt, dass er als ihr rechtmäßiger Vormund von ihr verlange, sich von Europäern fernzuhalten. Er hat dies auch dem britischen Vertreter in der Stadt geschrieben mit der Bitte, darauf hinzuwirken; doch die Prinzessin trägt inzwischen europäische Kleidung und kümmert sich nicht darum.

Am 30. Mai kommt Heinrich Ruete morgens in Aden an. Es sind dicht gedrängte Stunden. Zuerst lässt sich Salme in der anglikanischen Kirche taufen, als neuen Vornamen wählt sie den Namen der Frau, die ihre Flucht ermöglicht hat. Gleich danach findet am selben Ort die Hochzeit statt. Und am Nachmittag brechen Emily und Heinrich Ruete mit ihrem kleinen Sohn nach Deutschland auf.

Über Stationen in Kairo und Alexandria reisen sie nach Marseille. Es ist Juni, aber Emily friert und wickelt sich in eine Decke. Als die drei ihre Reise nach gut einer Woche fortsetzen, verspürt sie »eine mir sonst so fremde Angst«, so stark, »dass ich am liebsten laut hätte schreien mögen«. Via Paris fahren sie mit der Eisenbahn nach Hamburg.

Während der Zugfahrt müssen die Eltern einen schweren Schicksalsschlag einstecken: Ihr Baby stirbt.[11] Die näheren Umstände sind nicht bekannt; Emily Ruete, die über vieles schreibt, schreibt darüber nie.

## Als Ehefrau und Witwe in Deutschland

In Hamburg bewohnen die Ruetes eine Villa am östlichen Alsterufer, beste Lage. »Sehr eigentümlich« findet es Emily, »so viele hellfarbige und blonde Menschen« zu sehen. Einer Freundin in Sansibar schreibt sie über ihre Empfindungen während der ersten Zeit: »Alles in allem genommen ... fühlte ich mich fortwährend geängstigt, und nur in Gegenwart meines Mannes vermochte ich mich von diesem Tag und Nacht peinigenden Gefühle zu befreien.«

Die Umstellung von der tropischen Insel auf die nördliche Großstadt geht fast über ihre Kräfte: »Alles, alles ist anders als bei uns: Häuser, Straßen, Kleidung, Essen, ja, selbst sogar die Luft und die Menschen: Ich hatte unendlich viel und auf einmal in mich aufzunehmen.« Muss sie sich schon in den ersten Tagen den Verwandten und Freunden ihres Mannes vorstellen? Sie muss. »Etwas Schrecklicheres als die hier sogenannten Höflichkeitsvisiten gibt es überhaupt nicht.« Immerhin meint sie, es mit einer »vergnügten Nation« zu tun zu haben, da die Menschen dauernd lächeln. Aber ihr Mann klärt sie bald auf: »Das ewige Lächeln, sagte er mir, dürfte ich mir keineswegs auf diese Art deuten, wie es den Anschein hätte, sondern nur als eine gebräuchliche Höflichkeitsform, die absolut nichts zu bedeuten hätte.«

Angenehm und praktisch findet sie fließendes Wasser und Gasbeleuchtung im Haushalt. Nur wundert sie sich, warum alles, selbst die Fußböden peinlich sauber gehalten werde, während die Deutschen »im Allgemeinen sehr wenig Sympathie für Bäder« und Körperpflege zeigten.

Zu Weihnachten überrascht ihr Mann sie mit einem weit geschnittenen Mantel aus Samt, »welcher mit Pelz gefüttert und von oben bis unten einschließlich der Ärmel mit Hermelin besetzt war«. Doch sie ist schockiert über das Geschenk, dessen hohen Wert sie nicht einschätzen kann, da sich in Sansibar höchstens versklavte Schwarze in Tierfelle kleiden. Befremdlich und enttäuschend findet sie es während der gesamten Festtage im Kreis der Verwandtschaft, »dass die Geburt Christi gefeiert wurde, ohne dabei aber im Geringsten an Gebete zu denken. Kannst Du Dir das überhaupt vorstellen?«

Schon seit dem Sommer ist sie wieder schwanger, im März 1868 kommt ihre Tochter Antonie zur Welt. Zwei weitere Kinder folgen mit je einem Jahr Abstand: erst ein Junge, der auf den arabischen Namen Said getauft wird, dann ein Mädchen, Rosalie. Die Großeltern sind glücklich über ihre Enkel und inzwischen wohl auch über deren Mutter. Ihr Schwiegervater schreibt in einem Brief an eine Verwandte: »Übrigens ist sie gegen mein Erwarten eine tüchtige Hausfrau und mir eine so liebenswürdige Schwiegertochter geworden, wie ich sie mir nur wünschen konnte.«

Heinrich Ruete denkt darüber nach, wie er seine einträglichen Geschäfte auf Sansibar fortführen kann. Am liebsten würde er zurückkehren, doch Sultan Madschid lässt mitteilen, das sei unmöglich. Ruete bleibt nur, einen Handelsvertreter auf der Insel zu engagieren.

Am 2. August 1870 wird die junge Familie von einem schweren Unglück getroffen. Heinrich ist nachmittags in Hamburg unterwegs, um seinen kranken Vater zu besuchen. Auf dem Rückweg springt er von der rollenden Pferdebahn ab, stürzt und kommt unter die Räder. Es gelingt ihm noch, mit der Droschke ins Krankenhaus zu fahren, aber er ist am ganzen Körper verletzt. Als seine Frau ihn besucht, begrüßt er sie auf Kiswahili mit den Worten »Bibi, roho jangu!« – mein Leben, meine Seele! Vier Tage nach dem Unfall stirbt er mit einunddreißig Jahren. Der Schicksalsschlag wirft Emily, die sich gerade besser eingelebt hat, zurück: »Mit meinem Mann verlor ich alles, selbst der Gedanke an meine drei Kinder wollte mich nicht trösten.« Sie will nur noch eins: »Fort, fort, nach Hause!« Nach Sansibar.

Sie bleibt. Sie beschließt, »im Andenken an meinen Mann seine Kinder in seinem Lande aufwachsen zu lassen… ohne dabei im Geringsten an mich selbst zu denken«. Die Witwe erfährt, dass der Vertreter ihres Mannes in Sansibar Geld veruntreut habe. Gewöhnt an reichlich Dienstpersonal, muss sie künftig bescheidener leben. Nach dem stockkonservativen Hamburger Eherecht darf sie das Erbe nicht allein verwalten, sondern wird in diesem Punkt unter amtliche Vormundschaft gestellt, was sie für eine persönliche Schikane hält. Dass sie die hamburgische und damit die deutsche Staatsbürgerschaft erwirbt, nützt ihr in der Hinsicht nichts.

Das Leben an der Elbe ist ihr verleidet. Sie hört sich um, in welcher deutschen Stadt das Wohnen billiger und das Wetter besser wäre, und fährt mit dem Zug nach Darmstadt. Bei der Wohnungssuche blickt sie allerdings in verschlossene Gesichter und wird nicht fündig. »Diese Art von Misstrauen gegen Nichtvollblutdeutsche habe ich auch später vielfach in Deutschland erfahren.« Beim nächsten Versuch in Dresden hat sie mehr Erfolg. Einige Jahre bleibt sie in der sächsischen Hauptstadt, bis es ihr auch dort zu teuer wird.

Die nächsten Stationen ihres unsteten Lebens sind Rudolstadt, Berlin und Köln. Zeitweilig erteilt sie Sprachunterricht, Arabisch und Kiswahili. Warum klagt sie ständig über Geldmangel, obwohl niemand ihr Verschwendung vorwerfen könnte? Nach den Maßstäben des deutschen Bürgertums ist ihr Lebensstil keineswegs aufwendig; sie leistet sich zwar Hilfen für die Kinder und den Haushalt, fährt aber in der Bahn 3. Klasse und flickt ihre Wäsche selbst.

Nicht nur in ihren Briefen und Aufzeichnungen sind die Finanznöte der gebürtigen Prinzessin ein Dauerthema, sondern auch in der deutschen und britischen Politik. In einer späteren Zusammenfassung des Londoner Außenministeriums (»Memorandum on the claims of Madame Ruete – Confidential«) heißt es, Sultan Madschid habe ihr nach der Flucht erlaubt, ihr verbliebenes Eigentum auf Sansibar zu verkaufen und den Erlös nach Deutschland zu transferieren.[12] Allerdings habe der deutsche Konsul »den Verkauf der Sklaven verhindert«. Nach dem Tod ihres Mannes sei ans Licht gekommen, dass ihr gesamtes Vermögen »durch unkluge Spekulation erheblich geschrumpft« sei. Außerdem habe sie anschließend »durch betrügerische Treuhänder noch mehr verloren«.

Hartnäckig verfolgt sie das Ziel, aus den Hinterlassenschaften Madschids und weiterer verstorbener Geschwister den Anteil zu erhalten, der ihr nach ihrer Ansicht zusteht. Briefe unterschreibt sie jetzt als »Emily Ruete, geb. Prinzessin von Oman und Sansibar«. Ministerialbeamte, Diplomaten, Regierungsspitzen und gekrönte Häupter werden sich in den nächsten Jahren mit ihren Forderungen auseinandersetzen. Der wohl Erste in der langen Reihe ist der Staatssekretär im Auswärtigen Amt, Bernhard Ernst von Bülow, den sie 1872 in Berlin besucht. Bei Reichskanzler Bismarck erbittet sie eine Audienz mit Wilhelm I.; der Monarch empfängt sie zwar nicht, lässt aber den deutschen Konsul auf Sansibar anweisen, sich bei Sultan Barghasch für die mehr oder minder verarmte Schwester einzusetzen. Barghasch teilt mit, diese habe das ihr zustehende Erbe ihrer Eltern bereits erhalten, Punkt.

Als sie erfährt, dass der Herrscher 1875 zu einem Staatsbesuch nach London reist, sieht sie die Chance zu einer persönlichen Begegnung gekommen. Doch obwohl Emily Ruete alle Hebel in Bewegung setzt und sieben Wochen in der englischen Hauptstadt verbringt, muss sie enttäuscht abreisen. Im Auswärtigen Amt in Berlin sieht man die Sache so: »Englischerseits wurde die Begegnung... verhindert, augenscheinlich weil man von ihr einen den Deutschen günstigen Einfluss befürchtete, falls die Rückkehr nach Sansibar gelingen sollte.«[13] Ist also nicht nur das Erbe, sondern auch die Heimkehr ihr Ziel? Oder haben die Beamten etwas missverstanden? Für die Briten stellt sich die nicht stattgefundene Begegnung etwas anders dar: Der Sultan »weigerte sich, sie zu treffen oder ihr etwas zu geben, indem er sich darauf berief, als Gast der Britischen Regierung vor ihren Forderungen geschützt zu sein«.

Vermutlich ist schon den damals Beteiligten nicht immer völlig klar, worum es im Fall Ruete genau geht. Sie selbst schwankt gegenüber Barghasch zwischen scheinbar objektiv errechenbaren Forderungen und geschwisterlichen Bitten um Unterstützung. Für Berlin und London ist die Angelegenheit untrennbar verwoben mit den politischen und wirtschaftlichen Interessen auf Sansibar. Mal legen die Hamburger Unternehmer dem Sultan nahe, sich unter deutschen Schutz zu stellen.[14] Mal bietet Barghasch den Briten an, ein Protektorat über Sansibar zu errichten. Beides bleibt Episode. Für eine größere Anstrengung ist das Inselreich weder den Deutschen noch den Engländern wichtig genug. Nur auf eines achten die Außenpolitiker penibel: dass die andere Seite keine dauerhaften Vorteile erzielen kann.

## Wer interessiert sich für Ostafrika?

Obwohl die auf Sansibar ansässigen Handelsfirmen bereits seit Jahrzehnten gute Geschäfte in der Region machen, kümmert sich kaum jemand in Deutschland um das nahe gelegene Festland. Das erste Kriegsschiff der kaiserlichen Marine läuft 1882 vor der ostafrikanischen Küste auf, als die deutschen Kanonenboote in der Südsee längst Angst und Schrecken verbreiten.[15]

An Sansibar selbst besteht größeres Interesse. Gelegentlich beschweren sich deutsche Geschäftsleute in Berlin: Die als Konsuln akkreditierten Händler aus Hamburg würden ihre staatliche Stellung auf der Insel missbrauchen, um Konkurrenten fernzuhalten. Darum denkt man im Auswärtigen Amt seit 1880 darüber nach, einen Berufskonsul zu entsenden.[16] Außerdem sei es an der Zeit, einen neuen Handelsvertrag abzuschließen, der das vor fast einem Vierteljahrhundert mit den Hansestädten geschlossene Abkommen ersetzt.

Das für die deutsche Kolonialgeschichte so wichtige Jahr 1884 bringt auch für Ostafrika eine Wende. Der Druck von Lüderitz und Woermann in Berlin, Bismarcks taktische Überlegungen, die imperialistische Stimmung im Reich – dies alles hat während der ersten Jahreshälfte zu einem Dammbruch der Kolonialpolitik geführt. Emily Ruete spürt, dass ihre Stunde gekommen sein könnte.

Am 17. Juni wendet sie sich an Bismarck, drei Tage später an Wilhelm I. (»Allerdurchlauchtigster, großmächtigster, allergnädigster Kaiser und Herr!«).[17] Sie beschreibt ihre Situation, erläutert ihren Erbanspruch und bietet sich als Beraterin an: »Ich könnte … meinen deutschen Landsleuten gewiss von manchem Nutzen sein.« Vor allem möchte sie auf einem Schiff der Kriegsmarine nach Sansibar reisen, um endlich ihren Bruder zu konfrontieren, »durch die deutsche Flagge geschützt«.

Bismarck passt es gerade gut ins Konzept, auf Ruetes Wünsche einzugehen. Für die Reise mit ihren drei Kindern bekommt sie eine kaiserliche Finanzhilfe von 5000 Mark. Der Plan für die Sansibar-Mission nimmt Formen an. Von einem deutschen Kenner der Insel lässt sich der Reichskanzler im Detail über die politischen Verhältnisse im Sultanat informieren. Er horcht auf, als er erfährt, dass es dort keine klare Regelung für die Thronfolge gibt und dass die Engländer für sich in Anspruch nehmen, bei der Wahl des Herrschers das entscheidende Wort zu sprechen. Hat Frau Ruete nicht einen Sohn, Said? Wäre es da nicht denkbar, für Said den Thron zu verlangen und eine deutsch-sansibarische Dynastie zu gründen? Bismarck liebt das Spiel mit solchen Möglichkeiten. Als die Briten einige Monate später davon hören, sind sie tatsächlich besorgt.

Nur leider, die Marine sieht sich überfordert, da ihre Kriegsschiffe momentan sehr mit den neuen »Schutzgebieten« auf der anderen Seite des Kontinents beschäftigt sind. Die Reise wird um ein Dreivierteljahr verschoben.

Während dieser Zeit passiert viel. Wie geplant schickt das Kaiserreich einen hauptberuflichen Generalkonsul nach Sansibar, »zum Schutz des deutschen Handels in Afrika«.[18] Die Wahl fällt auf den Afrikaforscher Gerhard Rohlfs aus Bremen, den Bismarck kennt und schätzt. Bismarck weist Rohlfs an, gegenüber Barghasch »das freundschaftliche Verhältnis« zu pflegen, aber auch die Interessen von Emily Ruete zu vertreten. Klassische Diplomatie.

Gleichzeitig tritt ein neuer Akteur auf den Plan, einer, der fest entschlossen ist, irgendwo auf der Welt seinen Fußabdruck zu hinterlassen: Carl Peters. Der promovierte Historiker aus Neuhaus an der Elbe sucht noch seinen Platz im Leben und denkt unter anderem an eine Karriere als Publizist und Politiker; 1882 hat er ein von Arthur Schopenhauer inspiriertes Buch veröffentlicht: *Willenswelt und Weltwille. Studien und Ideen zu einer Weltanschauung,* das allerdings keine große Resonanz findet. Eine Weile lebt er in England. Finanziell sieht es nicht gut für ihn aus, bis er das Vermögen eines Onkels erbt.

Peters bewundert das britische Imperium, ist deutscher Nationalist und neigt zu Narzissmus. Schon als Kind hat er davon geträumt, »mir persönlich ein Reich nach meinem Geschmack zu erwerben«.[19] Warum besitzt das Kaiserreich noch immer keine Kolonien? Es werde zu viel geredet und zu wenig gehandelt, glaubt er, darum gründet er im März 1884 mit Gleichgesinnten die *Gesellschaft für Deutsche Kolonisation (GfDK).* In wenigen Wochen gelingt es der Gesellschaft, genügend Geld für eine Expedition einzusammeln, unklar ist nur noch, wohin die Reise gehen soll. Vielleicht nach Südamerika, wie es die meisten Mitglieder wollen?

Doch Peters bevorzugt Afrika und setzt sich durch. Die *GfDK* beschließt, im Südwesten des Kontinents eine »deutsche Ackerbau- und Handelskolonie« zu errichten. Weil das ins Auge gefasste Gebiet bereits von Portugal beansprucht wird (heute gehört es zu Angola), schickt das Auswärtige Amt eine ernüchternde Stellungnahme: Das Reich werde keinen Schutz für das Projekt gewähren. Und nun?

Inspiriert von einem Buch des Afrikareisenden Henry Morton Stanley richten sich die Blicke auf die Region Usagara im Osten Afrikas. Der Tatendrang der Männer um den 27-jährigen Peters ist gewaltig, der Druck der Investoren inzwischen auch. Ohne den nächsten Bescheid aus der Wilhelmstraße abzuwarten, reist eine vierköpfige Gruppe ab, begleitet von den hohen Erwartungen ihrer Kolonialgesellschaft: Man gehe davon aus, »dass die Herren keinesfalls, ohne den Ankauf von geeignetem Land irgendwo vollzogen zu haben, nach Deutschland zurückkehren werden«.[20] Überhastet, schlecht vorbereitet, bedrängt von Geldgebern, beseelt vom wahnhaften Glauben an die genetisch vorgeprägte Überlegenheit der Deutschen beginnt eine Expedition, die kein anderes Ziel hat, als »irgendwo« Beute zu machen.

Am 4. November landen die Kolonisatoren auf Sansibar. Zwei Tage später erfahren sie den Inhalt eines Telegramms, das im Auftrag

Bismarcks eingegangen ist. Eine niederschmetternde Nachricht – auch ihrem neuen Plan fehlt der Segen des Kanzlers: »Der Schutz des Reiches für Landerwerbungen in Ostafrika, speziell in dem Herrschaftsgebiete des Sultans von Sansibar«, werde nicht zugesichert; »lediglich auf eigene Gefahr« könne die *GfDK* dort etwas unternehmen.

Peters und seine Mitstreiter scheinen gleich nach ihrer Ankunft auf verlorenem Posten zu stehen, doch sie haben Glück. Justus Strandes, der Niederlassungsleiter von *Hansing & Co.,* der in Sayyida Salmes einstige Stadtwohnung gezogen ist, nimmt sich ihrer an. Gut möglich, dass die *GfDK*-Expedition ohne diese Wendung gescheitert wäre, mit weitreichenden Folgen für die deutsche Kolonialgeschichte und das Leben vieler Menschen in Ostafrika.

Einen besseren Helfer und Fürsprecher als Strandes hätte Peters kaum finden können. *Hansing & Co.* hat unter dem Ruete-Skandal zwar eine Weile gelitten, inzwischen aber ist es »das vor allen Europäern bevorzugte Haus« auf der Insel, wie der Kaufmann und spätere Hamburger Senator in seinen Erinnerungen schreibt: »Alle Bestellungen von europäischen Artikeln, die der Sultan für seinen großen Haushalt, seine Soldaten, seine Flotte usw. brauchte, gingen an uns. Wir haben alle denkbaren Maschinen, elektrische Lichtanlagen, eine Wasserleitung, Uniformen, von Kleinigkeiten ganz zu schweigen, sogar ein Dampfkarussell für des Sultans Harem geliefert.«[21]

Trotz seiner guten Beziehungen zu Barghasch, dessen »erleuchtete Despotie« er lobt, findet Strandes anscheinend nichts dabei, ihn zu hintergehen. Nach Kräften unterstützt er die deutschen Kolonialabenteurer, deren Absichten den Interessen des Herrschers von Sansibar klar zuwiderlaufen.[22] Er hilft ihnen bei der Ausrüstung ihrer Karawane, vermittelt den Schiffstransport auf den Kontinent und spricht ihnen Mut beim Abschluss von Kaufverträgen zu. Dem Sultan lügt er vor, die Gruppe wolle bloß einen Jagdausflug unternehmen, ein Vorhaben, für das Barghasch bereitwillig ein Empfehlungsschreiben ausstellt, eine Art Visum für Reisen auf dem Festland.[23] Dass Strandes sich später von Peters distanziert, ändert nichts daran, dass er dessen folgenreiche Ostafrika-Expedition erst möglich gemacht hat.[24]

Allmählich werden die Briten hellhörig. Ihr Generalkonsul John

Kirk, einst Salmes Fluchthelfer, schreibt an seinen Außenminister: »Es gibt mysteriöse Deutsche, die ins Landesinnere reisen.« Kirk ruft auch die Prinzessin und ihre Erbschaftsforderung in Erinnerung: »Durch sie lässt sich leicht ein Anspruch begründen, und es würde mich sehr überraschen, wenn wir nicht wieder von ihr hören würden.«[25] Seine Prognose ist richtig.

Vorsichtshalber verlangt London von Barghasch die Erklärung, dass er ohne britische Zustimmung kein Protektorat über sein Reich akzeptieren werde. Der Sultan willigt ein. Für den deutschen Generalkonsul Rohlfs ist er bloß »eine englische Puppe«. Das stimmt – mit Einschränkungen. Politisch gibt Großbritannien auf Sansibar den Ton an, wirtschaftlich stehen die Deutschen besser da.

Am 10. November brechen Peters und seine Leute auf, um in Ostafrika Land für eine Kolonie zu kaufen.[26] Ihre Karawane besteht aus sechsunddreißig Trägern und sechs Dienern, nach den ortsüblichen Maßstäben ist das sehr klein. Trotz der Hilfe von Justus Strandes weist ihre Ausrüstung erhebliche Mängel auf, sie führen kaum Lebensmittel und Medikamente und kein stabiles Zelt mit sich. Dafür hat sich jeder der vier Deutschen ein Gewehr und ein Kiboko gekauft, wie die Nilpferdpeitsche in Sansibar heißt. Wo es an Vorbereitung fehlt, soll notfalls brutale Entschlossenheit helfen. Peters berichtet hinterher: »Ich hatte ähnliche Empfindungen, wie sie der Eroberer Mexikos gehabt haben mag.« Mit Hernán Cortés vergleicht er sich häufiger, was seiner Expedition die spöttisch-bewundernde Bezeichnung als »Konquistadorenzug« einträgt.

In kurzer Zeit schafft es der Trupp, in Usagara und benachbarten Gegenden zwölf Verträge abzuschließen, in denen die örtlichen Anführer die Hoheit über ihr Land den Deutschen zusprechen. Von fairen Vereinbarungen kann keine Rede sein. Geschenke, Gewehrsalven, reichlich Alkohol und das mal schmeichlerische, mal herrische Gehabe der Weißen tun ihre Wirkung. Um älter und würdevoller auszusehen, hat sich Peters einen Vollbart stehen lassen und den Schädel rasiert; von seinen Bediensteten lässt er sich als »Groß-Sultan« anreden.

Die deutschen Eroberer, schreibt einer der vier, wissen genau, »wie leicht Böswillige die Erwerbungen anfechten« können. Aber alle vertrauen darauf, dass es Peters dank seiner Willensstärke und Beredsamkeit gelingen werde, »die Dokumente in Deutschland in irgendeiner Beziehung zu Wertobjekten zu stempeln«.

Als die Expedition nach 37 Tagen wieder die Küste erreicht, muss sich der schwerkranke Peters in einer Hängematte liegend von den Trägern schleppen lassen. Einer der Deutschen ist an Heiligabend im Ziegenstall eines Dorfes gestorben. Ein anderer wird im letzten Moment gerettet.

Peters erholt sich gut und fährt zurück nach Deutschland. Stolz präsentiert er seine Verträge, die für Bismarck jedoch nur »ein Stück Papier« sind: »Was heißt Erwerbung? Die Sicherstellung ... liegt erst in unserem Abkommen mit England.« Seine Notiz quetscht er an den Rand eines Briefes, in dem er das darin vorkommende Wort »Erwerbung« dreimal unterstrichen hat.[27] Aufschlussreich ist Bismarcks Bemerkung in doppelter Hinsicht: Zum einen, weil er den Peters-Papieren keinen inneren Wert beimisst. Zum anderen, weil er in ihnen dennoch eine Basis für Gespräche mit der global führenden Kolonialmacht sieht.

Um was für ein Gebiet geht es überhaupt? Der Reichskanzler will es jetzt genauer wissen und fragt seinen Beamten Kusserow. Der rühmt in seiner üblichen Begeisterung für Kolonialprojekte die »wunderbare Schönheit und Fruchtbarkeit« des Landes, wobei er sich lediglich auf einen Bericht Stanleys und ein Memorandum von Peters stützt.[28] »Kaffee, Tee, Opium, edle Tabake, Reis, Zucker, Baumwolle, Mais« und anderes würden dort angeblich prachtvoll gedeihen. Damit gibt sich Bismarck zufrieden. Besonders gefällt ihm, dass Peters die Errichtung einer Charter-Gesellschaft nach dem Vorbild der *East India Company* vorschlägt. Jetzt geht es schnell.

Schon am 27. Februar 1885, drei Wochen nach Peters' Ankunft in der Reichshauptstadt und einen Tag nach dem Ende der Berliner Westafrika-Konferenz, stellt Wilhelm I. einen Schutzbrief für die *GfDK* aus: Unter der »Oberhoheit des Kaisers« erhält die Gesellschaft »die Befugnis zur Ausübung aller aus den ... Verträgen fließenden Rechte«. Die kühnsten Hoffnungen der Abenteurer während ihres »Konquistadorenzugs« haben sich erfüllt: Ihre mehr oder minder ergaunerten Schriftstücke sind zu »Wertobjekten« geworden. Im April gründet Peters ein neues Unternehmen, die *Deutsch-Ostafrikanische Gesellschaft,* auf die er die Rechte der kaiserlichen Charter übertragen lässt. Seine Maxime lautet: »Kolonialpolitik ist ... die rücksichtslose und entschlossene Bereicherung des eigenen Volkes auf anderer schwächerer Völker Unkosten.«[29]

Generalkonsul Rohlfs informiert seinen Kollegen Kirk umgehend darüber, dass Berlin auf dem Festland ein Protektorat errichtet hat. Erst Wochen danach setzt der Deutsche auch den Sultan offiziell in Kenntnis. Barghasch, der natürlich längst Bescheid weiß, schreibt auf Kirks Wunsch ein Protesttelegramm an den Kaiser: »Diese Gebiete gehören uns, und wir unterhalten dort Militärposten, und jene Anführer, die den Vertretern der Gesellschaft die Übertragung von Hoheitsrechten anbieten, sind nicht dazu autorisiert.«[30] Als Zeichen seiner Entschlossenheit schickt er Truppen ins Landesinnere. Schon vorher hat er dort die Flagge seines Sultanats hissen lassen.[31]

Bismarck wiegelt ab. »Der Protest des Sultans gegen unsere Besitzergreifung auf dem Festlande entbehrt jeder rechtlichen Begründung«, teilt er Wilhelm I. mit. Außerdem ist er dagegen, »dass Ew. Majestät das Telegramm des Sultans überhaupt beantworten, da Ton und Inhalt es nicht angezeigt erscheinen lassen«. Im Übrigen sei Barghasch neuerdings ein Säufer, behauptet der Kanzler – eine reine Verleumdung.

## Das deutsche Kreuzergeschwader vor Sansibar

Noch kein Jahr ist es her, als der Erbanspruch Emily Ruetes für Bismarck ein willkommener Anlass war, in Sansibar Flagge zu zeigen. Das Versprechen gegenüber der arabischen Prinzessin, ihr einen Besuch in der Heimat zu ermöglichen, steht weiterhin. Allerdings ist durch Peters, seine Verträge und den kaiserlichen Schutzbrief inzwischen eine neue Lage entstanden. Aus dem vagen, fast spielerischen deutschen Interesse vom Sommer 1884 wurde eine politische Tatsache: Das Reich muss darauf pochen, dass es in Ostafrika als Schutz- und Kolonialmacht respektiert wird. Ein protestierender Sultan stört da.

Das übliche Mittel, sich Respekt zu verschaffen, ist militärische Stärke. Am 9. Mai ergeht eine kaiserliche Kabinettsordre, mit der die Deutschen das erste Kreuzergeschwader ihrer Marine gründen: »Zur Expedition nach Sansibar« sollen sich die Schiffe *Bismarck, Stosch, Prinz Adalbert, Elisabeth, Gneisenau, Möwe* und *Hyäne* sowie zwei Tender zusammenfinden. »Dieses Geschwader ist für Landungen auf den Besitzungen des Sultans von Sansibar besonders auszurüsten.« Das Kommando soll Konteradmiral Eduard Knorr übernehmen, der Mann, der gerade in Kamerun Krieg gegen mehrere Duala-Dörfer geführt hat (siehe Kapitel 4). Ein als Kaufmann getarnter Kapitän zur See a.D. wird ins Sultanat geschickt, um die strategischen Gegebenheiten zu erkunden. Für den Ernstfall empfiehlt der Spion diverse Maßnahmen, abgestuft von der Beschlagnahme der sansibarischen Kriegsschiffe über die Entwaffnung und Geiselnahme der Bevölkerung bis zur Bombardierung der Hauptstadt.

An einem Militärschlag hat Bismarck keinerlei Interesse. Er braucht jedoch Optionen, darum gibt es weiterhin einen Platz für Emily Ruete. Im Entwurf der Einsatzorder für Geschwaderchef Knorr schreibt er an den Rand: »Ihr Anspruch kann für uns äußeren Anlass, aber nicht das Motiv für Drohung oder Gewalt bieten. Letzteres würde immer nur in dem Schutz der deutschen Kolonial-Gebiete zu finden sein.«[32] Das bedeutet: Lenkt der Sultan ein und erkennt die Hoheit des Reichs auf dem Festland an, hat der Kanzler sein Ziel erreicht. Was dann aus Ruetes Forderungen wird, kann ihm gleichgültig sein.

Um seinem Ziel näher zu kommen, wendet sich Bismarck Anfang Juni an den britischen Premier William Gladstone.[33] Er hoffe, »durch gemeinschaftliche diplomatische Einwirkung mit England den Sultan zum Verzicht auf die Übergriffe über die Grenzen seiner Souveränität zu bewegen«. Gemeint ist: Die Briten sollen Barghasch zur Vernunft bringen. London ist bereit, sich auf die Berliner Forderung einzulassen, da das Empire gerade größere Probleme hat als Sansibar.

Am 7. August 1885 kommen die ersten vier bewaffneten Schiffe vor der Insel an. Weil Befehlshaber Knorr noch unterwegs ist, führt Kommodore Karl Paschen das Kommando, der gleich eine kräftige Duftmarke setzt: Das Rumpfgeschwader aus *Elisabeth, Gneisenau,*

*Prinz Adalbert* und *Stosch* fährt nordwestlich der Hauptstadt in Kiellinie auf eine Position, »von wo nötigenfalls die Gebäude des Sultans beschossen und leicht genommen werden können«, wie Paschen nach Berlin meldet. Als der Staatssekretär im Auswärtigen Amt dies erfährt, macht er sich Sorgen, der Marineeinsatz könne aus dem Ruder laufen.

Doch Paschens *show of force* ist bloß der martialische Auftakt. Anschließend stattet der Kommodore dem Sultan einen höflichen Besuch ab, erläutert das deutsche Anliegen und erzielt schon am 13. August den diplomatischen Durchbruch: Barghasch lenkt ein, er zieht seinen Protest zurück und erkennt das Protektorat der Deutschen an, wie es auch die britische Regierung für richtig hält. Zur Feier der Freundschaft lädt der Herrscher einige Offiziere des Geschwaders zu einem Bankett mit vierzig Gängen in seinen Palast ein. Wie Paschen missvergnügt anmerkt, werden weder Wein noch Wasser gereicht, sondern nur süße Getränke und immerhin »vorzüglicher Mokka«. Feuerwerk gibt es auch.

Einige Tage danach bedankt sich ein begeisterter Carl Peters bei Bismarck »für das großartige und durchgreifende Eintreten der hohen Reichsregierung«. Er sei überzeugt, »dass hierdurch zugleich der Sache des gesamten Deutschtums nicht nur im Indischen Ozean, sondern auf der ganzen Erde in mächtiger Weise gedient ist«. Bis zur Arrondierung der entstehenden Kolonie Deutsch-Ostafrika, mit fast acht Millionen Menschen auf rund einer Million Quadratkilometern später einmal das größte »Schutzgebiet« des Reiches, ist es zwar noch ein weiter Weg. Aber das Fundament ist gelegt.

Emily Ruete sitzt während der ereignisreichen Tage auf dem Tender *Adler* fest und kann nichts machen (siehe den Anfang des Kapitels). Der Versorgungsdampfer fährt mal hierhin, mal dorthin, was Generalkonsul Kirk so verdächtig vorkommt, dass er einen einheimischen Jungen als Kundschafter losschickt. Mit einigen Orangen, die er zum Verkauf anbietet, gelangt der Junge an Deck und kann im britischen Konsulat melden: An Bord der *Adler* befindet sich »Bibi Salme« mit ihren drei Kindern. Kirk hat es geahnt.

Der Diplomat bemüht sich schon seit Längerem, die leidige Erbangelegenheit zu beenden, am besten durch eine Einmalzahlung des

Sultans an seine Schwester. Doch der Fall ist heikel, wie Kirk gegen Ende August seinem Außenminister berichtet: »Wie in keiner anderen Sache finde ich es hierbei äußerst schwierig, Vorschläge zu machen.« Ohne sein Wissen haben sich inzwischen auch die deutschen Marinebefehlshaber – erst Paschen, dann der verspätet eingetroffene Knorr – beim Sultan für Ruete verwendet. Ihnen lässt Barghasch mitteilen, seine Haltung gegenüber der Abtrünnigen habe sich nicht geändert: »Bitte seien Sie so freundlich, uns zu entschuldigen, da sie uns vor vielen Jahren mit jemandem verlassen hat, der nicht unseres Ranges ist.«

Die Ruetes genießen nach dem Ende der Geheimhaltung immerhin etwas Bewegungsfreiheit. »Alle Schiffe des Geschwaders reißen sich um Frau Ruete und ihre liebenswürdigen Töchter«, notiert ein Arzt, der auf der *Elisabeth* stationiert ist.[34] Allerdings legt Knorr ihr schon bald die Abreise nahe. Sie bleibt stur und möchte sich in der Hauptstadt einquartieren. Für ihre Sicherheit könne er dann nicht mehr garantieren, teilt ihr der Geschwaderchef mit, der aus Berlin neue Anweisungen erbittet. Für einige Tage residiert die Familie Ruete nun im *Grand Palace Hotel Centrale Afrique,* ohne dass ihr etwas zustößt. Heute beherbergt das weiterhin als Hotel genutzte Gebäude in zwei kleinen Räumen das *Princess Salme Museum.*

Im Hotel setzt sich Emily Ruete an den Schreibtisch und fasst noch einmal ihre Forderungen zusammen. Seit ihrer Flucht 1866 seien einundzwanzig ihrer Schwestern und Brüder gestorben, und sie habe damals »alle männlichen Haussklaven« und mehrere versklavte Dienerinnen mit voller Ausstattung zurücklassen müssen. Die ihr zustehende Summe beziffert sie auf 100 000 Dollar oder 20 000 Pfund Sterling, nach heutigem Wert ein Millionenvermögen.

Wenig später, am 4. Oktober, reist sie gemäß der aus Berlin eingetroffenen Anweisung zurück und kommt sechs Wochen später im Hamburger Hafen an, beschämt und deprimiert. Sie muss begreifen, wie sie notiert, dass sie »nur als Mittel zum Zweck« benutzt worden ist und nicht mehr gebraucht wird.

Immerhin hält sich Konteradmiral Knorr an sein Versprechen und verlangt weiterhin eine Abfindung für Ruete, wobei er Kirk um Hilfe bittet. Statt 20 000 Pfund halten sie 6000 Pfund für angemessen.

Wie gehabt will Barghasch »mit dieser Frau« nichts zu tun haben, stellt aber »auf Basis der Freundschaft« zwischen ihm und Kaiser Wilhelm 6000 Rupien zur Verfügung, was ungefähr 500 Pfund entspricht. Knorr hat den Eindruck, dass mehr nicht zu holen ist, und lässt das Geld auf die *Bismarck* bringen. Da Ruete den Betrag für lächerlich niedrig hält und die Annahme verweigert, bleiben die Rupien in der Verwahrung des Auswärtigen Amts. Erst als Barghasch 1888 stirbt, lässt sie sich die Summe auszahlen, »im Interesse meiner Kinder«.

## Jahre der Enttäuschung

Nach Barghaschs Tod fährt Emily Ruete ein weiteres Mal nach Sansibar. Ihr Sohn, den sie gerne dabeihätte, bekommt als angehender Soldat keine Reiseerlaubnis. Berlin hat deutlich gemacht, dass man nichts mehr für sie tun werde. Bitter enttäuscht von dem Land, dessen Staatsbürgerin sie ist, wendet sie sich an den Nachfolger Kirks im Amt des britischen Generalkonsuls. Aber auch der kann und will nichts für die erhoffte Versöhnung mit ihrer sansibarischen Familie tun. Der neue Sultan, ein weiterer Bruder von ihr, hält sie genauso auf Abstand wie seine beiden Vorgänger. Hat vielleicht der junge Kaiser, der gerade auf den Thron gelangt ist, ein Herz für sie? Ihr verzweifelter Brief an Wilhelm II. bleibt ohne das ersehnte Echo.

Bald kommt der Tag, an dem sie ihre Hoffnungen endgültig begraben muss. Am 1. Juli 1890 schließt Deutschland mit Großbritannien einen umfassenden Vertrag über koloniale Territorien. Näher definiert werden darin das deutsche Gebiet in Ostafrika, die Grenzen zwischen Kamerun, Nigeria, Togo und der Goldküste (Ghana), der Zugang von Deutsch-Südwestafrika zum Sambesi und anderes. Die Nordseeinsel Helgoland, seit 1814 britische Kronkolonie, geht in deutsche Hände über. Zu Sansibar wird vereinbart: »Deutschland verpflichtet sich, die Schutzherrschaft Großbritanniens anzuerkennen.«

Als im November erstmals die englische und die sansibarische Flagge nebeneinander über der Residenz des Sultans wehen, sehen die

Deutschen auf der Insel dies »mit sehr gemischten Gefühlen«, wie einer von ihnen schreibt.[35] »Die Stimmung wechselte zwischen Ausbrüchen höchster Erregung über die uns angetane ›Schmach‹ und dem Achselzucken zurückhaltender und vorsichtiger Beurteilung.« In der Folge ziehen sich die Handelshäuser weitgehend von Sansibar zurück und errichten ihre Niederlassungen auf dem Festland; das deutsche Krankenhaus wird nach Daressalam verlegt. Die große Zeit der Deutschen auf der Insel ist vorbei.

Aber war die Reichsregierung tatsächlich so dumm, Helgoland gegen Sansibar zu tauschen? Nein, und dennoch hält sich diese Legende bis heute. Sie geht vor allem auf den ergrimmten Ex-Kanzler Bismarck zurück, der im Frühjahr 1890 für Leo von Caprivi Platz machen musste. Das gut drei Monate danach unterzeichnete Abkommen ist noch weitgehend unter seiner Führung ausgehandelt worden. Allerdings kennt Bismarck die Gesetze der Politik wie kaum ein anderer. Er weiß: Am Amtsinhaber bleibt alles hängen. Wenn er den Vertrag schlechtredet, schadet es nur seinem Nachfolger – und das ist sein Ziel.

Carl Peters, der sich dank der Hilfe des Kaufmanns Justus Strandes als Koloniegründer bezeichnen kann, wird niemals müde, in Aufsätzen und Büchern über seine Taten zu berichten. Geschäftlich kommt die von ihm gegründete *Deutsch-Ostafrikanische Gesellschaft* allerdings nicht richtig vom Fleck, und als 1888 an der Küste ein Aufstand gegen die Kolonialherren losbricht, ist das Unternehmen am Ende.

Der Staat übernimmt die Exekutive. Peters wird zum »Reichskommissar für die Bezirke Kilimandscharo, Paré und Usambara« ernannt, wo er sich durch Grausamkeiten hervortut. Als er erfährt, dass seine schwarze Geliebte Jagodja ein Verhältnis mit seinem einheimischen Diener hat, bringt er beide an den Galgen. Peters muss sich vor einem Disziplinargericht verantworten. Als Verteidiger steht ihm ein Geistesverwandter zur Seite, der Hamburger Rechtsanwalt und Kolonialunternehmer Julius Scharlach (siehe Kapitel 5).

Das Verdikt für »Hänge-Peters«, wie er jetzt oft genannt wird, ist die unehrenhafte Entlassung. Allerdings leitet Kaiser Wilhelm II. später seine Rehabilitierung ein. Im Herbst 1918, dem Jahr, das mit der Niederlage im Ersten Weltkrieg auch das Ende des Kolonialreichs bringt, stirbt der Mann, der unbedingt »einem Herrenvolk angehören« wollte. Die Nazis verehren ihn als einen ihrer Wegbereiter. Im NS-Kinofilm *Carl Peters* von 1941, einer der aufwendigsten Produktionen des Regimes, spielt Hans Albers die Hauptrolle.

Emily Ruete mag nach ihrer letzten, enttäuschenden Sansibar-Reise nicht nach Deutschland zurückkehren. Ihre Tochter Rosalie teilt dem Bruder in einem Brief mit: »Unsere liebe Mutter hat schwer unter den jüngsten Geschehnissen gelitten.« Ein Vierteljahrhundert lang lebt Ruete nun hauptsächlich an der Ostküste des Mittelmeers, in den von vielen Kulturen geprägten Städten Jaffa und Beirut. Eine englische Freundin beschreibt sie im Rückblick auf die Zeit um 1890: »Ich erinnere mich gut an sie – eine hingebungsvolle Mutter vor allen Dingen, charmant, hübsch, abgekämpft, zerbrechlich, bedauernswert, geistig immerzu im Exil, jederzeit eine Prinzessin in der freundlichen Würde, mit der sie Haltung bewahrte.«

Ihre drei Kinder heiraten, sie bekommt mehrere Enkel. Said ändert seinen Namen in Rudolph Said-Ruete. 1914 zieht sie zu ihrer Tochter Rosalie und deren Familie ins Kaiserreich, von 1920 an wohnen sie in Jena. Im Januar 1923 bekommt sie Post vom britischen Generalkonsul in Hamburg: Die Regierung von Sansibar hat entschieden, ihr eine Pension in Höhe von 100 Pfund jährlich zu gewähren.

Am 29. Februar 1924 stirbt sie in Jena an einer Lungenentzündung. Sie wurde neunundsiebzig Jahre alt und hat ihre vielen Brüder und Schwestern alle überlebt. Ihr Leichnam wird eingeäschert, die Kinder lassen sie im Familiengrab der Ruetes auf dem Ohlsdorfer Friedhof in Hamburg neben ihrem Mann bestatten. Der Urne fügen sie etwas bei, das die Prinzessin fast ein halbes Jahrhundert zuvor auf ihrer Flucht mitgenommen hat: einen Beutel mit Sand aus Sansibar.

## Schwierigkeiten des Gedenkens

Nicht weit entfernt gibt es auf dem Friedhof seit 2001 einen Gedenkort, den »Garten der Frauen«, nach eigenen Angaben »ein europaweit einmaliges Projekt«; dort ist Ruetes Name auf einem grauen Erinnerungsstein eingraviert. Ziel des Vereins, der den Gedenkgarten angelegt hat, ist es, »dass die Leistungen von Frauen im gesellschaftlichen Gedächtnis bleiben«.

Eine weitere Ehrung wird ihr im April 2019 zuteil – mit einer aufschlussreichen, über den Einzelfall hinausweisenden Wendung. In Hamburg-Nord beschließt man, einen neuen Platz nach Emily Ruete zu benennen. Zur Begründung heißt es, sie habe »den Aufstand gegen ihre Familie und die damaligen Sitten« gewagt und »als erste Frau aus der muslimischen Welt und als erste Person aus Sansibar eine Autobiografie« geschrieben. Sie sei »ein wunderbares Beispiel für eine starke Frau, die trotz widriger Umstände in der Fremde ihr Leben gelebt hat«.

Mehrere blaue Straßenschilder tragen seither ihren Namen, auf erklärenden Tafeln wird sie als »Schriftstellerin und Lehrerin« gewürdigt.[36] Mittlerweile besteht jedoch in der Hamburger Politik große Einigkeit, Emily Ruete die Ehrung abzuerkennen. Denn eine protestierende Gruppe hat die Verantwortlichen auf etwas gestoßen, das schon vorher leicht nachlesbar gewesen wäre: »In ihren Memoiren finden sich abwertende und rassistische Äußerungen ... und eine Befürwortung der Versklavung und Ausbeutung. Sie hat als Mitglied der Sultansfamilie von dieser Ausbeutung profitiert.«

Ein neuer Name für den Platz ist auch schon beschlossen. Trotzdem empfiehlt ein vom Hamburger Staatsarchiv beauftragtes Gutachten, an der Benennung nach Emily Ruete festzuhalten.[37] Ziemlich verfahren also, das Ganze. Die Verfasserin Tania Mancheno, eine Mitarbeiterin der universitären Forschungsstelle »Hamburgs (post-) koloniales Erbe«, ist der Meinung: Zum einen müsse Ruetes Herkunft als mildernder Umstand berücksichtigt werden. Zum anderen seien die »moralischen Kriterien« derer, die Ruetes Name tilgen wollen, »mit den Widersprüchen menschlichen Handelns inkompatibel«.

Anders gesagt: Eine Sultanstochter aus dem alten Sansibar kann Sklavenhalterin und Rassistin sein – und gleichzeitig, wie es im ersten Beschluss heißt, »ein wunderbares Beispiel für eine starke Frau«. Folgt man Mancheno, ist dies ein Widerspruch, den die Stadt aushalten muss.

Was die Gutachterin noch bewegt, zeigt ihre Befürchtung, dass bei allzu hohen moralischen Maßstäben »die Anzahl von würdigungswerten Frauen dramatisch gering ist«. Ihre Sorge um eine angemessene Repräsentation von Frauen im öffentlichen Raum ist verständlich. Genau genommen gilt das, was sie sagt, aber auch für Männer. Nur dass es in der Ehrungspraxis bisher keine große Rolle spielte, ob ein Mann, der gewürdigt werden sollte, vielleicht noch eine dunkle Seite hatte.

Was also tun? Manchenos Empfehlung, vorgetragen in Frageform, lautet: »Sollte nicht vielmehr ihre komplexe Biografie dafür verwendet werden, einen Beitrag zu leisten zu einer tieferen Auseinandersetzung mit der deutschen Kolonialgeschichte?«

Dagegen spricht sicherlich nichts.

# 8
# »SOLANG BRASILIEN KAFFEE HAT«

**Hanseatische Importeure, Makler und Röster machen gute Geschäfte mit dem neuen Lieblingsgetränk der Deutschen. Als Monument des Kolonialhandels entsteht die Hamburger Speicherstadt.**

Am 19. August 1836, nach einer Reise von vier Jahren und acht Monaten, verlässt Charles Darwin auf dem Forschungsschiff *Beagle* die Küste Südamerikas und segelt heim nach England. Seine Gedanken, so wie er sie bald in einem umfangreichen Bericht veröffentlichen wird, sind an diesem Tag nicht bei den Tieren, über die er neue und bahnbrechende Dinge herausgefunden hat, sondern bei den Menschen, denen er begegnet ist. Die Erlebnisse in Brasilien, seiner letzten Station, haben sich tief in sein Gedächtnis eingegraben: »Ich danke Gott, dass ich niemals mehr ein Land besuchen werde, in dem es Sklaverei gibt.«[1]

Der Schrecken lässt ihn nicht los: »Wenn ich aus der Ferne einen Schrei höre, ruft er mir bis zum heutigen Tage mit schmerzlicher Lebhaftigkeit das Gefühl zurück, das ich empfand, als ich aus einem Haus in Pernambuco die bedauernswertesten Klagelaute vernahm, und ich musste vermuten, dass dort irgendein armer Sklave gemartert wurde.« Darwin führt seinen Lesern weitere Beispiele vor Augen: In der Nähe von Rio de Janeiro wohnte er gegenüber einer älteren Frau, die mit Schraubzwingen die Finger ihrer Sklavinnen zerquetschte. Einmal übernachtete er in einem Haus, in dem »ein junger

Mulatte als Bediensteter täglich und stündlich in einer Weise gescholten, geschlagen und verfolgt wurde, die auch dem niedersten Tier den Lebensmut hätte brechen müssen«.

Ist die Sklaverei also doch nicht das »erträgliche Übel«, von dem unter Europäern häufig die Rede ist? Jene, die dies behaupten, haben nach Darwins Erfahrung ein geschöntes Bild, wahrscheinlich durch Begegnungen mit den versklavten Hausdienerinnen und -dienern der Oberschicht, die meist relativ gut behandelt werden und sich eher auf die Zunge beißen würden, als sich zu beklagen.

Zwei Jahre nach Darwins Abreise kommt ein junger Deutscher nach Brasilien, Theodor Wille aus Kiel.[2] Als 17-Jähriger ist der Kaufmannssohn nach Hamburg gezogen, um dort die Finessen des Geschäftslebens zu lernen. Sein Taschengeld bessert er ab und zu mit »Zuckergeschäftchen« auf, wie er nach Hause schreibt. Der junge Mann will etwas von der Welt sehen und träumt davon, »ein großes Salär zu machen«. Der Vater möchte ihn am liebsten in London oder Liverpool unterbringen, doch der Sohn hat seinen eigenen Kopf. Mit zwanzig Jahren und wenig Geld in der Tasche reist er nach Rio de Janeiro.

Der Warenverkehr zwischen Hamburg und Brasilien wächst seit einigen Jahren, wozu der 1827 geschlossene Vertrag viel beiträgt (siehe Kapitel 2). Für ein deutsches Handelshaus schreibt Theodor Wille eine Analyse über den »ferneren Wert des hiesigen Papiergeldes«. Worauf beruht dieser Wert? Willes Antworten sind ungewöhnlich und modern: Der Realität komme man wohl am nächsten, »wenn man Kaffee als Basis unseres Kurses und Gold und Silber nur als Ware betrachtet«. Ergänzend weist er darauf hin, dass »der ganze Wert des Papiergeldes doch auf Meinung beruht«, weshalb »plötzlich irgendein politischer oder kommerzieller Vorfall oft in wenigen Stunden ganz andere Ansichten erzeugen kann«.

Schon die Währungsanalyse des jungen Kaufmanns zeigt: Wille denkt in großen Linien und geht neue Wege. In den kommenden Jahren wird es ihm gelingen, ein florierendes Import-Export-Unternehmen aufzubauen, das erfolgreichste deutsche Brasilienhaus seiner Zeit. Im Mittelpunkt steht der Handel mit Kaffee.

Zwei Jahrhunderte lang hat die Monokultur des Zuckerrohrs im brasilianischen Norden das Land ökonomisch beherrscht. Erst gegen Ende des 18. Jahrhunderts wächst allmählich das Interesse am Kaffeeanbau. Wie sich herausstellt, sind insbesondere die vulkanischen Böden im Inland gut für die aus Afrika stammende Baumart geeignet. Aber was sind Böden ohne Menschen, die sie bestellen? Das Geschäftsmodell der brasilianischen Plantagen beruht von Anfang an auf Sklavenarbeit; dies setzt sich im 19. Jahrhundert fort, auch dann, als sich die Brasilianer von ihren portugiesischen Kolonialherren lösen. Großgrundbesitzer bilden zusammen mit einer städtischen Wirtschafts- und Bildungselite die äußerst dominante Oberschicht des Landes, in der die gesellschaftlichen Verhältnisse der Kolonialzeit überdauern. Erst 1888 endet die Sklaverei. Der damit verbundene Rassismus wird Brasilien bis heute prägen.

Was denkt Theodor Wille über die Sklaverei? Betrachtet auch er sie als »erträgliches Übel«, wie es bei Darwin heißt? Darüber ist nichts bekannt, zu diesem zentralen Aspekt des brasilianischen Wirtschaftssystems liegen keine Äußerungen von ihm vor. Zielstrebig, geschickt und ohne erkennbare moralische Bedenken bewegt sich Wille in den Verhältnissen, die er vorfindet und in denen er sich den erträumten Reichtum erarbeitet. Er ist das, was die US-Amerikaner zu seiner Zeit einen *self-made man* nennen. So gut wie alles, was nicht seinen Geschäften dient, hält er für überflüssig.

In der alten Hafenstadt Santos gründet er am 1. März 1844 sein eigenes Unternehmen, die *Theodor Wille & Co.* Noch ist er alleiniger Inhaber. Nur wenige Monate später überträgt ihm der preußische König Friedrich Wilhelm IV. die konsularische Vertretung am Ort – »wegen seiner Handlungskenntnisse und übrigen guten Eigenschaften«.

Santos ist zwar alt, aber klein und wirtschaftlich unbedeutend. Weil die Küste durch den schroffen Gebirgszug der Serra do Mar von São Paulo getrennt ist, wickeln die Bewohner der Metropole und des Hinterlands ihre Ein- und Ausfuhren über den viel weiter entfernten Hafen von Rio de Janeiro ab: Die Straßen für die Maultiertransporte nach Rio sind auf mehr als 300 Kilometern deutlich besser ausgebaut als die steilen, von tropischen Regengüssen ausgewaschenen Pfade über die Serra ans Meer.

Wille setzt darauf, dass die kurze Verbindung Santos – São Paulo erst richtig in Schuss gehalten werden kann, wenn sich die Ausgaben dafür dank wachsender Handelsgeschäfte lohnen. Und sein Kalkül geht auf. Bis heute wird Theodor Wille in Brasilien dafür gerühmt, dass er es war, der den ersten Sack Kaffee aus der Provinz São Paulo via Santos nach Europa verschifft hat.[3]

Innerhalb weniger Jahre baut er sich ein internationales Netzwerk auf. Seine Abnehmer sitzen nicht nur in Hamburg, wohin er den größten Teil des Kaffees liefert, sondern auch in Bremen, Antwerpen, Rotterdam, Kopenhagen, London, Le Havre, Marseille und Triest. Bankhäuser in Rio de Janeiro, London, Antwerpen und Brüssel kümmern sich um seinen Zahlungsverkehr und geben ihm Kredite. Für den soeben noch völlig Unbekannten muss es eine rauschhafte Zeit gewesen sein.

Bald beschließt Wille, sein Unternehmen künftig von Deutschland aus zu leiten. Am 3. Mai 1847, kurz vor seiner Abfahrt, vereinbart er mit seinem Prokuristen einen Vertrag, in dem er ein Viertel der Firmenanteile abtritt und den Partner verpflichtet, sich in allen relevanten Fragen nach seinen Anweisungen zu richten. Ferner heißt es: »Theodor Wille begibt sich nach Europa und wird dort zum Nutzen des Geschäfts wirken, indem derselbe nach seinem Belieben in Europa bleiben oder auch wieder nach Santos zurückkommen kann.« Der Gründer ist erst achtundzwanzig Jahre alt, doch bis zu seinem Tod wird er nie wieder nach Brasilien reisen.

## »Coffee, Coffee muss ich haben«

Der Konsum von Kaffee ist aus der arabischen Welt und dem Osmanischen Reich nach Europa eingewandert. Noch heute steht der Name der jemenitischen Hafenstadt Mokka für traditionelle Arten der Zubereitung, doch mehr als die Aura ist von der ersten Kaffeehochkultur im Süden der Arabischen Halbinsel nicht geblieben. Das dort vor einem halben Jahrtausend angebaute Gewächs stammt ursprünglich wohl aus der Region Kaffa im Hochland Äthiopiens.[4]

Zu den ersten Europäern, die das wirtschaftliche Potenzial des

Genussmittels erkennen, gehören die Holländer. Ihre ergiebigsten Plantagen richten sie auf der Insel Java ein. Die jungen Kaffeebäume werden gewöhnlich zu Sträuchern gestutzt, sodass sie nur ungefähr ein Drittel ihrer natürlichen Höhe von etwa zehn Metern erreichen. Das erleichtert die Ernte der leuchtend roten Kaffeekirschen.

Wie Tee, Kakao und auch Zucker ist das aus den herausgeschälten, gerösteten und gemahlenen Fruchtkernen (» Bohnen «) zubereitete Getränk in Europa zunächst ein höfischer Luxus. Mitte des 17. Jahrhunderts entstehen die frühesten westlichen Kaffeehäuser, zu den Vorreitern gehören Venedig, Oxford, London und Amsterdam. Das erste deutsche Lokal öffnet 1673 in Bremen seine Türen, es folgen Etablissements in Hamburg (1677) und Wien (1685). Von Anfang an geht es im Kaffeehaus um mehr als das Kaffeetrinken. Es ist ein Ort der Geselligkeit, des Austauschs von Meinungen und Informationen. Aus dem 1686 gegründeten Lokal von Edward Lloyd in London wird ein Treffpunkt von Schiffsmaklern und Kapitänen und schließlich der bedeutendste Versicherungsmarktplatz der Welt. Berlin hinkt wie so oft in jener Zeit hinterher. Erst 1711 erhält ein Nordafrikaner namens Olivier die Lizenz, in der Nähe des königlichen Lustgartens sein » Café Royal « zu eröffnen.[5]

Im Lauf des 18. Jahrhunderts wachsen Angebot und Nachfrage, Kaffee wird erschwinglicher. In Leipzig komponiert Johann Sebastian Bach um 1734 seine humoristische Kaffeekantate: Der Text beschreibt den Streit eines Vaters mit seiner Tochter, die dreimal täglich ihr » Schälchen Coffee « trinken will: » Coffee, Coffee muss ich haben / Und wenn jemand mich will laben / Ach, so schenkt mir Coffee ein! «

Noch ist allerdings Bier das flüssige deutsche Grundnahrungsmittel. Menschen aller Schichten beginnen ihren Tag mit einer Biersuppe, sie kochen Würste und Fische in Bier, nehmen abends warmes Eierbier zu sich und löschen mit kaltem Bier ihren Durst.[6] Allmählich bürgert sich das Kaffeetrinken ein, auch wenn das nicht jedem gefällt. Noch 1770 verfügt der preußische König Friedrich II. per Kabinettsorder, dass » der zu große Kaffeekonsum zu mindern und zu hindern « sei: » Die Leute sollten Biersuppe genießen. «[7] Als ihm die schriftliche Ausfertigung seiner Order vorgelegt wird, schreibt der Herrscher auf Französisch an den Rand: » Den Gebrauch des Kaffees muss man ausmerzen.« Und er selbst? »Einige Pfund recht guten Kaffees« hat er schon gern auf Vorrat.

In Mittel- und Südamerika beginnt die Geschichte des Kaffees mit Setzlingen, die von den Holländern um 1712 in ihre Kolonie Suriname eingeführt werden.[8] Von dort gelangt die Kulturpflanze anderthalb Jahrzehnte später nach Brasilien. Als sich der Kaffeeanbau um 1800 fest in der portugiesischen Kolonie etabliert hat, steigen die Exporte steil an, von rund 480 auf 6100 Tonnen zwei Jahrzehnte später.[9]

1844, als Theodor Wille in Santos seine Firma gründet, führt Brasilien schon fast 92 000 Tonnen Kaffee aus, zwei Jahre danach sind es erstmals mehr als 100 000 Tonnen – Tendenz stark steigend.[10] Um 1900 produziert Brasilien drei Viertel des weltweit geernteten Kaffees.[11] Bis heute ist das Land der mit Abstand größte Erzeuger (Jahresernte mehr als 3,3 Millionen Tonnen). Transportiert werden die rohen Bohnen in Säcken à 60 Kilo; nach wie vor rechnen die Kaffeehändler in der Gewichtseinheit »Sack«.

Das meiste davon wächst erst einmal in der Provinz São Paulo, auf der Hochebene mit ihrer fruchtbaren *terra roxa,* der rötlich braunen Erde. Nach und nach greifen die Kaffeefarmer in andere Provinzen aus. Ausgebeutet werden nicht nur die Menschen, sondern auch das Land; um neue Plantagen anzulegen, fackeln die *fazendeiros* oft bedenkenlos Wälder ab. Nach vier bis sechs Jahren Wachstum folgt die erste lukrative Ernte, nach ungefähr zwanzig Jahren tragen die Sträucher deutlich weniger Kirschen, und die Pflanzer ziehen weiter. Dabei hilft ihnen gegen Ende des 19. Jahrhunderts der rapide Ausbau des brasilianischen Eisenbahnnetzes. Als einer der größten Flächenstaaten der Erde scheint das Land über Boden im Überfluss zu verfügen – eine bis heute von vielen Einwohnern geteilte Sichtweise, in der die Indigenen und ihre Lebensräume (wie aktuell auch der Klimaschutz) höchstens am Rande vorkommen.

Die führenden Einfuhrhäfen gegen Mitte des 19. Jahrhunderts sind London, Amsterdam und Rotterdam.[12] Dann holen New York, Le Havre und Hamburg auf und setzen sich an die Spitze, was an den globalen Handelsbeziehungen nichts verändert. Die folgen dem alten, immer wieder erneuerten Gesetz: Der arme Süden sorgt für den Genuss des reichen Nordens.

Lange Zeit ist es üblich, dass die Endkunden ihren Kaffee selbst rösten. In Deutschland fangen Kolonialwarenhändler um 1850 damit an, fertig gebrannte Bohnen zu verkaufen.[13] Die Erfolgsgeschichten der Großröster Johann Joachim Darboven und Johann Jacobs beginnen Ende des 19. Jahrhunderts hinter den Tresen ihrer Kolonialwarenläden in Hamburg und Bremen.[14]

## »Kaufmann, Kleinbürger«

Theodor Wille kehrt zunächst nach Kiel zurück und überlässt das Geschäft in Hamburg weitgehend einem Vertreter. Auf den Schiffen, die er nach Santos schickt, um Kaffee zu holen, transportiert er alles, was gerade auf den Export wartet. Oft ist es Salz, aber er nimmt auch Sackleinen, Hasenhaare oder Klaviere als Ladung, später regelmäßig Schinken und Wein sowie Porzellangeschirr. Ein Schiff, die *Elbe,* gehört ihm selbst; um auf dem Fluss den Stader Zoll zu sparen, läuft es auf den Namen des Kapitäns.

1852 errichtet Wille eine Niederlassung in São Paulo, er selbst zieht nach Hamburg. Die Polizei, bei der er sich ordnungsgemäß meldet, notiert »Heimatort Santos«. Im März 1854 bittet Wille schriftlich darum, in der Stadt das Bürgerrecht zu erhalten, da er ein Schiff kaufen und auf seinen Namen unter hamburgischer Flagge betreiben möchte. Als Antragsteller muss er einen Fragebogen ausfüllen, in dem er vermerken soll, »auf welches Geschäft er Bürger zu werden willens« sei. Seine Antwort lautet: »Kaufmann, Kleinbürger«.

Noch unterscheidet die Hamburger Verfassung zwischen dem Kleinbürger- und dem Großbürgerrecht. Kleinbürger dürfen keinen Grundbesitz erwerben, was bedeutet, dass sie keine Chance auf einen Sitz in der Bürgerschaft haben. Außerdem können sie für ihre Geschäfte nicht die städtische Bank nutzen. Ungefähr 3000 bis 4000 Männer unter den 130 000 Hamburgerinnen und Hamburgern besitzen Mitte des 19. Jahrhunderts das große Bürgerrecht.[15] In der Praxis reicht das Kleinbürgerrecht für eine unternehmerische Tätigkeit in Hamburg bereits völlig aus, und es kostet nur 40 Mark Courant statt der 750, die für das Großbürgerrecht fällig sind. Bald wird die Unterscheidung aufgehoben.

Wille gründet mit seinen beiden Schiffen eine Reederei, als Flagge wählt er einen schlichten grünen Wimpel, aus dem die weißen Buchstaben TW hervorleuchten. Unter seinem Namen etabliert er an der Elbe auch eine Handelsfirma, rechtlich unabhängig von seinem Haus in Santos. Mit Mitte dreißig ist er nun ein wohlhabender Mann, der sich Reisen nach Frankreich und Italien leisten kann. Zum Leidwesen seines Vaters zeichnet sich allerdings keine Hochzeit ab; Wille bleibt sein Leben lang unverheiratet und kinderlos. Carl Diederichsen, einen Vetter zweiten Grades, macht er zum wichtigsten Teilhaber seines Unternehmens.

Einige Jahre lang transportiert Wille auf seinen Schiffen auch Auswanderer nach Brasilien. Dass die Frachträume, die für die Einlagerung von Säcken und Kisten konstruiert wurden, für Reisende ungeeignet sind, geht aus den erhaltenen Dokumenten nur indirekt hervor. Im September 1855 schreibt Wille seinem Statthalter in Santos: »Es sind für die Bark *Alardus* 118 Erwachsene mit 35 Kindern über zehn Jahren verpflichtet. Aus Humanität brauchen Sie vor dieser Verpflichtung gewiss nicht zurückzuscheuen, da die Lage dieser Leute in Deutschland bei den teuren Zeiten eine höchst traurige ist.« Verklausuliert sagt Wille damit: Das wochenlange Elend während der Überfahrt ist diesen Menschen zuzumuten.

Seine Passagiere haben unterschrieben, dass sie in ihrer neuen Heimat auf einer Kaffeeplantage arbeiten werden. Im sogenannten Partnerschaftssystem – der *parceria* – strecken die Pflanzer die Reisekosten vor, weisen den Siedlern Land und Kaffeesträucher sowie eine Parzelle für den Eigenanbau zu und kümmern sich um die Weiterverarbeitung der geernteten Früchte. Die Migranten müssen die Hälfte des Erlöses zur Tilgung ihrer Schulden verwenden, bis diese abbezahlt sind. Nach zwei Jahren werden Zinsen auf ihre Schuld fällig. Erst wenn sie alles zurückgezahlt haben, sind sie frei, die Plantage zu verlassen.

Wille lässt sich vertraglich die Vollmacht zusichern, die Auswanderer an Pflanzer seiner Wahl zu vermitteln. Zu den Pflichten eines Siedlers gehört es, »während der Dauer des Kontraktes seine ganze

Zeit und Aufmerksamkeit dem ihm übertragenen Dienste zu widmen«. Was genau ist damit gemeint? Der Hamburger Schriftsteller Friedrich Gerstäcker, der großen Erfolg mit Reise- und Abenteuerromanen hat, veröffentlicht 1863 in der Zeitschrift *Die Gartenlaube* eine scharfe Kritik der Auswandererverträge, wie Wille sie ausfertigt: Ihr Wortlaut bedeute für die Unterzeichner: »Kein Tag in der Woche gehört ihnen, nicht einmal der Sonntag, wenn ihr ›Herr‹ nicht will.« Wer sich »leichtsinnigerweise« auf die Bedingungen einlasse, könne im ungünstigen Fall »jahrelang Bäume und Büsche ausroden und dann Kaffeebäume pflanzen und nach fünf bis sechs Jahren fruchtbarer Arbeit erst darauf rechnen, wirklich zu verdienen«. Auf diese Weise, rechnet Gerstäcker vor, könne es »zehn und zwanzig Jahre und noch länger dauern«, bis der Knebelvertrag erfüllt sei. Da die *Gartenlaube* viel gelesen wird, bereitet der Artikel Wille und den Auswandereragenturen einigen Ärger.

Unternehmerisch sind die Emigrantenfahrten für Wille ein Randaspekt. Sein Kerngeschäft bleibt die Einfuhr von brasilianischem Kaffee, und die ist höchst profitabel. Außerdem nutzt er seine Kontakte an der Elbe für weitere Unternehmungen.

Es ist Gründerzeit, auch in der deutschen Finanzwirtschaft. Am 25. April 1870 nimmt die *Commerz- und Disconto-Bank in Hamburg* ihren Geschäftsbetrieb auf, aus der die heutige *Commerzbank* hervorgeht. Treibende Kraft hinter dem neuen Geldhaus, das vor allem für die Hafenwirtschaft sowie für Ladenbesitzer und selbstständige Handwerker da sein soll, ist Theodor Wille.

Als zwei Monate vorher das Gründungskomitee zusammenkommt, um den Prospekt der Aktiengesellschaft zu entwerfen, trifft sich die Runde in seinem Kontor. Ihre Zusammensetzung ist für Hamburg charakteristisch: Es sind alles wohlhabende Männer, ihr durchschnittliches Vermögen beträgt 4,9 Millionen Mark; viele von ihnen handeln mit Kolonialwaren, und bei aller prinzipiellen Konkurrenz des Geschäftslebens sind sie darum bemüht, einander nicht in die Quere zu kommen.[16] *L. E. Amsinck & Co.* exportiert wie Willes Unternehmen Kaffee, allerdings hauptsächlich nach New York. *Conrad Hinrich Donner* pflegt bevorzugt Kontakte nach Asien; ein wichtiges Produkt ist Tee; dazu betreibt die Familie schon seit Langem

Geldgeschäfte. Der Schwerpunkt von *Wm. O'Swald* liegt in Ostafrika, der von *C. Woermann* dagegen an der afrikanischen Westküste. *Carl Geo. Heise* unterhält die größte Niederlassung des für die Firma zentralen Karibikgeschäfts auf St. Thomas, *Emile Nölting & Co.* auf Haiti. Mit einem Privatvermögen von ungefähr 25 Millionen Mark ist Wille wahrscheinlich der reichste unter den Gründern der Bank. Den Aufsichtsratsvorsitz übernimmt Carl Woermann. Wille folgt ihm 1880 in dem Amt nach.

Anstatt seine eigene Flotte zu vergrößern, unterstützt Wille den Aufbau neuer Linienverbindungen nach Südamerika. Auf Basis eines bereits bestehenden Unternehmens entsteht im Herbst 1871 die *Hamburg-Südamerikanische Dampfschifffahrts-Gesellschaft,* deren Aktienmehrheit von der *Commerz- und Disconto-Bank* an die Börse gebracht wird. Der Zeichnungsprospekt verspricht »eine besonders günstige Gelegenheit zur Teilnahme an einem Unternehmen, welches zugleich für die Beteiligten gewinnbringend und für den hamburgischen Handel von eminenter Bedeutung ist«. Die *Hamburg Süd* etabliert sich als eine der führenden deutschen Reedereien; inzwischen gehört sie zur dänischen *Maersk*-Gruppe.

## »Dem Welthandel keine Hindernisse«

Seit beinahe einem halben Jahrhundert besteht der Deutsche Zollverein, seit einem Jahrzehnt sind die Deutschen in einem Nationalstaat vereinigt; aber Hamburg und Bremen halten zum Verdruss der Reichsregierung weiterhin Abstand. Die beiden wichtigsten deutschen Hafenstädte legen Wert darauf, Teil der Nation und gleichzeitig Zollausland zu sein. Weil es für sie seit Langem vorteilhaft ist, wollen die meisten hanseatischen Kaufleute den Zoll lieber bei der Ausfuhr ins Inland als beim Import aus anderen Staaten zahlen. Die Hamburger leiten ihre Sonderstellung aus einem Freibrief des Kaisers Barbarossa von 1189 ab.

Doch nicht alle an der Elbe denken so. Zweiunddreißig Geschäftsleute unterzeichnen im Oktober 1880 einen Appell, den sie an den Reichskanzler schicken. Theodor Wille ist einer von ihnen. Bismarck, bitten sie in gewundenem Stil, möge deutlich machen, »dass es der ernste Wunsch und Wille der Reichsgewalten sein und bleiben wird, Vorkehrungen zu bewilligen und zur Ausführung zu bringen, welche auch nach Eintritt Hamburgs in die deutsche Zolllinie dem Welthandel keine Hindernisse auferlegen«. Soll heißen: Die Verfasser sind für den Beitritt der Stadt zum deutschen Zollgebiet, verlangen dafür allerdings, dass im Hafen ein zollfreies Areal eingerichtet wird. Wer das ablehne, verhalte sich »undeutsch«, schreiben sie.

Viele in der Stadt sind empört, dennoch nimmt der Senat Verhandlungen auf. Bismarck kann zufrieden sein. Treten die Hamburger dem Zollgebiet bei, sagt er einmal, dann werde ihm Bremen wie eine reife Frucht in den Schoß fallen.[17] In erstaunlich kurzer Zeit sind die Gespräche zwischen Stadt und Reich abgeschlossen, im Mai 1881 liegt die fertige Vereinbarung vor. Als die Eingliederung sieben Jahre danach vollzogen wird, machen die Bremer mit, wie der Kanzler es vorausgesehen hat.

Einige Verantwortliche in Hamburg waren pragmatisch genug, sich rechtzeitig auf die neue Lage vorzubereiten. Unter Federführung dreier großer Kaffeehändler – Wille gehörte nicht zu ihnen – hat die Handelskammer die grundsätzlichen Bedingungen skizziert, unter denen ein Freihafen errichtet werden könnte.[18] Und aus dem Rathaus ist eine fünfköpfige Delegation nach Antwerpen, Rotterdam, London und Liverpool gefahren, um sich zu Fragen der Zollabfertigung, des Speicherbaus und der Finanzierung auf den aktuellen europäischen Stand zu bringen.

Wo sollen sie nun hin, die großen Speicher, Herzstück des künftigen Freihafens, in denen Kaffee, Tee und Kakao, Gewürze, Kautschuk, Farbhölzer, Kokosfasern, Gummi arabicum und all die anderen Kolonialwaren unverzollt eingelagert und umgeschlagen werden können? Senator Johannes Versmann, der Hamburger Verhandlungsführer und spätere Bürgermeister, hat ein Gebiet am noch wenig bebauten südöstlichen Hafenrand im Auge, das zum größten Teil am anderen Flussufer liegt. Doch schnell ist klar: Da machen die Kaufleute nicht mit. Sie sind es gewohnt, aus ihren Kontoren täglich zur Börse zu gehen und auch die Handelskammer und das Rathaus in wenigen Minuten zu Fuß erreichen zu können. Einer der einflussreichen Kaffeehändler schreibt später, er und die anderen hätten »sehr eifrig dafür agitiert …, dass das Freihafengebiet für Kontore und Speicher diesseits und nicht jenseits der Elbe zu liegen kam«.

Bleibt also nur ein Standort in der Nähe des Stadtzentrums. Die Brookinseln sind zwar bebaut und bewohnt; aber Häuser kann man abreißen und Menschen können umziehen. 1883 fällt der Beschluss, Tabula rasa zu machen: Die Quartiere von rund 24 000 Einwohnern im Hafengebiet sollen abgeräumt werden, genauso wie die dort stehenden Kontore. Beim weiteren Ausbau müssen auch die barocken Kaufmannshäuser am Alten Wandrahm fallen, lange eine der vornehmsten Straßen Hamburgs; in der Hausnummer 26 unterhielt Johan Cesar Godeffroy bis vor Kurzem noch seinen Geschäftssitz und das Südseemuseum.

Die begüterten Kaufleute wohnen längst an den Ufern von Elbe und Alster, aber wo sollen die vielen Familien hin, die das einzige Dach über ihrem Kopf verlieren? Im Unterschied zu den mehr als 450 Grundeigentümern erhalten sie als Mieter keine Entschädigung,[19] und es kümmert kaum einen Verantwortlichen der Stadt, wo sie künftig leben werden. Die allermeisten der vertriebenen Frauen und Männer arbeiten im Hafen; ihnen bleibt in der Regel nur, sich zu höheren Mieten weiter weg niederzulassen, in Barmbek, Horn, Hammerbrook, Rothenburgsort oder Wandsbek, sodass sie morgens und abends lange Fußwege in Kauf nehmen müssen. Die öffentlichen Verkehrsmittel, die es bereits gibt, sind für Arbeiterinnen und Arbeiter noch unerschwinglich.

Einer der wenigen Kritiker ist der Kunsthistoriker Alfred Lichtwark, später erster Direktor der Hamburger Kunsthalle. Sein Bonmot von der »Freien und Abrissstadt Hamburg« wird noch heute öfter zitiert. Lichtwark analysiert treffend: »Wie die politische und ökonomische Geschichte Hamburgs, so ist auch der Ausbau des Stadtbildes von einer einzigen Macht beherrscht, den Bedürfnissen des Handels. … Der Hafen ist der Herr der Stadt.«[20]

Anfang 1884 bietet die Stadt 40 000 Quadratmeter Baugrund im künftigen Freihafengebiet an, das Echo ist jedoch mau.[21] Als entscheidender Schritt erweist sich dann die Gründung der *Hamburger Freihafen-Lagerhaus-Gesellschaft (HFLG)* nach einem Modell, das inzwischen als Public Private Partnership bezeichnet würde. Die Finanzierung übernimmt hauptsächlich die *Norddeutsche Bank,* die Stadt bringt die Grundstücke ein und hat die Planungshoheit, Investoren können sich beteiligen. Das heutige Nachfolgeunternehmen, die *Hamburger Hafen und Logistik AG,* ist zum größten Teil städtisches Eigentum.

Dass Stadt und Unternehmer schließlich zu einem guten Einvernehmen kommen, liegt nicht zuletzt an den persönlichen Kontakten und Verflechtungen, die man auch als Filz bezeichnen kann.[22] Ein typisches Beispiel ist die Familie Petersen: Direktor der *Norddeutschen Bank* ist Rudolph Petersen, bis zu seinem Tod 1915 übernimmt er den Aufsichtsratsvorsitz der *HFLG.* Sein Vater Carl Friedrich Petersen ist Bürgermeister und Vorsitzender der Ausführungskommission für den Zollanschluss. Zu Rudolph Petersens Verwandtschaft gehören der Mitinhaber einer Hamburger Privatbank, ein Großkaufmann und Handelskammer-Präses sowie einer der führenden Weinhändler der Stadt.

Liegt es an solchen Verbindungen, dass die Weinhändler bei der Planung der Speicherstadt bevorzugt behandelt werden? Zwei der großen Handelshäuser dürfen in Block B ihre eigenen Speicher errichten, anstatt von der *HFLG* zu mieten. Die auf fünfzig Jahre ausgelegte Pacht für den Baugrund ist in wenigstens einem der Fälle deutlich niedriger als der Betrag, den die Lagerhaus-Gesellschaft an die Stadt zahlen muss.[23]

Besonders berücksichtigt werden auch die Kaffeefirmen, die wirtschaftlich viel bedeutender sind als die Weinhändler. Rund um den Kaffee ist in Hamburg eine breite Palette spezialisierter Dienstleister entstanden. Neben Importeuren wie Theodor Wille haben sich Makler, Zwischen- und Binnenhändler, Agenten und Veredler etabliert, die ihren Platz in der langen Lieferkette von der Plantage zum Konsumenten behaupten und gut damit verdienen.

Als gemeinsame Interessenvertretung beim Bauvorhaben gründet die Branche 1884 das *Comité der am Caffeehandel betheiligten Firmen.* Nach einigem Hin und Her gelingt es dem *Comité* im Jahr darauf, mit Stadt, Bank und Lagerhaus-Gesellschaft zu einer Einigung zu kommen.[24] Die Kaffeefirmen werden am Sandtorkai angesiedelt, die Bauarbeiten können beginnen. Weil die Branche für Hamburg besonders wichtig ist, hat dies eine Signalwirkung für das gesamte Freihafenprojekt.

Aus dem erfolgreichen *Comité* geht 1886 der *Verein der am Caffeehandel betheiligten Firmen* hervor, der bald zu einer der mächtigsten Instanzen des Hamburger Wirtschaftslebens wird. Theodor Wille hat sich bislang herausgehalten, weil er von seinem zentral gelegenen Kontor am Neß nicht in die Speicherstadt umziehen möchte. Aber jetzt unterschreibt er den Gründungsaufruf. Der Verein wacht über die Kaffeebörse und führt, nach dem Vorbild von New York und Le Havre, den Terminhandel ein. Ge- und verkauft werden an der Terminbörse anfangs nur Bohnen der Qualität »good average Santos«, eine international akzeptierte Definition, die auf Willes Brasilienexporte zurückgeht.

Am 15. Oktober 1888 schließt sich Hamburg dem deutschen Zollgebiet an. Zwei Wochen danach kommt Wilhelm II. zur feierlichen Einweihung der Speicherstadt, einem Monument des kolonialen Handels aus neogotisch verzierten Backsteinfassaden, Eisenstreben, hydraulischen Winden, elektrischer Beleuchtung sowie Fichten- und Kiefernstämmen, die als Fundament in den Hafenschlick gerammt wurden. 40 Millionen Mark hat das Reich beigesteuert.

Unter dem Schmuck von Flaggen, Wimpeln, Girlanden und Kränzen setzt der Kaiser am Tor der Brooksbrücke den symbolischen Schlussstein. Die Maurerkelle und der Polierhammer, die ihm gereicht werden, sind aus Silber und Elfenbein, speziell angefertigt für den großen Tag. Von den elf Festtribünen herab jubeln die Gäste dem Herrscher zu. Anschließend besichtigt Wilhelm, der wie üblich Paradeuniform und Pickelhaube trägt, den neuen Lagerhauskomplex. Die Bauarbeiten sind weit vorangekommen, aber noch nicht fertig.[25] Immerhin umfasst der erste Bauabschnitt bereits zwei Drittel der gesamten Speicherstadt, an der bis 1927 weitergearbeitet wird.

Wilhelm II. kommt immer wieder gerne nach Hamburg. Der Marine gehört seine Leidenschaft, die Werften an der Elbe bauen Kriegsschiffe und Passagierdampfer, in denen sich sein Anspruch auf »Weltgeltung« spiegelt. Zur Eröffnung der *Vulcan*-Werft gibt sich der Kaiser genauso die Ehre wie zur Taufe des Ozeanliners *Bismarck,* der bei *Blohm & Voss* vom Stapel läuft und bis 1935 das größte Schiff der Welt ist.

Es ist Liebe auf Gegenseitigkeit zwischen dem Hohenzoller und den Hanseaten. Deren alte Distanz zum Reich schlägt nach dem Zollanschluss, dem ein wirtschaftlicher Aufschwung folgt, in patriotische Verbundenheit mit Preußen um. Für Kaiser Wilhelm I. errichten die Hamburger vor ihrem Rathaus ein fünfeinhalb Meter hohes Reiterstandbild auf einem sechs Meter hohen Sockel, das 1903 von Wilhelm II. eingeweiht wird. Wenig später findet die Preußen-Verehrung der Hansestädter ihren monumentalsten Ausdruck: Auf einem Hügel nahe der Elbe errichten sie ein riesiges Bismarck-Denkmal aus grauem Granit, fast 35 Meter hoch und 625 Tonnen schwer, das größte im ganzen Deutschen Reich (siehe auch Kapitel 10). Die Kaufleute, die das Denkmal zu einem großen Teil bezahlen, erweisen damit nicht zuletzt dem Mann ihre Reverenz, der ihren Kolonialhandel gefördert und geschützt hat.[26]

Der Sandtorkai mit seinem überlangen Gebäudeblock O wird für die nächsten Jahrzehnte zum Synonym für den Kaffeehandel in der Stadt, der dreimal größer ist als bei der Konkurrenz in Bremen.[27] Vor dem Ersten Weltkrieg überflügelt der Hamburger Umsatz sogar den in London; die globale Nummer eins bleibt New York.[28] In den Speichern des Freihafens lagern stets mehr als eine Million Sack Rohkaffee, manchmal sogar mehr als zwei Millionen. Die Herren des Gewerbes, die als Mitglieder des Kaffee-Vereins Zugang zur Börse am Sandtorkai 14 haben – Frauen sind nicht zugelassen –, bilden eine verschworene Gemeinschaft. Sie verstehen sich, wie einer von ihnen sagt, als »exquisite Elite, sozusagen die höchste Steigerung unternehmerischen Hamburger Esprits, persönlich haftend«.[29]

Frauen kommen in jener Welt nur als Gattinnen und Sekretärinnen vor, dabei ist die weibliche Arbeitskraft bereits sehr wichtig. Vor den meisten Blicken bleibt sie jedoch bewusst verborgen. Was viele Frauen elf Stunden am Tag leisten, wird geringgeschätzt und schlecht bezahlt: Ganz oben in den zugigen Speichern sitzen die Kaffeeverleserinnen in langen Reihen und sortieren Steinchen, Äste und verdorbene Bohnen, sogenannte Stinker, aus der angelieferten Ware.[30] Wer lacht oder singt, kann dafür bestraft werden. Hunderte Kaffeeverleserinnen streiken 1896 für bessere Arbeitsbedingungen. Bismarck, der sie immerhin wahrnimmt, nennt sie die »Aschenbrödel des Kaffeehandels«.[31] Es dauert noch lange, bis Maschinen die Sortierarbeit erledigen.

1911 feiert der Kaffee-Verein seinen 25. Gründungstag mit einem Festmahl im feinen *Hotel Atlantic.*[32] Serviert wird ein Acht-Gänge-Menü, die Tischkarte kostet 20 Mark, nicht wenig gemessen daran, dass eine Übernachtung im *Atlantic* schon ab vier Mark zu haben ist. 32 Firmen aus Santos gratulieren per Telegramm zum Jubiläum. In einem fröhlichen Liedchen – der Text liegt allen vor, jeder darf mitsingen – werden ein paar bekannte Charaktere der Branche bespöttelt und »ein Hoch dem Kaffeehandel, dem Kaffeehandel« ausgebracht. Dessen Gedeihen hängt, wie es gegen Ende heißt, von einem einzigen Land ab, Brasilien: »So lang Brasilien Kaffee hat, / Da findet wohl dies Leben statt.« Für die hanseatischen Kaffeeunternehmer ist es in materieller Hinsicht ein sehr gutes Leben.

Der Anbau in den deutschen Kolonien spielt eine völlig untergeordnete Rolle.[33] Einen immerhin messbaren Marktanteil erzielen die Importe aus Ostafrika, die von 182 Tonnen im Jahr 1907 auf 672 Tonnen fünf Jahre später zunehmen. Nicht nur die Menge, auch die Qualität lässt indes zu wünschen übrig. Für einen Autor des Fachorgans *Der Tropenpflanzer* ist der Kaffee »das Schmerzenskind unserer kolonialen Betätigung«. Dennoch lässt sich damit viel später ein warmes Gefühl der Nostalgie hervorrufen.[34] Um 1960 wirbt das Handelsunternehmen *Tchibo:* »Erwähnenswert ist, dass das Hamburger Stammhaus eine eigene Plantage in der ehemaligen Kolonie Deutsch-Ostafrika besitzt.«

## »Der reichste Mann Hamburgs«

Unter den Importeuren behauptet das Haus Theodor Wille lange Zeit seine international führende Position, weit über den Tod des Gründers hinaus. Bis zu seinem letzten Lebenstag hat er, ein ernster, schweigsamer Mann von dreiundsiebzig Jahren, im Gehrock und grauen Zylinderhut sein Büro und die Börse aufgesucht. In seinem

Hamburger Kontor arbeiten rund dreißig Angestellte, das ist viel für seine Branche.[35]

Im Januar 1892 setzt ein Herzinfarkt seinem Leben ein Ende. Begraben wird Theodor Wille in seiner Geburtsstadt Kiel. Im Nachruf der *Hamburger Nachrichten* heißt es: »Er wurde als einer der reichsten Leute, von vielen als der reichste Mann Hamburgs bezeichnet.«

Die Sklaverei in Brasilien ist da noch nicht lange vorbei. Sie endete im selben Jahr, in dem die Speicherstadt eingeweiht wurde. Das Gesetz zu ihrer Abschaffung ist als *Lei Áurea* (Goldenes Gesetz) in die Geschichte eingegangen. Unterzeichnet hat es Prinzregentin Isabel, während ihr Vater, der Kaiser, sich in Europa aufhielt. Mehr als 1,2 Millionen Menschen erhalten dadurch die Freiheit.[36] Die meisten Brasilianer freuen sich über Isabels Entscheidung und geben ihr den Beinamen »die Erlöserin«. Allerdings stellen sich viele Großgrundbesitzer nun gegen das Kaiserhaus. Im Jahr darauf putscht das Militär.

Unter den sich als christlich verstehenden Nationen ist Brasilien das letzte Land, das die Sklaverei abschafft. Der Import von Versklavten steht bereits seit 1851 unter Strafe,[37] dem folgt nach zwei Jahrzehnten das »Gesetz des freien Bauches«, wonach die Kinder der Versklavten als freie Menschen zur Welt kommen. Weil es außerdem verschiedene Gruppen von Freigelassenen gibt, unter ihnen *libertos* und *emancipados,* sind die rechtlichen und sozialen Verhältnisse im Land komplex.[38] Die realen Lebensbedingungen von *libertos* und Sklaven unterscheiden sich kaum.

Als die Sklaverei endgültig vorbei ist, fehlt ein Plan für die Zeit danach. Die ehemals Versklavten haben ihre Freiheit, aber sonst fast nichts.[39] Viele arbeiten weiter wie zuvor, wenigstens erhalten sie jetzt einen – meist geringen – Lohn.

Ein deutscher Besucher schreibt einige Jahre später: »Wohl wurde eine Anzahl Pflanzer ruiniert, einige sogar zum Selbstmord getrieben.«[40] Doch die Schwarzen »blieben oft ganz ruhig bei den Herren zurück, die ihre Sklaven gut behandelt hatten«. Statt des befürchteten Einbruchs erlebt die brasilianische Kaffeewirtschaft sogar einen weiteren starken Aufschwung, da die Regierung jetzt Millionen Einwanderer aus Südeuropa als Plantagenarbeiter anwirbt.

Es dauert nicht lange, bis Brasilien erheblich mehr Kaffeebohnen erzeugt, als die Welt kaufen will. Riesige Mengen werden verbrannt oder ins Meer gekippt. Um die fürchterliche Verschwendung einzudämmen, gleichzeitig aber auch den Preis zu stützen, greift die brasilianische Regierung zur Methode der *valorização do café:* Mithilfe von Krediten kauft der Staat große Mengen Rohkaffee auf und lagert die Säcke ein, um sie später nach und nach in den Markt einzuspeisen. Da die Lager in Santos nach der Rekordernte von 1906/07 überquellen, bezieht die Regierung große Handelsfirmen in die Stützungsmaßnahme ein; sie schaffen den Valorisationskaffee nach Nordamerika und Europa.

*Theodor Wille & Co.* spielt dabei eine führende Rolle, die Verbindungen des Hauses zu Regierungsstellen in São Paulo und Rio de Janeiro sind eng und vertrauensvoll. Im weltweiten Kaffeegeschäft steigt das deutsch-brasilianische Unternehmen zur zeitweiligen Nummer eins auf.[41] Zum Firmenimperium gehören in jenen Jahren Plantagen und Industriebeteiligungen sowie das Elektrizitätswerk der Stadt Rio Claro.

Den Geschäftserfolg in Deutschland festigt die enge Zusammenarbeit mit *Kaiser's Kaffeegeschäft:* Vom niederrheinischen Viersen aus hat Josef Kaiser 1885 angefangen, ein deutschlandweites Netz von Läden aufzubauen, in denen er gerösteten Kaffee und bald auch andere Lebensmittel verkauft. Unter dem Logo der pausbäckig lachenden Kaffeekanne betreibt *Kaiser's* vor dem Ersten Weltkrieg rund 1400 Filialen. Das Kapital für die enorme Expansion kommt zu einem wesentlichen Teil vom führenden deutschen Importhaus für Kaffee; als stiller Teilhaber sichert es sich einen Abnehmer für große Mengen seiner Ware.

Wie dominant die Hamburger in der Partnerschaft sind, zeigt der Ende 1899 an der Elbe geschlossene »Vertrag zwischen der Firma Theodor Wille und dem Herrn Josef Kaiser, Kaufmann zu Viersen«.[42] Kaiser wird darin zum Geschäftsführer seiner Firma bestellt und erhält »eine Vergütung von 5 % des jährlichen Reingewinns und ein festes Gehalt von 24 000 M jährlich«. Sein Bruder Peter bekommt als zweiter Geschäftsführer dasselbe Gehalt, aber keinen Gewinnanteil. Die Verbindung zwischen den beiden Firmen hält jahrzehntelang. Als *Kaiser's* 1962 in eine Aktiengesellschaft umgewandelt wird, übernimmt die *Theodor Wille KG* eine Sperrminorität von 26 Prozent der Anteile.[43] Einige Jahre danach endet die Zusammenarbeit, weil der damals drittgrößte deutsche Lebensmittelhändler von der *Tengelmann*-Gruppe übernommen wird.

Zur gleichen Zeit – mit Geld aus dem *Kaiser's*-Verkauf? – legt die *Theodor Wille KG* neun Millionen Mark in einer Immobilie an, die heute zum UNESCO-Weltkulturerbe gehört.[44] Der vor fast hundert Jahren gebaute Mohlenhof ist eines der stilbildenden Kontorhäuser der Stadt; eine bauamtliche Auflage verlangte 1927, das Gebäude »nur aus bestem Material herzustellen«.

In der Eingangshalle des Mohlenhofs stand lange eine bronzene Porträtbüste, die den Firmengründer mit strengem Blick und breitem Backenbart zeigt. Die geschäftsmäßige Atmosphäre des Ortes wurde ein paarmal von der Künstlerin Hannimari Jokinen gestört, die sich mit der Hamburger Kolonialvergangenheit beschäftigt. Sie führte Schulklassen und andere Gruppen ins Foyer und stellte die emblematische Figur der in Brasilien verehrten *Escrava Anastácia* (Sklavin Anastasia) neben das Porträt, um an den Zusammenhang zwischen der Sklaverei auf den Kaffeeplantagen und dem Reichtum Theodor Willes zu erinnern. Seine Büste wurde schließlich von der Hausverwaltung weggeräumt.

# 9
# KRIEG IN SÜDWESTAFRIKA

**Als die Deutschen in ihrer Kolonie angegriffen werden, verstärken sie ihre Truppen und begehen den ersten Völkermord des 20. Jahrhunderts. Ein Reeder verdient am Transport von Soldaten, Pferden und Material mehr, als ihm zusteht.**

Lothar von Trotha, tatsächlich? Viele in Berlin finden es keine gute Idee, den Generalleutnant zum Chef der »Schutztruppe« in der Kolonie Deutsch-Südwestafrika zu ernennen.[1] Der Reichskanzler und das Auswärtige Amt sind dagegen, sie halten den selbstbewussten Adligen mit den geschliffenen Manieren für einen Blender. Sicher, er hat Einsätze in Ostafrika und China hinter sich; führende Militärs haben jedoch von ihm den Eindruck gewonnen, dass er mangelnden Sachverstand durch schneidige Brutalität wettzumachen versucht. Es hilft aber nichts: Kaiser Wilhelm II. wünscht sich niemand anderen als Trotha auf dem Posten.[2]

Am 20. Mai 1904 fährt der neue Kommandeur auf dem Dampfer *Eleonore Woermann* von Hamburg aus nach Swakopmund. An Bord befinden sich rund 500 Mann Verstärkung für die Kolonialtruppe, dazu Sanitätsoffiziere, Zivilbeamte, Reitpferde und eine Kriegshunde-Staffel.[3] Trothas Adjutant Paul von Lettow-Vorbeck entdeckt unter den Soldaten »manch ein bekanntes Gesicht aus der Boxerzeit in China«. Die sogenannten Boxer – die einen antikolonialen Freiheitskampf gegen mehrere Mächte anführten – waren der Feind in einem von Grausamkeiten geprägten Krieg um die Jahrhundertwende. Lettow-Vorbeck gehörte zu Trothas Stab und lernte ihn zu schätzen, weil er »sehr unternehmend, liebenswürdig und kameradschaftlich«, aber »nicht weich« gewesen sei.[4]

Schiffseigentümer Adolph Woermann und einer seiner Direktoren lassen es sich nicht nehmen, Trotha vor der Abfahrt bei einem gemeinsamen Essen auf der *Eleonore Woermann* ihre Aufwartung zu machen.[5] Auch ein Vertreter des Senats ist gekommen. Wie üblich hat die Stadt dafür gesorgt, dass die Soldaten hanseatische »Liebesgaben« erhalten, meist handelt es sich um gefüllte Zigarrentaschen aus Leder oder Bast mit dem Hamburger Wappen und der geprägten Aufschrift »Glückliche Reise«. Dazu gibt es Ansichtskarten, die gleich geschrieben und abgeschickt werden können. Als das Schiff die Leinen löst, drängen sich auf dem Kai im Baakenhafen Angehörige und Schaulustige, die von der *Woermann-Linie* eine der begehrten Zutrittskarten bekommen haben.

Es sind Wochen, in denen viele Soldaten nach Südwestafrika abreisen, Woermanns Schiffe fahren in dichter Folge, und jedes Mal wird die Truppe in Hamburg feierlich verabschiedet. Denn in der Kolonie ist Krieg. Die Hoffnungen und Sorgen ihrer Familien und die patriotischen Gefühle des ganzen Landes begleiten die jungen Männer über den Ozean. Viele von ihnen sind gerade zur Welt gekommen, als der Bremer Kaufmann Adolf Lüderitz an der staubtrockenen Küste die erste deutsche Kolonie gegründet hat.

Inzwischen umfasst das kaiserliche Territorium eine erheblich größere Fläche als das Deutsche Reich; neben ungefähr 230 000 Afrikanern[6] leben dort weniger als 5000 Europäer, hauptsächlich Farmer und ihre Familien. Unter den deutschen Kolonien gilt nur das subtropische Südwestafrika als geeignet für die dauerhafte Besiedlung durch Weiße. Die »Schutztruppe« ist zu Kriegsbeginn ungefähr 750 Mann stark.

Damit sich die Soldaten über Land und Leute informieren können, haben sie während der Überfahrt eine Broschüre bekommen. Sie enthält, in relativ mildem Ton, die übliche Mixtur aus Rassismus und Pädagogik: »Für die Behandlung des Eingeborenen ist maßgebend, dass er nicht auf die gleiche Stufe mit dem Weißen gestellt werden darf und als ein noch nicht mündiges Glied der menschlichen Gesellschaft betrachtet werden muss. Es ergibt sich hieraus eine Art patriarchalisches Verhältnis und die Pflicht des Weißen, den moralisch schwächeren Eingeborenen zu erziehen. Es darf dies nicht durch Härte, grausame Behandlung und Ausbeutung der Eingeborenen geschehen; ein Erfolg ist nur bei stetiger Arbeit und in gegenseitigem Vertrauen zu erzielen.«[7] Dies sei »eine der größten und dankenswertesten Kulturaufgaben«.

Für die regelmäßige Schiffsverbindung sorgt die *Woermann-Linie,* die 1891 einen Vertrag mit der *Deutschen Kolonial-Gesellschaft für Südwestafrika* abgeschlossen hat.[8] Adolph Woermann, der auch an der *Deutschen Ost-Afrika-Linie* führend beteiligt ist, steigt zum größten Privatreeder der Welt auf.

Ehe Swakopmund als geeigneter Anlegeplatz entdeckt und ausgebaut wird, steuern die Woermann-Dampfer die von den Briten beherrschte Walfischbucht an. 1900 kommt das Reich auf die Reederei zu und schlägt vor, die staatlichen Personen- und Gütertransporte in die Kolonie direkt zu vereinbaren; der zunächst über drei Jahre laufende Vertrag wird bis Anfang 1907 verlängert.[9] Für den Bahnbau in der Kolonie und die Errichtung einer Mole sowie einer fast 300 Meter ins Meer ragenden Landungsbrücke in Swakopmund fällt einiges an lukrativer Fracht an. Die *Woermann-Linie* verpflichtet sich, einen monatlichen Dampferdienst aus Hamburg sowie Verbindungsfahrten zwischen Kapstadt, Lüderitzbucht und Swakopmund einzurichten. Die Hinreise darf nicht länger als dreißig Tage dauern, für die Rückfahrt gibt es keine Vorgabe, »weil in Ermangelung jeder Ausfuhr von der Kolonie ein Bedarf hierfür nicht vorlag«, wie die Reederei später festhält. Für das Reich ist Südwestafrika ein Zuschussunternehmen.

Wie hoch sind die Gewinne der *Woermann-Linie?* Das wissen nur die Eigentümer um den Namensgeber. Öffentlich heben sie nach alter kaufmännischer Art hervor, wie umfangreich ihre Ausgaben und wie maßvoll ihre Preise seien. Dass Adolph Woermann finanziell sehr gut dasteht, zeigt seine Investition in der Großen Reichenstraße: 1899 lässt er dort anstelle des bisherigen Geschäftssitzes, den noch sein Vater gekauft hat, ein weitläufiges Kontorgebäude errichten, das er *Afrika-Haus* nennt und mit Insignien seines Reichtums schmückt: Aus dem geschmiedeten Eingangstor wachsen goldglänzende Palmen, an denen pralle Ölfrüchte hängen. Zwei gusseiserne Elefanten beherrschen den Innenhof, vor dem Eingang wacht die überlebensgroße Bronzefigur eines afrikanischen Kriegers im Lendenschurz mit Schild und Speer. Bis heute hat das Familienunternehmen *C. Woermann* im äußerlich unveränderten Afrikahaus seinen Hauptsitz.

In den Jahren des Kolonialkriegs schafft die *Woermann-Linie* rund 19 000 Soldaten, Offiziere und Sanitäter nach Deutsch-Südwestafrika, dazu mehr als 11 000 Pferde. Deren Boxen liegen unter der Wasserlinie, Luft wird dort hauptsächlich durch Schächte zugeführt.[10] Über Sprossenrampen können die Pferde an Deck steigen, um sich im Freien zu bewegen. Ehe die Transporte beginnen, bitten die Militärs den berühmten Hamburger Tierhändler und Zoogründer Carl Hagenbeck an Bord, um die Aussichten für die Gesundheit der Tiere zu beurteilen. Hagenbeck schüttelt den Kopf. Er glaubt: »Kein Schwanz kommt lebendig hinüber.« Aber er täuscht sich, die allermeisten Pferde überstehen die lange Reise erstaunlich gut. (Mehr zu Hagenbeck im nächsten Kapitel.)

## Krieg

Vom Beginn der Kämpfe sind die Deutschen völlig überrascht worden. Da sie sich als die rechtmäßigen Herren Südwestafrikas betrachten, handelt es sich aus ihrer Sicht um einen Aufstand, dessen Dimensionen sie allerdings nicht gleich erkennen. Die Angriffe der Herero, der zweitgrößten Volksgruppe im Land, beginnen in der Nacht auf den 12. Januar 1904 in Okahandja, einem kleinen Ort mitten im Land. Sie überfallen Farmen, zerstören die Büros der deutschen Verwaltung, attackieren Stationen auf der Eisenbahnlinie zwischen Swakopmund und der Hauptstadt Windhuk, der einzigen in der Kolonie. 123 deutsche Zivilisten sterben, wobei Frauen, Kinder und Missionare bewusst verschont bleiben. Samuel Maharero, der Anführer, hat den Befehl ausgegeben, »deutsche Männer anzugreifen und zu töten«.[11]

Die Wut der Herero hat sich lange aufgestaut. Teilweise nomadisch leben sie seit jeher von der Rinderzucht, doch jetzt müssen sie ohnmächtig dabei zuschauen, wie die weißen Siedler sich die guten Weideplätze aneignen und Wasserquellen für sich beanspruchen. Dazu kommt, dass eine verheerende Rinderpest ihre Bestände um fast zwei Drittel dezimiert hat, wodurch sich viele Herero dazu genötigt sehen, ihre Gebiete an die Deutschen abzugeben und schlecht bezahlte Lohnarbeit zu leisten. Außerdem haben die Kolonialherren eine rassistische Gesellschaftsordnung etabliert, in der Schwarze nur über stark eingeschränkte Rechte verfügen. Besonders erbittert sind die Herero, weil Weiße, die einheimische Frauen vergewaltigen, von der deutschen Justiz kaum etwas zu befürchten haben. Ein weiterer Punkt ist die Härte, mit der Händler viele Menschen in die Verschuldung treiben, um dann auf Bezahlung zu pochen.

Zwei Monate nach Beginn der Kämpfe schreibt Samuel Maharero einen Brief »an den großen Gesandten des Kaisers«, Gouverneur Theodor Leutwein.[12] Der Krieg sei »nicht jetzt in diesem Jahr durch mich begonnen worden, sondern er ist begonnen worden von den Weißen«. Der Anführer seines Volkes erinnert daran, »wie viele Hereros durch die weißen Leute, besonders Händler, mit Gewehren und in Gefängnissen getötet sind«. Rechtfertigt dies eine blutige Rebellion, einen unerklärten und, wie man heute sagen würde, asymmetrischen Krieg? Aus deutscher Perspektive absolut nicht. Nur wenige betrachten die Dinge so wie jener Pfarrer aus Marburg, der bemerkt: »Das arme, zertretene Herero-Volk führt – vom unparteiischen Standpunkt aus gesehen – einen Befreiungskrieg wie einst unsere Väter unter Hermann dem Cherusker.«[13]

In der ersten Phase des Krieges gelingt weder den Herero noch den Deutschen ein durchschlagender Erfolg. Der Gouverneur ist bereits am 9. Februar entmachtet worden – eine entscheidende Weichenstellung für alles, was folgt.[14] Leutwein gilt den meisten deutschen Siedlern als zu lasch, da er bei aller Dominanz versucht, ein Mindestmaß an Einvernehmen zwischen Schwarzen und Weißen herzustellen, ungefähr so, wie es in der Broschüre für die Soldaten beschrieben ist. Anführer wie Samuel Maharero oder der Nama-Capitein Hendrik Witbooi sind für ihn zu respektierten Gesprächspartnern geworden, mit denen er Verträge geschlossen hat und auf deren Unterstützung er baut. Nun scheint Leutweins »Häuptlingspolitik« gescheitert.

Bis auf Weiteres hat der Große Generalstab in Berlin die Leitung des Feldzugs an sich gezogen.

Dies dürfte auch dem öffentlichen Druck geschuldet sein. Gleich nach Kriegsbeginn hat der *Deutsche Kolonial-Bund* ein scharf formuliertes Flugblatt herausgegeben, in dem er die »Politik des Schönfärbens, des Zauderns und der weichen Hand des Gouverneurs Leutwein« anprangert.[15] Ein Kolonialherr habe die »Suprematie seiner Rasse« ohne Wenn und Aber durchzusetzen. »Im Interesse des deutschen Ansehens, des Lebens unserer deutschen Ansiedler und der wirtschaftlichen Lage unserer Kolonie muss sofort eine energische militärische Aktion in Deutsch-Südwest-Afrika eingeleitet … werden.«

Leutwein will sich allerdings nicht so schnell geschlagen geben. Als ihm das militärische Kommando bereits entzogen ist, wirbt er in einem Bericht an das Auswärtige Amt noch einmal für seine Position: »In Kolonialfragen muss neben dem Führer immer der Diplomat stehen.«[16] Er könne sich, schreibt der seit zehn Jahren amtierende Landeshauptmann und Gouverneur, »nicht mit denjenigen unüberlegten Stimmen einverstanden erklären, welche die Hereros nunmehr vollständig vernichtet sehen wollen«. Das liege nicht zuletzt im wirtschaftlichen Interesse: »Wir bedürfen der Hereros noch als kleine Viehzüchter und besonders als Arbeiter.« Anders als bisher wolle auch er die »Stammesregierung« abschaffen, die Männer entwaffnen und die Einheimischen weitgehend »in Reservate eingedämmt« wissen.

Nur läuft die Zeit jetzt gegen Leutwein und seine Pläne.

## Vernichtung

Am 11. Juni 1904 erreicht die *Eleonore Woermann* Swakopmund, kann dort allerdings nicht anlegen.[17] Auch das noch. Lothar von Trotha hat sich bereits während der Fahrt darüber beschwert, dass die Reise ihm zu lange dauere, und nun muss er stundenlang warten, bis ihn ein kleines Landungsboot ans Ufer bringt. Sein Gepäck, ein Dutzend Koffer, bekommt der neue Oberbefehlshaber der südwestafrikanischen Kolonialstreitmacht erst Tage später.

Um keine weitere Zeit zu verlieren, bestellt er den noch amtierenden Verwaltungschef gleich zu einem Treffen nach Okahandja, wo die Kämpfe angefangen hatten.[18] Beide sagen sich höflich, aber bestimmt die Meinung. Laut seiner überlieferten Version bittet Leutwein darum, »den Krieg so durchzuführen, dass das Volk der Herero erhalten bleibe«. Trotha berichtet, der Gouverneur habe denjenigen Herero, die Einsicht und Reue zeigten, »gnadenvolle Behandlung angeboten« – was er abgelehnt habe.

Es wäre jedoch falsch zu glauben, die »Schutztruppe« hätte bis dahin immer zurückhaltend und maßvoll gekämpft. Schon vier Monate vor Trothas Ankunft schreibt der Kommandant des zur Verstärkung gekommenen Kanonenboots *Habicht* nach Berlin: »Die härteste Bestrafung des Feindes ist notwendig als Sühne für die zahllosen, grausamen Morde und als Garantie für eine friedliche Zukunft.«[19]

Zu dieser Zeit sehen sich die Deutschen einer Übermacht von rund 7000 bewaffneten Herero gegenüber. Ihre zahlenmäßige Unterlegenheit macht die Kolonialarmee durch bessere Ausrüstung, militärisches Training und Skrupellosigkeit wett. Beispiele für die Missachtung soldatischer Vorschriften finden schon bald den Weg in die Öffentlichkeit. In der Reichstagssitzung vom 17. März 1904 liest SPD-Chef August Bebel aus einem Brief vor, den ein Schutztruppler nach Hause geschickt hat: »Hier werden alle Tage Aufständische gefangen und aufgehängt oder erschossen. Der neueste Befehl ist aber, keine Gefangenen zu bringen, also alles totzuschießen.« Ein anderer hat seinen Lieben daheim mitgeteilt: »Alles, was lebend ist und schwarze Farbe hat, wird niedergeschossen.« Als Konsequenz der deutschen Art, gegen die Herero Krieg zu führen, sieht Bebel bereits »die vollständige Vernichtung und Aufhebung dieser Völkerschaft als selbstständige Organisation« voraus.

Trotha ist der Mann, der auf die Erfüllung dieser Prognose hinarbeitet. Am Waterberg im Norden der Kolonie bereitet er eine Schlacht vor, bei der sechs Truppenabteilungen koordiniert losschlagen sollen.

Im Grasland vor dem rund 200 Meter aus der Ebene ragenden Tafelberg hat sich ein großer Teil des Herero-Volks versammelt; bewaffnete Kämpfer bilden einen weiten Halbkreis, in dem sie ihre

Familien und die Rinderherden schützen. Anscheinend rechnen die Anführer mit einem Friedensangebot. Sie wissen nicht, dass der neue deutsche Oberbefehlshaber den langjährigen Gouverneur an Härte übertreffen will.

Trotha beabsichtigt, den Gegner nach tradierter preußischer Art einzukesseln und vernichtend zu schlagen. Neben weiteren Soldaten ist inzwischen auch die moderne Kommunikationstechnik aus dem Reich eingetroffen, die er für seinen Schlachtplan braucht. Trotha schreibt später: »Ohne die Feldsignalabteilung hätte ich die Operationen überhaupt nicht und ohne die Funkabteilung nur sehr schwer durchführen können.« Für bis zu 8000 Gefangene hat er Lager vorbereiten lassen.

Aber die geplante Einkesselung misslingt. Im Osten brechen die Herero durch und flüchten in die Omaheke, eine fast wasserlose Dornbuschsavanne. Die sofort angeordnete Verfolgung muss Trotha mangels Truppenverpflegung abbrechen. Während er Erfolgsmeldungen nach Berlin kabelt, schreibt er am 13. August ermattet in sein Tagebuch: »Es sieht so aus, als ob es mir zu viel wird.«

Wochenlang versucht der Kommandeur, einen entscheidenden Sieg zu erringen. Er lässt Wasserstellen abriegeln und treibt die Herero immer tiefer in wüstenartiges Gebiet, wo bereits viele von ihnen zugrunde gehen. Doch der strategische Erfolg bleibt aus. Nach einem Waffengang Ende September notiert er sarkastisch: »Landschaftlich war das Gefecht sehr schön, militärisch 0.« Und kurz danach: »I'm so tired.« Was kann Trotha jetzt tun? Den Ausweg, mit dem Gegner zu verhandeln, hat er sich durch sein großspuriges Auftreten und die geschönten Meldungen verbaut.

Am 2. Oktober lässt er eine Erklärung verlauten, die als »Vernichtungsbefehl« in die Geschichte eingehen wird: »Ich der große General der deutschen Soldaten sende diesen Brief an das Volk der Herero. Die Herero sind nicht mehr deutsche Untertanen. Sie haben gemordet und gestohlen, haben verwundeten Soldaten Ohren und Nasen und andere Körperteile abgeschnitten und wollen jetzt aus Feigheit nicht mehr kämpfen.« Sie alle müssten »das Land verlassen«. Jeder Herero, der bleibe, werde erschossen. Den eigenen Leuten teilt Trotha zusätzlich mit, dass sie auf Frauen und Kinder nicht zielen, sondern über sie hinwegschießen sollen, »um sie zum Laufen zu zwingen«. Die Truppe müsse sich »des guten Rufes der deutschen Soldaten bewusst bleiben«.

Nur rund 1500 Herero gelingt es, über die Grenze nach Betschuanaland zu entkommen, einer von ihnen ist ihr Anführer Samuel Maharero. Bis zu seinem Tod 1923 lebt er in der britischen Kolonie. Sein Leichnam wird nach Okahandja überführt und feierlich neben seinen Vorfahren beigesetzt.

## Völkermord

Die Erbarmungslosigkeit, mit der Trotha handelt, folgt keinem Plan mehr. Er improvisiert aus einer Position der Schwäche heraus. Dass er dabei den Härtegrad steigert, entspricht sowohl seinem Charakter als auch einer im wilhelminischen Reich verbreiteten Grundhaltung gegenüber Nichteuropäern.

Im erst kurze Zeit zurückliegenden Kolonialkrieg in China hat sich diese Haltung bereits deutlich gezeigt. Viele Militärs nehmen während des Einsatzes den Kaiser beim Wort, der sich bei der Verabschiedung der Truppe in Rage geredet hat: »Kommt Ihr vor den Feind, so wird er geschlagen, Pardon wird nicht gegeben, Gefangene nicht gemacht.«

»Alles wird erschossen oder, um die Patronen zu sparen, sogar erstochen«, schreibt dann ein einfacher Soldat, »was daher kommen soll, weil die Chinesen außerhalb des Völkerrechts stehen«.[20] Generalfeldmarschall Alfred Graf von Waldersee, Oberbefehlshaber der europäischen Interventionstruppen, hält Ende 1900 in seinem Tagebuch fest: »Wenn man bei uns zu Hause so harmlos ist zu glauben, es würde hier für christliche Kultur und Sitte Propaganda gemacht, so gibt das einmal arge Enttäuschung. Seit dem Dreißigjährigen Kriege und den Raubzügen der Franzosen zur Zeit Ludwigs XIV. in Deutschland ist Ähnliches an Verwüstungen noch nicht vorgekommen.« So ungeschminkt äußert er sich öffentlich nicht. Noch vor seiner Rückkehr aus China wird Waldersee zum Hamburger Ehrenbürger ernannt.

Der China-erfahrene Generalleutnant Trotha kann vor diesem

Hintergrund darauf hoffen, dass ihm die Entgrenzung der Gewalt als glorreiche Tat angerechnet wird. Während die Herero in der Omaheke zu Tausenden verhungern und verdursten, brüstet er sich gegenüber Leutwein: »Gewalt mit krassem Terrorismus und selbst mit Grausamkeit auszuüben war und ist meine Politik. Ich vernichte die aufständischen Stämme mit Strömen von Blut und Strömen von Geld. Nur auf dieser Aussaat kann etwas Neues entstehen, was Bestand hat. Dieser *meiner* Politik steht die *Ihrige* absolut feindlich entgegen.«[21] Den politischen Machtkampf mit dem Gouverneur entscheidet der Truppenführer für sich. Leutwein bleibt nur, in Berlin um Urlaub zu bitten.

Bei genauer Analyse der Nachrichten aus dem Kriegsgebiet dämmert allerdings dem Generalstab, dass Trotha sich verrannt hat. Seine Absicht könne zwar »gebilligt werden«, schreibt Alfred von Schlieffen, der Chef des Stabes, an Reichskanzler Bernhard von Bülow. »Er hat nur nicht die Macht, sie durchzuführen.« Umgehend wendet sich Bülow an den Kaiser und bittet ihn, Trothas Proklamation vom 2. Oktober, den sogenannten Vernichtungsbefehl, aufzuheben. Der Regierungschef fügt den von Schlieffen genannten Gründen weitere hinzu, darunter die Sorge, das »deutsche Ansehen unter den zivilisierten Nationen« könne Schaden nehmen. Widerwillig folgt Wilhelm II. dem Wunsch seines Kanzlers. Als Trotha telegrafisch instruiert wird, ist er außer sich. Aber er muss sich fügen und die sich ergebenden Herero am Leben lassen.

Erhaltene Fotografien zeigen völlig ausgemergelte Menschen, die in Eisenketten gelegt sind und ihres weiteren Schicksals harren. Elend und Tod werden sie begleiten, denn die Deutschen sperren sie in Lager, die damals bereits Konzentrationslager heißen (erfunden haben den Begriff Spanier und Briten). Bis zur völligen Entkräftung müssen sie Zwangsarbeit leisten, dabei sind sie oft krank und unterernährt. De facto, wenn auch nicht so genannt und so geplant, findet in Südwestafrika schon das statt, was die Nazis später »Vernichtung durch Arbeit« nennen werden.

Wie Trothas Truppe den Einsatz am Waterberg und in der Omaheke erlebt hat, geht aus dem Abschlussbericht hervor, den die »Kriegsgeschichtliche Abteilung I des Großen Generalstabes« veröffentlicht. Ein Oberleutnant schreibt darin: »Als die Regenzeit kam … und unsere Patrouillen bis zur Grenze des Betschuanalandes vorstießen, da enthüllte sich ihrem Auge das grauenhafte Bild verdurstender Heereszüge. Das Röcheln der Sterbenden und das Wutgeschrei des Wahnsinns … verhallten in der erhabenen Stille der Unendlichkeit.« Die kitschige Überhöhung entspricht dem Zeitgeist. Auf widerwärtige Weise ergötzen sich die Militärs an ihrer eigenen Grausamkeit. Als Resümee hält der Generalstab fest: »Das Strafgericht hatte sein Ende gefunden. Die Hereros hatten aufgehört, ein selbstständiger Volksstamm zu sein.«

Seit dem Sommer 1904 erheben sich auch die im Süden der Kolonie lebenden Nama gegen die Deutschen. Bis zur Schlacht am Waterberg haben sie der Kolonialmacht Truppen gestellt, doch jetzt fühlen sie sich an die Verträge, die sie mit Leutwein ausgehandelt haben, nicht mehr gebunden. Hendrik Witbooi, ihr bedeutendster Anführer, schreibt am 1. Oktober an andere Nama-Obere: »Ich habe nun lange Zeit in aller Duldsamkeit unter dem Gesetz und nach dem Gesetz gelebt.«[22] Dessen sei er müde geworden. »Ich habe aufgehört, ein Untergebener zu sein.«

Da die Nama über höchstens 2000 bewaffnete Kämpfer verfügen, vermeiden sie größere militärische Auseinandersetzungen und verlegen sich auf einen Guerillakrieg.[23] Der charismatische Nama-Kommandeur Jacob Marengo[24] sagt in einem Interview mit der *Cape Times* über die Deutschen: »Sie können nicht in unserem Land kämpfen. Sie wissen nicht, wo sie Wasser bekommen, und verstehen nichts von Guerillakriegsführung.«

Der Kolonialtruppe bleibt nur, ihre taktische Schwäche durch Masse auszugleichen. Zeitweilig stehen 14 000 Mann unter Waffen. Dennoch zieht sich der Krieg noch jahrelang hin. Die Härte, mit der die Deutschen gegen die Nama vorgehen, ist kaum geringer als in ihrem Kampf gegen die Herero. Diejenigen, die gefangen genommen werden oder sich ergeben, landen in den Lagern. Von den rund 17 000 Internierten beider Volksgruppen stirbt fast die Hälfte.

Die Gesamtzahl der Opfer ließ sich bisher nicht genau ermitteln. Ungefähr 60 000 der bis zu 80 000 Herero kamen vermutlich während der Kriegsjahre ums Leben. Die Nama verloren rund 10 000 ihrer wohl mehr als 15 000 Menschen. Die »Schutztruppe« kämpfte nicht nach den Regeln des humanitären Kriegsrechts, wie sie schon 1864 in Genf vereinbart worden waren; stattdessen führte sie mit exzessiver Gewalt einen selbst erklärten »Rassenkrieg«. Tausende Schädel ihrer Opfer wurden an medizinische und anthropologische Institute im Reich geschickt. Einheimische Frauen mussten vorher die Haut und das Fleisch abschaben und die Gebeine auskochen. Es ist ein besonders düsteres Kapitel der Geschichte, dessen Aufarbeitung noch lange dauern dürfte.

Dass die Deutschen in ihrer Kolonie einen Völkermord begangen haben, den ersten des 20. Jahrhunderts, wird heute kaum noch angezweifelt. Seit 2015 erkennt es auch die Bundesregierung an – jedoch mit der Einschränkung, »dass sich aus dieser historisch-politischen Verwendung des Begriffes ›Völkermord‹ keine Rechtsfolgen ergeben«. Nach Verhandlungen mit der namibischen Regierung hat sich Berlin bereit erklärt, über drei Jahrzehnte 1,1 Milliarden Euro an Finanzhilfen zu zahlen. Deutsche Offizielle hüten sich allerdings, von Reparationen oder Entschädigungen zu sprechen – aus Sorge, sie könnten einen Präzedenzfall schaffen. Das Abkommen wird stark kritisiert, unter anderem aus den Reihen der Herero und Nama. Unterschrieben ist es noch nicht, weitere Verhandlungen stehen wohl bevor.

## Nachspiel

Lothar von Trotha gibt das Kommando über die »Schutztruppe« im Herbst 1905 ab und tritt die Rückreise an. Am 15. Dezember erreicht er Hamburg, wo ihm morgens im mit Fahnen und Girlanden geschmückten Baakenhafen ein pompöser Empfang bereitet wird.[25] An der Gangway, über die er und sein Offiziersstab an Land gehen, hat sich eine Regimentskapelle postiert, Polizisten drängen die vielen Neugierigen zurück. Mehrere Generäle sind gekommen, die Bürgermeister von Hamburg und Altona, auch Adolph und Eduard Woermann mit ihren Direktoren.

Die Begrüßungsansprache hält der Oberkommandierende des IX. Armeekorps, der die Kolonialtruppe für ihr »heldenhaftes Verhalten« rühmt, das »den guten Ruf des deutschen Feldsoldaten erneut zu hohem Ansehen und Ehre gebracht« habe. Ein Oberst hängt Trotha während der Rede das blaue Kreuz des Ordens »Pour le Mérite« um den Hals, die höchste militärische Auszeichnung des Reichs. Die Kapelle spielt »Deutschland, Deutschland über alles«. Der Geehrte, der sich den ergrauten Schnauzbart schwarz gefärbt hat, trägt Paradeuniform mit breitkrempigem Südwesterhut. In seiner Dankesrede versteigt sich Trotha zu der Behauptung, dass »noch nie ein so grausamer Krieg mit solcher Mäßigung durchgeführt wurde«. Dann stimmt er ein dreifaches Hurra auf den Kaiser an.

Allerdings bekommt der Ex-Oberbefehlshaber gleich am Empfangstag zu spüren, dass er bei Wilhelm II. in Ungnade gefallen ist. Niemand kann ihm sagen, wo er sich melden und was nun aus ihm werden soll. Trotha begibt sich in ein Hotel, wo er erst am frühen Abend ein Telegramm erhält, mit dem er nach Berlin beordert wird. Um 20.14 Uhr besteigt er den Zug. Der Kaiser empfängt ihn nicht, die tonangebenden Kreise der Hauptstadt meiden ihn. Seine Karriere ist zu Ende.

Einen herben Rückschlag muss auch Adolph Woermann einstecken. Der Kopf der Reederei, die das Monopol auf die Transporte nach Südwestafrika hat, wird in der deutschen Öffentlichkeit als Kriegsgewinnler angeprangert. Die Vorwürfe sind nicht aus der Luft gegriffen. Nach Berechnungen eines heutigen Historikers hat die *Woermann-Linie* durch den Kolonialkrieg bis zu 26,5 Millionen Mark eingenommen.[26] Die Zeitgenossen, die keine genauen Zahlen kannten, hätte die Summe wohl nicht überrascht.

Woermann sieht sich im Herbst 1906 genötigt, eine ausführliche Verteidigungsschrift zu publizieren. Sein Hauptargument lautet: Die Kritiker verstehen zu wenig vom Geschäft. Zum einen habe die *Woermann-Linie* »alle erzielten Gewinne und noch weit größere Summen wieder in neuen Schiffen oder in Neuanlagen und Bauten in der Kolonie angelegt ..., sodass diese Gewinne im hohen Maße, sei es dem deutschen Schiffbau, sei es der deutschen Reederei, sei es den Kolonien, wieder zugutegekommen sind«.[27] Zum anderen sei der laufende Betrieb personalintensiv und teuer. In seinem Konzern würden »reichlich 5000 europäische Angestellte beschäftigt«, dazu fast ebenso viele Afrikaner. Für die schwierigen und gefährlichen Landungsarbeiten in Swakopmund und Lüderitzbucht habe die *Woermann-Linie* außerdem in Liberia »über 12 000 Menschen ausgehoben« (die liberianischen Kru haben an der Westküste Afrikas einen Ruf als besonders geschickte Seeleute). Unerwähnt bleiben in der Woermann-Schrift die Kriegsgefangenen, die im Hafen von Swakopmund Zwangsarbeit leisten müssen.

Im Reichstag nimmt der Zentrumsabgeordnete Matthias Erzberger, der wegen seiner profunden Sachkenntnis überparteilich Respekt genießt, die deutsche Kolonialwirtschaft gründlich auseinander. Er rügt die »Bildung schwarzer Fonds und schwarzer Kassen«, ehe er auf den »schlimmsten aller Verträge« zu sprechen kommt: das Exklusivarrangement der Reichsregierung mit der *Woermann-Linie* für alle Fahrten von Hamburg nach Swakopmund. Als Erzberger Ende November 1906 ans Rednerpult tritt, hat das Reich den Vertrag bereits beendet; »diese Kündigung sagt wahrhaftig genug«. Aber es gibt weitere Vereinbarungen, der Redner kann Beispiele nennen. Auf der wichtigen Versorgungsstrecke Kapstadt – Lüderitzbucht, zwei Tage Fahrt, bekomme die *Woermann-Linie* 31,50 Mark pro Tonne Fracht. Für Transporte zwischen Hamburg und Valparaiso, 50 Tage Fahrt, seien dagegen pro Tonne nur 22 Mark fällig. Eine britische Reederei habe angeboten, aus Kapstadt für weniger als die Hälfte zu liefern, aber aus Berlin nicht einmal eine Antwort bekommen. Weitere Kritikpunkte Erzbergers sind überhöhte Landungsgebühren und vertraglich nicht gedeckte Liegegelder. Erzbergers Fazit lautet: »Das Verdienst der Firma um das Reich ist klein, die Verdienste der Firma sind riesig groß.«

Adolph Woermann kann im Reichstag nicht wie früher gegenhalten, seinen Hamburger Wahlkreis hat er schon 1890 an einen Sozialdemokraten verloren. Doch obwohl die schöne Zeit des Monopols auf Südwestafrikafahrten zu Ende geht, hält sich der wirtschaftliche Schaden für Woermann in Grenzen. Seine Schifffahrtslinien bringt er in eine Betriebsgemeinschaft mit anderen Reedereien ein; nach Anfangsschwierigkeiten laufen die Geschäfte besser denn je.

Zwei Wochen nach Erzbergers Abrechnung mit dem Kolonialregime lösen Kaiser und Kanzler den Reichstag auf. Eine Abstimmungsniederlage hat gezeigt: Die Regierung wird den Nachtragshaushalt, den sie für die Finanzierung ihres unerwartet langwierigen Kampfes gegen die Nama benötigt, nicht durchkriegen. Ein Skandal ist zum anderen gekommen, etwa der »Puttkameruner Kolonialsumpf« (siehe Kapitel 5) oder die Gewaltherrschaft des Beamten Geo Schmidt in Togo. Darum haben sich neben der SPD auch das katholische Zentrum und einige kleine Parteien gegen die bisherige Kolonialpolitik positioniert.

Die Parlamentswahl Anfang 1907 findet ganz im Zeichen der Frage statt, ob, wie und mit welchem Ziel die Kämpfe in Südwestafrika fortgesetzt werden sollen.[28] Das Regierungslager stilisiert den Krieg zu einer nationalen Schicksalsfrage hoch und verbreitet Gräuelberichte über die angebliche Barbarei der Nama, die als »Hottentotten« auf die unterste Stufe des Menschlichen herabgewürdigt werden. Sozialdemokraten und das Zentrum halten dagegen, indem sie die deutschen Verfehlungen herausstellen und teilweise den Kolonialismus grundsätzlich ablehnen.

Der konservativ-liberale »Bülow-Block« gewinnt. Seinen Sieg verdankt er vor allem taktischen Absprachen in den Wahlkreisen. Diese führen nach dem geltenden Mehrheitswahlrecht dazu, dass die SPD nur 10,8 Prozent der Sitze im Reichstag erhält, obwohl ihr Stimmenanteil bei 28,9 Prozent liegt.

Nach dem Schock der Niederlage gehen viele Sozialdemokraten und Zentrumsabgeordnete auf die Regierung zu, die kritischen Stimmen zur Kolonialpolitik werden leiser.[29] In der Kolonialverwaltung kommt es zu Reformen, die vor allem mit dem Namen des neuen Staatssekretärs Bernhard Dernburg verknüpft sind. Der Bankier, der sich einen Ruf als Sanierer erarbeitet hat, will das wirtschaftliche Potenzial der Kolonien ausschöpfen. Die humaneren Methoden, die ihm zugeschrieben werden, sind ein Mittel zum Zweck.

Ein besseres Verhältnis zwischen der herrschenden Minderheit und der unterdrückten Mehrheit kann es auf dieser Grundlage nicht geben. Als der letzte deutsche Kolonialstaatssekretär Wilhelm Solf im Juni 1912 durch Südwestafrika reist, schreibt er in sein Tagebuch: »Die Eingeborenen hassen die Weißen, und die Weißen verachten die Eingeborenen. Andere Beziehungen zwischen diesen Extremen scheinen nicht vorhanden zu sein.«[30]

10

# DAS ERBE EINER EPOCHE

## Wie die größte deutsche Hafen- und Handelsstadt auf ihre koloniale Vergangenheit blickt.

Ein Verwandter der Bell-Familie reist 1886 aus Kamerun nach Deutschland. In der neuen Kolonie des Kaiserreichs gehört Prinz Samson Dido zur Oberschicht der Duala-Kings und -Chiefs, mit ihm reisen zwei seiner Frauen, ein kleiner Sohn, einer seiner Brüder und drei Bedienstete.[1] Dido hat einen Vertrag mit Carl Hagenbeck abgeschlossen. Der Hamburger Unternehmer ist aus kleinen Anfängen zum größten Tierhändler der Welt aufgestiegen und hat seit einigen Jahren mit einem neuen Geschäftsmodell Erfolg: der Veranstaltung sogenannter Völkerschauen. Auch auf diesem Gebiet gelingt es ihm, sich gegen deutsche und internationale Konkurrenten durchzusetzen und viel Geld zu verdienen.

Dido und seine Angehörigen sind nun eine von Hagenbecks Attraktionen. Für ein Honorar von 400 Mark im Monat hat sich die Gruppe verpflichtet, »den Leuten ihre Sitten und Gebräuche zu zeigen«, speziell »lebhafte Tänze« und »prunkvolle Festivitäten« sowie Kampfübungen, Kanufahrten und Trommelkonzerte.[2] Die Vorführungen finden nicht nur in Hamburg statt, sondern auch in Berlin, Leipzig und Dresden. Ein Werbeplakat zeigt ein Porträt von Prinz Samson Dido mit nacktem Oberkörper unter der schlichten Zeile »Das Leben in West-Afrika, Kamerun«.

Hagenbecks Erfolgsrezept beruht unter anderem darauf, dass er sich von marktschreierischen Angeboten absetzt und seinen Veranstaltungen einen seriösen Anstrich gibt. Seine Besucher dürfen staunen wie auf dem Jahrmarkt, sollen aber auch ein Bildungserlebnis haben und mit dem Gefühl nach Hause gehen, dass sie etwas über die Bevölkerung der Kolonien gelernt haben.

Hagenbecks Ideal ist die »ethnografische Authentizität«, die er sich gerne von Wissenschaftlern bestätigen lässt.[3] Die gelehrten Herren lädt er zu Sondervorführungen in seine »anthropologisch-zoologischen Ausstellungen« ein, bei denen die gezeigten Menschen vermessen, befragt und fotografiert werden dürfen. Öffentliche Kritik an der unwürdigen Behandlung gibt es kaum.

Die Ausgestellten werden bezahlt und haben sich freiwillig verpflichtet, ihre Motive sind allerdings sehr verschieden. Bei manchen handelt es sich um professionelle »Eingeborenen-Darsteller«, die privat nur europäische Kleidung tragen. Andere sehen eine willkommene Gelegenheit, Geld zu verdienen und Europa kennenzulernen. Wieder andere reisen unvorbereitet und mit falschen Vorstellungen nach Deutschland, wie Tamasese Lealofi, ein hochrangiger Samoaner. Als der Hamburger Kaufmann Otto Riedel nach vielen Jahren auf Samoa heimgekehrt ist (siehe Kapitel 6), wundert es ihn, wer da als Mitglied einer »Samoa-Truppe« durchs Land tourt: »Ich war nicht sehr erfreut darüber, meine alten Freunde in Zoologischen Gärten hinter Gittern angestaunt zu sehen. ... Tamasese hatte sich seine Deutschlandreise etwas anders gedacht als seine Manager. Er sah sie wohl für eine Art Besuch bei neuen Freunden an.«[4] Riedel und seine Frau haben das sichere Gefühl, »hier sei ein Vertrauen getäuscht worden«.

Wie häufig so etwas vorgekommen ist, lässt sich heute nicht mehr feststellen. Manchmal versuchen Nachfahren, dem Schicksal ihrer Ahnen auf den Grund zu gehen. Der frühere französische Fußballnationalspieler Christian Karembeu beschäftigt sich seit Jahren mit der unfreiwilligen Reise seines Urgroßvaters Willy, der mit mehr als hundert anderen Neukaledoniern nach Paris gelockt worden war – angeblich zur Weltausstellung, um dann vor zahlendem Publikum im Bois de Boulogne den wilden Mann spielen zu müssen: brüllend, keulenschwingend und mit bemaltem Gesicht.[5] Die Firma Hagenbeck kaufte die Gruppe für Darbietungen in Deutschland an, Titel: »Die letzten Kannibalen der Südsee«. Die »fürchterliche Schande« sei in der Familie »tabu« gewesen, so Christian Karembeu. »Sie fühlten sich wie Sklaven. Es war hart für sie.« Von anderen Gruppen ist bekannt, dass sie auf den Tourneen durch Todesfälle dezimiert wurden, etwa wegen einer Pockeninfektion.

Anfang der 1930er-Jahre endete das Geschäft der Hagenbeck-Nachfahren mit den Menschenschauen, denn das Konzept zog nicht mehr. Bleibendes Erbe des 1913 gestorbenen Gründers ist der Hamburger Zoo, bis heute ein privates Unternehmen in Form einer gemeinnützigen GmbH.[6] Auf dem Gelände im Stadtteil Stellingen haben viele »Völkerschauen« stattgefunden, in aufwendig inszenierter Exotik neben den Tiergehegen. Ein fernes Echo davon hält sich in den sommerlichen »Dschungelnächten« mit Feuerschluckern und Akrobaten, afrikanischer Musik und indischen Tänzen.

Wie geht der viel besuchte und über Hamburg hinaus bekannte Tierpark Hagenbeck mit seiner Vergangenheit um? Obwohl es sich um einen bedeutenden Erinnerungsort handelt, beschränkt sich die öffentliche Erinnerung an die Kolonialzeit auf einige Zeilen, die im Internetauftritt des Unternehmens versteckt sind.[7] Eine gewisse Kontinuität von Menschen- und Tierschau ist allerdings an einer prominenten Stelle vor dem Haupteingang zu bemerken: Weithin sichtbar steht dort die naturalistische und farbig angemalte Skulptur einer Giraffe, an deren Hals ein Mann hochklettert; sein Hemd ist weiß, seine Haut dunkelbraun. Vermutlich unabsichtlich visualisiert das Werk des Bildhauers Stephan Balkenhol die Idee, die Carl Hagenbeck seinen »Völkerschauen« einst zugrunde gelegt hat: die Inszenierung als »anthropologisch-zoologische Ausstellungen«, in denen Menschengruppen zusammen mit exotischen Tieren als Ressource für die Schaulust der Europäer dienen sollten. Die Skulptur wurde zwar erst 2001 aufgestellt, doch scheint die innere Uhr der Beteiligten lange davor stehen geblieben zu sein.

Dieses Gefühl vermittelt sich in Hamburg auch an anderen Orten, die mit Erinnerungen an die Kolonialgeschichte beladen sind. Im Sinne der Aufklärung darüber, wie der Kolonialismus die Stadt durch Jahrhunderte hindurch geprägt hat, gibt es an der Elbe mehr Schatten als Licht. Sicher, auf Initiative der Bürgerschaft hat die Universität 2014 die Forschungsstelle »Hamburgs (post-)koloniales Erbe«

eingerichtet, geleitet vom Globalhistoriker Jürgen Zimmerer. Wissenschaftlich ist dort eine Menge geleistet worden. Doch beim Transfer in den städtischen und gesellschaftlichen Raum bleibt noch viel zu tun. Vergessen, verdrängen, ignorieren, all das kommt in dem zusammen, was Zimmerer als »koloniale Amnesie« bezeichnet. Die meisten Deutschen, glaubt der Forschungsstellenleiter, sähen im Kolonialismus »immer noch eine Art Pfadfinderabenteuer oder Entwicklungshilfe in komischen alten Uniformen«.

Hamburg, die Hauptstadt des deutschen Kolonialismus, ist einerseits ein Fall für sich, steht aber zugleich stellvertretend für das ganze Land. Hier folgt eine Auswahl von Orten mit sichtbaren oder verdeckten Bezügen zur deutschen Kolonialgeschichte.

## Rathaus und Handelskammer

Nichts könnte den kaufmännischen Geist Hamburgs besser ausdrücken als das Arrangement, wie zwei der wichtigsten Repräsentationsbauten im Stadtzentrum aufeinander bezogen sind: der Sitz der Handelskammer und das Rathaus. Die beiden nebeneinanderstehenden Gebäude haben einen großen gemeinsamen Innenhof und sind seit mehr als hundert Jahren durch einen überdachten Gang verbunden. Über die Türschlüssel verfügen traditionell der Kammer-Präses und sein Hauptgeschäftsführer, mittlerweile wird der Verbindungsgang jedoch nicht mehr genutzt.

Stadtregierung und Kaufmannschaft haben deutsche Kolonialgeschichte geschrieben. Wie die damals Kommerzdeputation genannte Handelskammer nach 1820 die neuen Chancen des Freihandels nutzte, um Hamburg zu einem international bedeutenden Einfuhrhafen für Kolonialwaren zu machen, zeichnet in diesem Buch das zweite Kapitel nach (»Hamburg hat Kolonien erhalten«). In Kapitel 4 ist dargestellt, dass die organisierten Kaufleute ihr führendes Mitglied Adolph Woermann dabei unterstützt haben, die staatliche Kolonialpolitik voranzutreiben und Kamerun zu annektieren. Unmittelbar involviert war auch das Ratsressort für Handel und Schifffahrt.

Beide Gebäude sind mit deutlichen Hinweisen auf die expansive

Kraft der Hansestadt versehen. Auf der Hofseite ist die Fassade der Handelskammer seit 1892 mit Allegorien der vier nicht europäischen Kontinente geschmückt, jeweils zwei weibliche Figuren mit unterschiedlichem Beiwerk: ein Schaf und eine Schildkröte zum Beispiel für Australien, Afrika mit dem Fächerblatt einer Ölpalme und einer Bananenstaude. Aus dem Relief in der Mitte tritt der geflügelte Merkurstab hervor, der den Schutzpatron der Kaufleute symbolisiert. Mercurius, in der griechischen Mythologie Hermes, ist außerdem Götterbote und Gott der Diebe.

Das Rathaus, das Ende des 19. Jahrhunderts als prunkvolles Wahrzeichen einer führenden Wirtschaftsmetropole errichtet wurde, steckt voller Hinweise auf den Handel in der kolonialen Welt. Ein Wandgemäldezyklus, der im Treppenaufgang der Bürgerschaft das Leben eines idealtypischen Hamburgers in elf Stationen darstellt, zeigt ihn während der Zeit seines Berufslebens als Kaufmann, der mit orientalisch gekleideten Geschäftsleuten über den Preis für Elefantenstoßzähne, Schildkrötenpanzer und Teppiche verhandelt. Im besonders prächtigen Kaisersaal gibt es ein Echo der Handelskammerfassade: Allegorische Motive im Deckengewölbe repräsentieren dort die Kontinente, mit denen die Hamburger seit Langem ihre Import-Export-Geschäfte gemacht haben.

Kleiner, aber nicht weniger bedeutsam sind außen am Gebäude die Schlusssteine der Hochparterre-Fenster: Auf ihnen prangen die Wappen »alter Hamburger Geschlechter und verdienter Bürger«, darunter Reeder, Bankiers und Kolonialkaufleute.[8] Zu sehen sind etwa die Embleme der Familien Abendroth, Chapeaurouge, Gossler, Hertz, Merck, O'Swald, Roosen, Schröder. Am auffälligsten ist das Wappen der Mörings auf der rechten Seite der Rathausfront: Es zeigt das Profil eines Schwarzen mit wulstigen Lippen, Kopftuch und Ohrring, anscheinend soll es einen Seeräuber darstellen.

Wer die einstündige Rathaus-Führung mitmacht, muss Glück haben und an den richtigen Tourguide geraten, um etwas von alldem zu erfahren.

## Museen

Das Museum am Rothenbaum – Kulturen und Künste der Welt (MARKK), früher Museum für Völkerkunde, wäre ohne den deutschen Kolonialhandel wohl kaum gegründet worden. Nicht nur die Umbenennung 2018 zeigt, dass sich die Verantwortlichen intensiv mit der Geschichte des Hauses und der Herkunft seiner umfangreichen Sammlung beschäftigen. Es handelt sich um einen längeren Prozess, in dem die Provenienzen von Masken, Booten, Skulpturen, Waffen, Schmuck und anderen Dingen untersucht werden, »die in Zusammenhang mit den internationalen Netzwerken der Hamburger Kaufmannschaft des ausgehenden 19. Jahrhunderts stehen«.

Um ein deutliches Zeichen zu setzen, präsentiert das MARKK seit Ende 2021 ein letztes Mal die 179 Artefakte der bedeutenden Benin-Sammlung, ehe sie an die Herkunftsregion zurückgegeben werden sollen. »Heute gelten die Kunstschätze als ikonisch für koloniales Raubgut«, heißt es auf einer der Texttafeln der Ausstellung über die »herausragenden Bronze- und Elfenbeinwerke«. Benin City (nicht zu verwechseln mit dem Staat Benin) sei »auch heute ein lebhaftes Kunstzentrum in Nigeria. ... Jährlich stattfindende höfische Zeremonien re-inszenieren die glorreiche Geschichte des Reiches«.

An dieser Stelle rutscht die Darstellung in Schönfärberei ab. »Glorreiche Geschichte«? Einen europäischen Militärstaat – und das Königreich Benin war jahrhundertelang nichts anderes auf dem Boden Westafrikas – würde kein Museum von Rang heute noch derart bejubeln.

Es passt in diese von überschießender Empathie getragene Sichtweise, dass die Sklaverei in der gesamten Ausstellung nur einmal am Rande erwähnt wird. Unter der Überschrift »Alltag und Hierarchie« ist beiläufig von der »Unterscheidung zwischen freien Bürgern der Edo-Nation und Sklaven« die Rede. Wer könnte aus dieser Nebenbemerkung herauslesen, welche Bedeutung die Sklavenhaltung für das alte Benin hatte? Die wissenschaftliche Literatur ist in dieser Frage eindeutig; so schreibt der nigerianische Historiker Philip Igbafe: »Eine der wesentlichen wirtschaftlichen Stützen des vorkolonialen Benin war die Institution der Sklaverei.«[9] Diese habe bis Ende des 19. Jahrhunderts »ihren eigenen Platz in der staatlichen Struktur eingenommen«. Die Besucher der Ausstellung hätten das sicher gern erfahren.

Das Museum für Hamburgische Geschichte steht ähnlich wie das MARKK mitten im Umbruch. Anders als früher wurde die Kolonialgeschichte schon in der bisherigen Dauerausstellung mit klaren Worten angesprochen. Hundert Jahre nach seiner Gründung soll das Museum nun völlig neu gestaltet werden. Die Ausführungen der Direktorin Bettina Probst im Jubiläumsbuch lassen vermuten, dass künftige Besucherinnen und Besucher noch umfassender über die Kolonialzeit informiert werden: »Hamburg wuchs ab dem 18. Jahrhundert zu einer der einflussreichsten Kolonialmetropolen Europas heran. ... Doch im Museum deutet wenig darauf hin, keine sichtbare Spur führt zu den Tatorten der Unterdrückung.«[10] Höchstwahrscheinlich wird sich das geändert haben, wenn die Umbauten in Probsts Haus wie geplant 2027 abgeschlossen sein werden. Dann könnten die Museumsgäste eindrucksvoll erleben, dass Hamburg nicht nur das viel zitierte »Tor zur Welt« war, sondern auch die Hauptstadt des deutschen Kolonialismus.

Ein geeigneter Ort dafür dürfte auch das künftige Deutsche Hafenmuseum sein, das laut der Stiftung Historische Museen Hamburg »voraussichtlich in der zweiten Hälfte der 2020er-Jahre fertiggestellt wird«, inmitten eines neuen Stadtteils im Hafengebiet.[11] Konzipiert werde es, so die Stiftung, als ein »Museum der Globalisierung«. Dass die Globalisierung mit dem Kolonialismus Hand in Hand ging, steht nicht in der Ankündigung, ist aber vielleicht dezent mitgemeint.

Eine riesige Informationslücke klafft in der Speicherstadt, die als Teil des Hamburger UNESCO-Weltkulturerbes Touristen aus allen Kontinenten anzieht. Museen gibt es dort zwar auf Schritt und Tritt, aber sie sind alle in privater Regie und verfolgen die persönliche Agenda ihrer Gründer und Eigentümer. Im Kaffeemuseum Burg scheint das Hauptinteresse dem Verkauf der angebotenen Produkte zu gelten. Ähnlich, wenn auch mit besseren Erklärungen, ist es in Spicy's Gewürzmuseum. Das erheblich seriösere Speicherstadtmuseum widmet sich vor allem der Planung und dem Bau des Gebäudeensembles sowie den Arbeitsprozessen bei der Lagerung von Kaffee, Tee, Kakao oder Kautschuk. Mit Abstand am größten ist das Internationale Maritime Museum, das auf die Schiffsmodellsammlung von Peter Tamm zurückgeht, der lange an der Spitze des Axel Springer Verlags stand. Die Stadt Hamburg hat Tamms Museumsbau im alten Kaispeicher B zwar mit Millionen subventioniert, sich aber keine inhaltliche Mitsprache ausbedungen. Im Mittelpunkt steht die Seefahrt mit ihren nautischen und wissenschaftlich-technischen Aspekten; als Medium der kolonialen Expansion bleibt sie bloß eine Randerscheinung. Nirgends in der Speicherstadt können Besucherinnen und Besucher auf die Idee kommen, dass sie sich im größten und wohl auch bedeutendsten Denkmal der deutschen Kolonialgeschichte bewegen.

## Chilehaus

Prunkstück des ebenfalls zum UNESCO-Weltkulturerbe zählenden Kontorhaus-Komplexes, der nordöstlich an die Speicherstadt anschließt, ist das Chilehaus.[12] Bauherr Henry B. Sloman, weitläufig verwandt mit der gleichnamigen Hamburger Reederfamilie, war zu Beginn des 20. Jahrhunderts einer der reichsten Hanseaten. Sein Vermögen verdankte er hauptsächlich dem Geschäft mit chilenischem Salpeter, damals ein begehrter Rohstoff für die Herstellung von Dünger und Schießpulver.

Mit dem Chilehaus setzte sich Sloman ein viel bewundertes Denkmal im Stil des Expressionismus. Die UNESCO-Kommission feiert das an einen Schiffsrumpf erinnernde Bauwerk als »außergewöhnlichen Ausdruck der Folgen des rasanten internationalen Handelswachstums im späten 19. und frühen 20. Jahrhundert«.[13] Wie aber kam das »rasante internationale Handelswachstum« zustande? Nicht einmal eine Andeutung weist darauf hin, dass es ein Wachstum unter den weltweit geltenden Bedingungen des Kolonialismus war – verblüffend für eine globale Organisation wie die UNESCO.

Bis deutsche Chemiker eine effiziente Methode zur Erzeugung von Ammoniak entwickelten (Haber-Bosch-Verfahren), war allein

Chile in der Lage, den Hunger der aufstrebenden Industriestaaten nach Nitrat zu stillen. Mit Guano aus dem Kot von Seevögeln hatte es angefangen, dann begann der Abbau von Salpeter, um dessen Lagerstätten die Chilenen einen Eroberungskrieg gegen Peru und Bolivien führten. Das soziale Gefüge des Landes hatte sich nach der Unabhängigkeit von Spanien kaum verändert; die Nachkommen der kolonialen Aristokratie und weiße Kaufleute herrschten über die große Mehrheit der Bevölkerung mit indigenen Wurzeln.[14]

Heute erinnern Industrieruinen und Geisterstädte an die Zeit, als Zehntausende Menschen ihr Glück in der Atacamawüste im Norden des Landes suchten, wo sich die größten Salpetervorkommen befanden. Viele wurden wohlhabend, einige unermesslich reich; ihr Glück beruhte auf der Ausbeutung jener, die das Mineral aus dem Boden kratzten. Pablo Neruda, der chilenische Literaturnobelpreisträger, hat über die »picanos« ein Gedicht im Rahmen des Zyklus *Der Große Gesang* geschrieben, er nannte es *El maestro huerta (Von der Mine »La Despreciada«, Antofagasta)*. Darin heißt es:

*Antimon zerfraß seine Gedärme.*
*Er war so ausgezehrt, dass es zum Fürchten war,*
*laufen aber konnte er nicht mehr.*

Ehe Sloman das Chilehaus bauen ließ, errichtete er ein neobarockes Schloss in Mecklenburg als seinen Ruhesitz. Heute gehört Schloss Bellin einer Urenkelin des Salpeterkönigs; sie betreibt dort ein Hotel.

Weitere Hamburger Kontorgebäude, die gleich von ihren Namen her auf den Kolonialhandel hinweisen, liegen außerhalb des Weltkulturerbe-Areals: das Afrikahaus (siehe Kapitel 9), das Südseehaus, das Sudanhaus.

## HafenCity

Da die Frachtschifffahrt durch den Siegeszug des Containers einen radikalen Wandel durchmachte, mussten sich die großen Häfen neu erfinden. Im ehemaligen Hamburger Freihafengebiet entsteht seit der

Jahrtausendwende die HafenCity – Büros und Wohnungen, öffentliche Plätze und Einkaufszeilen. Architektonisches Wahrzeichen ist die Elbphilharmonie, die über einem unnütz gewordenen Kakao- und Kaffeespeicher errichtet wurde.

Während der städtebaulichen Entwicklung galt es, auch den symbolischen Raum des neuen Viertels zu füllen. Wie die Politikerinnen und Politiker im Rathaus ihre Aufgabe bewältigt haben, sagt viel aus über das Hamburger Selbstverständnis: Sie haben ganz auf Nostalgie gesetzt. Darum wimmelt es in der HafenCity nun von Namen, die für die Verklärung der europäischen Expansion stehen.

Die sogenannten Entdecker dürfen hier noch strahlende Helden sein. Auf einer Einweihungsfeier freute sich die damalige Hamburger Kultursenatorin 2010 über die neu vergebenen Ortsbezeichnungen Magellan-Terrassen, Marco-Polo-Terrassen und Vasco-da-Gama-Platz, durch die das Quartier »eine so geschichtsträchtige Identität« erhalte: »Straßennamen prägen und gestalten eine Stadt. Sie können – wie in diesem Fall – besondere Impulse für die Zukunft geben.« Dass eine hochrangige Vertreterin der Stadt Hamburg es für möglich hielt, mit Wegbereitern des Kolonialismus »Impulse für die Zukunft« zu erzeugen, war kein Ausrutscher. Die jüngste Fortsetzung liegt nicht lange zurück: Im Juni 2021 eröffnete Peter Tschentscher, der Erste Bürgermeister, in der östlichen HafenCity den Amerigo-Vespucci-Platz. Die viel gepriesene Tugend der »hanseatischen Weltoffenheit« – was immer das genau sein mag – hat sich hier fest mit einem überholten Geschichtsbild verbunden: Eurozentrismus wie aus einem alten Schulatlas.

Private Investoren machen es auch nicht unbedingt besser. Die Gebäude des HafenCity-Areals »Am Kaffeelager« tragen die Namen Arabica, Ceylon, Java und Pacamara; in einem weiteren Bauabschnitt entsteht ein Ensemble, dessen Häuser nicht nach Kaffeesorten, sondern nach tropischen Hölzern benannt werden sollen: Kambala, Limba, Palisander, Meranti. Hier von Ethnokitsch zu sprechen wäre verharmlosend, da es um eine symbolische Aneignung von Ressourcen geht. Zugespitzt kann man sagen: Es handelt sich um einen Abklatsch der realen »Besitzergreifung« von einst.

Eines der markanteren Gebäude der HafenCity ist der ovale Turm, in dem die *Neumann Kaffee Gruppe* ihren Hauptsitz hat. Mit Tochterfirmen auf allen Kontinenten ist das Familienunternehmen seit Jahren das global führende Haus für Dienstleistungen rund um den Rohkaffee: Handel, Logistik, Lagerung, Plantagenmanagement. Eine wuchtige, fünf Meter hohe Skulptur zu Füßen der Konzernzentrale an der Coffee Plaza stellt eine Kaffeebohne dar, auf deren bronzener Oberfläche in Bild und Schrift die Geschichte des Genussmittels skizziert wird; gestaltet hat das Werk die österreichische Malerin und Bildhauerin Lotte Ranft. Einer der Texte geht so: »Über 1 Mrd. Menschen trinken taeglich 3 Mrd. Tassen Kaffee, die 25 Mio. Familien in 70 tropischen Ländern ihre Existenz bieten.«

Was soll das den Betrachtern sagen? Offensichtlich ist die angebliche Kunst bloß die Werbefläche eines Unternehmens, das von der Realität des Kaffeeanbaus ablenken möchte.

## Lettow-Vorbeck-Kaserne

Am östlichen Stadtrand von Hamburg steht ein Gebäudekomplex, der bereits eine zweifache Umbenennung hinter sich hat. Errichtet wurde er ein Jahr nach Beginn der NS-Herrschaft unter dem Namen Lettow-Vorbeck-Kaserne. Die britischen Truppen, die dort nach dem Zweiten Weltkrieg einzogen, gaben dem Gelände den Namen St Andrew's Barracks, bis die Bundeswehr die Kaserne übernahm und zum ursprünglichen Namen zurückkehrte. So steht er heute noch in Bronzelettern auf einer roten Backsteinmauer. Die denkmalgeschützte Kaserne wird inzwischen als Studentenwohnheim der Helmut-Schmidt-Universität genutzt, einer der beiden Hochschulen der Bundeswehr.

Paul von Lettow-Vorbeck war nicht nur Lothar von Trothas enger Mitarbeiter während der Kolonialkriege in China und Südwestafrika (siehe Kapitel 9), sondern ab 1914 selbst Oberbefehlshaber in Deutsch-Ostafrika. Während des Ersten Weltkriegs kämpfte er dort unter hohen Verlusten gegen die Truppen der Entente, seine Hauptstreitmacht waren bis zu 12 000 afrikanische Söldner, die sogenannten Askari.[15] Dabei erwarb er sich den Ruf eines Kriegshelden, der

»im Felde unbesiegt« geblieben sei. Die von antidemokratischen Kräften verbreitete Legende vom »Dolchstoß« der Republik in den Rücken des deutschen Militärs fand in Lettow-Vorbeck einen ihrer glänzendsten Protagonisten. Nach seinem Tod 1964 in Hamburg flog die Bundeswehr zwei ehemalige Askari als Staatsgäste zur Trauerfeier ein, Hauptredner war der damalige Verteidigungsminister Kai-Uwe von Hassel.

Die nach Lettow-Vorbeck benannte Kaserne hat noch einiges mehr zu bieten, unter anderem das Haus 2/2, das Lothar von Trotha gewidmet ist; ein Reliefporträt des Namensgebers mit ordensgeschmückter Brust prangt über dem Eingang. Auf deutschen und englischen Texttafeln wird immerhin erklärt, wer Trotha war und wie es zu der ehrenden Benennung gekommen ist.

Ganz in der Nähe, unzugänglich zwischen Bäumen und Büschen hinter einem hohen Zaun, harren seit vielen Jahren die sogenannten Askari-Reliefs einer angemessenen Präsentation. Angefertigt wurden sie 1939 als Deutsch-Ostafrika-Kriegerdenkmal zum Gedenken an die vermeintlich glorreiche Zusammenarbeit der Militärführer mit ihren afrikanischen Hilfstruppen. Ende der 1990er-Jahre begann eine durch den damaligen Bausenator unterstütze Initiative damit, rund um die Askari-Reliefs das Konzept für einen nostalgisch gefärbten »Tansania-Park« zu entwickeln. Dass es schwierig bis unmöglich sein würde, aus Zeugnissen der Kolonialzeit eine Stätte deutsch-tansanischer Völkerfreundschaft zu machen, erkannten die Initiatoren nur widerstrebend, wenn überhaupt. Alle späteren Versuche, dem kolonialen Erinnerungsort gerecht zu werden, verliefen im Sand.

## Bismarck-Denkmal

Als Ritter in der Tradition der mittelalterlichen Roland-Figuren haben die Hamburger zu Beginn des 20. Jahrhunderts das Bismarck-Monument gestaltet (siehe Kapitel 8). Sie folgten dem Rat ihres Oberingenieurs und Stadtplaners Fritz Andreas Meyer, der eine Anhöhe am Hafenrand als Standort empfohlen hatte.[16] Von dort aus könne die Statue des Reichskanzlers den ankommenden Schiffen entgegenblicken, um »für das deutsche Volk die Wacht nach dem Weltmeer zu halten«. Zwei verlorene Weltkriege später war so etwas allerdings eher peinlich.

Hinter ausladenden Baumkronen führte der Mann aus Granit darum buchstäblich ein Schattendasein, bis er wegen zunehmender Verwitterungsschäden renoviert werden sollte. Dagegen begann sich Widerstand zu regen: Der Koloss würde besser abgerissen, radikal verfremdet oder geköpft, lauteten manche Forderungen. Die Stadt hat sich dann doch dafür entschieden, die denkmalgeschützte Monumentalplastik zu restaurieren, veranschlagt sind 8,5 Millionen Euro, hauptsächlich finanziert aus Bundesmitteln.

Gleichzeitig besteht an der Elbe große Einigkeit, dass für den Reichsgründer und Schutzpatron der deutschen Kolonialkaufleute die Zeit der Glorifizierung abgelaufen ist. Kultursenator Carsten Brosda wünscht sich ein »Störgefühl an dieser Stelle«, das eine kritische Auseinandersetzung auslöst. Das beste künstlerische und architektonische Konzept für diesen Effekt soll ein Wettbewerb ermitteln. Was nach der Vorstellung der Ergebnisse im März 2023 passieren wird, dürfte interessant sein.

»Unser Ziel ist, das Reden über das koloniale Erbe aus dem Spezialistendiskurs heraus in die Stadt zu tragen«, hat Senator Brosda bereits angekündigt.[17] Da ihm das – anders als seinen vielen Vorgängerinnen und Vorgängern – wichtig zu sein scheint, liegt vor ihm eine Menge Arbeit. Mit Widerständen ist zu rechnen.

# Ausblick
# DIE ZUKUNFT DES ERINNERNS

Vermutlich ist der Höhepunkt des Interesses für die deutsche Kolonialgeschichte noch nicht erreicht. Dass die gestiegene Aufmerksamkeit, von der einleitend die Rede war, bald verebbt, ist allein deshalb unwahrscheinlich, weil die globale Auseinandersetzung mit früheren Herrschaftsverhältnissen und andauernder Ungleichheit weitergeht. Dazu kommt, dass sich unsere Gesellschaft durch Einwanderer und ihre Familien erheblich verändert hat und weiter verändern wird. Die neuen Deutschen stellen zum Teil andere Fragen an die Geschichte dieses Landes, als es bisher üblich war. Verschwiegenes und Verdrängtes weckt bei ihnen größere Neugier, Fälle von Heuchelei und Doppelmoral tun dies erst recht. Die deutsche Kolonialvergangenheit ist voll davon.

Das öffentliche Gedenken lässt noch zu wünschen übrig. Wie das vorige Kapitel gezeigt hat, kann Hamburg auch in dieser Hinsicht als Paradebeispiel dienen. Dort und überall im Land wollen Menschen aber, dass sich Dinge verändern; sie fordern, Straßen und Plätze umzubenennen und Mahnmale neu einzuordnen. Diese dekonstruierende Erinnerung stößt auf Widerstände, und trotzdem wird sie sich immer wieder durchsetzen. Gleichzeitig rückt die nächste Stufe der geschichtspolitischen Entwicklung langsam in Sichtweite: die Errichtung einer Gedenkstätte zur deutschen Kolonialherrschaft.

Ob die Prognose des Berliner Historikers Michael Wildt in Erfüllung geht? »Sicher wird es in naher Zukunft auch einen Informations- und Gedenkort geben, der den deutschen Kolonialverbrechen gewidmet ist«, sagte Wildt vor einem Jahr bei seiner Abschiedsvorlesung an der Humboldt-Universität.[1] Ein entsprechender Antrag der Grünen im Bundestag war nicht lange davor abgelehnt worden. Der rot-grün-gelbe Koalitionsvertrag vom Dezember 2021 knüpft nur verhalten daran an; nach einem Bekenntnis zur Rückgabe von Kunstgegenständen aus kolonialen Zusammenhängen heißt es darin: »Außerdem entwickeln wir ein Konzept für einen Lern- und Erinnerungsort Kolonialismus.« Wie zu hören ist, legen die beteiligten Koalitionspolitikerinnen und -politiker großen Wert darauf, zivilgesellschaftliche Gruppen einzubeziehen. Rasche Ergebnisse sind ihnen weniger wichtig, Sorgfalt geht vor Eile.

Die Erwartungen, die sich an einen »Lern- und Erinnerungsort Kolonialismus« richten, sind mit Sicherheit ganz unterschiedlich. Schon in der wissenschaftlichen Sphäre lassen sich die sachlichen Argumente kaum von den persönlichen Standpunkten und Emotionen trennen. Das wird erst recht gelten, wenn die Nachfahren und Sachwalter der einst Unterdrückten ihre Positionen noch stärker als bisher vertreten. Wer selbst Rassismus oder soziale Zurücksetzung erfahren hat, blickt anders auf vergangene Fälle systematischer Ausbeutung und Verfolgung als jemand, dem die Erfahrung erspart blieb.

Gleichzeitig sollten auch jene angemessen zu Wort kommen, denen die Neubewertung der Kolonialzeit nicht nur kein Anliegen ist, sondern die darin eine weitere Eskapade dessen sehen, was bis vor Kurzem Gutmenschentum und Political Correctness hieß und heute der angeblich überschießenden Woke-Bewegung zugerechnet wird. Ob es gelingt, den unvermeidlichen und legitimen Streit auf zivilisierte Weise zu führen, ist leider keineswegs sicher. Ressentiment und Wut lauern an jeder argumentativen Ecke, auf allen Seiten.

Ein weiterer emotional aufgeladener Punkt hat bereits für heftige Debatten gesorgt: die Frage, ob die nationalsozialistische Judenverfolgung und -vernichtung den Blick auf die deutsche Gewaltgeschichte zu sehr dominiert hat. War der Holocaust ein singuläres historisches Ereignis? Oder ist diese Sichtweise überholt, weil koloniale Gewaltverbrechen als Vorläuferhandlungen zu betrachten sind?

Über all das gäbe es einiges mehr zu sagen, als in den Rahmen dieses Buches passt. Vielleicht helfen die folgenden Bemerkungen dennoch bei der ersten Orientierung auf einem unübersichtlichen Gebiet.

## Expansion ohne Ende

Der deutsche Kolonialismus setzte sich nach dem Ersten Weltkrieg fort, ganz so wie er lange vor der Annexion außereuropäischer Territorien begonnen hatte. Ein Beispiel von vielen sind die »Kamerun-Bananen«, die von zwei verflochtenen Hamburger Firmen, der *Afrikanischen Frucht-Compagnie* und der von Ferdinand Laeisz gegründeten Reederei *F. Laeisz*, angepflanzt und importiert wurden. Später traten andere Ursprungsländer an die Stelle der französisch-britischen Kolonie. In der Bundesrepublik wurden »Onkel Tuca«-Bananen zu einem bekannten Produkt der stets anpassungsfähigen *Compagnie*, die bis heute mit dem Markennamen um Kunden wirbt.[2]

Wie unzählige kleine und große Unternehmen unserer Zeit nehmen auch die Erfinder von »Onkel Tuca« für sich in Anspruch, »die Themen Nachhaltigkeit, Klima und partnerschaftliches Engagement« ernsthaft anzugehen. Das mag im Einzelfall stimmen oder nicht; die gerne benutzten Schlagworte zeigen allerdings noch etwas anderes. Sie lassen erkennen, dass es die im Kolonialismus angelegte Globalisierung war und ist, die schwere Nord-Süd-Verwerfungen geschaffen oder zementiert hat: »Partnerschaftlich« werden kann nur, was bisher nicht so war. Seit Jahrhunderten sind ungerechte Arbeits- und Lebensverhältnisse ein ganz entscheidender Faktor des Unternehmens Welthandel, daran hat das Ende der formalen Kolonialherrschaft oft nur wenig geändert.

Einer der umsatzstärksten Rohstoffe des globalen Wirtschaftsgeschehens ist der Kaffee. Es handelt sich um die Ware, die vor Jahrzehnten eine Pionierrolle bei der Etablierung von Fairtrade-Kriterien gespielt hatte. Dennoch werden nur rund zehn Prozent der Kaffeebohnen unter fairen Bedingungen geerntet und verkauft. Die Arbeiterinnen und Arbeiter in den Plantagen schaffen heute wie vor hundert oder zweihundert Jahren die Grundlage für sämtliche Profite, die andere auf den vielen Stationen bis zum aufgebrühten Getränk erzielen. Dennoch können die Produzenten von einem Leben wie in der Kaffeewerbung nur träumen. Beim Abbau von Metallen und Mineralien für die Industrie oder der Herstellung von Textilien sieht es eher noch schlechter aus.

Das Menschheitsproblem des Klimawandels hängt ebenfalls mit dem globalen Zugriff der Industriestaaten zusammen. Die Förderung europäischer Kohle und nordamerikanischen Öls hätte allein nicht den Treibhauseffekt bewirken können, dessen dramatische Folgen längst zu spüren sind. Sieben der zehn Länder mit den größten Ölreserven standen früher direkt oder indirekt unter europäischer Herrschaft. Um das begriffliche Tableau vollständig zu machen: Auch der Kapitalismus hat seinen Anteil an der Klimakrise. Entstanden im britischen Empire (siehe Kapitel 1), verbreitete der Kapitalismus die Grundeinstellung des expansiven Europäers, zu nehmen, was man kriegen kann, über alle Erdteile. Wer die Mittel dazu besaß, beutete die Ressource Arbeitskraft genauso aus wie die Ressourcen der Natur. Mit der heraufziehenden Klimakatastrophe ist der Kipppunkt erreicht oder überschritten, an dem die Gegenwart über eine Zeit herrscht, die noch nicht begonnen hat.

Die wie von einem Fieber aufgeheizte Erdatmosphäre ist das Vermächtnis einer Ära, die gegen Ende des Mittelalters anfing. Hat die Kolonialzeit jemals aufgehört? Nach der Annexion ferner Länder sind wir nun in ein Stadium eingetreten, das die schwedische Soziologin und Friedensnobelpreisträgerin Alva Myrdal schon in den 1970er-Jahren ahnungsvoll benannte, als sie von der drohenden »Kolonisierung der Zukunft« sprach. Wer im globalen Norden könnte von sich behaupten, nicht darin verstrickt zu sein?

## Gesucht: das Positive

Manche werden an dieser Stelle vermutlich einwenden wollen, dass die Kolonialzeit doch auch echten Fortschritt gebracht habe, nicht nur in den Ländern der Herrscher, sondern auch für das Leben der Beherrschten. Auf einmal hatten sie Straßen und Eisenbahnen, Krankenhäuser, Schulen, Universitäten und eine zumindest rudimentär rechtsstaatliche Justiz. Zählt das nicht? Der US-amerikanische Politologe Bruce Gilley hat aus solchen Angaben, gewürzt mit Polemik, ein ganzes Buch gemacht, mit dem er allerdings als wissenschaftlicher Außenseiter dasteht.[3]

Unterstützung findet diese Sichtweise immerhin bei manchen Nachfahren der ehemals Kolonisierten. Ein erfahrener Afrikareisender wie Bartholomäus Grill wundert sich immer wieder »über die Wertschätzung, die Deutschland in Ländern genießt, die es unterdrückt und ausgebeutet hat«.[4] Auch aus den ehemaligen Kolonien anderer Länder werden ähnliche Äußerungen berichtet. Das gehört zu den Ambivalenzen, die nicht einfach verschwinden – auch wenn andere Stimmen eindringlicher und überzeugender erscheinen.

Da wäre etwa die Stimme von Aimé Césaire, Schriftsteller und Politiker, geboren 1913 auf der von Frankreich beherrschten Karibikinsel Martinique (heute ein Teil des französischen Staatsgebiets). Den Kolonialapologeten hat Césaire entgegengeschleudert: »Man redet mir von Fortschritten, von ›Errungenschaften‹, von geheilten Krankheiten, von gestiegenem Lebensstandard. Ich aber rede von um ihre Identität gebrachten Gesellschaften, von niedergetrampelten Kulturen, von ausgehöhlten Institutionen, von konfisziertem Land, von ausgelöschten Religionen, von vernichtetem künstlerischen Glanz, von vereitelten großen Möglichkeiten. Man wirft mir Fakten, Statistiken, Straßen-, Kanal- und Eisenbahnkilometer an den Kopf. Ich aber rede von Tausenden abgeschlachteter Menschen … Ich rede von Millionen Menschen, denen man ganz bewusst die Angst, den Minderwertigkeitskomplex, das Zittern, den Kniefall, die Verzweiflung, das Domestikentum eingebläut hat.«[5]

Das steht und bleibt. Dennoch sollte es zumindest tolerabel sein, wenn jemand weiter nach dem Positiven im Kolonialismus suchen will.

## Kolonialverbrechen und Holocaust

Befinden sich die Deutschen bei der Beschäftigung mit der Kolonialzeit wieder einmal auf einem jener Sonderwege, die sie angeblich gerne beschreiten? Diese Meinung ist häufiger zu hören, so von der Publizistin Alice Hasters. In ihrem auf eigenen Erfahrungen beruhenden Bestseller über Rassismus in Deutschland schreibt sie: »Es scheint, als ob durch die Bemühungen, den Holocaust ausführlich aufzuarbeiten, für alles andere kein Platz mehr sei.«[6] Wenigstens bis vor Kurzem habe die NS-Vergangenheit demnach wie eine Sichtblende vor den Abgründen der deutschen Herrschaft in Afrika, Ozeanien und China gestanden.

Das hört sich plausibel an, müsste jedoch genauer untersucht werden. Einwände gegen Hasters' Beobachtung sind nämlich schnell zur Hand: Auch andere ehemalige Imperien haben erst in den vergangenen Jahren zu postkolonialer Selbstkritik gefunden, etwa die Niederlande. Und der vor allem von Frankreich ausgehende Impuls, illegitim erworbene Museumsbestände an die Ursprungsländer zurückzugeben, ist ebenfalls noch nicht alt. Eine NS-Sichtblende gibt es in diesen Ländern nicht.

Aufschlussreich ist die Bemerkung von Alice Hasters aber auch dann, wenn sie nicht ganz zutreffend sein sollte. Denn sie skizziert eine Denkfigur, über die seit einiger Zeit leidenschaftlich gestritten wird: ein Entweder-oder beim Blick auf unsere Vergangenheit. Entweder ist der Holocaust das singuläre Verbrechen, von dem sich heute die staatspolitische Identität der Deutschen ableitet, oder er hat diese absolute Stellung nicht, sondern steht in einer Reihe mit anderen Gewaltexzessen, wie sie während der Kolonialzeit begangen wurden – nicht nur, aber auch von den Deutschen. Ereignisse, die immer wieder genannt werden, sind die millionenfache Versklavung sowie der Völkermord an den Herero und Nama in Deutsch-Südwestafrika (siehe Kapitel 9). Der Historiker Jürgen Zimmerer, eine tragende Stimme in der Auseinandersetzung, hat für eines seiner Bücher einen besonders plakativen Titel gefunden, mit dezentem Fragezeichen: *Von Windhuk nach Auschwitz?*[7]

Ohne ins Detail zu gehen, kann man sagen, dass die meisten Teilnehmer der Debatte sich der einen oder der anderen Position zuordnen lassen. Der Ton reicht von der nuancierten Freundlichkeit Natan Sznaiders bis zur polemischen Vehemenz eines A. Dirk Moses.[8]

Moses, Politikwissenschaftler mit Schwerpunkt Genozidforschung in New York, schreibt unter dem Titel *Der Katechismus der Deutschen:* Der Holocaust sei »für sie weit mehr als ein wichtiges historisches Ereignis: Er ist ein heiliges Trauma, das um keinen Preis durch andere Ereignisse – etwa durch nichtjüdische Opfer oder andere Völkermorde – kontaminiert werden darf, da dies seine sakrale Erlösungsfunktion beeinträchtigen würde«.

Sznaider, Professor für Soziologie in Tel Aviv und Exponent der Gegenseite, tastet sich behutsam, aber nicht weniger entschlossen als Moses voran. Er spricht von »Schlüsselfragen, die mitten ins Herz moderner Gesellschaften treffen«. Dabei gehe es »um Bilder und wie sie gelesen werden. Die Bilder von unschuldigen Juden, die als Vieh in Zügen durch Europa transportiert werden, um vernichtet zu werden, und die Bilder von unschuldigen Sklaven, die auf Schiffen über den Atlantik transportiert werden, um auf der anderen Seite wie Vieh verkauft zu werden«. Sznaiders Beschreibung, dass die Haltung dazu vom eigenen Lebensmittelpunkt abhänge, dürfte zutreffend sein: »Für viele europäische und westliche Denker ist der Holocaust das größte Verbrechen in der europäischen Erinnerung. Außerhalb Europas jedoch und gerade dort (wie zum Beispiel in der arabischen Welt und Afrika), wo die Folgen des Kolonialismus wirtschaftlich und politisch am heftigsten zu spüren sind, stehen die Erinnerungen an kolonialistische Verbrechen im Zentrum.«

Die Kontroverse trägt inzwischen die flotte Bezeichnung »Historikerstreit 2.0«, in Anlehnung an eine der prägenden Diskussionen der alten Bundesrepublik – das allein signalisiert, dass wirklich etwas auf dem Spiel steht. Aber was genau? Geschichte und Gegenwart, deutsche Identitätsfragen, das globale Nord-Süd-Gefälle, Israel und die Palästinenser – in der Debatte ist so vieles miteinander verwoben, dass sie sich nur mit einiger Mühe nachvollziehen lässt. Sicher ist: Im wissenschaftlich-publizistischen Rahmen werden hochpolitische Fragen verhandelt.

Den letzten Beweis dafür hat Naftali Bennett bei einer Rede in Yad Vashem erbracht. Zum Holocaust-Gedenktag im April 2022 warnte der damalige israelische Premierminister: »Der Holocaust ist ein präzedenzloses Ereignis in der Geschichte der Menschheit. ... Kein historisches Ereignis, so grausam es gewesen sein mag, lässt sich mit der Vernichtung der europäischen Juden durch die Nazis und ihre Kollaborateure vergleichen.« Kaum vorstellbar, dass Bennett dies nicht auf die Debatte gemünzt hat, in der die möglichen Bezüge zwischen der Shoah und kolonialen Genoziden hin- und hergewendet werden.

Indem er jeden Vergleich ablehnte, ging er eigentlich den einen Schritt zu weit, der sein Argument schwächt. Schließlich ließe sich ohne Vergleich niemals ein Unterschied feststellen, auch keine Besonderheit. Nur: Der sachliche Einwand ist politisch bedeutungslos. Mit seinem Vergleichsverbot stellte sich Bennett schützend vor das, was für ihn als Regierungschef zum Wertvollsten überhaupt gehören musste: die Identität des jüdischen Staatsvolks, wie sie in der israelischen Unabhängigkeitserklärung von 1948 definiert ist: »Die Katastrophe, die in unserer Zeit über das jüdische Volk hereinbrach und in Europa Millionen von Juden vernichtete, bewies unwiderleglich aufs Neue, dass das Problem der jüdischen Heimatlosigkeit durch die Wiederherstellung des jüdischen Staates im Lande Israel gelöst werden muss.«

Bekanntlich brachte die »Wiederherstellung« ein neues und ungelöstes Problem mit sich: die massenhafte Vertreibung arabischer Bewohner, die sich als *Nakba* (»Katastrophe«) tief ins palästinensische Gedächtnis eingegraben hat. Vor diesem geschichtlichen Hintergrund ist der Nahostkonflikt ein integraler Bestandteil des aktuellen Historikerstreits. Auf einmal geht es nicht mehr um die ältere Kolonialgeschichte, sondern um die israelische Siedlerpolitik von heute. Und der Staat, der als sicherer Fluchtpunkt für die Juden gegründet wurde, steht als Unrechtsregime am Pranger.

Sznaider beobachtet eine bemerkenswerte »Leichtigkeit, Israel als weiße, europäische Kolonialmacht zu begreifen«. Dass es ihn, den in Deutschland aufgewachsenen Sohn von Holocaust-Überlebenden, dabei schaudert, ist verständlich. Aber in Teilen des Westjordanlands oder Ostjerusalems beschreibt diese Einordnung die Realität.

Wie könnte es zu einer Annäherung der beiden Lager in der Kontroverse kommen? Der US-amerikanische Literaturwissenschaftler Michael Rothberg, der einen Lehrstuhl für Holocaust-Studien in Los Angeles hat, propagiert sein Konzept der »multidirektionalen Erinnerung« als mögliche Lösung.[9] Das Dilemma der vermeintlichen »Opferkonkurrenz« zwischen Juden und anderen Verfolgten lasse sich damit beenden: Aus einem erinnerungspolitischen Nullsummenspiel, bei dem eine Gruppe nur dann mehr Aufmerksamkeit erhalte, wenn eine andere Gruppe Aufmerksamkeit verliere, werde eine Win-win-Situation. Das klingt verheißungsvoll, wird von Rothberg selbst aber unter einem Wust literatur- und kunsthistorischer Hermeneutik begraben. Im laufenden Streit macht er sich für die palästinensische Seite stark, was seine Reichweite als Vermittler einschränkt.

Wegweisend sind vielleicht die Erfahrungen und Ideen von Tali Nates, die 2008 das Johannesburg Holocaust & Genocide Centre gegründet hat. Die Südafrikanerin wurde in Israel geboren und besitzt beide Staatsbürgerschaften. Ihr Vater hatte die Shoah überlebt, weil er auf der berühmten Liste von Oskar Schindler stand. Als Tali Nates 2022 in Weimar mit der Goethe-Medaille geehrt wurde, beschrieb sie ihr Zentrum als »Ort der Erinnerung und Bildung, des Dialogs und der Lehren für die Menschheit, wo wir die Geschichte des Völkermords im 20. Jahrhundert untersuchen«. Der Schwerpunkt liege auf dem Holocaust und dem Genozid in Ruanda, dem 1994 bis zu einer Million Menschen zum Opfer fielen.

»Auch das ist ein Schlüsselereignis, aus dem wir lernen müssen«, sagte Nates in einem Interview.[10] Dadurch, dass sie mit ihrer Gedenk- und Bildungsstätte im einstigen Apartheidstaat Südafrika verwurzelt ist und konkrete Projekte verfolgt, lässt sie sich keinem erinnerungspolitischen Lager zuordnen. Nates nimmt sich die Freiheit, räumliche und historische Verbindungen zwischen unterschiedlichen Großverbrechen herzustellen und bezieht auch den Völkermord an den Herero und Nama mit ein.

Den Holocaust hält sie für »beispiellos«, warnt jedoch davor, aus dieser Tatsache falsche Schlüsse zu ziehen. Werde die historische Einzigartigkeit bestimmter Ereignisse zu sehr betont, sei es unmöglich, sie mit heutigen Situationen in eine sinnvolle Beziehung zu bringen: »Wie können wir dann daraus lernen?«, fragt sie.

## Die Erinnerung teilen

Das Erbe der deutschen Vergangenheit ist durch die wiederentdeckte Kolonialzeit größer geworden. Für die nationale Erinnerungsarbeit, die weitgehend abgeschlossen schien, hat damit eine neue Phase der Unübersichtlichkeit begonnen. Ob die Deutschen nun Orientierung bei Tali Nates und ihrem Johannesburg Holocaust & Genocide Centre suchen und von welchen anderen Ideen sie sich inspirieren lassen, wird sich noch herausstellen.

Neben vielem, das ungewiss bleibt, dürfte eines bereits klar sein: Das deutsche Geschichtsverständnis verändert sich, es wird internationaler und bezieht in das Selbstbild unseres Landes den außereuropäischen Blick stärker ein. Das gefällt nicht jedem, schon gar nicht denen, die schon länger in die entgegengesetzte Richtung wollen – zurück zum Deutschtum einer imaginierten guten alten Zeit. Ein erstes und unfreiwilliges Symbol dieses Spannungsbogens steht in Berlin und ist so ausladend wie drei Fußballfelder: das wieder aufgebaute Stadtschloss der preußischen Könige, Sitz des Humboldt Forums.

Als hätte eine humorbegabte höhere Macht die Hand im Spiel gehabt, wurde das protzigste Monument deutscher Nostalgie zu einem Austragungsort der neuen skrupulösen Selbstbefragung. In der Sammlung des Ethnologischen Museums werden die kolonialen Ursprünge der Ausstellungsstücke auf eine Weise offengelegt, die vor Kurzem noch kaum vorstellbar schien. Provenienzen lassen sich vielfach nachverfolgen, ein Hauch von altem Unrecht liegt über allem, ohne dass die Objekte ihre Magie verlören. Abgeschlossen ist dieser Prozess noch nicht.

Unter dem Druck fachkundiger und emotionaler Kritik haben die Verantwortlichen des Humboldt Forums dazugelernt, dazulernen müssen. Damit haben sie eine Erfahrung gemacht, die vielen Deutschen noch bevorsteht: wie es ist, Definitionsmacht zu teilen. Wenn wir wissen wollen, wer wir waren und sind, müssen wir Stimmen mitreden lassen, die uns bisher nicht so wichtig waren.

# DANK

Der größte Dank gilt meiner Frau und meiner Familie, die mich in jeder Hinsicht unterstützt haben. Für Kritik, Hinweise und kluge Fragen möchte ich mich besonders bedanken bei Gerhard Ammelburger, Christine von Brühl, Rüdiger Hartung, Susanne Koelbl und Klaus Wiegrefe.

Die Gespräche mit Martin Janik, Anne Stadler und den Mitarbeiterinnen und Mitarbeitern des Piper Verlags waren immer eine Freude, wie auch die Betreuung durch meine Literaturagentin Rebekka Göpfert.

Sehr empfehlenswert sind die Stadtführungen des Arbeitskreises Hamburg Postkolonial, auf denen ich einiges neu zu sehen gelernt habe.

Mein Dank gilt außerdem den Institutionen, ohne die ich dieses Buch nicht hätte schreiben können: Staats- und Universitätsbibliothek Hamburg, Forschungsstelle für Zeitgeschichte in Hamburg, Staatsarchiv Hamburg, Archiv der Handelskammer Hamburg, Bücherhallen Hamburg, Geheimes Staatsarchiv Preußischer Kulturbesitz. Während der Recherche habe ich oft dankbar an all jene gedacht, die den Aktenbestand des Reichskolonialamts und die Reichstagsprotokolle digital zugänglich gemacht haben. Sie sind meine unbekannten Heldinnen und Helden.

# BILDNACHWEIS

[1], [2], [3], [7], [8], [9], [12], [14] Wikimedia Commons
[4] Knorr + Hirth/Süddeutsche Zeitung Photo
[5] Stiftung Historische Museen Hamburg
[6] Familienarchiv Rolf-Dieter Röger und Georg Röger/Platino
[10] AFP PHOTO/NATIONAL ARCHIVES OF NAMIBIA
[11] akg-images, Sammlung Peter Weiss
[13] Daniel Sumesgutner Fotodesign
[15] Afrikahaus Hamburg, Pott & Harms Immobilien GmbH

# ANMERKUNGEN

## Einleitung: Deutschland und der Kolonialismus

1 Jürgen Osterhammel, Jan C. Jansen: Kolonialismus. Geschichte, Formen, Folgen. München 2021, S. 9
2 Stand 8. Oktober 2022
3 Alexander Krug: »Der Hauptzweck ist die Tötung von Kanaken.« Die deutschen Strafexpeditionen in den Kolonien der Südsee 1872–1914. Tönning 2005, S. 1; tatsächlich lag die Ausdehnung des von Deutschland beherrschten Territoriums an vierter Stelle, nach den Kolonialreichen Großbritanniens, Frankreichs und Russlands (das die kolonisierten Länder im Kaukasus und in Sibirien allerdings seit Langem zu seinem Staatsgebiet zählt).
4 Andreas Eckert: Kolonialismus. Frankfurt/M. 2006, S. 4
5 Canberk Köktürk: Genozid, keine Kriege. In: *die tageszeitung* vom 5. Mai 2022

## 1 Der bittere Zucker des Herrn Schimmelmann

1 Melanie Boieck: »Heia Safari« in der Hafen-City. (Post-)Koloniales Erinnerungsbewusstsein in Hamburg. Diss., Hamburg 2018, S. 175 f.
2 Carl Eduard Vehse: Geschichte der deutschen Höfe seit der Reformation. Band 32, fünfter Teil. Hamburg 1854. S. 329
3 Wo nicht anders angegeben, stützen sich die Angaben zu Schimmelmann auf Christian Degn: Die Schimmelmanns im atlantischen Dreieckshandel. Gewinn und Gewissen. Neumünster 1974.
4 Auch der 1729 im Sauerland geborene Kaufmann und Sklavenhändler Friedrich Romberg, der sein Unternehmen von Bordeaux aus betrieb, wird zu den reichsten Menschen seiner Zeit gezählt. Katja Iken: »Beträchtlicher Gewinn«. In: *Spiegel Geschichte* 5/2022, S. 16
5 Michael Zeuske, Jörg Ludwig: Amerikanische Kolonialwaren und Wirtschaftspolitik in Preußen und Sachsen: Prolegomena (17./18. und

frühes 19. Jahrhundert), in: Jahrbuch für Geschichte von Staat, Wirtschaft und Gesellschaft Lateinamerikas (32), 1995; S. 275

6 Otto Eduard Schmidt: Minister Graf Brühl und Karl Heinrich von Heinecken. Briefe und Akten, Charakteristiken und Darstellungen zur sächsischen Geschichte (1733–1763). Wiesbaden 1921. S. 276

7 Zeuske, Ludwig, S. 294 f.

8 Eckert, S. 25; Sven Beckert: Empire of Cotton. A New History of Global Capitalism. New York/London 2014, S. XIII

9 Sidney W. Mintz: Die süße Macht. Kulturgeschichte des Zuckers. Frankfurt/New York 2007, S. 60 ff.

10 James Walvin: Sugar. The World Corrupted, From Slavery To Obesity. London 2017, S. 12 f.

11 Edmund O. von Lippmann: Geschichte des Zuckers. Ein Beitrag zur Kulturgeschichte. Leipzig 1890, S. 338

12 Mintz, S. 49

13 Eckart Kleßmann: Geschichte der Stadt Hamburg. Hamburg 2002, S. 182

14 Steven C. Topik, Allen Wells: Warenketten in einer globalen Wirtschaft. In: Akira Iriye, Jürgen Osterhammel (Hg.): Geschichte der Welt. 1870–1945. Weltmärkte und Weltkriege. München 2012, S. 754

15 Wolfgang Michalski: Hamburg. Erfolge und Erfahrungen in der globalisierten Welt. Hamburg 2010, S. 141

16 Kleßmann, S. 222 f.

17 Wilhelm Treue: Preußens Wirtschaft vom Dreißigjährigen Krieg bis zum Nationalsozialismus. In: Otto Büsch (Hg.): Handbuch der preußischen Geschichte, Band 2. Berlin/New York 1992, S. 484

18 Kathleen M. Kendrick: Official Guide to the Smithsonian National Museum of African American History and Culture. Washington, D. C. 2017, S. 38 f.

19 José Luis Cortés López: Carlos I y el comercio de esclavos. https://www.cervantesvirtual.com/bib/historia/CarlosV/6_3_cortes.shtml

20 Michalski, S. 102 f.

21 Horst Gründer (Hg.): »... da und dort ein junges Deutschland gründen«. Rassismus, Kolonien und kolonialer Gedanke vom 16. bis zum 20. Jahrhundert. München 1999, S. 27

22 Klaus Weber: Germany and the Early Modern Atlantic World. In: Beyond Exceptionalism. Traces of Slavery and the Slave Trade in Early Modern Germany, 1650–1850. Hg. von Rebekka von Mallinckrodt, Josef Köstlbauer und Sarah Lentz. Berlin/Boston 2021, S. 27 ff.

23 Klaus Weber: Mitteleuropa und der transatlantische Sklavenhandel: eine lange Geschichte. In: Werkstatt Geschichte, Heft 66–67 (2014), S. 14

24 Weber 2014, S. 8
25 Heinrich Sieveking: Das Handelshaus Voght und Sieveking. In: Zeitschrift des Vereins für Hamburgische Geschichte. Band 17 (1912), S. 76
26 Magnus Ressel: Hamburg und die Niederelbe im atlantischen Sklavenhandel der Frühen Neuzeit. In: Werkstatt Geschichte, Heft 66–67 (2014), S. 86
27 Degn, S. 87; Weber 2014, S. 24; Anka Steffen, Klaus Weber: Spinning and Weaving for the Slave Trade: Proto-Industry in Eighteenth-Century Silesa. In: Slavery Hinterland. Transatlantic Slavery and Continental Europe, 1680–1850. Hg. Felix Brahm, Eve Rosenhaft, Suffolk/ Rochester 2016, S. 91
28 Weber 2014, S. 25
29 Weber 2014, S. 17 f.
30 Steffen, Weber S. 100
31 Zeuske, Ludwig, S. 274
32 Dieter Lohmeier: Sklaven – Zucker – Rum. Dänemark und Schleswig-Holstein im Atlantischen Dreieckshandel. Heide 1994, S. 14, 58
33 Lohmeier, S. 13 f.
34 Texttafel im National Museum of African American History and Culture, Washington, D. C., Besuch am 1. September 2021
35 Lohmeier, S. 10
36 http://www.slaveryandremembrance.org/people/
37 Auszüge in: Lohmeier, S. 41–44
38 Auszüge in: Lohmeier, S. 29–37
39 Lippmann, S. 309
40 Michael Zeuske in: *Spiegel Geschichte* 1/2019, S. 91
41 Hannimari Jokinen: Schimmelmannstraße. https://www.hamburg.de/contentblob/7113236/df761375b6255466316260173f3ecocd/data/schimmelmannstrasse.pdf
42 Astrid Petersson: Zuckersiedergewerbe und Zuckerhandel in Hamburg im Zeitraum von 1814 bis 1834. Stuttgart 1998, S. 98 (Fußnote)
43 Ernst Baasch: Beiträge zur Geschichte der Handelsbeziehungen zwischen Hamburg und Amerika. In: Hamburgische Festschrift zur Erinnerung an die Entdeckung Amerikas. Band 1. Hamburg 1892, S. 52; Petersson, S. 36
44 Heiko Möhle: Die Sklavenhändler. Hamburgs Weg nach Übersee. In: Heiko Möhle (Hg.): Branntwein, Bibeln und Bananen. Der deutsche Kolonialismus in Afrika. Eine Spurensuche. Hamburg 2011, S. 12
45 Kleßmann, S. 185
46 Petersson, S. 11
47 Petersson, S. 36 ff.
48 Baasch, S. 71, 74

49 Petersson, S. 47 ff.
50 Lippmann, S. 330
51 Petersson, S. 293
52 Petersson, S. 33 f.
53 Reinhard Wendt: Die Verzuckerung der Welt. In: Zeitschrift für Ideengeschichte. Heft XV/1, 2021, S. 28
54 Petersson, S. 243
55 David Baronov: The Abolition of Slavery in Brazil. The »Liberation« of Africans Through the Emancipation of Capital. Westport, London 2000, S. 176
56 William Hague: William Wilberforce. The Life of the Great Anti-Slave Trade Campaigner. London 2007, S. 116 ff.
57 Lohmeier, S. 18 f.

## 2 »Hamburg hat Kolonien erhalten«

1 Gottfried Klein: Dokumente zur Geschichte der Handelskammer Hamburg. Hamburg 1965, S. 81 ff.
2 Baasch, S. 8
3 Baasch, S. 138 ff.
4 Protokoll der Sitzung vom 31. Januar 1899
5 Matthias Wegner: Hanseaten. Von stolzen Bürgern und schönen Legenden. München 2008, S. 122 f.
6 Gustav Poel: Bilder aus vergangener Zeit nach Mitteilungen aus großenteils ungedruckten Familienpapieren. Zweiter Teil: Bilder aus Karl Sievekings Leben. Zweite Abteilung. Zeiten der Ernte 1816–1847. Hamburg, 1887, S. 27 ff.
7 Etwa im ersten Band der Reihe »Hamburgische Biografie« oder auf der Webseite der Stiftung Historische Museen Hamburg: https://shmh.de/de/hamburgwissen/dossiers/die-grossen-clans-die-sievekings
8 Sieveking, S. 56 ff.
9 Franklin Kopitzsch: Ein Lied für arme Teufel. Georg Heinrich Sieveking, Johann Wolfgang Goethe und die Französische Revolution. In: Jörgen Bracker (Hg.): Frieden für das Welttheater. Hamburg 1982, S. 88 ff.
10 Kopitzsch, S. 96
11 Karl Wilhelm Böttiger (Hg.): Zustände und Zeitgenossen in Schilderungen aus Karl August Böttigers handschriftlichem Nachlasse. Zweiter Band. Leipzig, 1838, S. 25 ff.
12 Gisela Jaacks: Landhausleben. In: Museum für Hamburgische Geschichte (Hg.): Gärten, Landhäuser und Villen des hamburgischen Bürgertums. Hamburg 1975, S. 48

13 Gustav Poel: Bilder aus vergangener Zeit nach Mitteilungen aus großenteils ungedruckten Familienpapieren. Zweiter Teil: Bilder aus Karl Sievekings Leben. Erste Abteilung. Zeiten der Saat 1787–1816. Hamburg, 1887, S. 7 ff.

14 Eintrag »Sieveking, Georg Heinrich« in: Allgemeine Deutsche Biographie 34 (1892)

15 Kurt Detlev Möller: Caspar v. Voght, Bürger und Edelmann, 1752–1839. In: Zeitschrift des Vereins für Hamburgische Geschichte. Band 43 (1956), S. 171

16 Caspar Voght: Lebensgeschichte. Hg. v. Charlotte Schoell-Glass. Hamburg, 2001, S. 21 ff.

17 Anneliese Teske (Hg.): Caspar Voght und sein Hamburger Freundeskreis. Briefe aus einem tätigen Leben. Teil II. Briefe aus den Jahren 1785 bis 1812 an Johanna Margaretha Sieveking, geb. Reimarus. Hamburg 1964, S. 19

18 Kleßmann, S. 338–345

19 Paul Th. Hoffmann: Die Elbchaussee. Ihre Landsitze, Menschen und Schicksale. Hamburg 1977 (8. Auflage), S. 148

20 Möller, S. 170

21 Arne Cornelius Wasmuth: Hanseatische Dynastien. Alte Hamburger Familien öffnen ihre Alben. Hamburg 2001, S. 162

22 *Süddeutsche Zeitung* vom 11. Dezember 2021

23 Sieveking, S. 65

24 Voght, S. 60 f.

25 Texttafel im National Museum of African American History and Culture, Washington, D. C.

26 Charles T. Davis und Henry Louis Gates Jr. (Hg): The Slave's Narrative. Oxford, New York 1985, S. XXVII

27 Sarah Reimann: Die Entstehung des wissenschaftlichen Rassismus im 18. Jahrhundert. Stuttgart 2017, S. 175 ff.

28 Daniel James, Franz Knappik: Eine Last der Vernunft. In: *Frankfurter Allgemeine Zeitung* vom 6. Oktober 2021

29 Poel, Bilder/Zweite Abteilung, S. 32 ff.

30 Percy Ernst Schramm: Kaufleute zu Haus und über See. Hamburgische Zeugnisse des 17., 18. und 19. Jahrhunderts. Hamburg 1949, S. 301 ff.

31 Malina Emmerink: Hamburger Kolonisationspläne 1840–1842. Karl Sievekings Traum einer »Deutschen Antipodenkolonie« im Südpazifik. München 2014, S. 53

32 Antony Wild: Coffee. A Dark History. London 2005, S. 171

33 Poel, Bilder/Zweite Abteilung, S. 85; Emmerink, S. 53

34 Carl Friedrich Glasenapp: Das Leben Richard Wagners (zweiter Band, erste Abteilung). Leipzig 1896, S. 234 f. Glasenapp merkt an: »Dass

Wagner vor fast fünfzig Jahren die Bedeutung der Kolonien für das deutsche Reich so bestimmt und klar ausgesprochen hat, verdient als Beweis seines politischen Scharfsinnes besonders hervorgehoben zu werden.«

35 Emmerink, S. 55 ff.

36 Heinrich Sieveking: Hamburger Kolonisationspläne 1840–1842. In: Preußische Jahrbücher 86 (1896), S. 149–170

37 Kurt Schmack: J. C. Godeffroy & Sohn, Kaufleute zu Hamburg. Leistung und Schicksal eines Welthandelshauses. Hamburg 1938, S. 48 ff.

38 Klaus Richter: Zwei Hamburger Kolonisationsvereine und ihre Bedeutung für die deutsche Kolonisation in Südbrasilien 1846–1851. In: Zeitschrift des Vereins für Hamburgische Geschichte (Band 94), 2008, S. 21–56

## 3 Ein Südseekönig, der niemals in der Südsee ist

1 Theodor Bohner: Der deutsche Kaufmann über See. Hundert Jahre deutscher Handel in der Welt. Berlin 1939, S. 128 f.; Gabriele Hoffmann: Das Haus an der Elbchaussee. Die Geschichte einer Reederfamilie. München 2004, S. 165

2 Grundlage der Familiengeschichte in diesem Kapitel sind die oben angegebenen Darstellungen von Hoffmann und Schmack sowie: Richard Hertz: Das Hamburger Seehandelshaus J. C. Godeffroy und Sohn 1766–1879. Hamburg 1922

3 Petersson, S. 265

4 Jakob Anderhandt: Eduard Hernsheim, die Südsee und viel Geld. Biografie, Band 1. Münster 2012, S. 62 f.

5 Adolf Coppius: Hamburgs Bedeutung auf dem Gebiete der deutschen Kolonialpolitik. Berlin 1905, S. 66 (Fußnote)

6 Fritz Stern: Gold und Eisen. Bismarck und sein Bankier Bleichröder. München 2008, S. 551

7 Anderhandt, S. 65 f.

8 Hermann Joseph Hiery: Die Deutschen und die Südsee. In: Hiery (Hg.): Die deutsche Südsee 1884–1914. Ein Handbuch. Paderborn 2001, S. 7

9 Matthias Glaubrecht: Der Schatz des Herrn Godeffroy. In: *Die Zeit* 34/2013

10 Krug, S. 33

11 Helmut Washausen: Hamburg und die Kolonialpolitik des Deutschen Reiches 1880 bis 1890. Hamburg 1968, S. 61

12 Alfred Zimmermann: Geschichte der deutschen Kolonialpolitik. Berlin 1914, S. 19 (Fußnote)

13 Hiery, S. 2
14 Stern, S. 553 ff.

## 4 »Eine fröhliche Conquista«

1 *Spiegel Geschichte* 2/2021, S. 28
2 Die Darstellung stützt sich hauptsächlich auf: Shirley G. Ardener: Eye-Witnesses to the Annexation of Cameroon 1883–1887. Buea 1968; Max Buchner: Kamerun. Skizzen und Betrachtungen. Leipzig 1888; Ders.: Aurora Colonialis. Bruchstücke eines Tagebuches aus dem ersten Beginn unserer Kolonialpolitik, 1884–1885. München 1914; Hans-Ulrich Wehler: Bismarck und der Imperialismus. München 1974 (Erstveröffentlichung Köln 1969)
3 Jürgen Petschull: Der Wahn vom Weltreich. Die Geschichte der deutschen Kolonien. Hamburg 1984, S. 54
4 Theodor Bohner: Die Woermann's. Vom Werden deutscher Größe. Berlin 1935, S. 148
5 Bohner 1935, S. 11 ff.
6 Heiko Möhle: Aus Freihändlern werden Kolonialherren. Hamburgs Handelskammer und Fürst Bismarcks Afrikapolitik. In: Möhle (Hg.), S. 26 f.
7 Bohner 1935, S. 119
8 Fritz Ferdinand Müller: Deutschland – Zanzibar – Ostafrika. Geschichte einer deutschen Kolonialeroberung 1884–1890. Berlin 1959, S. 36 (Fußnote)
9 Petschull, S. 51 ff.
10 Otto Pflanze: Bismarck. Der Reichskanzler (Band 2 der Biografie). München 1998, S. 379
11 Bohner 1935, S. 133
12 Horst Gründer: Geschichte der deutschen Kolonien. 7. Auflage. Paderborn 2018, S. 139 f.
13 Peter Sebald: Die deutsche Kolonie Togo 1884–1914. Auswirkungen einer Fremdherrschaft. Berlin 2013, S. 25 f.
14 Pflanze, S. 358 ff.
15 Pflanze, S. 380
16 Deutsches Kolonial-Lexikon, Band I. Leipzig 1920, S. 578
17 Norbert Schröder: Hamburgs Schnapsfabrikanten und der deutsche Kolonialismus in Westafrika. Zeitschrift des Vereins für Hamburgische Geschichte 76 (1990), S. 91
18 Schröder, S. 86
19 Bohner 1935, S. 106

20 F. W. Schulze: Die Warenkunde des Kolonialwaren-Einzelhandels. Aus der Praxis für die Praxis. Berlin 1940, S. 162
21 Paul Hoffmann: Gibraltar – Kamerun 1884. In: *Vossische Zeitung* vom 29. Mai 1909, Morgenausgabe
22 Stern, S. 2
23 Stern, S. 561 ff.
24 Hoffmann in *Vossische Zeitung*
25 Heinrich August Winkler: Werte und Mächte. Eine Geschichte der westlichen Welt. München 2019, S. 162
26 Norbert F. Pötzl: Bismarck. Der Wille zur Macht. Berlin 2015, S. 177 f.
27 Sebald, S. 31
28 Gründer (Hg.), S. 113 f.
29 Ralph A. Austen, Jonathan Derrick: Middlemen of the Cameroons Rivers. Cambridge 1999, S. 23; Hans-Peter Jaeck: Die deutsche Annexion. In: Helmuth Stoecker (Hg.): Kamerun unter deutscher Kolonialherrschaft (Band 1). Berlin 1960, S. 36 f.
30 (Alexandre) Kum'a Ndumbe III.: Das Deutsche Kaiserreich in Kamerun. Wie Deutschland in Kamerun seine Kolonialmacht aufbauen konnte 1840–1910. Berlin/Douala 2008, S. 21
31 Renate Hücking, Ekkehard Launer: Aus Menschen Neger machen. Wie sich das Handelshaus Woermann an Afrika entwickelt hat. Hamburg 1986, S. 54
32 Bohner 1935, S. 147
33 Harry Koenig: Über See! S. M. S. »Elisabeth« Weltreise – Zanzibar – Tsingtau. Berlin 1926, S. 36
34 https://www.africavenir.org/de/newsdetails/article/declaration-solennelle-sur-le-tangue-de-kuma-mbape-bell-lock-priso.html
35 Erwin Wiskemann: Hamburg und die Welthandelspolitik von den Anfängen bis zur Gegenwart. Hamburg 1929, S. 228
36 Bohner 1935, S. 148
37 Hücking, Launer, S. 91
38 Jaeck, S. 72
39 Hans Hielscher: Gierig nach Beute. In: *Spiegel Edition Geschichte* 1/2019, S. 99 f.
40 Heinrich von Poschinger: Fürst Bismarck und seine Hamburger Freunde. Hamburg 1903, S. 105
41 Pötzl, S. 177
42 Heiko Herold: Reichsgewalt bedeutet Seegewalt. Die Kreuzergeschwader der Kaiserlichen Marine als Instrument der deutschen Kolonial- und Weltpolitik 1885 bis 1901. München 2013, S. 33 ff.

43 https://www.africavenir.org/de/newsdetails/article/declaration-solennelle-sur-le-tangue-de-kuma-mbape-bell-lock-priso.html
44 Stand 8. Oktober 2022
45 Hücking, Launer, S. 66
46 Bohner 1935, S. 167
47 Gisela Graichen, Horst Gründer: Deutsche Kolonien. Traum und Trauma. Berlin 2005, S. 50
48 Sebald, S. 40

## 5 Regime der Gnadenlosen

1 *Hey, Hamburg, kennst Du Duala Manga Bell?* Sonderausstellung im MARKK, 14. April 2021 bis 2. Juli 2023
2 Rudolf und Duala sind die Vornamen, Manga ist der traditionelle Vatersname, Bell der nach europäischer Art gebildete Familienname. Duala ist die deutsche und englische, Douala die französische Schreibweise.
3 Übersetzt in: Peter Heller und Sylvie Banuls: Manga Bell. Verdammte Deutsche? Dokumentarfilm, Deutschland 1997
4 https://www.auswaertiges-amt.de/de/newsroom/-/2561120
5 Djoko Jean Pierre Dubois: Ausübung von Macht im Kolonialstaat. Der Fall Kameruns während der deutschen Kolonialherrschaft unter dem Gouverneur von Soden 1885–1890. Yaoundé 2018 (unpaginiert). https://www.goethe.de/resources/files/pdf171/djoko_artikel_master-class_de1.pdf
6 Dubois 2018
7 Geheimes Staatsarchiv Preußischer Kulturbesitz, I. HA Rep. 81 Hamburg nach 1807, Nr. 956 (Unterrichtswesen in Kamerun)
8 Christian Bommarius: Der gute Deutsche. Die Ermordung Manga Bells in Kamerun 1914. Berlin 2020, S. 26 ff.
9 Heller, Banuls 1997
10 Karin Hausen: Deutsche Kolonialherrschaft in Afrika. Wirtschaftsinteressen und Kolonialverwaltung in Kamerun vor 1914. Zürich und Freiburg i. Br. 1970, S. 98 f.
11 Adolf Rüger: Die Duala und die Kolonialmacht 1884–1914. Eine Studie über die historischen Ursprünge des afrikanischen Antikolonialismus. In: Helmuth Stoecker (Hg.): Kamerun unter deutscher Kolonialherrschaft (Band 2). Berlin 1968, S. 186 ff.
12 Jean-Pierre Félix Eyoum, Stefanie Michels, Joachim Zeller: Bonamanga. Eine kosmopolitische Familiengeschichte. (unpaginiert, zuerst erschienen 2005). www.peuplesawa.com/downloads/102.pdf
13 Suy Lan Hopmann, Fiona Siegenthaler (Hg.): Katalog zur Ausstellung *Hey, Hamburg, kennst Du Duala Manga Bell?* Hamburg 2021, S. 111

14 Im Herbst 2022 haben Aalen und Ulm Plätze nach Manga Bell benannt. Aus dem Berliner Nachtigalplatz wurde gleichzeitig der Manga-Bell-Platz.
15 Bommarius, S. 31
16 Bartholomäus Grill: Wir Herrenmenschen. Unser rassistisches Erbe: Eine Reise in die deutsche Kolonialgeschichte. München, Bonn 2019, S. 132
17 Nzodo Awono: Hans Dominik – Kolonialheld oder Verbrecher? In: Jürgen Zimmerer und Kim Sebastian Todzi (Hg.): Hamburg: Tor zur kolonialen Welt. Erinnerungsorte der (post-)kolonialen Globalisierung. Göttingen 2021, S. 469
18 Hausen, S. 168 (Fußnote)
19 Gründer (Hg.), S. 274
20 August Seidel: Die Aussichten des Plantagenbaus in den deutschen Schutzgebieten. Wismar 1905, S. 67
21 Adolf Rüger: Der Aufstand der Polizeisoldaten. In: Stoecker (Band 1), S. 103 ff
22 Gründer (Hg.), S. 260 f.
23 Hausen, S. 173
24 Gründer (Hg.), S. 276 ff.
25 Jan Antosch: Die deutsche Kolonie Kamerun. Deutsches Historisches Museum 2004. https://www.dhm.de/lemo/kapitel/kaiserreich/aussenpolitik/die-deutsche-kolonie-kamerun.html
26 Andreas Eckert: Die Duala und die Kolonialmächte. Eine Untersuchung zu Widerstand, Protest und Protonationalismus in Kamerun vor dem Zweiten Weltkrieg. Münster 1991, S. 124 ff.
27 Austen, Derrick, S. 124
28 Rudi Kaeselitz: Kolonialeroberung und Widerstandskampf in Südkamerun (1884–1907). In: Stoecker (Band 2), S. 17 f.
29 Ulrike Schaper: Chieftaincy as a Political Resource in the German Colony of Cameroon, 1884–1916. In: Cooperation and Empire. Local Realities of Global Processes, hg. von Tanja Bührer et al. New York 2013, S. 6 ff.
30 Eyoum et al.
31 Bommarius, S. 70 ff.; Rüger, Die Duala, S. 196 ff.
32 Petschull, S. 151 f.
33 Gründer, S. 160 ff.
34 Jesko von Puttkamer: Gouverneursjahre in Kamerun. Berlin 1912, S. 109 ff.
35 Grill, S. 135
36 Puttkamer, S. 267
37 Protokoll der Sitzung vom 29. April 1912

38 Puttkamer, S. 243 ff.
39 Hücking, Launer, S. 14
40 Gründer, S. 170
41 Gründer (Hg.), S. 271
42 Gründer (Hg.), S. 99
43 Johanda Ballhaus: Die Landkonzessionsgesellschaften. In: Stoecker (Band 2), S. 102 ff.
44 Hücking, Launer, S. 138
45 Ausgabe vom 25. August 1899
46 Andreas Eckert: Slavery in Colonial Cameroon, 1880s to 1930s. In: Slavery & Abolition (Band 19, 1998), S. 137 ff.
47 Rüger, Die Duala, S. 199 ff.
48 Eyoum et al.
49 Bundesarchiv, Akten des Reichskolonialamts, R 1001/3823, Blatt 114 ff.
50 Hausen, S. 306
51 Eyoum et al.
52 Bommarius, S. 118 ff.; Eckert, Die Duala, S. 115 ff.; Rüger, Die Duala, S. 220 ff.
53 Bohner 1935, S. 233
54 Heller, Banuls 1997
55 Dirk Bavendamm et al.: Wagnis Westafrika. Die Geschichte eines Hamburger Handelshauses 1837–1987. Hamburg 1987, S. 127
56 Anne Françoise Weber: Ein Opfer der Willkür deutscher Kolonialherren. *Deutschlandfunkkultur* 7. August 2019

### 6 Im deutschen Inselreich

1 Jakob Anderhandt: Eduard Hernsheim, die Südsee und viel Geld. Biografie, Band 2. Münster 2012, S. 218 ff.
2 Otto Finsch: Samoafahrten. Reisen in Kaiser-Wilhelms-Land und Englisch-Neu-Guinea in den Jahren 1884 u. 1885 an Bord des deutschen Dampfers »Samoa«. Leipzig 1888, S. 140
3 Götz Aly: Das Prachtboot. Wie Deutsche die Kunstschätze der Südsee raubten. Frankfurt 2021, S. 29
4 Krug, S. 15
5 Zimmermann, S. 95 ff.
6 Wehler, S. 393 ff.
7 Krug, S. 17 ff.
8 Hiery, S. 24
9 Anderhandt (Band 2), S. 76
10 Anderhandt (Band 2), S. 100 f.

11 Eduard Hernsheim: Lebenserinnerungen. Familienarchiv Hernsheim, Staatsarchiv Hamburg 622–1/334, Nr. 1, S. 4 ff.
12 Anderhandt (Band 1), S. 56
13 Hernsheim, S. 38 f.
14 Anderhandt (Band 1), S. 107
15 Krug, S. 35
16 Anderhandt (Band 2), S. 22 ff.; Krug, S. 36 ff.
17 Aly, S. 61
18 Jakob Anderhandt: Rezension zu Götz Aly: Das Prachtboot. Zeitschrift des Vereins für Hamburgische Geschichte, Band 107 (2021), S. 264 f.
19 Krug, S. 40, 43, 381
20 Krug, S. 434 ff.
21 Krug, S. 46 f.; das in der deutschen Umgangssprache abwertende Wort Kanaken ist bis heute die Selbstbezeichnung der Indigenen auf der Inselgruppe Neukaledonien.
22 Anderhandt (Band 2), S. 426
23 Linden-Museum Stuttgart (Hg.): Provenienzforschung im Projekt »Schwieriges Erbe: Zum Umgang mit kolonialzeitlichen Objekten in ethnologischen Museen«, Abschlussbericht, bearbeitet von Gesa Grimme, Stuttgart 2018, S. 105
24 Aly, S. 95 f.
25 Aly, S. 82
26 Aly, S. 122 ff.
27 Aly, S. 39
28 https://www.smb.museum/museen-einrichtungen/ethnologisches-museum/sammeln-forschen/auslegerboot-von-der-insel-luf/
29 Anderhandt (Band 2), S. 240
30 Anderhandt (Band 2), S. 449 ff.
31 Toeolesulusulu Damon Salesa: Emma and Phebe – »Weavers of the Border«. In: Journal of the Polynesian Society, Band 123/2 (2014), S. 145 ff.
32 Golf Dornseif: Queen Emmas fabelhafter Party-Kolonialismus. E-paper, abgerufen am 7. September 2022. https://www.yumpu.com/de/document/view/21413948/queen-emmas-fabelhafter-party-kolonialismus-golf-dornseif
33 Anderhandt (Band 1), S. 413
34 Anderhandt (Band 1), S. 176
35 Salesa, S. 154
36 Anderhandt (Band 2), S. 54 ff.
37 Hernsheim, S. 150 ff.
38 Anderhandt (Band 2), S. 377
39 Dornseif, unpaginiert

40 Hermann Joseph Hiery: Die deutsche Verwaltung Neuguineas 1884–1914. In Hiery (Hg.), S. 282 ff.
41 Salesa, S. 159
42 Aly, S. 123
43 Washausen, S. 59 ff.
44 Krug, S. 348 ff.
45 Otto Riedel: Der Kampf um Deutsch-Samoa. Erinnerungen eines Hamburger Kaufmanns. Berlin 1938, S. 162 f.
46 Riedel, S. 144
47 Krug, S. 353
48 Gründer, S. 207
49 Eberhard von Vietsch: Wilhelm Solf. Botschafter zwischen den Zeiten. Tübingen 1961, S. 62
50 Gründer (Hg.), S. 135
51 Peter J. Hempenstall, Paula Tanaka Mochida: The Lost Man. Wilhelm Solf in German History. Wiesbaden 2005, S. 61
52 Gründer, S. 215
53 Hiery, Deutsche/Südsee, S. 18 f.
54 Hermann Joseph Hiery: Die deutsche Verwaltung Samoas 1900–1914. In: Hiery (Hg.), S. 656 ff.
55 Protokoll der Sitzung vom 2. Mai 1912
56 In der faktenreichen Gesamtdarstellung der deutschen Kolonialgeschichte von Gründer gibt es keinen Hinweis auf den Tatbeitrag Solfs. Die jüngste Solf-Biografie von Hempenstall, Mochida enthält auf S. 106 eine Andeutung. In der alten Biografie von Vietsch fehlt die Hinrichtung Manga Bells völlig. Hiery beschränkt sich in seinem Handbuch auf die Südsee. Der von Ralph Erbar verfasste Eintrag zu Solf in der »Neuen Deutschen Biographie« erwähnt Kamerun mit keinem Wort, zitiert aber Hiery mit der üblichen Einordnung, Solf gelte »unter allen deutschen Kolonialbeamten unumstritten als der beste und intimste Kenner einheimischer Kulturen«. Unumstritten? Das sollte sich ändern.

## 7 Das Heimweh einer arabischen Prinzessin

1 Die Lebensbeschreibung in diesem Kapitel stützt sich hauptsächlich auf: Emeri van Donzel (Hg.): Sayyida Salme/Emily Ruete: An Arabian Princess Between Two Worlds. Memoirs, Letters Home, Sequels to the Memoirs, Syrian Customs and Usages. Leiden/New York/Köln 1993; John Gray: Memoirs of an Arabian Princess. In: Tanganyika Notes and Records (37) 1954, S. 49–70; Annegret Nippa (Hg.) Emily Ruete geb. Prinzessin Salme von Oman und Sansibar: Leben im Sultanspalast.

Memoiren aus dem 19. Jahrhundert. Frankfurt 1989; Heinz Schneppen (Hg.): Emily Ruete geb. Prinzessin Salme von Oman und Sansibar: Briefe nach der Heimat. Berlin 1999

2 Müller, S. 93

3 Schramm, S. 486 f.

4 Müller, S. 91 f.

5 Justus Strandes: Erinnerungen an Ostafrika 1865–1889. Hg. v. Sven Tode, Hamburg 2004, S. 64

6 Reginald Coupland: The Exploitation of East Africa 1856–1890. The Slave Trade and the Scramble. London 1968, S. 45

7 Washausen, S. 85

8 Heiko Möhle: Raubbau an Mensch und Natur. Landkonzessionen für die Jagd nach Elfenbein und Kautschuk. In: Möhle (Hg.), S. 48

9 Claudius Torp: Klavierwelten. Aufstieg und Verwandlung einer europäischen Kultur, 1830–1940. Frankfurt 2022, S. 78

10 Ernst Hieke: Zur Geschichte des deutschen Handels mit Ostafrika. Das hamburgische Handelshaus Wm. O'Swald & Co. Teil 1, 1831–1870. Hamburg 1939, S. 68 f.

11 Tink Diaz: Die Prinzessin von Sansibar. TV-Dokumentation 2008

12 Bundesarchiv, Akten des Reichskolonialamts, R 1001/8903, Blatt 40 ff.

13 Bundesarchiv, Akten des Reichskolonialamts, R 1001/8895, Blatt 161 ff.

14 Washausen, S. 94 (Fußnote)

15 Coppius, S. 60

16 Zimmermann, S. 114 f.

17 Bundesarchiv, Akten des Reichskolonialamts, R 1001/8895, Blatt 169 ff.

18 Wehler, S. 335

19 Carl Peters: Wie Deutsch-Ostafrika entstand. Leipzig 1912, S. 7

20 Müller, S. 114 ff.

21 Strandes, S. 104

22 Leonhard Harding: Zur Bedeutung von Justus Strandes für den Beginn der deutschen Kolonialherrschaft in Ostafrika. In: Strandes, S. 221 f.

23 Müller, S. 118

24 Harding, S. 224 f.

25 Müller, S. 74 ff.

26 Müller, S. 120 ff.

27 Bundesarchiv, Akten des Reichskolonialamts, R 1001/730, Blatt 160. Arne Perras weist darauf hin, dass die Notiz auch von Bismarcks Sohn und Mitarbeiter Herbert stammen könnte, der eine fast identische Handschrift hatte: Arne Perras: Carl Peters and German Imperialism 1856–1918. A Political Biography. Oxford 2004, S. 63

28 Perras, S. 63 ff.

29 Wehler, S. 333

30 Zimmermann, S. 123 f.
31 Herold, S. 55 ff.
32 Bundesarchiv, Akten des Reichskolonialamts, R 1001/8895, Bl. 5 f.
33 Herold, S. 60 ff.
34 Koenig, S. 102
35 Koenig, S. 206
36 Stand: 7. Dezember 2022
37 Tania Mancheno: Ambivalente Identitäten – Salme/Ruete, koloniales und kolonialisiertes Subjekt zugleich. https://www.hamburg.de/bkm/strassennamen/16164668/gutachten-ruete/

### 8 »Solang Brasilien Kaffee hat«

1 Charles Darwin: The Voyage of the *Beagle*. Chapter XXI. Zitiert nach der 2. überarbeiteten Auflage von 1845. https://www.gutenberg.org/files/944/944-h/944-h.htm (unpaginierte Datei)
2 Die biografischen und geschäftlichen Angaben über Wille stützen sich hauptsächlich auf die zum 125. Gründungstag des Unternehmens verfasste Darstellung von Siegfried Zimmermann: Theodor Wille 1844–1969. Hamburg 1969
3 http://www.novomilenio.inf.br/santos/h0090d.htm
4 Martin Krieger: Kaffee. Geschichte eines Genussmittels. Köln/Weimar/Wien 2011, S. 49
5 Franziska Bollerey: Setting the Stage for Modernity: The Cosmos of the Coffee House. In: Christoph Grafe und Franziska Bollerey (Hg.): Cafés and Bars. The Architecture of Public Display. Milton Park/New York 2007, S. 60
6 Heinrich Eduard Jacob: Sage und Siegeszug des Kaffees. Die Biographie eines weltwirtschaftlichen Stoffes, München 2006 (Neuausgabe nach der 2. Auflage von 1952), S. 71
7 Zeuske, Ludwig, S. 281
8 Annerose Menninger: Genuss im kulturellen Wandel. Tabak, Kaffee, Tee und Schokolade in Europa (16.–19. Jahrhundert). Stuttgart 2004, S. 179
9 Mario Samper, Radin Fernando: Historical Statistics of Coffee Production and Trade from 1700 to 1960, in: William Gervase Clarence-Smith, Steven Topik (Hg.): The Global Coffee Economy in Africa, Asia and Latin America, 1500–1989. Cambridge 2003, S. 412; die Zahlen geben hier die Mengen in Fünfjahreszeiträumen an.
10 Samper, Fernando, S. 432 f.
11 Topik, Wells, S. 778 ff.

12 Ursula Becker: Kaffee-Konzentration. Zur Entwicklung und Organisation des hanseatischen Kaffeehandels. Stuttgart, 2002, S. 67
13 Becker, S. 42
14 Martin Krieger: Kaffee. Geschichte eines Genussmittels. Köln/Weimar/Wien 2011, S. 254 f.
15 Emmerink, S. 37; nach anderen Angaben hat Hamburg zu dieser Zeit bereits um die 200 000 Einwohner.
16 Detlef Krause: Die Commerz- und Disconto-Bank 1870–1920/23. Bankgeschichte als Systemgeschichte. Stuttgart 2004, S. 68
17 Becker, S. 94
18 Frank M. Hinz: Planung und Finanzierung der Speicherstadt in Hamburg. Gemischtwirtschaftliche Unternehmensgründungen im 19. Jahrhundert unter besonderer Berücksichtigung der Hamburger Freihafen-Lagerhaus-Gesellschaft. Hamburg 2000, S. 92 f.
19 Egbert Kossak: Speicherstadt und Hafencity. Hamburg 2004, S. 4
20 Alfred Lichtwark: Hamburg, Niedersachsen. Hamburg 2013 (Nachdruck der Ausgabe von 1897), S. 41 f.
21 Hinz, S. 39 ff.
22 Nikolai Antoniadis: Die Chronik der Consorten. Von der idealen Hafenstadt zur Idee des Weltkulturerbes. In: Thomas Hampel, Dirk Meyhöfer (Hg.): 125 Jahre Speicherstadt. Hamburgs faszinierendes Backsteindenkmal von der Kaiserzeit bis heute. Hamburg 2013, S. 27 f.
23 Hinz, S. 215
24 Hinz, S. 232 f.
25 Antoniadis, S. 28 f.
26 Kim Sebastian Todzi, Jürgen Zimmerer: Bismarck in Hamburg. Deutschlands höchstes Kolonialdenkmal. In: Zimmerer, Todzi (Hg.), S. 448
27 Dorothee Wierling: Mit Rohkaffee handeln. Hamburger Kaffeeimporteure im 20. Jahrhundert. Hamburg 2018, S. 38
28 Becker, S. 106, 136
29 Michael Batz: Speicherstadt Story. Geschichten von Menschen und Handel. Hamburg 2018, S. 288
30 Wierling, S. 28, 54
31 Batz, S. 67
32 Wierling, S. 61 ff.
33 Becker, S. 100 ff.
34 Krieger, S. 260
35 Julia Laura Rischbieter: Mikro-Ökonomie der Globalisierung. Kaffee, Kaufleute und Konsumenten im Kaiserreich 1870–1914. Köln/Weimar/Wien 2011, S. 80

36 Eckert, S. 31
37 Seymour Drescher: Brazilian Abolition in Comparative Perspective. In: Rebecca J. Scott et al. (Hg.): The Abolition of Slavery and the Aftermath of Emancipation in Brazil. Durham/London 1988, S. 25
38 Baronov, S. 147 f.
39 Drescher, S. 53
40 Becker, S. 150
41 Rischbieter, S. 217 f.
42 Firmenarchiv Theodor Wille, F 28/38, im Archiv der Handelskammer Hamburg
43 Britta Spies: Kaiser's Kaffee und Kommerzienrat Josef Kaiser. Vom Kolonialwarenhändler zum Kaufmann von Weltruf. Viersen 2017, S. 36
44 Firmenarchiv Theodor Wille, F 28/47, im Archiv der Handelskammer Hamburg

## 9 Krieg in Südwestafrika

1 Eckard Michels: »Der Held von Deutsch-Ostafrika«. Paul von Lettow-Vorbeck. Ein preußischer Kolonialoffizier. Paderborn 2008, S. 81 f.
2 Andreas Eckl, Matthias Häussler: Ein grausamer Höfling. In: *Die Zeit* Nr. 42/2021; dies.: Der erste Völkermord des 20. Jahrhunderts. In: *Neue Zürcher Zeitung* vom 2. Dezember 2021
3 Bundesarchiv N 38/5, Privatkorrespondenz Lequis, Bl. 3, 72 f.
4 Michels, S. 75
5 Jan Kawlath: Der Hamburger Hafen und der deutsche Kolonialkrieg in Namibia. Die Inszenierung kolonialer Gewalt im Baakenhafen 1904–1907. München 2019, S. 99 (der Schiffsname ist dort irrtümlich mit *Ernst Woermann* angegeben); ders.: Der Baakenhafen. Inszenierungsort für Vorstellungen von Deutschland als Kolonialmacht. In: Zimmerer, Todzi (Hg.), S. 67 ff.
6 Jürgen Zimmerer: Der koloniale Musterstaat? Rassentrennung, Arbeitszwang und totale Kontrolle in Deutsch-Südwestafrika. In: Jürgen Zimmerer, Joachim Zeller (Hg.): Völkermord in Deutsch-Südwestafrika. Der Kolonialkrieg (1904–1908) in Namibia und seine Folgen. Berlin 2003, S. 31
7 Susanne Kuß: Deutsches Militär auf kolonialen Kriegsschauplätzen. Eskalation von Gewalt zu Beginn des 20. Jahrhunderts. Berlin 2010, S. 214 f.
8 Bohner 1935, S. 179 f.
9 Die Woermann-Linie während des Aufstandes in Deutsch-Südwest-Afrika (Autor ungenannt). Hamburg 1906, S. 4 ff.

10 Bohner 1935, S. 212
11 Petschull, S. 84
12 Gründer (Hg.), S. 151
13 Michael Sontheimer: Brutales Herrentum. In: *Spiegel Edition Geschichte* 1/2019, S. 114
14 Jürgen Zimmerer: Krieg, KZ und Völkermord in Südwestafrika. Der erste deutsche Genozid. In: Zimmerer, Zeller (Hg.), S. 49
15 Bundesarchiv, Akten des Reichskolonialamts, R 1001/2111, Bl. 26
16 Horst Drechsler: Südwestafrika unter deutscher Kolonialherrschaft. Der Kampf der Herero und Nama gegen den deutschen Imperialismus (1884–1915). Berlin 1966, S. 172 f.
17 Eckl, Häussler *(NZZ)*
18 Drechsler, S. 179
19 Hier und im Folgenden: Drechsler, S. 182 ff.; Eckl, Häussler (*NZZ* und *Zeit)*; Graichen, Gründer, S. 312; Zimmerer, Krieg/Völkermord, S. 48 ff.
20 Verlesen von August Bebel am 19. November 1900 im Reichstag
21 Bundesarchiv, Akten des Reichskolonialamts, R 1001/2089, Bl. 101
22 Annemarie Heywood et al. (Hg.): The Hendrik Witbooi Papers. Windhoek 1995, S. 190
23 Werner Hillebrecht: Die Nama und der Krieg im Süden. In: Zimmerer, Zeller (Hg.), S. 128
24 In deutschen Dokumenten wird er meist Morenga genannt, auch in Uwe Timms gleichnamigem Roman.
25 Kawlath 2019, S. 74 ff.
26 Kim Sebastian Todzi: »Afrikahaus«: Sitz des Woermann-Konzerns. Ein Kapitel kolonialer Globalisierung. In: Zimmerer/Todzi (Hg.), S. 91 ff.
27 Die Woermann-Linie, S. 52 f.
28 Frank Becker: Die Hottentotten-Wahlen (1907). In: Jürgen Zimmerer (Hg.): Kein Platz an der Sonne. Erinnerungsorte der deutschen Kolonialgeschichte. Frankfurt 2013, S. 177 ff.
29 Wolfgang Reinhard: »Sozialimperialismus« oder »Entkolonialisierung der Historie«? Kolonialkrise und »Hottentottenwahlen« 1904–1907. In: Historisches Jahrbuch, 97. bis 98. Jahrgang (1978), S. 414
30 Vietsch, S. 106

## 10 Das Erbe einer Epoche

1 Susanne Heyn: Inszenierte Exotik. Völkerschauen bei Hagenbeck. In: Heiko Möhle et al. (Hg.): Zwischen Völkerschau und Kolonialinstitut. AfrikanerInnen im kolonialen Hamburg. Hamburg 2006, S. 56

2 Albert Gouaffo: Wissens- und Kulturtransfer im kolonialen Kontext. Das Beispiel Kamerun – Deutschland (1884–1919). Würzburg 2007, S. 83

3 Hilke Thode-Arora: Hagenbecks Europatourneen und die Entwicklung der Völkerschauen. In: Pascal Blanchard et al. (Hg.): MenschenZoos. Schaufenster der Unmenschlichkeit. Hamburg 2012, S. 162 ff.

4 Riedel, S. 218 ff.; Impressarios sind in diesem Fall die Marquardt-Brüder.

5 https://www.ndr.de/fernsehen/sendungen/panorama3/Fussballstar-Urgrossvater-als-Kannibale-in-Hagenbecks-Tierpark-ausgestellt,hagenbeck1384.html und https://www.spiegel.de/geschichte/fussballer-christian-karembeu-tierpark-hagenbeck-soll-voelkerschau-aufarbeiten-a-8c958343-3e02-453e-862e-9a63a854b80c

6 Amtsgericht Hamburg HRB 43299; »Zweck der Gesellschaft ist die Förderung des Tierschutzes und der Tierzucht sowie von Forschung, Kultur, Denkmalschutz, Volksbildung und Landschaftspflege.«

7 https://hagenbeck.de/de/tierpark/tierpark/historie.php (abgerufen am 7. Dezember 2022): »Während heute kaum noch vorstellbarer sogenannter Völkerschauen wurden Menschen indigener Herkunft auch nach Deutschland gebracht und zur Schau gestellt. … Damals gaben die Völkerschauen einer breiten Bevölkerungsschicht erstmals Einblicke in fremde Kulturen und die Lebenswelt weit entfernt lebender Völker.«

8 Heinz-Jürgen Brandt: Das Hamburger Rathaus. Eine Darstellung seiner Baugeschichte und eine Beschreibung seiner Architektur und künstlerischen Ausschmückung. Hamburg 1957, S. 65

9 Philip A. Igbafe: Slavery and Emancipation in Benin, 1897–1945. In: Journal of African History, XVI, 3 (1975), S. 409

10 Bettina Probst: Ein Museum zieht Kreise. In: Hans-Jörg Czech, Bettina Probst (Hg.): 100 Jahre Museum für Hamburgische Geschichte. Hamburg/Dresden 2022, S. 40

11 https://shmh.de/ueber-das-deutsche-hafenmuseum (abgerufen am 7. Dezember 2022)

12 Außerdem gehören dazu: Meßberghof, Miramarhaus, Mohlenhof, Montanhof, Sprinkenhof, Polizeiwache am Klingberg.

13 https://www.unesco.de/kultur-und-natur/welterbe/welterbe-deutschland/speicherstadt-und-kontorhausviertel-mit-chilehaus und https://whc.unesco.org/en/list/1467

14 Katharina Loeber: Der Niedergang des Chilesalpeters. Chemische Forschung, militärische Interessen, ökonomische Auswirkungen. Berlin 2010, S. 64

15 Eckard Michels: Paul von Lettow-Vorbeck. In: Zimmerer (Hg.), S. 381

16 https://geschichtsbuch.hamburg.de/epochen/kaiserreich/das-hamburger-bismarckdenkmal/
17 *Die Zeit, Hamburg-Teil,* Mai 2022

## Ausblick: die Zukunft des Erinnerns

1 Hier nachzulesen: Michael Wildt: Was heißt: Singularität des Holocaust? In: Zeithistorische Forschungen/Studies in Contemporary History 19 (2022), S. 146
2 https://www.afc-frucht.de/
3 Bruce Gilley: Verteidigung des deutschen Kolonialismus. Lüdinghausen 2021; kritisch zu Gilleys Methodik: Gesine Krüger: Die »guten« Seiten des #Kolonialismus (2019, https://geschichtedergegenwart.ch/die-guten-seiten-des-kolonialismus/)
4 Grill, S. 131
5 Aimé Césaire: Über den Kolonialismus. Berlin 2017, S. 14; für eine Abrechnung mit dem britischen Kolonialismus in Indien siehe Shashi Tharoor: Inglorious Empire. What the British Did to India. London 2017; die entgegengesetzte Perspektive bei Niall Ferguson: Empire. How Britain Made the Modern World. London 2003
6 Alice Hasters: Was weiße Menschen nicht über Rassismus hören wollen, aber wissen sollten. München 2019
7 Jürgen Zimmerer: Von Windhuk nach Auschwitz? Beiträge zum Verhältnis von Kolonialismus und Holocaust. Münster 2011
8 Natan Sznaider: Fluchtpunkte der Erinnerung. Über die Gegenwart von Holocaust und Kolonialismus. München 2022; A. Dirk Moses: Der Katechismus der Deutschen (2021, https://geschichtedergegenwart.ch/der-katechismus-der-deutschen/)
9 Michael Rothberg: Multidirektionale Erinnerung. Holocaustgedenken im Zeitalter der Dekolonisierung. Berlin 2021
10 *die tageszeitung* vom 27./28. August 2022

# REGISTER


**A**

Achard, Franz Carl 51
Akwa, King (Dik'a Mpondo, Duala-Anführer) 144–150, 176, 183, 193, 200 f.
Akwa, Mpundu (Duala-Prinz) 200
Albers, Hans 262
*Albrecht & Dill* (Handelshaus) 92
Alexander I. (russischer Kaiser) 74
Aly, Götz 223
Amsinck, Peter 27
Aschenborn, Richard 123 f.

**B**

Bach, Johann Sebastian 269
Bala Demba (Baga-King) 139
Balkenhol, Stephan 301
Bamberger, Ludwig 107 f.
Barghasch bin Said (Sultan von Sansibar) 236 f., 240 f., 245, 249–260
Bebel, August 158, 168, 174, 184, 188, 290
Behanzin (König von Dahomey) 185
Bell, King (Ndumb'a Lobe, Duala-Anführer) 144 f., 148 f., 160–163, 167, 170, 175–178, 183, 192, 299
Belloc, Hilaire 181
Bennett, Naftali 318 f.
Bernstorff, Andreas Peter Graf von 29
Bismarck, Herbert von 116, 138, 142, 222
Bismarck, Otto von 12, 99 f., 103, 106–108, 111 f., 115–122, 125–143, 148–151, 154–159, 162, 165, 169–174, 179, 214–216, 219 f., 230, 249–258, 261, 274 f., 279 f., 310
Bleichröder, Gerson von 106–108, 138 f., 159, 169, 214
Blumenau, Hermann 81 f.
Bolza, Joseph Graf von 22 f.
Böttiger, Karl August 65 f.
Brosda, Carsten 311
Brühl, Heinrich Graf von 21 f.
Buchner, Max 124–127, 130 f., 137 f., 143 f., 147–154, 158–166, 169–173
Bülow, Bernhard Ernst von 104 f., 249
Bülow, Bernhard von 230, 284, 293, 297 f.

**C**

Campanella, Tommaso 77
Caprivi, Leo von 133, 136, 141, 165, 261
*Carl Geo. Heise* (Handelshaus) 274
Carlos I. (König von Spanien) 33
Césaire, Aimé 316

Chapeaurouge, Jean Jaques de 69
Christaller, Theodor 178, 208
Christian VII. (König von Dänemark) 30, 39
Claudius, Anna Rebekka 53
Claudius, Matthias 53
Coe, Jonas 225
*Conrad Hinrich Donner* (Handelshaus) 273
Conrad, Joseph 182
Cortés, Hernán 254
Cugoano, Ottobah 40 f., 55

**D**

Darboven, Johann Joachim 271
Darwin, Charles 100, 265–267
Dernburg, Bernhard 298
Dido (Anführer der Duala) 147 f.
Dido, Prinz Samson 299
Diederichsen, Carl 272
Dietrich, Amalie 100f.
Dominik, Hans 182, 194 f.
Douglas, John Sharp 95
Duke, Antera 40

**E**

Elisabeth I. (russische Kaiserin) 227
*Emile Nölting & Co.* (Handelshaus) 274
Engels, Friedrich 174
Equiano, Olaudah 41 f., 55
Erzberger, Matthias 297

**F**

Fabri, Friedrich 111 f.
Falkenthal, Ernst 172
Farrell, Thomas 225–227
Finsch, Otto 215
Forsayth, James 225
Franz II. (römisch-deutscher Kaiser) 69
Fredericks, Joseph 118, 121, 157
Friedrich I., genannt Barbarossa (römisch-deutscher Kaiser) 274
Friedrich III. (König von Preußen, deutscher Kaiser) 142
Friedrich II. (König von Preußen) 22–24, 27, 30, 34 f., 269
Friedrich Wilhelm III. (König von Preußen) 51
Friedrich Wilhelm IV. (König von Preußen) 80, 267
Friedrich Wilhelm (Kurfürst von Brandenburg) 33 f.

**G**

*Gaiser & Witt* (Handelshaus) 144
Gama, Vasco da 13
Geibel, Emanuel 77
Geiseler, Wilhelm 221
Gerstäcker, Friedrich 273
Gildemeister, Johann Carl Friedrich 60, 74
Gilley, Bruce 315
Gladstone, William 145 f., 257
Godeffroy, Adolph 84, 88–93
Godeffroy, Alfred 94
Godeffroy, Carl 80 f.
Godeffroy (geb. Hanbury), Emily 88
Godeffroy, Gustav 84, 89–95, 99–102, 106
Godeffroy, Isaac 85
Godeffroy, Johan Cesar III. 84
Godeffroy, Johan Cesar IV. 84–86
Godeffroy, Johan Cesar V. 84–91, 97
Godeffroy, Johan Cesar VI. 80, 83–101, 104–108, 212–214, 222, 225 f., 276
Godeffroy, Johan Cesar VII. 96, 105, 108

Godeffroy, Pierre 85
Goethe, Johann Wolfgang von 65, 94
Göring, Albert 172
Göring, Heinrich 172
Göring, Hermann 172
Grill, Bartholomäus 316

**H**

Haagensen, Reimert 42 f.
Hagenbeck, Carl 287, 299–301
Haller, Martin Joseph 57–59
Hansemann, Adolph von 140, 214–216, 227
*Hansing & Co.* (Handelshaus) 242–245, 253
Hassel, Kai-Uwe von 310
Hasters, Alice 316 f.
Hegel, Georg Friedrich Wilhelm 72
Heine, Heinrich 57, 90
Heine, Salomon 57, 90
Helbing, Johann Christian 131
Helbing, Samuel Ernst 131
Henkell, Rudolf 226
Hernsheim, Eduard 212–229
Hertz, Adolph Jacob 242 f.
Hewett, Edward 146, 150, 153 f., 157
Hoffmann, Paul 137 f., 143 f., 170
Hohenlohe-Langenburg, Hermann Fürst zu 133, 139
Hohenlohe-Schillingsfürst, Chlodwig Fürst zu 189, 193, 201
Hübbe-Schleiden, Wilhelm 111 f.
Humboldt, Wilhelm von 66

**I**

Igbafe, Philip 304
Isabel (Prinzregentin von Brasilien) 281

**J**

Jacobs, Johann 271
Jagodja (Geliebte von Carl Peters) 261
Jefferson, Thomas 71
Jilfidan (Mutter von Emily Ruete) 238
Jokinen, Hannimari 283

**K**

Kaiser, Josef 282
Kaiser, Peter 282
Kant, Immanuel 71 f.
Karcher, Guido 219 f.
Karembeu, Christian 300 f.
Karembeu, Willy 300
Key, Elizabeth 40
Kirk, John 244 f., 254–260
Klopstock, Friedrich Gottlieb 63
Knigge, Adolph Freiherr von 63
Knorr, Eduard von 156, 162–170, 257–260
Koch, Robert 228
Kolbe, Emma Eliza, geb. Coe (Queen Emma) 224–230
Kolbe, Paul 228 f.
Kolumbus, Christoph 13 f., 25, 30, 58
Krug, Alexander 221
Külz, Ludwig 197
Kum'a Ndumbe III., Alexandre 152, 164
Kusserow, Heinrich von 119–128, 132, 230, 255

**L**

Laeisz, Ferdinand 314
Lämmermann, Wilhelm 200 f.
La Roche, Sophie von 48
Las Casas, Bartolomé de 33
Lealofi, Tamasese 300

*L. E. Amsinck & Co.* (Handelshaus) 273
Lehmann, Gottlieb David 27 f.
Leist, Heinrich 185–191
Leopold II. (König von Belgien) 127, 137 f., 159, 169
Leopold I. (König von Belgien) 78
Lettow-Vorbeck, Paul von 284, 309 f.
Leutwein, Theodor 288–290, 293 f.
Lichtwark, Alfred 276
Lloyd, Edward 269
Lobeck, Johann Jacob 37, 48
Lock Priso Bell (Kum'a Mbape Bele, Duala-Anführer) 148–152, 160–163, 167, 170, 177, 204
Lüderitz, Adolf 112–123, 126–129, 132 f., 139, 151, 157, 167, 171–174, 212, 250, 285
Lüderitz (geb. von Lingen), Emilie Elise 113, 173
*Lutteroth & Co.* (Handelshaus) 92

## M

Madschid bin Said (Sultan von Sansibar) 240–249
Maharero, Samuel 287 f., 292
Malietoa, Le'utu Taletale 225
Mamadu (Rebellenführer) 187
Mancheno, Tania 263 f.
Manga Bell, Alexander Duala (King der Duala) 192
Manga Bell, Ekedi 211
Manga Bell (geb. Dayas), Emily Engome Duala 192, 202
Manga Bell, Marilyn Douala 175, 211
Manga Bell, Rudolf Duala (King der Duala) 175–181, 184, 190 f., 202–211, 234
Marengo, Jacob 294
Marggraf, Andreas Sigismund 50
Maxim, Hiram 181, 195
McKay, Donald 83
Meetom, David 180
Meetom, Tube 180 f.
Meier, Hermann Heinrich 105, 107
Meyer, Fritz Andreas 310
Meyer, Heinrich Adolph 242
Meyer, Peter 34
Mlapa III. (König in Togo) 143
Momha, Franz 194 f.
Monroe, James 59
Moses, A. Dirk 317 f.
Myrdal, Alva 315

## N

Nachtigal, Gustav 125–132, 135–139, 143 f., 147–152, 156–159, 162, 166–174, 179
Nagel, Jakob Ferdinand 131
Napoleon I. (Kaiser der Franzosen) 51, 86
Nates, Tali 320 f.
Ndumbe Bell, August Manga (King der Duala) 178 f., 188, 192 f., 199, 202 f.
Neruda, Pablo 307
Nettelbeck, Joachim 35
Ngoso Din, Adolf 208 f.

## O

Oesterle, Gottlob 180
Olivier, Monsieur 269
Osterhammel, Jürgen 11
Owen, Robert 77

## P

Pahl, Gustav 180
Paine, Thomas 54
Pantänius, Curt 160–163, 170
Parish, John 89

Parkinson (geb. Coe), Phebe 226, 229
Paschen, Karl 257–259
Pasley, Malcolm 245
Pedro I., Dom (Kaiser von Brasilien) 74
Pedro II., Dom (Kaiser von Brasilien) 74, 281
Peel, Robert 79
Peters, Carl 251–258, 261
Petersen, Carl Friedrich 277
Petersen, Rudolph 277
Probst, Bettina 305
Puttkamer, Jesko von 193–202

**R**

Ramée, Joseph-Jacques 66
Randad, Heinrich 143
Ranft, Lotte 309
Rhodes, Cecil 198
Richter, Eugen 60, 166
Riedel, Otto 231, 300
Robertson, Ruben Jonas 217
Rohlfs, Gerhard 251, 254 f.
Röhm, Hermann 181, 203–207
Rothberg, Michael 319 f.
Rousseau, Jean-Jacques 54
Ruete, Emily, geb. Salme binti Said (Prinzessin von Oman und Sansibar) 235–240, 243–263
Ruete, Rosalie Guza 235, 247, 262
Ruete, Rudolph Heinrich 236, 243–248, 253, 262
Ruete, Antonie Thakwa 235, 247

**S**

Said-Ruete (geb. Rudolph Said Ruete), Rudolph 235, 247, 251, 262
Scharlach, Julius 198 f., 261
Schering, Rudolf 151, 213
Schiller, Friedrich 54
Schimmelmann, Caroline 22, 47 f., 52 f.
Schimmelmann, Ernst Heinrich 22, 46, 54 f., 62
Schimmelmann, Heinrich Carl 20–31, 36–48, 52 f., 70, 131
Schimmelmann, Ludwig Heinrich 37 f.
Schindler, Oskar 320
Schlieffen, Alfred von 293
Schmidt, Eduard 123, 133–136, 144–148, 154, 169
Schmidt, Geo 298
Schopenhauer, Arthur 252
Schramm, Adolph 73, 80–82
Schulze, Emil 109, 136, 144–148
Seidel, August 183
Seward, Edward 244 f.
Seward, Emily 244 f.
Shakespeare, William 226
Sieveking, Friedrich 62
Sieveking (geb. de Chapeaurouge), Caroline Henriette 74 f., 80
Sieveking, Georg Heinrich 35, 62–70, 73, 85
Sieveking, Heinrich 62
Sieveking, Johanna Margaretha 66ff.
Sieveking, Karl 60–62, 67 f., 72–82, 87, 90
Sieveking, Kurt 62
Simo, David 110
Sloman, Henry B. 306 f.
Sloman, Robert Miles 80, 94
Smidt, Johann 61, 78
Soden, Julius von 172, 176–179, 185
Solf, Wilhelm 207–209, 230–234, 298
Stanley, Henry Morton 252, 255
Steinberger, Albert Barnes 225
Stein, Fritz von 65
Stevenson, Robert Louis 102

Strandes, Justus 241, 253 f., 261
Sultan al-Busaidi, Said bin (Sultan von Oman und Sansibar) 236–239
Sutton, Bellinda 40
Sznaider, Natan 317–319

**T**

Tamm, Peter 306
*Theodor Wille* (Handelshaus) 282 f.
Thiel, Max 222 f., 227
Thormählen, Johann 123, 126, 134 f., 147 f., 156, 198 f.
Timpe, Karl 114
Treitschke, Heinrich von 160
Trotha, Lothar von 284 f., 289–296, 309 f.
Tschentscher, Peter 308
Tungo (Anführer der Bakoko) 191 f.

**U**

Unshelm, August 95–100

**V**

Versmann, Johannes 173, 275
Victoria (britische Königin, Kaiserin von Indien) 81, 129, 142, 145, 153, 162
Victoria (deutsche Kronprinzessin und Kaiserin) 142, 162
Vietor, Karl 124, 156, 197 f.
Virchow, Rudolf 100
Vogelsang, Heinrich 114, 118–121, 128, 157
Voght, Caspar 63, 67–71, 85
Voght (der Ältere), Caspar 63
Voss, Johannes 135 f., 144, 147–149

**W**

Wagner, Richard 76 f.
Wahlen, Heinrich Rudolph 229
Wakefield, Edward G. 77–79
Waldersee, Alfred Graf von 292
Weber, Ernst von 117
Weber, Theodor 98 f., 102 f., 108
Wilberforce, William 54, 70
Wildt, Michael 312
Wilhelm II. (König von Preußen, deutscher Kaiser) 129, 142, 192 f., 201–205, 232, 260 f., 278 f., 284, 292 f., 296 f.
Wilhelm I. (König von Preußen, deutscher Kaiser) 93, 99, 111, 117 f., 125, 128 f., 132, 135, 138 f., 142, 148, 151, 157, 165, 170, 249 f., 255 f., 260, 279
Wille, Theodor 266–283
Witbooi, Hendrik 288, 294
*Wm. O'Swald & Co.* (Handelshaus) 49, 92f. 242–245, 274, 303
Woermann, Adolph 112–123, 126 f., 132–140, 144–151, 154–161, 166–170, 174, 177–179, 196–199, 202, 205 f., 210, 215, 250, 285 f., 295–297, 302
Woermann, Carl 114 f., 274, 286
Woermann, Eduard 144–149, 173, 295
Woermann (geb. Krüger), Gertrud 170, 196
Woermann (geb. Tietgens), Anna Maria 210
Woermann, Kurt 210

**Z**

Ziemann, Hans 204
Zimmerer, Jürgen 302, 317